KB066280

R 사용자를 위한
Shiny 마스터 가이드
인터랙티브 앱, 리포트, 대시보드 만들기

Mastering Shiny

by Hadley Wickham

ⓒ 2022 Insight Press

Authorized Korean translation of the English edition of Mastering Shiny, ISBN 9781492047384 ⓒ 2021
Hadley Wickham

This translation is published and sold by permission of O'Reilly Media, Inc., which owns or controls
all rights to publish and sell the same.

이 책의 한국어판 저작권은 에이전시 원을 통해 저작권자와의 독점 계약으로 인사이트에 있습니다.
저작권법에 의해 한국 내에서 보호를 받는 저작물이므로 무단전재와 무단복제를 금합니다.

R 사용자를 위한 Shiny 마스터 가이드: 인터랙티브 앱, 리포트, 대시보드 만들기

초판 1쇄 발행 2022년 12월 30일 **지은이** 해들리 위컴 **옮긴이** 이영록 **펴낸이** 한기성 **펴낸곳** (주)도서출판인사이트 **편집**
백주옥 **제작·관리** 이유현, 박미경 **용지** 월드페이퍼 **출력·인쇄** 예림인쇄 **제본** 예림바인딩 **등록번호** 제2002-000049호 **등록일자**
2002년 2월 19일 **주소** 서울시 마포구 연남로5길 19-5 **전화** 02-322-5143 **팩스** 02-3143-5579 **이메일** insight@insightbook.
co.kr **ISBN** 978-89-6626-375-2 책값은 뒤표지에 있습니다. 잘못 만들어진 책은 바꾸어 드립니다. 이 책의 정오표는 https://
blog.insightbook.co.kr에서 확인하실 수 있습니다.

프로그래밍 인사이트

R 사용자를 위한
Shiny 마스터 가이드

인터랙티브 앱, 리포트, 대시보드 만들기

해들리 위컴 지음 | 이영록 옮김

인사이트

차례

1부   시작하기   1

3장   기본 반응성

8장 사용자 피드백

9장 업로드 및 다운로드

3부 반응성 마스터하기   223

13장 왜 반응성인가?   225

14장 반응형 그래프   233

15장 반응형 기본 단위 247

21장 테스트하기   335

22장 보안   359

23장 성능 365

옮긴이의 글

이 책의 원서를 읽고 Shiny 앱 개발에 대한 많은 지식을 얻고 실제 업무에 유용하게 접목시킬 수 있었습니다. 한국에 계신 많은 분들과 좋은 책을 공유하고자, 전문적인 개발자가 아님에도 불구하고 이 책을 번역하는 큰 도전을 감행하게 되었습니다. 원본에 있는 예제 코드를 하나하나 확인하고 내용을 정확하게 이해한 다음 의미를 번역문으로 잘 전달하기 위해 애쓰는 과정에서 많이 배우고 즐거움을 느낄 수 있었습니다. 원본의 내용을 훼손하지 않기 위해 최선을 다했지만, 여전히 의도하지 않은 오역이 있었을 수 있음을 너그럽게 이해해주길 부탁드립니다. 부디 많은 분께 도움이 되는 책이 되길 바랍니다.

데이터 과학 프로젝트를 성공시키기 위해서는 현장 실무자가 솔루션을 직관적으로 사용할 수 있는 사용자 인터페이스를 빨리 갖추는 것이 매우 중요합니다. 이미 R을 데이터 과학 언어로 사용하고 있던 저에게, Shiny는 웹 애플리케이션을 만들기 위한 언어를 따로 배울 필요가 없게 해주는 매우 고마운 존재였습니다. 이를 통해 프로토타이핑 혹은 그 이전 단계에서부터 사용자 수용 테스트를 실시하고 개선 방안을 좀더 생산적으로 논의할 수 있었습니다. 이 책을 토대로, 여러분도 Shiny를 활용한 성공 사례를 만들 수 있길 바랍니다.

이 책을 번역할 기회를 주신 (주)도서출판인사이트 한기성 대표님, 번역 내내 친절하게 많은 도움과 가이드를 주신 백주옥 편집자님께 감사드립니다. 전문가 입장에서 원고를 리뷰해주시고 조언을 주신 김진섭, 나영준, 유충현, 조호연, 지남현 님께도 깊이 감사드립니다. 번역에 정신 팔린 집사의 곁을 꾸준히 지켜준 반려고양이 모, 한결같이 지지와 격려를 해준 아내 양민정 박사에게 고마움을 전합니다.

지은이의 글

Shiny란?

아직 Shiny를 사용해본 적이 없다면, 환영한다! Shiny는 풍성한 기능의 인터랙티브 웹 애플리케이션을 쉽게 만들 수 있게 해주는 R 패키지로, R에서 작업한 결과물을 웹 브라우저를 통해서 다른 사람들이 사용할 수 있게 해준다. Shiny는 최소한의 노력으로 잘 다듬어진 웹 애플리케이션을 쉽게 만들 수 있게 함으로써 개발자를 돋보이게 한다.

예전에는 대부분의 R 사용자들이 다음과 같은 이유 때문에 웹 애플리케이션을 만드는 데 어려움을 느꼈다.

- HTML, CSS, 자바스크립트 등의 웹 기술에 대한 깊은 이해가 필요했다.
- 복잡한 인터랙티브 애플리케이션을 만들 때, 입력의 변화에 따라 관련된 출력만 갱신되도록 하기 위해 상호작용 흐름(interaction flow)에 대한 신중한 분석이 필요했다.

Shiny는 다음과 같은 방법을 통해 R 개발자가 훨씬 쉽게 웹 애플리케이션을 만들 수 있게 해준다.

- 통상적인 기능 수행을 위해 필요한 HTML, CSS, 자바스크립트 등을 생성하는 사용자 인터페이스(user interface, UI) 함수를 제공한다. 덕분에 Shiny 패키지에서 기본적으로 제공하는 함수의 범위를 넘어서는 기능이 필요하기 전까지는 HTML, CSS, 자바스크립트 등에 대해 상세히 알 필요가 없다.
- **반응형 프로그래밍**(reactive programming)이라는 새로운 형태의 프로그래밍을 도입함으로써, 코드의 각 부분 간의 의존성을 자동으로 추적한다. 이는 Shiny가 입력이 변경될 때마다 관련된 출력을 갱신하기 위해 수행해야 할 가장 최소한의 작업을 자동으로 찾아낸다는 것을 뜻한다.

Shiny는 다음과 같이 활용될 수 있다.

- 대시보드를 작성하여 전반적인 주요 성능지표(performance indicators)를 추적하는 동시에, 추가 조사가 필요한 측정항목(metrics)에 대해 상세하게 접근(drill-down)을 할 수 있다.
- 수백 장의 PDF 문서파일을 인터랙티브 애플리케이션으로 대체하여, 사용자가 찾고자 하는 결과에 바로 접근할 수 있다.
- 시각화와 인터랙티브 민감도 분석(interactive sensitivity analysis)을 이용하여 복잡한 모형을 전문 지식이 없는(non technical) 청중에게 전달할 수 있다.
- 통상적인 작업에 대한 셀프서비스 데이터 분석(self-service data analysis)을 제공하여, 이메일을 통한 분석 요청 대신, 사용자가 각자의 데이터를 업로드하여 직접 표준적인 분석을 수행할 수 있게 해준다. 사용자는 프로그래밍 기술 없이도 R에서 작성된 정교하고 복잡한 분석을 수행할 수 있다.
- 통계 및 데이터 과학 개념을 교육하기 위한 인터랙티브 데모(interactive demos)를 작성하여, 학습자(learner)가 직접 입력을 수정하고 분석 결과가 어떻게 달라지는지 관찰할 수 있다.

요약하면, Shiny는 웹 브라우저를 사용할 수 있는 모든 사람에게 R로 작성한 강력한 기능을 전달할 수 있게 해준다.

이 책의 대상 독자

이 책은 주로 다음과 같은 두 가지 독자층을 대상으로 한다.

- 데이터 분석을 인터랙티브 웹 애플리케이션 형태로 전환하기 위해 Shiny를 처음 배우려고 하는 R 사용자. 이미 R을 이용한 데이터 분석에 친숙하고 사용자 함수를 작성해본 R 사용자라면, 이 책을 통해 Shiny에 대해 많이 배울 수 있다.
- 높은 품질의 애플리케이션을 더욱 빠르고 쉽게 작성하기 위해 Shiny의 기본 이론에 대한 지식을 향상시키려는 기존 Shiny 사용자. 기존에 작성하던 애플리케이션이 점점 확장됨에 따라 복잡성을 관리하는 데 어려움을 느끼기 시작한 Shiny 사용자라면, 이 책이 많은 도움이 될 것이다.

이 책에서 다루는 내용

이 책은 크게 네 개의 부(part)로 구성되어 있다.

1. 1부에서는 가능한 한 빨리 앱을 작성할 수 있도록 Shiny의 기초를 배운다. Shiny 앱의 기본 구조, 유용한 사용자 인터페이스 컴포넌트, 반응형 프로그래밍의 기본 원리(foundation)를 배운다.

2. 2부에서는 흔히 사용하는 기능들을 만들기 위한 기본을 다룬다. 사용자에게 피드백 전달하기, 데이터 업로드하고 다운로드하기, 사용자 인터페이스를 R 코드를 통해 생성하기, 코드의 중복 줄이기, Shiny로 tidyverse 프로그램 수행하기 등을 포함한다.

3. 3부에서는 Shiny의 기반이 되는 반응형 프로그래밍에 대한 이론과 쓰임을 깊이 있게 다룬다. 기존 Shiny 사용자라면, 이 장들에서 확고한 이론적 토대를 얻음으로써 훨씬 특성화된 맞춤형 애플리케이션을 작성할 수 있게 될 것이다.

4. 마지막으로, 4부에서는 운영 환경에서 잘 작동하는 Shiny 앱을 만들기 위한 유용한 기법들을 소개한다. 복잡한 앱을 함수와 모듈로 분해하는 방법, R 패키지 형태로 코드를 구성하는 방법, 코드를 테스트하는 방법, 수행성능을 측정하고 개선하는 방법 등을 배운다.

이 책에서 다루지 않는 내용

이 책은 효과적인 Shiny 앱을 작성하고 반응성의 기본 이론을 이해하는 데 초점을 두고 있다. 데이터 과학, R 프로그래밍, 그리고 소프트웨어 공학 등의 기술을 숙달하기 위해서는 다른 교재들을 참고하기 바란다. 나의 책 《R을 활용한 데이터 과학(R for Data Science)》(인사이트, 2019), 《해들리 위컴의 Advanced R(Advanced R)》(제이펍, 2018), 《해들리 위컴의 R 패키지(R Packages)》(제이펍, 2019)가 이러한 기술들에 대해 다룬다.

Shiny에 관한 중요한 주제지만 이 책에서 다루지 않는 몇 가지 내용이 있다.

- 이 책에서는 Shiny에 내장된 사용자 인터페이스 툴킷만을 다룬다. 이는 가장 매력적인 디자인을 제공하지는 않지만, 배우기에 간단하며 매우 유용한 도구들이다. 추가적인 기능들이 필요하거나 내장된 기본 도구 외 다른 도구를 사용하고 싶다면, 대안을 제공하는 여러 R 패키지들이 존재한다. 108쪽의 '부트스트랩' 항

목을 참고하기 바란다.

- Shiny 앱의 배포(deploy)는 이 책의 범위에 포함되지 않는다. Shiny 앱을 운영 환경에 올리는 작업은 회사마다 큰 차이가 있으며, 이는 대체로 R 자체와는 관련이 없는 부분들이다(대부분의 문제는 기술적인 부분보다는 문화와 조직에 기인한다). 운영 환경에서의 Shiny에 대한 경험이 없다면, '조 쳉(Joe Cheng)의 2019 rstudio::conf 키노트'(*https://oreil.ly/XNCRf*)로 시작하기를 추천한다. 이 키노트는 Shiny를 운영 환경에 올리는 작업이 어떤 것들을 수반하는지, 그리고 직면할 가능성이 있는 어려움들을 어떻게 극복하는지에 대해 폭넓게 논의함으로써 전반적인 그림을 제공한다. 이후에는 'RStudio Connect 웹사이트'(*https://oreil.ly/FdrYc*)를 통해 사내 애플리케이션 배포를 위한 RStudio 제품을 살펴보고, 'Shiny 웹사이트'(*https://oreil.ly/z8kRP*)를 통해 다른 통상적인 배포 방법을 살펴보길 추천한다.

준비하기

본격적으로 시작하기에 앞서, 이 책에서 필요한 소프트웨어가 모두 설치되어 있는지 확인하기 바란다.

R

아직 R을 사용해보지 않았다면, 아마도 이 책이 도움이 되지 않을 것이다. 이 책은 R에 대한 기본적인 친숙함을 가정한다. R을 어떻게 사용하는지를 배우고 싶다면, 필수적인 부분에만 초점을 맞추어 가능한 한 빨리 R을 사용할 수 있도록 작성된《R을 활용한 데이터 과학》을 추천한다.

RStudio

RStudio는 R을 위한 무료 오픈 소스 통합 개발 환경(integrated development environment, IDE)이다. Shiny 앱을 어떠한 R 환경(R GUI 및 ESS(*http://ess.r-project.org*) 포함)에서든 작성할 수 있지만, RStudio에는 작성(authoring), 디버깅 및 배포(deploying)에 관련된 훌륭한 기능들이 있다. RStudio Desktop(*https://oreil.ly/aUoYe*)을 다운로드하여 사용해보길 추천한다. 하지만 Shiny 앱 작성을 위해서나 이 책을 읽기 위해서 RStudio이 반드시 필요한 것은 아니다.

R Packages

이 책에서는 많은 R 패키지를 사용한다. 다음 R 스크립트를 실행시키면 한번에 모든 패키지를 설치할 수 있다.

```
install.packages(c(
    "gapminder", "ggforce", "gh", "globals", "openintro", "profvis",
    "RSQLite", "shiny", "shinycssloaders", "shinyFeedback",
    "shinythemes", "testthat", "thematic", "tidyverse", "vroom",
    "waiter", "xml2", "zeallot"
))
```

만약 예전에 이미 Shiny를 다운로드하여 설치하였다면, 버전이 최소 1.6.0 이상 인지 확인해보기 바란다.

이 책에 사용된 표기 규칙

이 책에서는 다음과 같은 표기 규칙이 사용되었다.

이탤릭체

URL, 이메일 주소, 파일 이름, 파일 확장자를 나타낸다.

볼드체

새로운 용어를 나타낸다.

`Constant width`

프로그램 소스 코드 및 문단 내에서 변수 이름, 함수 이름, 데이터베이스, 데이터 형태, 환경변수, 명령어, 키워드 등의 프로그램 요소를 나타낸다.

`Constant width bold`

사용자가 입력하여야 할 명령(command)이나 기타 다른 텍스트를 나타낸다.

`Constant width italic`

사용자 입력값이나 맥락상으로 결정될 값으로 대체될 텍스트를 나타낸다.

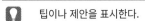 팁이나 제안을 표시한다.

✓ 일반적인 부연 설명을 표시한다.

코드 예제 사용

보충자료(코드 예제, 연습문제 등)는 *https://mastering-shiny.org*에서 다운로드할 수 있다. 이 책에 있는 코드 샘플들은 MIT License(*https://www.mit.edu/~amini/LICENSE.md*)에 따라 사용이 허가되었다.

만약 기술적인 질문이 있거나 코드 예제를 사용하는 데 문제가 있는 경우, bookquestions@oreilly.com으로 이메일을 보내주기 바란다.

이 책은 업무를 완성하는 데 도움을 주기 위해 출판되었다. 일반적으로 이 책에 제시된 예제 코드는 여러분의 프로그램이나 문서에서 사용할 수 있다. 코드 대부분을 재가공하지 않는 한, 코드 사용 허가를 위해 따로 연락할 필요는 없다. 예를 들어, 프로그램 작성 시 이 책의 여러 예제 코드를 사용하는 경우 허가가 필요하지 않다. 하지만 오라일리 책의 예제를 판매 혹은 배포하는 것은 허가가 필요하다. 질문에 대한 응답 시 이 책이나 예제 코드를 인용하는 것은 허가가 필요하지 않다. 이 책 예제 코드의 상당 부분을 가져다가 여러분 제품의 문서에 포함시키는 것은 허가가 필요하다.

원작자를 명시해주면 감사하나, 필수는 아니다. 원작자 명시에는 일반적으로 제목, 저자, 출판사, ISBN을 포함하면 된다(예: "*Mastering Shiny* by Hadley Wickham (O'Reilly). Copyright 2021 Hadley Wickham, 978-1-492-04738-4").[1]

만약 본인이 코드 예제를 사용한 사례가 앞에서 언급된 일반적 사용 범위나 사용 허가에 벗어난다고 생각된다면, permissions@oreilly.com으로 연락해주기 바란다.

이 책의 정보

이 책(원서)의 웹페이지에 정오표, 예제 및 추가 정보를 올려두었다.[2] 웹페이지 주소는 다음과 같다.

https://oreil.ly/mastering-shiny

감사의 글

이 책은 공개되어 작성되었으며, 각 장이 완성될 때마다 트위터를 통해 알려졌다.

---

1 번역서 정보도 병기해주면 고맙겠다.
2 (옮긴이) 번역서의 정오표는 *https://bit.ly/3yH3hvc*에서 확인할 수 있다.

많은 사람이 원고를 읽고, 오타를 수정하고, 개선할 점을 제안하고, 콘텐츠에 기여해주었다. 이는 진정 커뮤니티의 노력이었다. 이러한 기여가 없었다면, 이 책은 지금처럼 좋은 책이 되지 못했을 것이다. 기여자들의 도움에 깊이 감사드린다.

깃허브 풀 요청(pull request)을 통해 특정 개선에 도움을 주신 다음 83명의 기여자에게 큰 감사를 전한다(유저네임의 알파벳순). Adam Pearce(@1wheel), Adi Sarid(@adisarid), Alexandros Melemenidis(@alex-m-ffm), Anton Klåvus(@antonvsdata), Betsy Rosalen(@betsyrosalen), Michael Beigelmacher(@brooklynbagel), Bryan Smith(@BSCowboy), c1au6io_hh(@c1au6i0), @canovasjm, Chris Beeley(@ChrisBeeley), @chsafouane, Chuliang Xiao(@ChuliangXiao), Conor Neilson(@condwanaland), @d-edison, Dean Attali(@daattali), DanielDavid521(@Danieldavid521), David Granjon(@DivadNojnarg), Eduardo Vásquez(@edovtp), Emil Hvitfeldt(@EmilHvitfeldt), Emilio(@emilopezcano), Emily Riederer(@emilyriederer), Eric Simms(@esimms999), Federico Marini(@federicomarini), Frederik Kok Hansen(@fkoh111), Frans van Dunné(@FvD), Giorgio Comai(@giocomai), Hedley(@heds1), Henning(@henningsway), Hlynur(@hlynurhallgrims), @hsm207, @jacobxk, James Pooley(@jamespooley), Joe Cheng(@jcheng5), Julien Colomb(@jcolomb), Juan C. Rodriguez(@jcrodriguez1989), Jennifer(Jenny) Bryan(@jennybc), Jim Hester(@jimhester), Joachim Gassen(@joachim-gassen), Jon Calder(@jonmcalder), Jonathan Carroll(@jonocarroll), Julian Stanley(@julianstanley), @jyuu, @kaanpekel, Karandeep Singh(@kdpsingh), Robert Kirk DeLisle(@KirkDCO), Elaine(@loomalaine), Malcolm Barrett(@malcolmbarrett), Marly Gotti(@marlycormar), Matthew Wilson(@MattW-Geospatial), Matthew T. Warkentin(@mattwarkentin), Mauro Lepore(@maurolepore), Maximilian Rohde(@maxdrohde), Matthew Berginski(@mbergins), Michael Dewar(@michael-dewar), Mine Cetinkaya-Rundel(@mine-cetinkaya-rundel), Maria Paula Caldas(@mpaulacaldas), nthobservation(@nthobservation), Pietro Monticone(@pitmonticone), psychometrician(@psychometrician), Ram Thapa(@raamthapa), Janko Thyson(@rappster), Rebecca Janis(@rbjanis), Tom Palmer(@remlapmot), Russ Hyde(@russHyde), Barret Schloerke(@schloerke), Scott(@scottyd22), Matthew Sedaghatfar(@sedaghatfar), Shixiang Wang(@ShixiangWang), Praer(Suthira Owlarn)(@sowla), Sébastien Rochette(@statnmap), @stevensbr, André Calero Valdez(@Sumidu), Tanner

Stauss(@tmstauss), Tony Fujs(@tonyfujs), Stefan Moog(@trekonom), Jeff Allen (@trestletech), Trey Gilliland(@treygilliland), Albrecht(@Tungurahua), Valeri Voev (@ValeriVoev), Vickus(@Vickusr), William Doane(@WilDoane), 黃湘云(@Xiang-yunHuang), gXcloud(@xwydq).

이 책이 만들어진 방식

이 책은 RStudio(*http://www.rstudio.com/ide*)에서 bookdown(*http://bookdown.org*)을 이용하여 작성되었다. 이 책의 온라인 버전(*http://mastering-shiny.org*)은 netlify (*http://netlify.com*)에서 호스팅되며, 깃허브 액션(Actions)(*https://github.com/features/actions*) 커밋 때마다 자동으로 업데이트된다. 전체 소스는 깃허브(*https://github.com/hadley/mastering-shiny*)에서 볼 수 있다.

이 책은 R 버전 4.0.3(2020-10-10)과 다음의 패키지들로 만들어졌다.

패키지	버전	소스
gapminder	0.3.0	standard(@0.3.0)
ggforce	0.3.2	standard(@0.3.2)
gh	1.2.0	standard(@1.2.0)
globals	0.14.0	standard(@0.14.0)
openintro	2.0.0	standard(@2.0.0)
profvis	0.3.7.9000	GitHub(rstudio/profvis@ca1b272)
RSQLite	2.2.3	standard(@2.2.3)
shiny	1.6.0	standard(@1.6.0)
shinycssloaders	1.0.0	standard(@1.0.0)
shinyFeedback	0.3.0	standard(@0.3.0)
shinythemes	1.2.0	standard(@1.2.0)
testthat	3.0.2.9000	GitHub(r-lib/testthat@4793514)
thematic	0.1.1	GitHub(rstudio/thematic@d78d24a)
tidyverse	1.3.0	standard(@1.3.0)
vroom	1.3.2	standard(@1.3.2)
waiter	0.2.0	standard(@0.2.0)
xml2	1.3.2	standard(@1.3.2)
zeallot	0.1.0	standard(@0.1.0)

리뷰어의 글

현장에서 Shiny를 사용하는 동안, 이슈 해결을 위한 인터넷 검색의 효용성이 떨어지는 경험을 여러 번 하였습니다. 토이 데이터 기반의 간단한 Shiny 웹 애플리케이션은 튜토리얼과 사례가 많아 쉽게 학습할 수 있지만, 한 걸음 더 들어간 Shiny의 응용에는 여러 가지 한계에 부딪히게 되는 경우가 많았습니다. 게다가 이슈의 관점이 R 데이터 분석가와 웹 애플리케이션 개발자의 모호한 경계에서 비롯되는 경우도 많았습니다. 한마디로 이 책과 같은 심도 깊은 가이드가 필요했던 것입니다.

이 책은 현장 경험이 많은 역자가 번역하여 원문의 친근한 표현도 잘 담아내고 있습니다. 어려운 개념도 쉽게 설명하고 있어 Shiny를 다양하게 활용하는 데 한계를 느끼던 국내 Shiny 사용자들에게 훌륭한 가이드가 될 거라 생각합니다. R 데이터 분석가에게는 부족한 웹 애플리케이션에 대한 개념을, 웹 개발자에게는 R과의 긴밀한 연동성을 습득하는 데 도움이 될 만한 책입니다. 이 책이 'Mastering Shiny'를 넘어 'Mastering Web Application'과 'Mastering R'로 자리매김하는 책이 되기를 기대합니다.

– 유충현(한국R사용자회 회장)

이 책은 Shiny 입문자를 위한 기초적인 설명부터 전문가를 위한 모듈/테스트/보안/성능까지, Shiny의 모든 부분을 설명하는 바이블 같은 책입니다. 특히 그림과 예시 코드가 풍부해 혼자서도 충분히 공부해나갈 수 있습니다. 현업에서 늘 Shiny의 특정 기능만 이용했었는데, 이 책을 보고 몰랐던 기능을 많이 알 수 있었고, 특히 테스트나 보안 등 꼭 필요하지만 배우기 어려운 지식도 얻을 수 있었습니다. 이렇게 훌륭한 책임에도 불구하고 R과 Shiny만으로도 생소함을 느끼는 분들께 영어책을 권유할 수는 없었습니다. 이 번역본이 한국 R과 Shiny 생태계 확장에 크게 이바지할 거라 확신합니다. 출간되면 우리 회사 신입/인턴 공식 교육자료로 이용할 예정입니다.

– 김진섭(예방의학 전문의)

데이터 분석의 화룡점정은 커뮤니케이션입니다. Shiny는 분석가와 과학자의 소통을 돕고 안전관리나 정책 입안자를 위한 멋진 실시간 대시보드를 만들 수 있게 해줌으로써 다양한 분야에서 데이터 커뮤니케이션을 가속화하고 있습니다. 무엇보다 중요한 사실은 이 모든 것을 R 언어만으로 구현할 수 있다는 것입니다. R 생태계의 강력한 데이터 가공, 모델링, 시각화 도구들은 Shiny를 만나 날개를 달게 되었습니다. 이 책의 저자 해들리 위컴은 그의 데이터 분석 철학처럼 잘 정돈된 글을 씁니다. 그의 대표 저서인《R을 활용한 데이터 과학》이 데이터 과학 최고의 입문서라면, 이 책은 Shiny를 시작하기에 최고의 교재라고 말하고 싶습니다. 이 책으로 여러분의 더 빛나는(shiny) 데이터 분석을 완성해 나가길 바랍니다!

― 나영준(앤틀러 대표)

비전문가도 데이터 제품을 쉽게 상호작용할 수 있게 해주는 툴인 Shiny에 대해 기초부터 고급 스킬까지 총망라한 서적이 한국에 소개되어 기쁩니다. Shiny는 R 기반 웹 앱 개발 프레임워크로 탄생하여 이제는 파이썬으로까지 확장하고 있고 동적 앱뿐 아니라 정적 앱까지도 지원하는 등, Shiny의 진화는 현재진행형입니다. 모쪼록 이 책으로 인해 Shiny 개발에 대한 접근성이 높아지고, 더 나아가서는 전문가들만의 데이터 분석/모델에서 벗어나 더 많은 사람이 데이터를 기반으로 의사결정을 하는, '데이터가 흐르는 조직'으로 국내 기업 및 공공기관들이 변모하는 데 도움이 되기를 기대해봅니다.

― 조호연(DeepSkill 연구소장)

현업에서 Shiny를 7년 정도 사용해왔지만, 이 책을 통해 꿀팁을 많이 배웠습니다. 원서가 공개되어 있어서 틈틈이 공부하다가 이번에 한글로 된 번역서를 리뷰하면서 단숨에 머릿속이 정리되었습니다. 이미 수준 높은 완성된 코드를 제공하는 원서를 우리말로 이해하기 쉽게 번역하여, 따라 하기 쉽고 정독하기에 어려움도 없었습니다. R Shiny 개발자라면 버릴 내용이 하나도 없는 정말 유익하고 두고두고 참고할 만한 도서라고 생각합니다.

― 지남현(LG전자 책임연구원)

시작하기

1부의 목표는 Shiny 앱을 가능한 한 빨리 작성할 수 있도록 하는 것이다. 1장에서는 작지만 완성된 앱을 통해 앱의 주요 부분들이 어떻게 하나로 결합하는지 알아본다. 다음으로 2장과 3장에서는 프론트엔드(사용자의 브라우저를 통해 보이는 부분)와 백엔드(앱이 작동하도록 하는 코드)라는 두 가지 주요 부분에 대해 상세히 살펴본다. 마지막으로 4장에서는 사례 연구를 통해 앞 장에서 다룬 개념들을 더 확실히 이해한다.

M a s t e r i n g   **S h i n y**

1장

첫 Shiny 앱

소개

이 장에서는 단순한 Shiny 앱을 만들어볼 것이다. 우선 Shiny 앱을 위해 필요한 최소한의 표준 코드 양식(boilerplate)을 본 뒤에, 어떻게 앱을 시작하고 중지하는지 배운다. 다음으로 모든 Shiny 앱에 필요한 두 가지 구성요소인 **사용자 인터페이스** (user interface, UI)와 **서버 함수**를 배운다. UI는 앱이 어떻게 보일지를 정의하고, 서버 함수는 앱이 어떻게 작동할지를 정의한다. Shiny는 **반응형 프로그래밍**을 사용하여 입력이 변경될 때마다 출력을 자동으로 갱신하는데, 이 장의 마지막에서 Shiny 앱의 세 번째 중요한 구성요소인 반응형 표현식에 대해 배운다.

아직 Shiny를 설치하지 않았다면, 다음 코드를 이용하여 지금 설치해보자.

```
install.packages("shiny")
```

이미 Shiny를 설치했다면, `packageVersion("shiny")`를 실행하여 패키지 버전이 1.5.0 이상인지 확인해보자.

그런 다음, 현재 R 세션에서 다음과 같이 로드하자.

```
library(shiny)
```

앱 디렉터리 및 파일 만들기

Shiny 앱을 만드는 방법은 여러 가지다. 가장 간단한 방법은 새로운 디렉터리를 만들고 *app.R*이라는 하나의 파일을 넣는 것이다. 이 *app.R* 파일은 앱이 어떻게 보여야 할지와 어떻게 작동해야 할지를 모두 정의한다.

  새로운 디렉터리를 만든 다음, 다음과 같이 *app.R* 파일을 추가하자.

```
library(shiny)
ui <- fluidPage(
  "Hello, world!"
)
server <- function(input, output, session) {
}
shinyApp(ui, server)
```

이 간단한 코드가 딱히 유용한 기능은 없지만 완성된 Shiny 앱이다! *app.R*은 다음과 같은 네 가지 작업을 수행한다.

1. `library(shiny)`를 호출하여 shiny 패키지를 로드한다.
2. 사람과 상호작용(interact)할 HTML 웹페이지 사용자 인터페이스를 정의한다. 이 앱의 경우, "Hello, world!"라는 문장을 포함한 웹페이지다.
3. `server` 함수를 정의하여 앱의 행동방식을 구체적으로 명시한다. 이 앱에서는 함수가 현재 비어있는 상태이므로, 앱은 아무런 동작을 수행하지 않는다. 이 부분은 이후에 다시 살펴보겠다.
4. `shinyApp(ui, server)`를 실행하여 Shiny 앱을 생성하고 시작한다.

💡 RStudio에서 새로운 앱을 만드는 두 가지 편리한 방법은 다음과 같다.

  • 새로운 디렉터리와 기본 앱이 구현된 *app.R*를 한번에 생성하려면, 메뉴바에서 File → New Project를 클릭한 뒤, New Directory를 선택하고 Shiny Web Application을 선택한다.
  • 이미 *app.R* 파일을 만들었다면, **shinyapp**이라고 타이핑한 뒤 Shift + Tab 키를 눌러 앱의 표준 코드 양식을 추가할 수 있다.

실행하기 및 중단하기

다음과 같은 몇 가지 방법을 통해 앱을 실행할 수 있다.

• 소스 창(source pane)의 툴바(toolbar)에서 Run App(그림 1-1) 버튼을 클릭한다.
• 단축키 Cmd/Ctrl + Shift + Enter를 누른다.

그림 1-1 Run App 버튼은 소스 창 우측 상단에서 찾을 수 있다.

• RStudio를 사용하지 않는 경우, (source())[1]를 사용해서 앱 소스 코드를 읽어 실행하거나, shiny::runApp()을 *app.R*이 위치한 디렉터리 경로와 함께 호출한다.

이 방법들 중 하나를 선택해서, 그림 1-2와 같은 앱이 실행되는지 확인해보자. 축하한다! 첫 Shiny 앱을 만들었다.

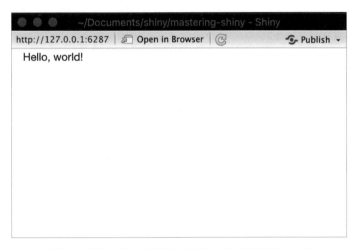

그림 1-2 앞의 코드를 실행했을 때 보게 되는 매우 기본적인 Shiny 앱

앱을 닫기 전에, RStudio로 돌아가서 R 콘솔을 보자. 다음과 같은 것이 출력되었음을 알게 될 것이다.

```
#> Listening on http://127.0.0.1:3827
```

이는 앱에 접속할 수 있는 URL을 나타낸다. 127.0.0.1은 '로컬 컴퓨터'를 뜻하는 표준 주소이며, 3827은 임의로 지정된 포트 번호다. 해당 URL을 호환되는[2] 웹 브라우저에 입력하면 또 다른 복사본을 열 수 있다.

1 (옮긴이) 바깥괄호 ()가 중요한 역할을 수행한다. shinyApp()은 오직 그 반환값이 프린트(print)될 때만 앱을 실행한다. source()는 소스 파일 *app.R* 마지막의 shinyApp()의 결과를 프린트하지 않고 반환하므로, 바깥괄호 ()를 추가함으로써 source()의 반환값을 프린트해야 앱이 실행된다.
2 Shiny는 모든 최신의 브라우저(*https://oreil.ly/CNDxd*)를 지원하려고 노력한다. IE11 이전 버전의 인터넷 익스플로러(Internet Explorer)는 Shiny를 R 세션에서 직접 실행할 때 호환되지 않는다. 하지만, Shiny 앱이 Shiny 서버나 ShinyApps.io에 배포된 경우에는 IE10에서도 작동한다. 그 이전 버전은 더 이상 지원되지 않는다.

또한 R 프롬프트가 보이지 않으며, 콘솔 툴바에 스톱사인(stop-sign) 아이콘이 나타나는 것으로 보아, R 코드가 실행 중인 것을 알아챌 수 있다. Shiny 앱이 실행되는 동안, R 콘솔은 '차단(block)'된다. 즉, Shiny 앱이 중단되기 전까지는 새로운 명령을 R 콘솔을 통해 실행할 수 없다.

다음 중 한 가지 방법을 통해 앱을 중단하고 콘솔에 다시 접근할 수 있다.

- R 콘솔 툴바의 스톱사인 아이콘을 클릭한다.
- 콘솔을 클릭한 뒤, Esc(혹은 RStudio를 사용하지 않는 경우에는 Ctrl + C) 키를 누른다.
- Shiny 앱 창을 닫는다.

Shiny 앱 개발의 기본 워크플로는 코드를 일부 작성한 뒤, 앱을 실행하여 사용해보고, 이후 추가로 코드를 작성하는 반복적인 과정이다. RStudio를 사용한다면 코드에서 변경된 사항을 앱에서 확인할 때 꼭 앱을 중단하고 다시 실행할 필요가 없다. 툴박스의 Reload app 버튼을 누르거나, 단축키 Cmd/Ctrl + Shift + Enter를 누르면 된다. 다른 워크플로 패턴에 대해서는 5장에서 다루겠다.

UI 컨트롤 추가하기

다음으로 몇 개의 입력 및 출력을 UI에 추가하여, datasets 패키지에 내장된(built-in) 모든 데이터셋을 보여주는 매우 간단한 앱을 만들어보자. 이제 더 이상 최소한의 앱은 아니다.

ui를 다음 코드로 교체하자.

```
ui <- fluidPage(
  selectInput("dataset", label = "Dataset", choices = ls("package:datasets")),
  verbatimTextOutput("summary"),
  tableOutput("table")
)
```

이 코드는 네 개의 새로운 함수를 사용한다.

```
fluidPage()
```
페이지의 기본 시각적 구조를 설정하는 **레이아웃 함수**. 99쪽의 '싱글페이지 레이아웃'에서 좀더 자세하게 살펴본다.

selectInput()

사용자가 값을 선택함으로써 앱과 상호작용하도록 하는 **입력 컨트롤**. 이 경우에는 'Dataset'이라고 레이블(label)되고 R과 함께 기본 장착된 데이터셋 중 하나를 선택하도록 하는 셀렉트 박스(select box)다. 입력에 대해서는 16쪽의 '입력'에서 좀더 자세하게 살펴본다.

verbatimTextOutput()과 tableOutput()

렌더링된 결과가 나타날 **출력 컨트롤**(어떻게 출력을 렌더링하는지에 대해서는 잠시 뒤에 살펴본다). verbatimTextOutput()에 코드를 출력하고, tableOutput()에 표를 출력한다. 출력에 대해서는 23쪽의 '출력'에서 좀더 자세하게 살펴본다.

레이아웃 함수, 입력, 출력은 서로 다른 용도를 지니지만, 단지 HTML을 생성하는 훌륭한 방법이라는 측면에서는 원칙적으로 같다. Shiny 앱 외부에서 이 중 어떤 함수든지 호출하면, 콘솔 화면에 HTML 코드가 출력된다. 겁내지 말고 다양한 레이아웃과 컨트롤들이 내부적으로 어떻게 작동하는지 살펴보기 바란다.

앱을 다시 실행해보면, 그림 1-3과 같이 셀렉트 박스를 포함한 페이지를 보게 될 것이다. 아직 Shiny에게 어떻게 입력과 출력이 관련되는지를 얘기하지 않았기 때문에, 입력만 보이고 두 개의 출력은 보이지 않는다.

그림 1-3 UI를 포함한 datasets 앱

행동방식 추가하기

다음으로 서버 함수를 통해 출력에 내용이 나타나도록 해보자.

Shiny는 반응형 프로그래밍을 사용하여 앱을 인터랙티브하게 만든다. 반응형 프로그래밍에 대해서는 3장에서 더 배울 것이다. 일단 반응형 프로그래밍이 Shiny에게 어떻게 계산을 수행해야 할지 설명할 뿐, 그 계산을 수행하라고 명령을 내리는 것은 아니라는 점을 알아두자. 이 차이는 마치 누군가에게 샌드위치 조리법을 주는 것과 샌드위치를 만들라고 요구하는 것 사이의 차이와 같다.

Shiny에게 어떻게 이 예제 앱에 summary와 table 출력을 채울지 '조리법'을 제공하기 위해 server 함수를 다음 코드로 변경하자.

```
server <- function(input, output, session) {
  output$summary <- renderPrint({
    dataset <- get(input$dataset, "package:datasets")
    summary(dataset)
  })

  output$table <- renderTable({
    dataset <- get(input$dataset, "package:datasets")
    dataset
  })
}
```

할당 연산자(<-)의 좌측에 있는 output$ID는, 해당 ID의 Shiny 출력에 대한 조리법을 제공함을 의미한다. 연산자의 우측은 특정한 **렌더 함수** 안에 조리법 코드를 감싼다. 각 render{Type} 함수는 특정한 형태의 출력(예를 들어 텍스트, 표, 플롯 등)을 생산하도록 설계되었으며, 종종 {type}Output 함수와 짝을 이룬다. 예를 들어, 이 앱에서는 renderPrint()가 verbatimTextOutput()과 짝을 이루어 통계 요약을 고정 너비의 텍스트로 보여주며, renderTable()이 tableOutput()과 짝을 이루어 입력 데이터를 표로 보여준다.

앱을 다시 실행하고 사용해보면서, 입력을 변경하면 출력에 어떤 일이 발생하는지 보자. 그림 1-4는 앱을 처음 열었을 때 나타날 페이지를 보여준다.

Dataset

ability.cov	▼

```
       Length Class  Mode
cov     36    -none- numeric
center  6     -none- numeric
n.obs   1     -none- numeric
```

cov.general	cov.picture	cov.blocks	cov.maze	cov.reading	cov.vocab	center	n.obs
24.64	5.99	33.52	6.02	20.75	29.70	0.00	112.00
5.99	6.70	18.14	1.78	4.94	7.20	0.00	112.00
33.52	18.14	149.83	19.42	31.43	50.75	0.00	112.00
6.02	1.78	19.42	12.71	4.76	9.07	0.00	112.00
20.75	4.94	31.43	4.76	52.60	66.76	0.00	112.00
29.70	7.20	50.75	9.07	66.76	135.29	0.00	112.00

그림 1-4 입력과 출력을 연결하는 서버 함수를 제공함으로써 완전하게 작동하는 앱을 만들었다.

입력 데이터셋을 바꿀 때마다 요약과 표가 갱신되는 것에 주목하자. 이 의존성은 출력 함수 내에서 input$dataset을 참조하기 때문에 암묵적으로(implicitly) 발생한다. input$dataset은 ID가 dataset인 UI 컴포넌트의 현재 값을 가지고 있으며, 그 값이 변할 때마다 출력이 자동으로 갱신된다. 이와 같이 입력이 변경될 때 출력이 자동으로 반응하는(재계산하는) 것이 **반응성**(reactivity)의 핵심이다.

반응형 표현식을 이용한 중복 줄이기

이 간단한 예시에서조차 코드 중복이 발생한다. 아래 코드가 두 개의 출력에 모두 존재한다.

```
dataset <- get(input$dataset, "package:datasets")
```

어떠한 프로그래밍에서든 중복된 코드를 만드는 것은 좋지 않다. 컴퓨팅 관점에서도 낭비일 수 있지만, 더 중요한 점은 코드의 유지 관리와 수정이 어려워진다는 것이다. 이 예에서 중요한 부분은 아니지만, 기본 아이디어를 아주 간단한 맥락에서 묘사해보려 한다.

전통적인 R 코드를 작성할 때는 두 가지 기법, 즉 변수를 사용하여 값을 저장하거나 함수를 이용하여 계산(computation)을 저장하는 방법을 이용하여 코드 중복을 해결한다. 하지만 두 가지 기법 모두 Shiny 앱에서의 코드 중복 문제를 해결하지 못한다는 것을 226쪽의 '왜 반응형 프로그래밍이 필요한가?'에서 배울 것이다. 문제를 해결하기 위해 **반응형 표현식**(reactive expression)이라는 새로운 메커니즘이 필요하다.

코드 블록을 reactive({...}) 안에 감싼 뒤 변수에 할당하여 반응형 표현식을 생성할 수 있으며, 이를 함수처럼 호출하여 사용할 수 있다. 마치 함수를 호출하는 것같이 보이긴 하지만, 반응형 표현식에는 중요한 차이점이 존재한다. 단지 처음 호출될 때만 실행되고, 이후에는 그 결괏값을 갱신할 필요가 있기 전까지는 결괏값을 캐시한다는 점이다.

다음 코드와 같이 server()를 변경해보자. 앱의 행동은 동일하지만 좀더 효율적으로 작동하는데, 이는 데이터셋을 두 번이 아니라 오직 한 번만 조회(retrieve)하기 때문이다.

```
server <- function(input, output, session) {
  # 반응형 표현식을 생성
  dataset <- reactive({
```

```
    get(input$dataset, "package:datasets")
  })

  output$summary <- renderPrint({
    # 반응형 표현식을 함수처럼 호출하여 사용
    summary(dataset())
  })

  output$table <- renderTable({
    dataset()
  })
}
```

반응형 프로그래밍에 대해서는 이후 여러 번 다시 다룰 예정이지만, 입력과 출력, 반응형 표현식에 대한 대강의 지식만으로도 이미 상당히 유용한 Shiny 앱을 만들 수 있다!

요약

이 장에서는 간단한 앱을 만들어보았다. 아주 흥미롭거나 유용한 앱은 아니었지만, 기존 R 지식을 이용해서 웹 애플리케이션을 만드는 것이 얼마나 쉬운지 확인할 수

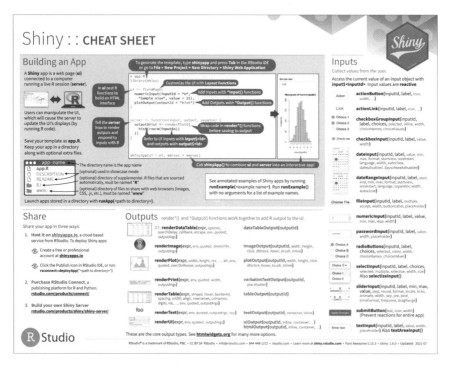

그림 1-5 Shiny 치트시트(*https://www.rstudio.com/resources/cheatsheets*)

있었다. 다음 2장과 3장에서는 Shiny의 두 기본 단위인 사용자 인터페이스와 반응형 프로그래밍에 대해 더 알아볼 것이다. 지금이 Shiny 치트시트(*https://raw.github usercontent.com/rstudio/cheatsheets/main/shiny.pdf*)를 다운로드하여 살펴보기에 좋은 시점이다. 이 시트는 Shiny의 주요 구성요소를 상기하기에 좋은 훌륭한 자료다.

연습문제

1. 이름을 불러 사용자를 환영하는 앱을 만들어보자. 아직 이를 위해 필요한 모든 함수를 배우지 않았기 때문에, 몇 줄의 코드를 포함시켜 두었다. 어떤 코드를 사용할 것인지 생각해보고, 해당 코드를 복사하여 Shiny 앱의 적절한 위치에 붙여넣자.

```
tableOutput("mortgage")
output$greeting <- renderText({
  paste0("Hello ", input$name)
})
numericInput("age", "How old are you?", value = NA)
textInput("name", "What's your name?")
textOutput("greeting")
output$histogram <- renderPlot({
  hist(rnorm(1000))
}, res = 96)
```

2. 사용자가 1에서 50 사이의 숫자(x)를 설정하면, 그 숫자에 5를 곱한 결과를 보여주는 앱을 설계하고 싶어하는 친구가 있다. 다음은 그 친구가 첫 번째로 시도한 것이다.

```
library(shiny)

ui <- fluidPage(
  sliderInput("x", label = "If x is", min = 1, max = 50, value = 30),
  "then x times 5 is",
  textOutput("product")
)

server <- function(input, output, session) {
  output$product <- renderText({
    x * 5
  })
}

shinyApp(ui, server)
```

하지만 다음과 같은 오류를 발생시켰다.

친구가 오류를 찾고 수정할 수 있도록 도와주자.

3. 앞 연습문제의 앱을 확장하여 사용자가 배율(multiplier) 값 y를 설정하도록 하고, 앱이 x * y의 값을 얻도록 해보자. 최종 결과는 다음과 같이 보여야 한다.

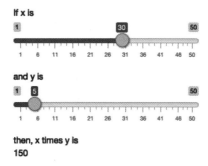

4. 앞 연습문제에서 묘사된 앱에 몇 가지 기능을 더 추가한 다음 앱을 살펴보자. 무엇이 새로 추가되었나? 어떻게 하면 반응형 표현식을 사용하여 중복된 코드의 양을 줄일 수 있을까?

```
library(shiny)

ui <- fluidPage(
  sliderInput("x", "If x is", min = 1, max = 50, value = 30),
  sliderInput("y", "and y is", min = 1, max = 50, value = 5),
  "then, (x * y) is", textOutput("product"),
  "and, (x * y) + 5 is", textOutput("product_plus5"),
  "and (x * y) + 10 is", textOutput("product_plus10")
)

server <- function(input, output, session) {
  output$product <- renderText({
    product <- input$x * input$y
    product
  })
```

```
  output$product_plus5 <- renderText({
    product <- input$x * input$y
    product + 5
  })
  output$product_plus10 <- renderText({
    product <- input$x * input$y
    product + 10
  })
}

shinyApp(ui, server)
```

5. 다음 앱은 이 장에서 이전에 보았던 앱과 매우 비슷하게, 패키지에서 데이터셋을 선택하면(이번에는 ggplot2 패키지를 사용한다) 데이터 요약과 플롯을 화면에 출력한다. 또한 이 앱은 코드의 중복을 피하기 위해 반응형 표현식을 사용한 좋은 예를 보여준다. 하지만 다음 코드에는 버그가 두 군데 있다. 그 버그들을 찾아서 수정해보자.

```
library(shiny)
library(ggplot2)

datasets <- c("economics", "faithfuld", "seals")
ui <- fluidPage(
  selectInput("dataset", "Dataset", choices = datasets),
  verbatimTextOutput("summary"),
  tableOutput("plot")
)

server <- function(input, output, session) {
  dataset <- reactive({
    get(input$dataset, "package:ggplot2")
  })
  output$summary <- renderPrint({
    summary(dataset())
  })
  output$plot <- renderPlot({
    plot(dataset)
  }, res = 96)
}

shinyApp(ui, server)
```

2장

기본 UI

소개

앞 장에서 기본 앱을 만들었으니, 이제 Shiny를 원활하게 작동하게 하기 위한 세부적인 부분을 살펴보자. 앞에서 살펴보았듯이, Shiny는 사용자 인터페이스를 생성하는 코드(프론트엔드)와 앱의 동작을 조종하는 코드(백엔드)를 분리하여 작성한다.

이 장에서는 프론트엔드에 초점을 맞추어 Shiny가 제공하는 HTML 입력과 출력을 둘러봄으로써, 다양한 형태의 데이터를 입력하고 여러 형태의 R 출력을 화면에 표시하는 방법을 배운다. 아직 입력과 출력을 결합하는 다양한 방법을 배우지는 않으며, 이는 6장에서 다시 다룬다.

이 장에서는 대체로 Shiny 자체에 내장된 입력과 출력만 다룬다. 하지만 이 밖에도 shinyWidgets(*https://oreil.ly/7WHmU*), colourpicker(*https://oreil.ly/sFdk6*), sortable(*https://rstudio.github.io/sortable*)과 같은 강력한 확장 패키지들이 많이 있다. 난 샤오(Nan Xiao)(*https://nanx.me*)가 포괄적인 Shiny 확장 패키지 목록(*https://oreil.ly/t2TQ9*)을 관리하고 있다.

늘 그렇듯이 Shiny 패키지를 로드하며 시작해보자.

```
library(shiny)
```

입력

앞 장에서 보았듯이, sliderInput(), selectInput(), textInput(), numericInput() 등의 함수를 사용하여 입력 컨트롤을 UI 명세(specification)에 넣을 수 있다. 이제 모든 입력 함수의 기반이 되는 공통된 구조를 얘기해보고 Shiny에 내장된 입력을 간략히 살펴보자.

공통된 구조

모든 입력 함수는 똑같이 inputId라는 첫 번째 인자(argument)를 지닌다. 이는 프론트엔드와 백엔드를 연결할 때 사용되는 식별자(identifier)다. UI에서 ID가 "name"인 입력은 서버 함수에서 input$name으로 접근한다.

inputId 인자에는 두 가지 제약이 있다.

- 문자, 숫자, 언더스코어(_)만으로 이루어진 문자열이어야 하며, 공백, 대시(-), 마침표, 혹은 다른 특수 문자들은 허용되지 않는다! R 변수 이름처럼 ID를 정하자.
- 유일(unique)해야 한다. 만약 유일하지 않다면, 서버 함수에서 이 컨트롤을 참조할 방법이 없다.

대부분의 입력 함수는 label이라는 두 번째 인자[1]를 지닌다. 이는 앱 사용자가 화면에서 읽게 될 컨트롤 레이블을 생성한다. Shiny는 이 문자열에 대해서는 어떠한 제한도 두지 않지만, 앱 사용자가 이해하고 사용할 수 있도록 하기 위해 조심스럽게 생각해서 결정해야 한다. 세 번째 인자는 보통 value인데, 컨트롤의 기본값(default value)을 설정한다. 나머지 인자들은 각 컨트롤 종류에 따른 특정한 인자들이다.

입력을 만들 때 inputId와 label 인자는 이름을 생략한 채, 나머지 인자들은 이름과 값을 함께 제공하길 추천한다.

```
sliderInput("min", "Limit (minimum)", value = 50, min = 0, max = 100)
```

이어지는 절들에서는 Shiny에 내장된 입력들을 컨트롤 형태에 따라 분류하여 서술한다. 입력 함수의 모든 인자를 하나하나 설명하는 것이 아니라, 어떠한 옵션이 있

---

1 (옮긴이) 원본에서는 함수 설명 시 인자(argument)와 파라미터(parameter)라는 표현이 혼용되어 사용되고 있지만, 번역본에서는 혼란을 방지하기 위하여 '인자'로 통일하여 번역하였다.

는지 간략히 서술하려고 한다. 각 컨트롤에서 가장 중요한 인자들을 여기에서 다룰 것이며, 상세한 전체 내용을 얻으려면 문서를 읽어보기 바란다.

프리 텍스트(free text)

textInput()으로 짧은 텍스트를, passwordInput()[2]으로 패스워드를, textAreaInput() 으로 텍스트 문단을 입력받는다.

```
ui <- fluidPage(
  textInput("name", "What's your name?"),
  passwordInput("password", "What's your password?"),
  textAreaInput("story", "Tell me about yourself", rows = 3)
)
```

What's your name?

What's your password?

Tell me about yourself

텍스트가 반드시 특정한 속성을 지니도록 보장하고 싶다면 validate()를 사용하면 되는데, 이는 8장에서 다룰 것이다.

숫자형 입력

숫자 값을 입력받으려면 numericInput()으로 숫자만 입력할 수 있는 텍스트 박스를 생성하거나 sliderInput()으로 슬라이더를 생성한다. sliderInput()의 기본값으로 길이가 2인 숫자형 벡터를 제공하는 경우, 양쪽으로 설정할 수 있는 '범위' 슬라이더를 얻게 된다.

```
ui <- fluidPage(
  numericInput("num", "Number one", value = 0, min = 0, max = 100),
```

---

2 passwordInput()이 하는 일은 오직 사용자가 타이핑한 텍스트가 앱 화면에서 보이지 않도록 숨기는 것뿐이다. 패스워드가 예기치 않게 노출되지 않도록 하는 것은 여러분 각자에게 달렸으며, 보안 프로그래밍에 대한 훈련을 받지 않았다면 앱에서 패스워드를 사용하지 않길 추천한다.

```
    sliderInput("num2", "Number two", value = 50, min = 0, max = 100),
    sliderInput("rng", "Range", value = c(10, 20), min = 0, max = 100)
)
```

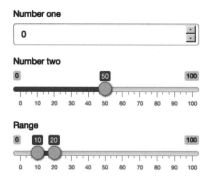

필자는 보통 작은 범위 내에서 선택하는 경우나 값을 정밀하게 선택하는 것이 중요하지 않은 경우에만 슬라이더를 사용하길 추천한다. 작은 슬라이더를 이용해서 정밀하게 값을 선택하려는 시도는 좌절감을 맛보게 한다!

슬라이더는 매우 다양하게 커스터마이징할 수 있으며, 다양한 방법으로 외관을 변경할 수 있다. 더 자세한 내용은 ?sliderInput과 '슬라이더 사용하기(Using sliders)'(*http://oreil.ly/BLsCJ*)에서 살펴보자.

날짜

dateInput()으로 하나의 날짜를 입력받거나 dateRangeInput()으로 날짜의 범위를 정하는 두 날짜를 입력받는다. 이 함수들은 달력 형태의 편리한 날짜 입력기(calendar picker)를 제공하며, datesdisabled나 daysofweekdisabled와 같은 추가 인자들로 유효한 날짜를 제한할 수 있다.

```
ui <- fluidPage(
  dateInput("dob", "When were you born?"),
  dateRangeInput("holiday", "When do you want to go on vacation next?")
)
```

When were you born?

2020-09-16

When do you want to go on vacation next?

| 2020-09-16 | to | 2020-09-16 |

날짜 형식, 언어, 한 주가 시작되는 요인 등은 미국 표준을 기본 설정으로 한다. 만약 국제적인 사용자를 대상으로 앱을 만든다면, 사용자에게 익숙한 형태로 날짜가 보이도록 format, language, weekstart 인자를 설정하자.

제한된 선택

미리 정해진 선택 옵션들 중 사용자가 선택할 수 있도록 하는 selectInput()과 radioButtons()이라는 두 가지 다른 방법이 있다.

```
animals <- c("dog", "cat", "mouse", "bird", "other", "I hate animals")

ui <- fluidPage(
  selectInput("state", "What's your favourite state?", state.name),
  radioButtons("animal", "What's your favourite animal?", animals)
)
```

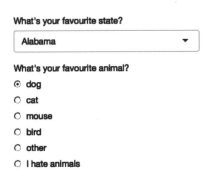

라디오 버튼(radio button)은 모든 옵션을 한번에 보여주기에 짧은 리스트에 적합하며 choiceNames와 choiceValues 인자를 사용하여 기본 텍스트 이외의 형태로 화면에 표시할 수 있다는 두 가지 유용한 특성이 있다. choiceNames는 화면을 통해 사용자가 보게 될 것을 정하며, choiceValues는 서버 함수에 어떤 값이 반환될지 정한다.

```
ui <- fluidPage(
  radioButtons("rb", "Choose one:",
    choiceNames = list(
      icon("angry"),
      icon("smile"),
      icon("sad-tear")
    ),
    choiceValues = list("angry", "happy", "sad")
  )
)
```

Choose one:

selectInput()으로 만든 드롭다운(drop-down)은 옵션의 개수와 상관없이 동일한 공간을 차지하므로, 많은 수의 옵션을 다루기에 적합하다. 또한 multiple = TRUE로 설정하면 사용자가 여러 항목을 선택할 수 있다.

```
ui <- fluidPage(
  selectInput(
    "state", "What's your favourite state?", state.name,
    multiple = TRUE
  )
)
```

선택 가능한 옵션이 매우 많다면, 모든 옵션을 UI에 탑재하여 로딩에 오랜 시간이 걸리게 하는 대신, '서버 측(server-side)' selectInput()을 사용하여 필요한 옵션들만 서버로부터 건네받는 방법이 더 좋을 수 있다. 이 고급 주제에 대해서는 Shiny 문서(*https://oreil.ly/FgvCM*)에서 더 배울 수 있다.

라디오 버튼을 이용해서 여러 값을 선택할 수는 없지만, 개념적으로 비슷한 checkboxGroupInput()을 대안으로 사용할 수 있다.

```
ui <- fluidPage(
  checkboxGroupInput("animal", "What animals do you like?", animals)
)
```

만약 하나의 체크박스(checkbox)로 예/아니요 질문을 하려면 checkboxInput()을 사용하자.

```
ui <- fluidPage(
  checkboxInput("cleanup", "Clean up?", value = TRUE),
  checkboxInput("shutdown", "Shutdown?")
)
```

파일 업로드

fileInput()으로 사용자가 파일을 업로드할 수 있게 하자.

```
ui <- fluidPage(
  fileInput("upload", NULL)
)
```

fileInput()은 서버 측에서 특별히 다루어야 하며, 이에 대해서는 9장에서 자세히 논의한다.

액션 버튼

actionButton()이나 actionLink()로 사용자가 동작을 실행하게 하자.

```
ui <- fluidPage(
  actionButton("click", "Click me!"),
  actionButton("drink", "Drink me!", icon = icon("cocktail"))
)
```

액션 링크와 액션 버튼은 서버 함수 내에서 observeEvent()나 eventReactive()와 가장 자연스럽게 결합된다. 아직 이 중요한 함수들을 배우지 않았지만, 48쪽의 '평가 시점 제어하기'에서 이 함수들을 다룰 것이다.

class 인자 값을 설정하여 버튼을 커스터마이징할 수 있다. "btn-primary",

"btn-success", "btn-info", "btn-warning", "btn-danger" 중 하나로 설정하여 겉모습[3]을 다르게 할 수 있으며, 버튼 크기를 "btn-lg", "btn-sm", "btn-xs"로 바꿀 수 있고, "btn-block"으로 버튼이 탑재된 영역의 전체 너비로 버튼을 만들 수 있다.

```
ui <- fluidPage(
  fluidRow(
    actionButton("click", "Click me!", class = "btn-danger"),
    actionButton("drink", "Drink me!", class = "btn-lg btn-success")
  ),
  fluidRow(
    actionButton("eat", "Eat me!", class = "btn-block")
  )
)
```

class 인자는 기저 HTML에서 각 원소가 어떻게 꾸며질지에 영향을 미치는 class 속성을 설정하는 방식으로 작동한다. 다른 옵션들을 알고 싶다면, Shiny에 사용된 CSS 디자인 시스템인 부트스트랩에 대한 문서(*https://oreil.ly/6VHyv*)를 읽어보자.

연습문제

1. 화면 공간이 부족할 때는 텍스트 입력 공간 내부에 플레이스 홀더(placeholder)로 텍스트 박스 레이블을 대신하면 유용하다. textInput() 함수를 어떻게 호출하면 다음 UI를 생성할 수 있을까?

2. 어떻게 하면 다음에 보이는 날짜 슬라이더를 만들 수 있는지 sliderInput() 도움말에서 찾아보자.

3. 0과 100 사이의 값을 5의 간격으로 선택할 수 있는 슬라이더 입력을 생성하자. 그 후, 입력 위젯에 애니메이션을 추가하여 사용자가 시작 버튼을 눌렀을 때 입력 위젯이 전체 입력 범위를 자동으로 스크롤하도록 하자.

4. 어느 정도 긴 리스트를 selectInput()에서 사용한다면, 부제목을 만들어 리스트를 여러 조각으로 나누는 게 유용하다. 어떻게 만들 수 있는지 도움말에서 찾아보자. (힌트: 기저 HTML은 <optgroup>이라는 원소다.)

출력

UI에서 출력은 나중에 서버 함수가 채워넣을 플레이스 홀더를 생성한다. 입력과 마찬가지로, 출력도 유일한 ID를 첫 번째 인자로 받는다.[4] 만약 UI 명세에 ID가 "plot"인 출력을 만든다면, 서버 함수에서 output$plot으로 접근한다.

프론트엔드의 각 출력 함수는 백엔드의 렌더(render) 함수와 결합된다. 출력에는 텍스트, 표, 플롯 등 보통 리포트에 포함되는 주요 세 가지 형태가 있다. 이어지는 절들에서는 프론트엔드의 기본 출력 함수들과 그에 대응하는 백엔드의 렌더 함수에 대해 살펴본다.

텍스트

일반적인 텍스트는 textOutput()으로 출력하며, 고정 너비 텍스트(예: 콘솔 출력)는 verbatimTextOutput()으로 출력한다.

```
ui <- fluidPage(
  textOutput("text"),
  verbatimTextOutput("code")
)
server <- function(input, output, session) {
  output$text <- renderText({
    "Hello friend!"
  })
  output$code <- renderPrint({
    summary(1:10)
  })
}
```

4 입력에서의 인자 이름(inputId)과 출력에서의 인자 이름(outputId)은 서로 다르다. 첫 번째 인자는 매우 중요하며, 필자는 여러분이 첫 번째 인자가 어떠한 역할을 하는지 추가적인 힌트가 없어도 기억하리라 기대하기 때문에, 첫 번째 인자의 이름은 사용하지 않는다.

```
Hello friend!

     Min. 1st Qu. Median   Mean 3rd Qu.   Max.
     1.00    3.25   5.50    5.50    7.75  10.00
```

렌더 함수 안의 {}는 오직 실행할 코드가 여러 줄일 때만 필요하다. 곧 배우겠지만, 렌더 함수 내에서의 계산을 최소화해야 하기 때문에, 종종 {}를 생략하게 될 것이다.[5] 앞의 서버 함수를 좀더 간략하게 작성한 서버 함수는 다음과 같다.

```r
server <- function(input, output, session) {
  output$text <- renderText("Hello friend!")
  output$code <- renderPrint(summary(1:10))
}
```

이 코드에는 서로 약간 다르게 행동하는 두 개의 렌더 함수가 있다.

renderText()

결과를 하나의 문자열로 결합하며 보통 textOutput()과 쌍을 이룬다.

renderPrint()

R 콘솔에서 보이는 것처럼 화면에 출력하며, 보통 verbatimTextOutput()과 쌍을 이룬다.

간단한 앱에서 그 차이를 확인할 수 있다.

```r
ui <- fluidPage(
  textOutput("text"),
  verbatimTextOutput("print")
)
server <- function(input, output, session) {
  output$text <- renderText("hello!")
  output$print <- renderPrint("hello!")
}
```

```
hello!

  [1] "hello!"
```

이 차이는 base R[6]에서 cat()과 print()의 차이와 동일하다.

---

5 (옮긴이) 렌더 함수 내 계산을 최소화하다가 보면 종종 한 줄로 실행되는 렌더 함수를 작성하게 될 것임을 뜻한다.

6 R 설치 시 기본적으로 제공해주는 base 패키지를 뜻한다.

표

데이터 프레임을 표로 표시하는 두 가지 옵션이 있다.

tableOutput()과 renderTable()

모든 데이터를 한번에 보여주는 정적(static) 데이터 표를 제공한다.

dataTableOutput()과 renderDataTable()

컨트롤을 통해 행을 정렬하거나 필터링할 수 있고, 페이지를 나누어 한 번에 일 정 개수의 행만 화면에 보여주는 동적(dynamic) 표를 제공한다.

tableOutput()은 작고 일정한 요약표(예: 모형 계수)에 유용하고, dataTableOutput() 은 전체 데이터 프레임을 사용자에게 노출시키고자 할 때 적합하다. 다음 코드는 tableOutput()과 dataTableOutput()을 사용한 매우 간단한 예다.

```
ui <- fluidPage(
  tableOutput("static"),
  dataTableOutput("dynamic")
)
server <- function(input, output, session) {
  output$static <- renderTable(head(mtcars))
  output$dynamic <- renderDataTable(mtcars, options = list(pageLength = 5))
}
```

mpg	cyl	disp	hp	drat	wt	qsec	vs	am	gear	carb
21.00	6.00	160.00	110.00	3.90	2.62	16.46	0.00	1.00	4.00	4.00
21.00	6.00	160.00	110.00	3.90	2.88	17.02	0.00	1.00	4.00	4.00
22.80	4.00	108.00	93.00	3.85	2.32	18.61	1.00	1.00	4.00	1.00
21.40	6.00	258.00	110.00	3.08	3.21	19.44	1.00	0.00	3.00	1.00
18.70	8.00	360.00	175.00	3.15	3.44	17.02	0.00	0.00	3.00	2.00
18.10	6.00	225.00	105.00	2.76	3.46	20.22	1.00	0.00	3.00	1.00

Show 10 ▾ entries   Search: [   ]

mpg ⇕	cyl ⇕	disp ⇕	hp ⇕	drat ⇕	wt ⇕	qsec ⇕	vs ⇕	am ⇕	gear ⇕	carb ⇕
21	6	160	110	3.9	2.62	16.46	0	1	4	4
21	6	160	110	3.9	2.875	17.02	0	1	4	4
22.8	4	108	93	3.85	2.32	18.61	1	1	4	1
21.4	6	258	110	3.08	3.215	19.44	1	0	3	1
18.7	8	360	175	3.15	3.44	17.02	0	0	3	2
mpg	cyl	disp	hp	drat	wt	qsec	vs	am	gear	carb

Showing 1 to 5 of 32 entries   Previous 1 2 3 4 5 6 7 Next dataTableOutput()의 출력을 좀더 잘 컨트롤하고 싶다면, 그렉 린(Greg Lin)의 re-actable(*https://glin.github.io/reactable*) 패키지를 강력하게 추천한다.

플롯

plotOutput()과 renderPlot()으로 어떠한 형태의 R 그래픽(예: base 혹은 ggplot2)이든 표시할 수 있다.

```
ui <- fluidPage(
  plotOutput("plot", width = "400px")
)
server <- function(input, output, session) {
  output$plot <- renderPlot(plot(1:5), res = 96)
}
```

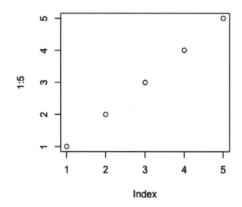

함수 plotOutput() 인자의 기본값은 플롯을 컨테이너(이에 대해 곧 다룰 것이다)의 전체 너비와 400픽셀의 높이로 출력하도록 설정되어 있는데, height와 width 인자를 사용하여 이 기본값을 대체할 수 있다. 플롯이 RStudio에서 보이는 것과 최대한 비슷하게 보이도록 항상 res = 96으로 설정하기를 추천한다.

플롯은 입력으로 동작할 수도 있는 출력이라는 점에서 특별하다. plotOutput()에는 click, dblclick, hover와 같은 많은 인자가 있다. 이 인자들의 값을 click = "plot_click"과 같이 문자열로 입력하면 반응형 입력(input$plot_click)이 생성되어 플롯에 대한 사용자 인터랙션(예: 플롯을 클릭하기)을 다룰 수 있다. Shiny에서의 인터랙티브 플롯에 대해서는 7장에서 다시 살펴본다.

다운로드

downloadButton()이나 downloadLink()로 사용자가 파일을 다운로드하게 할 수 있다. 이를 위해서는 서버 함수 내에서 새로운 기법이 필요하며, 이는 9장에서 다룬다.

연습문제

1. textOutput()과 verbatimTextOutput() 중 어느 것이 다음 각각의 렌더 함수와 쌍을 이루어야 할까?

   a. renderPrint(summary(mtcars))

   b. renderText("Good morning!")

   c. renderPrint(t.test(1:5, 2:6))

   d. renderText(str(lm(mpg ~ wt, data = mtcars)))[7]

2. 26쪽 '플롯'의 Shiny 앱을 플롯 높이 300픽셀, 너비 700픽셀로 다시 만들자. 플롯의 '대체(alt)' 텍스트를 설정하여, 이 플롯이 다섯 개의 임의의 숫자에 대한 산점도(scatterplot)임을 시각장애가 있는 사용자가 알 수 있도록 하자.[8]

3. 데이터는 표시하되 다른 모든 컨트롤은 숨겨지도록 renderDataTable() 호출 옵션을 변경해보자. 즉, 검색, 정렬, 필터링 명령을 없애자. ?renderDataTable을 읽고 기저의 자바스크립트 라이브러리에 있는 옵션(*https://datatables.net/reference/option*)을 검토해야 할 것이다.

```
ui <- fluidPage(
  dataTableOutput("table")
)
server <- function(input, output, session) {
  output$table <- renderDataTable(mtcars, options = list(pageLength = 5))
}
```

4. 다른 방법으로, reactable(*https://glin.github.io/reactable*)에 관하여 공부한 뒤, 이를 사용하여 앞의 앱을 변환해보자.

---

7 (옮긴이) str() 함수는 인자의 구조를 프린트(print)만 할 뿐 어떠한 값도 반환하지 않기 때문에(즉, NULL 값을 반환하기 때문에), renderText()는 빈 문자열을 반환한다.

8 (옮긴이) 화면 낭독 프로그램(screen reader)이 대체 텍스트를 읽는다.

요약

이 장에서는 Shiny 앱의 프론트엔드를 꾸미는 주요 입력 및 출력 함수를 소개하였다. 한꺼번에 많은 양의 정보가 주어졌기 때문에, 한 번 읽고 모든 것을 기억하리라 기대하지 말자. 대신, 특정한 컴포넌트를 원할 때 이 장에 다시 돌아와서 그림들을 빨리 훑어보고 필요한 코드를 찾자.

다음 장에서는 사용자 인터페이스에 생명을 불어넣는 R 코드인 Shiny 앱의 백엔드로 넘어갈 것이다.

3장

기본 반응성

소개

Shiny에서는 서버 로직을 반응형 프로그래밍(reactive programming)을 이용하여 표현한다. 반응형 프로그래밍은 명쾌하고 강력한 프로그래밍 패러다임이지만, 스크립트 작성 방식이 매우 다른 패러다임이기 때문에 처음에는 혼란스러울 수 있다. 반응형 프로그래밍의 핵심 아이디어는 입력이 변경됨에 따라 모든 관련된 출력이 자동으로 갱신되도록 앱 컴포넌트 간의 의존성을 지정한 그래프를 만드는 것이다. 이는 앱의 흐름을 상당히 단순화하지만, 어떻게 모든 것이 들어맞는지 이해하기까지는 시간이 걸릴 것이다.

이 장에서는 Shiny 앱에서 가장 흔한 반응형 구성체들(reactive constructs)의 기본을 통해 반응형 프로그래밍을 간단히 소개한다. 우선, 서버 함수를 살펴보고 input과 output 인자가 어떻게 작동하는지 더 상세하게 얘기해본다. 다음으로 가장 간단한 형태의 반응성(reactivity, 입력이 출력에 직접 연결된)을 검토해보고 어떻게 반응형 표현식(reactive expression)으로 중복된 작업을 제거할 수 있는지 알아본다. 마지막으로 초보 Shiny 사용자가 마주하는 몇 가지 흔한 장애물을 검토한다.

서버 함수

앞서 본 것처럼, 모든 Shiny 앱의 핵심 내부는 다음과 같다.

```
library(shiny)

ui <- fluidPage(
  # 프론트엔드 인터페이스
)

server <- function(input, output, session) {
  # 백엔드 로직
}

shinyApp(ui, server)
```

앞 장에서는 앱의 모든 사용자에게 보여질 HTML을 담은 프론트엔드인 객체 ui의 기본을 다루었다. ui는 모든 사용자가 같은 HTML을 얻는다는 측면에서 간단하다. 반면, server는 더 복잡한데, 이는 모든 사용자가 각각 독립된 앱 버전을 얻어야 하기 때문이다. 예를 들어, 사용자 A가 슬라이더를 움직일 때, 사용자 B의 출력이 변하지 않아야 한다.

이렇게 각 사용자에게 독립적인 앱을 제공하기 위해, Shiny는 매번 새로운 세션이 시작될 때마다 server() 함수를 호출한다.[1] 다른 R 함수들과 마찬가지로, 서버 함수가 호출될 때 또 다른 호출로부터 독립적인 새로운 로컬 환경을 생성한다. 이를 통해 각 세션은 고유한 상태를 나타내게 되며, 함수 내에서 생성된 변수가 각 세션에 독립적으로 존재하도록 격리시킨다. 이것이 Shiny 앱을 만들 때 대부분의 반응형 프로그래밍이 서버 함수 내에 작성되는 이유다.[2]

서버 함수는 세 개의 인자, 즉 input, output, session을 지닌다. 프로그램 코드상에서 서버 함수를 직접 호출하지 않기 때문에, 여러분이 이 인자들을 직접 생성하지는 않을 것이다. 대신에, 세션이 시작될 때 Shiny에 의해 생성되어 그 특정 세션에 연결될 것이다. 지금은 input과 output 인자에 초점을 맞추고, session에 대해서는 이후 장들에서 다루겠다.

input

input 인자는 브라우저로부터 보내진 모든 입력 데이터를 지닌 리스트 형태의 객체

---

1 다른 사람들이 접속한 것이든 한 사람이 여러 개의 탭으로 접속한 것이든, Shiny 앱에 대한 각각의 접속은 새 세션을 시작한다.
2 주된 예외 상황은 어떠한 작업이 여러 사용자에게 공유되어야 하는 경우다. 예를 들어, 모든 사용자가 동일한 대용량 CSV 파일을 보고 있을 수 있으며, 따라서 파일을 한 번만 로드하여 사용자 간에 공유하도록 하려는 경우다. 이 아이디어에 대해서는 383쪽의 '데이터 먼징 일정 만들기'에서 다룬다.

이며, 이때 리스트 원소의 이름은 입력 ID를 따른다. 예를 들어, UI에 ID가 count인 숫자형 입력 컨트롤이 다음과 같이 있다면,

```
ui <- fluidPage(
  numericInput("count", label = "Number of values", value = 100)
)
```

입력값을 input$count로 접근할 수 있다. 이 예에서 초깃값은 100이며, 사용자가 브라우저에서 값을 변경할 때마다 자동으로 갱신된다.

일반적인 리스트와는 다르게, input 객체는 읽기 전용(read-only)이다. 만약 서버 함수 내에서 이 객체를 수정하려 하면 오류가 발생할 것이다.

```
server <- function(input, output, session) {
  input$count <- 10
}

shinyApp(ui, server)
#> Error: Can't modify read-only reactive value 'count'
```

input은 브라우저에서 어떤 일이 벌어지고 있는지를 반영하며, 그 브라우저만이 Shiny의 '단일 진실 공급원(single source of truth)'이어야 하기 때문에 이 예에서와 같이 input 값을 브라우저를 통하지 않고 직접 수정하려 하면 오류가 발생한다. 만약 R에서 그 값을 수정할 수 있다면, 입력 슬라이더가 나타내는 값과 input$count가 지닌 값이 달라져서 일관성을 해칠 수 있다. 그리고 이러한 비일관성은 프로그래밍을 어렵게 만들 것이다! 이후 8장에서 updateNumericInput()을 이용하여 브라우저 상의 값을 수정하고, 그에 따라 input$count 값이 갱신되도록 하는 방법을 배운다.

input과 관련하여 또 하나 중요한 사실은, 어디서 그 값을 읽을 수 있는지에 대해 제약이 있다는 점이다. renderText()나 reactive()와 같은 함수로 생성된 **반응형 맥락**(reactive context) 내에서만 input 값을 읽을 수 있다. 아주 잠시 뒤에 이 부분에 대해 다시 얘기하겠지만, 입력이 변경될 때 출력을 자동으로 갱신하기 위해서는 이 제약이 매우 중요하다. 다음 코드는 input을 반응형 맥락 밖에서 읽으려 할 때 발생하는 오류를 보여준다.

```
server <- function(input, output, session) {
  message("The value of input$count is ", input$count)
}
shinyApp(ui, server)
#> Error: Can't access reactive value 'count' outside of reactive consumer.
#> i Do you need to wrap inside reactive() or observer()?
```

output 또한 리스트 형태의 객체이며, 각 원소의 이름이 출력 ID를 따른다는 면에서 input과 매우 비슷하다. 입력을 받는 대신 출력을 내보내기 위해 사용한다는 것이 주된 차이점이다. output 객체는 다음의 간단한 예에서 보이는 바와 같이 항상 render 함수와 함께 사용된다.

```
ui <- fluidPage(
  textOutput("greeting")
)

server <- function(input, output, session) {
  output$greeting <- renderText("Hello human!")
}
```

(ID greeting이 UI에서는 따옴표 안에 있지만 서버에서는 그렇지 않다.)[3]
  렌더 함수는 두 가지 일을 수행한다.

• 출력이 어떤 입력을 사용하는지 자동으로 추적하는 특별한 반응형 맥락을 구축한다.
• R 코드 수행 결과를 웹페이지에 표시하기에 적합한 HTML로 변환한다.

output 또한 input과 마찬가지로 사용에 까다로운 제약이 있다. 다음과 같은 경우에 오류가 발생한다.

• render 함수 사용을 잊은 경우

```
server <- function(input, output, session) {
  output$greeting <- "Hello human"
}
shinyApp(ui, server)
#> Error: Unexpected character object for output$greeting
#> i Did you forget to use a render function?
```

• 출력으로부터 값을 읽으려 하는 경우

```
server <- function(input, output, session) {
  message("The greeting is ", output$greeting)
}
```

3 (옮긴이) output$greeting 대신 output[["greeting"]]로 ID를 따옴표 안에 넣어서 사용할 수도 있다.

```
shinyApp(ui, server)
#> Error: Reading from shinyoutput object is not allowed.
```

반응형 프로그래밍

입력만 있거나 출력만 있는 앱은 매우 지루할 것이다. Shiny의 진정한 마법은 두 가지 모두를 사용할 때 나타난다. 간단한 예를 살펴보자.

```
ui <- fluidPage(
  textInput("name", "What's your name?"),
  textOutput("greeting")
)

server <- function(input, output, session) {
  output$greeting <- renderText({
    paste0("Hello ", input$name, "!")
  })
}
```

책에서 이 앱이 작동하는 것을 보여주기는 어렵지만, 그림 3-1에 최선을 다해 묘사해 보았다. 앱을 실행하고 이름란에 타이핑을 하면 환영 인사가 자동으로 갱신된다.[4]

그림 3-1 반응성이란 이 앱에서 J, o, e를 타이핑하는 것과 같이 입력을 변경할 때 출력이 자동으로 갱신되는 것을 말한다. *https://hadley.shinyapps.io/ms-connection*에서 실제로 확인해보자.

Shiny가 출력이 언제 갱신될지 자동으로 알아내기 때문에, 여러분이 따로 해당 시점을 지정할 필요가 없다는 점이 Shiny의 큰 아이디어다. 이것은 어떻게 작동할까? 함수 내에서 정확히 어떤 일이 벌어지고 있을까? 서버 함수 내의 코드에 대해 좀더 세밀하게 생각해보자.

```
output$greeting <- renderText({
  paste0("Hello ", input$name, "!")
})
```

---

4 실제 앱을 구동하면, 한 글자씩 타이핑할 때마다 출력이 갱신되도록 하기 위해서는 상당히 느리게 타이핑을 해야 한다는 것을 눈치챌 것이다. 이는 Shiny가 업데이트를 보내기 전에 몇 밀리초(ms)를 기다리는 **디바운싱**(debouncing)이라는 기법을 사용하기 때문이다. 이는 앱 응답 시간을 눈에 띄게 늦추지는 않으면서, 동시에 Shiny가 응답해야 할 일의 양을 상당히 줄여준다.

이 코드를 "'hello'와 사용자 이름을 합한 뒤, 렌더링된 텍스트를 output$greeting에 전송하라"라고 읽기 쉽다. 하지만 이 멘탈 모델(mental model)은 미묘하지만 중요한 면에서 틀렸다. 이 모델에서는 오직 한 번만 지시를 내린다. 하지만 Shiny는 매번 input$name을 업데이트할 때마다 동작이 수행되어야 하기 때문에, 무언가 더 많은 일이 벌어짐이 틀림없다.

이 코드는 문자열을 생성하고 브라우저에 보내라고 Shiny에게 말하는 대신, Shiny가 필요할 때 어떻게 문자열을 생성하면 되는지 정보를 주기 때문에 앱이 작동할 수 있다. 언제 코드를 실행할 것인지는(그리고 실행 여부조차도!) Shiny에게 달려 있다. 앱을 실행하자마자 코드가 실행될 수도 있고, 혹은 훨씬 나중에 실행될 수도 있다. 코드가 여러 번 실행될 수도 있고, 한 번도 실행이 안 될 수도 있다. 이는 Shiny가 변덕스럽다는 뜻이 아니라, 코드를 언제 실행할지 결정하는 것은 여러분이 아닌 Shiny의 책임이라는 뜻이다. 앱이 Shiny에게 명령(command)을 전달하는 것이 아니라 Shiny에게 조리법(recipe)을 제공한다고 생각하자.

명령형 대 선언형 프로그래밍

명령과 조리법의 차이는 다음 두 가지 중요한 프로그래밍 방식의 핵심적인 차이 중하나다.

명령형 프로그래밍(imperative programming)
> 특정한 명령을 내리며, 이 명령은 즉시 수행된다. 이것이 분석 스크립트에 사용하던 프로그래밍 방식이다. 예를 들어, R에게 데이터를 로드하고, 변형하고, 시각화하고, 결과를 디스크에 저장하라고 명령한다.

선언형 프로그래밍(declarative programming)
> 더 높은 수준의 목표를 표현하거나 중요한 제약조건을 설명한 뒤, 어떻게 그리고/혹은 언제 이를 동작으로 옮길지는 다른 이에게 맡긴다. 이것이 Shiny에서 사용하는 프로그래밍 방식이다.

명령형 코드에서는 "샌드위치를 만들어 와"[5]라고 말한다면, 선언형 코드에서는 "내가 냉장고 안을 들여다볼 때마다 샌드위치가 거기 있도록 해"라고 말한다. 명령형

---

5 xkcd comic(*https://xkcd.com/149*) 참고

코드는 단호한 지시인 반면, 선언형 코드는 수동 공격적 지시라고 볼 수 있다.

　　대체로 선언형 프로그래밍은 엄청나게 자율성을 부여한다. 여러분(프로그래머)이 전반적인 목표를 설명하면, 소프트웨어는 추가적인 개입 없이 그 목표를 어떻게 달성할지 찾아낸다. 단점은 이따금 여러분이 원하는 것을 정확하게 알더라도 이를 선언형 시스템이 이해할 수 있도록 하는 방법을 찾을 수 없다는 점이다.[6] 이 책의 목표는 여러분이 기반 이론을 이해하도록 도움으로써 이런 경우를 최소화하는 것이다.

지연

Shiny의 선언형 프로그래밍의 장점 중 하나는 앱에 극단적인 지연을 허용한다는 것이다. Shiny 앱은 오직 현재 사용자 브라우저에서 볼 수 있는 출력 컨트롤을 갱신하기 위해 필요한 최소한의 작업만 수행할 것이다.[7] 하지만 이 지연은 중요한 단점을 수반한다. 다음 서버 함수에서 어디가 잘못되었는지 찾아보자.

```
server <- function(input, output, session) {
  output$greeting <- renderText({
    paste0("Hello ", input$name, "!")
  })
}
```

자세히 들여다보면, greeting 대신 greting이라고 쓴 것을 알 수 있을 것이다. Shiny에서 오류가 발생하지는 않지만, 원래 의도했던 대로 앱이 작동하지는 않을 것이다. 출력 greting이 존재하지 않기 때문에 renderText() 내부의 코드는 한 번도 실행되지 않을 것이다.

　　Shiny 앱을 작동하면서 왜 코드가 전혀 실행되지 않는지 파악할 수 없는 상태라면, UI와 서버 함수가 동일한 식별자를 사용하고 있는지 재확인해보자.

반응형 그래프

Shiny의 지연은 또 다른 중요한 속성을 지닌다. 대부분의 R 코드는 위에서부터 아래로 읽으면서 코드 실행 순서를 이해할 수 있다. Shiny에서는 이러한 방법으로 코

6　ggplot2의 범례(legend)를 정확히 원하는 대로 표시하지 못해 힘들었던 적이 있다면, 이미 이 문제를 겪어본 것이다.

7　그렇다! Shiny는 브라우저에서 볼 수 없는 출력은 갱신하지 않는다! Shiny는 매우 게을러서, 사용자 화면에 결과를 실제로 보여야 하지 않는 한, 일을 수행하지 않는다.

드 실행 순서를 이해할 수가 없는데, 이는 각 코드가 오직 필요한 경우에만 실행되기 때문이다. 코드의 실행 순서를 이해하기 위해서는 입력과 출력이 어떻게 연결되어 있는지를 묘사하는 **반응형 그래프**를 들여다 보아야 한다. 앞서 봤던 앱에 대한 반응형 그래프는 그림 3-2와 같이 매우 단순하다.

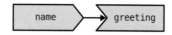

그림 3-2 반응형 그래프는 입력과 출력이 어떻게 연결되어 있는지 보여준다.

반응형 그래프는 각 입력과 출력에 해당하는 기호를 포함하며, 출력이 입력에 접근할 때마다 그 입력과 출력을 연결한다. 이 그래프는 name이 변경될 때마다 greeting이 다시 계산되어야 한다는 것을 얘기한다. 이러한 관계를 표현할 때 종종 greeting이 name에 대한 **반응형 의존성**(reactive dependency)을 지닌다고 얘기할 것이다.

입력 name이 출력 greeting에 자연스럽게 끼워지는 입력과 출력 그래프 표현 규칙에 주목하자. 이를 강조하기 위해 그림 3-3에서와 같이 입력과 출력을 매우 가깝게 그릴 수도 있었겠지만, 이는 가장 간단한 앱에서만 가능할 것이기 때문에, 보통은 이렇게 그리지 않을 것이다.

그림 3-3 반응형 그래프의 컴포넌트 모양은 서로 연결된 방향을 떠올리게 한다.

반응형 그래프는 어떻게 앱이 작동하는지 이해를 돕는 강력한 도구다. 앱이 점점 더 복잡해질수록, 큰 맥락에서 반응형 그래프를 간략히 그려보면 어떻게 전체 조각들이 맞춰지는지 상기하는 데 유용하다. 이 책 전반에 걸쳐, 각 예제들이 어떻게 작동하는지 이해를 돕기 위해 반응형 그래프를 보여준다. 그리고 14장에서는 반응형 그래프를 그려주는 reactlog 패키지를 어떻게 사용하는지 배울 것이다.

반응형 표현식

반응형 표현식은 반응형 그래프에서 보게 될 또 다른 중요한 구성요소다. 곧 반응형 표현식에 대해 더 자세히 다룰 것이며, 일단은 반응형 그래프에 노드를 추가함으로써 반응형 코드 내의 중복을 줄이는 도구라고 생각해두자.

앞서 살펴본 매우 간단한 앱에서는 반응형 표현식이 필요하지 않지만, 어쨌든 반응형 표현식을 추가해보면, 반응형 그래프는 그림 3-4와 같이 표현된다.

```
server <- function(input, output, session) {
  string <- reactive(paste0("Hello ", input$name, "!"))
  output$greeting <- renderText(string())
}
```

그림 3-4 반응형 표현식은 입력을 출력에 연결하기 때문에 양쪽 끝 모두 앵글(angle) 형태로 그려진다.

반응형 표현식은 입력을 받아 출력을 생산하므로, 입력과 출력의 특징을 결합한 모양으로 표현한다. 이 모양들이 어떻게 컴포넌트들이 함께 맞춰지는지 기억하는 데 도움이 되었으면 한다.

실행 순서

코드가 어떤 순서로 실행될 것인지는 오롯이 반응형 그래프에 달려 있다는 점을 이해하는 게 중요하다. 이는 위에서부터 아래로 순차적으로 실행되는 대부분의 R 코드와 다른 점이다. 예를 들어, 앞의 간단한 서버 함수에서 두 줄의 순서를 바꿔볼 수 있을 것이다.

```
server <- function(input, output, session) {
  output$greeting <- renderText(string())
  string <- reactive(paste0("Hello ", input$name, "!"))
}
```

아마도 output$greeting이 아직 생성되지 않은 반응형 표현식 string을 참조하기 때문에 오류가 발생할 거라 생각할지도 모르겠다. 하지만 Shiny는 지연되기 때문에 코드는 string이 생성된 이후에 세션이 시작할 때야 비로소 실행된다.

이 코드는 앞서 본 것과 똑같은 반응형 그래프를 얻으며, 따라서 코드가 실행되는 순서 또한 동일하다. 하지만 코드를 이렇게 구성하는 것은 사람에게 혼동을 줄 수 있으므로 피하는 게 최선이다. 대신, 반응형 표현식이나 출력이 오직 자신보다 위에서 정의된 것들만 참조하고, 자신보다 아래에서 정의된 것들은 참조하지 않도록 구성하자.[8] 이렇게 하면 코드를 이해하기 쉬워진다.

8 이 순서를 기술적인 용어로 **위상 정렬**(topological sort)이라 한다.

이 개념은 매우 중요하며 대부분의 다른 R 코드와는 다르다. 다시 한번 말하지만, 반응형 코드가 실행되는 순서는 서버 함수에 놓인 순서에 의해서가 아니라, 오직 반응형 그래프에 의해 결정된다.

연습문제

1. 다음 UI가 주어졌다.

```
ui <- fluidPage(
  textInput("name", "What's your name?"),
  textOutput("greeting")
)
```

다음 세 개의 서버 함수 각각에서 간단한 오류를 고쳐라. 우선은 코드를 눈으로 읽고 문제점을 찾아낸 뒤에, 코드를 실행하여 그 문제가 고쳐졌는지 확인하자.

```
server1 <- function(input, output, server) {
  input$greeting <- renderText(paste0("Hello ", name))
}
server2 <- function(input, output, server) {
  greeting <- paste0("Hello ", input$name)
  output$greeting <- renderText(greeting)
}
server3 <- function(input, output, server) {
  output$greting <- paste0("Hello", input$name)
}
```

2. 다음 서버 함수들에 대한 반응형 그래프를 그려보자.

```
server1 <- function(input, output, session) {
  c <- reactive(input$a + input$b)
  e <- reactive(c() + input$d)
  output$f <- renderText(e())
}
server2 <- function(input, output, session) {
  x <- reactive(input$x1 + input$x2 + input$x3)
  y <- reactive(input$y1 + input$y2)
  output$z <- renderText(x() / y())
}
server3 <- function(input, output, session) {
  d <- reactive(c() ^ input$d)
  a <- reactive(input$a * 10)
  c <- reactive(b() / input$c)
  b <- reactive(a() + input$b)
}
```

3. 왜 이 코드가 작동하지 않을까?

```
var <- reactive(df[[input$var]])
range <- reactive(range(var(), na.rm = TRUE))
```

왜 range()와 var()가 반응형의 이름으로 사용하기에 부적합할까?

반응형 표현식

지금까지 반응형 표현식에 대해 몇 번 훑어보았으니 반응형 표현식이 어떤 역할을 하는지 감을 잡았을 것이다. 이제 좀더 자세한 내용을 살펴보고 왜 실제 앱을 만드는 데 반응형 표현식이 그토록 중요한지 알아보자.

반응형 표현식은 Shiny가 입력이 변경되었을 때 재계산을 덜 할 수 있게 하는 정보를 주어서 앱을 좀더 효율적으로 만들고, 또 반응형 그래프를 단순화하여 사람이 앱을 이해하기 쉽게 해주기 때문에 중요하다. 반응형 표현식은 입력과 출력의 속성을 모두 지닌다.

- 입력과 마찬가지로, 반응형 표현식의 결과를 출력에서 사용할 수 있다.
- 출력과 마찬가지로, 반응형 표현식은 입력에 대한 반응형 의존성을 지니며 언제 갱신되어야 할지 자동으로 안다.

이 이중성으로 인해 새로운 용어가 필요하다. **생산자**(producer)라는 용어로 반응형 입력과 표현식을, 그리고 **소비자**(consumer)라는 용어로 반응형 표현식과 출력을 나타내자. 그림 3-5는 이 관계를 벤 다이어그램으로 보여준다.

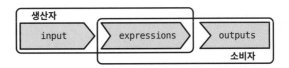

그림 3-5 입력과 표현식은 반응형 생산자이며, 표현식과 출력은 반응형 소비자다.

반응형 표현식을 사용할 때의 이점을 관찰하기 위해서는 좀더 복잡한 앱이 필요하다. 우선, 앱에서 사용할 몇 개의 일반 R 함수를 정의하여 앱을 만들 준비를 하자.

동기

시뮬레이션으로 생성된 두 개의 데이터셋을 플롯과 가설 검정을 이용하여 비교해 보자. 약간의 실험을 거쳐 다음의 함수들을 작성하였다. freqpoly()는 두 분포를 빈도다각형(frequency polygon)[9]을 이용하여 시각화하며, t_test()는 t-검정을 이용하여 평균을 비교한 뒤 그 결과를 문자열로 요약한다.

```
library(ggplot2)

freqpoly <- function(x1, x2, binwidth = 0.1, xlim = c(-3, 3)) {
  df <- data.frame(
    x = c(x1, x2),
    g = c(rep("x1", length(x1)), rep("x2", length(x2)))
  )

  ggplot(df, aes(x, colour = g)) +
    geom_freqpoly(binwidth = binwidth, size = 1) +
    coord_cartesian(xlim = xlim)
}

t_test <- function(x1, x2) {
  test <- t.test(x1, x2)

  # sprintf()를 사용하여 t.test()의 결과를 축약한다.
  sprintf(
    "p value: %0.3f\n[%0.2f, %0.2f]",
    test$p.value, test$conf.int[1], test$conf.int[2]
  )
}
```

시뮬레이션된 데이터가 있다면, 이 함수들을 이용해서 두 변수를 비교할 수 있다.

```
x1 <- rnorm(100, mean = 0, sd = 0.5)
x2 <- rnorm(200, mean = 0.15, sd = 0.9)

freqpoly(x1, x2)
cat(t_test(x1, x2))
#> p value: 0.003
#> [-0.38, -0.08]
```

---

9 빈도다각형이라는 용어를 처음 들어봤다면, 이는 단지 히스토그램을 바 대신 선으로 그린 것으로, 여러 데이터셋을 한 플롯에서 비교하기 쉽게 해준다는 점을 알아두자.

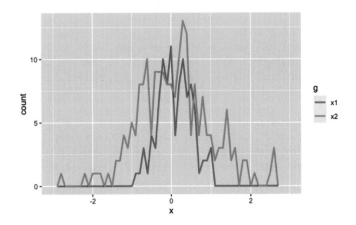

아마도 실제 분석에서는 이 함수들을 구현하기로 결정하기 전에 수많은 데이터 탐색(exploration)을 수행할 것이다. 여기에서는 가능한 한 빨리 앱을 살펴보기 위해 탐색 과정은 건너뛰었다. 하지만 명령형 코드를 추출하여 일반 함수로 구현하는 과정은 모든 Shiny 앱을 만들 때 중요한 기법이다. 앱에서 더 많은 코드를 추출하여 함수로 빼낼수록, 코드를 더 쉽게 이해할 수 있게 된다. 이것은 역할을 분리하는 데 도움이 되는 소프트웨어 공학이다. 앱의 바깥에 있는 함수는 계산에 집중하고, 앱 내부에 있는 코드는 사용자의 동작에 대한 반응에 집중할 수 있다. 이 부분에 대해서는 18장에서 다시 다루겠다.

앱

앞서 작성한 두 함수를 이용하여 다양한 시뮬레이션을 빨리 탐색하려 한다. 이때 Shiny 앱은 R 코드를 수정하고 재실행하는 지루한 과정을 피할 수 있는 좋은 방법이다. 다음에 나오는 코드에서 여러 조각들을 Shiny 앱으로 조합하여 인터랙티브하게 입력을 조정할 수 있게 하였다.

우선 UI부터 살펴보자. `fluidRow()`와 `column()`이 정확히 어떤 일을 하는지는 103쪽의 '멀티행'에서 다시 배우겠지만, 함수 이름을 보면 각 함수의 목적을 짐작할 수 있을 것이다😄. 첫 번째 행에는 입력 컨트롤(분포 1, 분포 2, 플롯 컨트롤)을 위한 세 개의 열이 있다. 두 번째 행에는 플롯 출력을 위한 넓은 열과 가설 검정 출력을 위한 좁은 열이 있다.

```
ui <- fluidPage(
  fluidRow(
```

```
      column(4,
        "Distribution 1",
        numericInput("n1", label = "n", value = 1000, min = 1),
        numericInput("mean1", label = "μ", value = 0, step = 0.1),
        numericInput("sd1", label = "σ", value = 0.5, min = 0.1, step = 0.1)
      ),
      column(4,
        "Distribution 2",
        numericInput("n2", label = "n", value = 1000, min = 1),
        numericInput("mean2", label = "μ", value = 0, step = 0.1),
        numericInput("sd2", label = "σ", value = 0.5, min = 0.1, step = 0.1)
      ),
      column(4,
        "Frequency polygon",
        numericInput("binwidth", label = "Bin width", value = 0.1, step = 0.1),
        sliderInput("range", label = "range", value = c(-3, 3), min = -5,
                    max = 5)
      )
    ),
    fluidRow(
      column(9, plotOutput("hist")),
      column(3, verbatimTextOutput("ttest"))
    )
  )
```

서버 함수에서는 지정된 분포에서 데이터를 시뮬레이션한 다음, freqpoly()와 t_ test() 함수를 호출한다.

```
server <- function(input, output, session) {
  output$hist <- renderPlot({
    x1 <- rnorm(input$n1, input$mean1, input$sd1)
    x2 <- rnorm(input$n2, input$mean2, input$sd2)

    freqpoly(x1, x2, binwidth = input$binwidth, xlim = input$range)
  }, res = 96)

  output$ttest <- renderText({
    x1 <- rnorm(input$n1, input$mean1, input$sd1)
    x2 <- rnorm(input$n2, input$mean2, input$sd2)

    t_test(x1, x2)
  })
}
```

이 server와 ui는 그림 3-6의 앱을 만든다. 다음 내용을 읽기 전에, 앱을 실행하고 사용해보면서 기본 기능을 이해해보자.

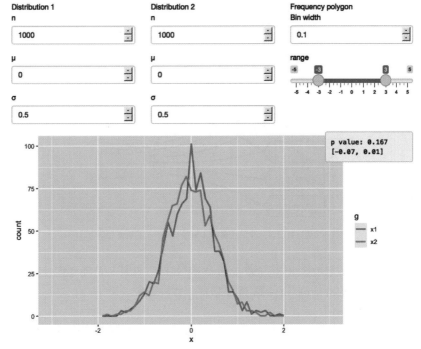

그림 3-6 이 Shiny 앱은 두 개의 시뮬레이션된 분포를 t-검정과 빈도다각형을 이용하여 비교하게 한다.
*https://hadley.shinyapps.io/ms-case-study-1*에서 실제로 확인해보자.

반응형 그래프

이 앱의 반응형 그래프를 그려보자. Shiny는 똑똑해서 오직 입력이 변경될 때만 출력을 갱신하지만, 이때 출력 내부의 코드 중 일부만 선택적으로 실행할 만큼 똑똑하진 않다. 다시 말하면, 출력은 분리될 수 없는 단위로, 전체가 실행되거나 전체가 실행되지 않는다.

예로, 서버 함수에 있는 다음 코드를 보자.

```
x1 <- rnorm(input$n1, input$mean1, input$sd1)
x2 <- rnorm(input$n2, input$mean2, input$sd2)
t_test(x1, x2)
```

이 코드를 읽는 사람은 n1, mean1, sd1 중 하나가 변경될 때만 x1을 갱신할 필요가 있고, 마찬가지로 n2, mean2, sd2 중 하나가 변경될 때만 x2를 갱신할 필요가 있다는 것을 알 수 있다. 하지만 Shiny는 출력 자체를 하나의 덩어리로 보기 때문에, n1, mean1, sd1, n2, mean2, sd2 중 어느 하나라도 변경될 때마다 x1과 x2를 모두 갱신한다. 이 코드는 그림 3-7의 반응형 그래프로 나타난다.

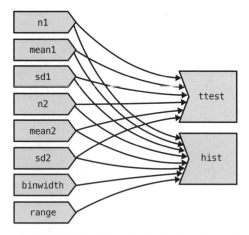

그림 3-7 반응형 그래프가 모든 출력이 모든 입력에 의존함을 보여준다.

그래프가 매우 밀집한 것을 알아챌 수 있을 것이다. 거의 대부분의 입력이 모든 출력과 직접 연결되어 있다. 이는 두 가지 문제를 불러온다.

- 너무 많은 연결이 존재하기 때문에 앱을 이해하기가 어렵다. 반응형 그래프의 일부만 분리해서 분석할 수 없다.
- 앱이 실제로 필요한 것보다 더 많은 일을 수행하기 때문에 비효율적이다. 예를 들어, 히스토그램의 분할 구간(breaks)을 변경하려고 하면 데이터가 재생성되며, n1 값을 변경하면 x2가 갱신된다(그것도 두 번씩이나!).

이 앱의 또 다른 큰 결함은 빈도다각형과 t-검정이 서로 다른 랜덤 샘플을 사용한다는 것이다. 이 두 출력이 같은 데이터를 사용하리라 기대했다면, 이런 결함은 오해를 불러일으킨다.

다행히도 반응형 표현식을 이용하여 중복된 계산을 따로 빼냄으로써 이런 문제들을 모두 해결할 수 있다.

그래프 단순화하기

다음의 서버 함수에서는 기존 코드에서 두 출력에 걸쳐 중복되었던 두 분포로부터 데이터를 시뮬레이션하는 코드를 두 개의 반응형 표현식 x1, x2로 빼내는 방식으로 리팩터링(refactoring)을 수행한다. 반응형 표현식을 생성하기 위해서 reactive() 함수를 호출하여 결과를 변수에 할당한다. 이후에 표현식을 사용할 때는 이 변수를 마치 함수인 것처럼 호출한다.

```
server <- function(input, output, session) {
  x1 <- reactive(rnorm(input$n1, input$mean1, input$sd1))
  x2 <- reactive(rnorm(input$n2, input$mean2, input$sd2))

  output$hist <- renderPlot({
    freqpoly(x1(), x2(), binwidth = input$binwidth, xlim = input$range)
  }, res = 96)

  output$ttest <- renderText({
    t_test(x1(), x2())
  })
}
```

변환 결과, 그림 3-8과 같이 눈에 띄게 더 간단한 그래프를 얻는다.

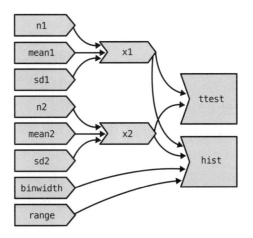

그림 3-8 반응형 표현식을 사용하면 그래프가 매우 단순해져서 앱을 이해하기 훨씬 쉬워진다.

이 간단해진 그래프에서는 연결된 컴포넌트들을 분리할 수 있기 때문에 앱을 이해하기 더 쉽다. 분포 파라미터의 값은 x1과 x2를 통해서만 출력에 영향을 준다. 이 코드 변환은 또한 계산 수행을 줄임으로써 앱을 훨씬 더 효율적으로 작동하게 한다. 이제 binwidth나 range를 변경하면 데이터 변경 없이 오직 플롯만 갱신된다.

그림 3-9를 보면 독립적인 컴포넌트 주변에 박스를 그림으로써 모듈성을 강조하였다. 이 아이디어에 대해서는 19장에서 모듈을 논할 때 다시 다루겠다. 모듈은 중복된 코드를 앱의 다른 부분과 분리된 상태로 추출하여 재사용 가능하게 한다. 모듈은 좀더 복잡한 앱을 만들 때 매우 유용하고 강력한 기법이다.

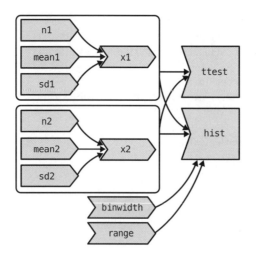

그림 3-9 모듈은 앱의 각 파트 간의 분리를 강제한다.

프로그래밍에서 '3의 법칙'을 들어보았을 것이다. 어떠한 코드 복사/붙여넣기를 세 번 한다면, 이 코드 중복을 줄일 방법을 찾아야 한다(보통은 함수를 사용한다). 중복된 코드의 양이 줄어들면 코드를 읽을 때 이해하기 쉬워지고 요구사항이 변경될 때 코드를 업데이트가 쉬워지기 때문에, 코드 중복 제거는 매우 중요하다.

Shiny에서는 '1의 법칙'을 고려해야 한다. 코드 복사/붙여넣기를 한 번이라도 할 때마다 반복된 코드를 반응형 표현식으로 추출하는 것을 고려해야 한다. 반응형 표현식은 코드를 이해하기 쉽게 만들 뿐만 아니라, Shiny 앱의 효율성을 개선시키므로 Shiny에서는 '3의 법칙'보다 더 엄격한 '1의 법칙'이 적용되어야 한다.

왜 반응형 표현식이 필요한가?

반응형 코드를 처음 작성하기 시작하면, 아마도 왜 반응형 표현식이 필요한지 궁금할 것이다. 코드의 중복을 줄이기 위해 새 변수를 만들거나 함수를 작성하던 기존 방법을 사용하면 되지 않을까? 불행히도 두 가지 기존 방법 모두 반응형 환경에서는 작동하지 않는다.

중복을 줄이기 위해 변수를 사용하려 한다면, 아마 다음과 같이 코드를 작성할 것이다.

```
server <- function(input, output, session) {
  x1 <- rnorm(input$n1, input$mean1, input$sd1)
  x2 <- rnorm(input$n2, input$mean2, input$sd2)
```

```
output$hist <- renderPlot({
  freqpoly(x1, x2, binwidth = input$binwidth, xlim = input$range)
}, res = 96)

output$ttest <- renderText({
  t_test(x1, x2)
})
}
```

이 코드를 실행하면, 입력값을 반응형 맥락 외부에서 접근하려 하기 때문에 오류가 발생할 것이다. 오류가 발생하지 않는 경우를 가정하더라도 여전히 문제가 있는데, x1과 x2가 세션이 시작할 때 오직 한 번만 계산되고, 이후 입력이 변할 때마다 다시 계산되지는 않을 거라는 점이다.

함수를 사용하려 하면, 앱은 작동할 것이다.

```
server <- function(input, output, session) {
  x1 <- function() rnorm(input$n1, input$mean1, input$sd1)
  x2 <- function() rnorm(input$n2, input$mean2, input$sd2)

  output$hist <- renderPlot({
    freqpoly(x1(), x2(), binwidth = input$binwidth, xlim = input$range)
  }, res = 96)

  output$ttest <- renderText({
    t_test(x1(), x2())
  })
}
```

하지만 이 코드는 여전히 원래 코드와 같은 문제를 지니고 있다. 어떠한 입력이 변경되든 모든 출력이 재계산되며, t-검정과 빈도다각형이 서로 다른 데이터를 사용한다는 점이다. 반응형 표현식은 그 결과를 자동으로 캐시하며 입력이 변경되었을 때만 갱신된다.[10]

변수는 값을 오직 한 번만 계산하고(죽이 너무 차갑다) 함수는 값을 매번 호출될 때마다 계산하는 반면(죽이 너무 뜨겁다), 반응형 표현식은 값을 오직 변경될 가능성이 있을 때만 계산한다(죽 온도가 딱 적당하다!).

---

10 만약 메모이제이션(memoization)에 친숙하다면, 비슷한 아이디어다.

평가 시점 제어하기

반응성의 기본 아이디어를 알았으니, 이제 반응형 표현식이 실행되는 빈도를 늘리거나 줄일 수 있는 두 가지 고급 기법을 배워보자. 이 절에서는 기본적인 사용법을 배우며, 그 기저에 구현되어 있는 부분은 15장에서 다시 다룬다.

기본 아이디어를 살펴보기 위해, 우선 시뮬레이션 앱을 단순화하자. 오직 하나의 파라미터로 정의되는 분포를 사용할 것이며, 두 분포로부터 똑같이 n개의 샘플을 얻을 것이다. 그리고 플롯에 대한 입력 컨트롤을 제거할 것이다. 이렇게 해서 좀더 작은 UI 객체와 서버 함수를 만든다.

```
ui <- fluidPage(
  fluidRow(
    column(3,
      numericInput("lambda1", label = "lambda1", value = 3),
      numericInput("lambda2", label = "lambda2", value = 5),
      numericInput("n", label = "n", value = 1e4, min = 0)
    ),
    column(9, plotOutput("hist"))
  )
)
server <- function(input, output, session) {
  x1 <- reactive(rpois(input$n, input$lambda1))
  x2 <- reactive(rpois(input$n, input$lambda2))
  output$hist <- renderPlot({
    freqpoly(x1(), x2(), binwidth = 1, xlim = c(0, 40))
  }, res = 96)
}
```

이 코드는 그림 3-10의 앱과 그림 3-11의 반응형 그래프를 생성한다.

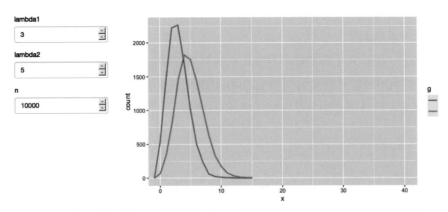

그림 3-10 이 간단해진 앱은 두 푸아송(Poisson) 분포로부터 얻은 랜덤 샘플의 빈도다각형을 보여준다.
*https://hadley.shinyapps.io/ms-simulation-2*에서 실제로 확인해보자.

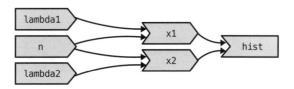

그림 3-11 반응형 그래프

예정된 무효화

고정된 플롯을 보여주는 대신 지속적으로 데이터를 다시 시뮬레이션하는 애니메이션을 보여줌으로써, 앱에서 사용하는 데이터가 시뮬레이션된 데이터라는 사실을 강조하고 싶다고 하자.[11] 이때 reactiveTimer()라는 새로운 함수를 사용하여 갱신 빈도를 증가시킬 수 있다.

reactiveTimer()는 현재 시각이라는 숨겨진 입력에 의존성을 지닌 반응형 표현식이다. reactiveTimer()는 반응형 표현식을 이 함수를 사용하지 않았을 때보다 더 자주 무효화시킴으로써 반응형 표현식이 실행되는 빈도를 늘리려 할 때 사용된다. 예를 들어, 다음 코드는 500밀리초 간격으로 무효화를 수행하여 플롯이 1초에 두 번 갱신되도록 한다. 이 시간 간격은 어지러울 정도로 빠르지 않은 동시에 사용자가 시뮬레이션을 보고 있다는 것을 상기하기에는 충분할 정도로 빠르다. 그림 3-12에서 이 추가적인 의존성이 반영된 반응형 그래프를 볼 수 있다.

```
server <- function(input, output, session) {
  timer <- reactiveTimer(500)

  x1 <- reactive({
    timer()
    rpois(input$n, input$lambda1)
  })
  x2 <- reactive({
    timer()
    rpois(input$n, input$lambda2)
  })

  output$hist <- renderPlot({
    freqpoly(x1(), x2(), binwidth = 1, xlim = c(0, 40))
  }, res = 96)
}
```

11 고용 보고서의 해석을 다룬 뉴욕타임스 기사(*https://oreil.ly/PhqSA*)에서 이 기법이 매우 효과적으로 사용되었다.

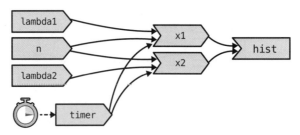

그림 3-12 reactiveTimer(500)이 추가하는 새로운 반응형 입력은 매 0.5초마다 자동으로 무효화된다.

x1()과 x2()를 계산하는 반응형 표현식에서 timer()를 호출만 하고 그 값은 사용하지 않았음을 주목하자. 이것은 x1과 x2가 timer에 반응형 의존성을 지니되, 그 반환값이 정확히 무엇인지는 알 필요가 없게 한다.

클릭 이벤트

앞의 시나리오에서 만약 시뮬레이션 코드 실행에 1초가 걸린다면 어떤 일이 발생할지 생각해보자. 시뮬레이션을 매 0.5초마다 수행하도록 했기 때문에, Shiny는 해야 할 일들이 쌓여만 가고, 밀린 일을 결코 따라 잡을 수 없을 것이다. 앱에서 계산이 비교적 오래 걸린다면, 어떤 사람이 앱의 버튼들을 빠르게 클릭할 때도 같은 문제가 발생할 수 있다. Shiny에 거대한 작업 백로그가 생겨서 어떠한 새로운 이벤트에도 반응을 못하게 될 수도 있다. 이러한 문제들은 열악한 사용자 경험(user experience)을 야기한다.

만약 앱에서 이런 상황이 발생한다면, 시간이 오래 소요되는 계산을 사용자가 원할 때만 클릭하여 실행시키도록 특정 버튼을 제공하면 좋을 것이다. 이것이 actionButton()의 좋은 활용 사례다.

```
ui <- fluidPage(
  fluidRow(
    column(3,
      numericInput("lambda1", label = "lambda1", value = 3),
      numericInput("lambda2", label = "lambda2", value = 5),
      numericInput("n", label = "n", value = 1e4, min = 0),
      actionButton("simulate", "Simulate!")
    ),
    column(9, plotOutput("hist"))
  )
)
```

액션 버튼을 사용하려면 새로운 도구를 배워야 한다. 왜 그런지 알기 위해, 우선 이전의 접근 방법으로 이 문제를 해결해보자. 앞서 timer()와 같이, 반응형 의존성을 지니게 하기 위해 simulate를 참조하되 그 값을 이용하진 않는다.

```
server <- function(input, output, session) {
  x1 <- reactive({
    input$simulate
    rpois(input$n, input$lambda1)
  })
  x2 <- reactive({
    input$simulate
    rpois(input$n, input$lambda2)
  })
  output$hist <- renderPlot({
    freqpoly(x1(), x2(), binwidth = 1, xlim = c(0, 40))
  }, res = 96)
}
```

그림 3-13의 앱과 그림 3-14의 반응형 그래프가 이 코드를 통해 생성된다. 이는 단지 새로운 의존성을 추가하는 것으로, 그 결과 시뮬레이션 액션 버튼이 클릭될 때뿐만 아니라, lambda1, lambda2, n이 변경될 때도 여전히 x1()과 x2()를 갱신하므로, 원래 의도했던 목적을 달성하지는 못한다. 우리는 기존에 있던 의존성에 새로운 것을 추가하는 것이 아니라, 기존의 의존성을 교체하기를 원한다.

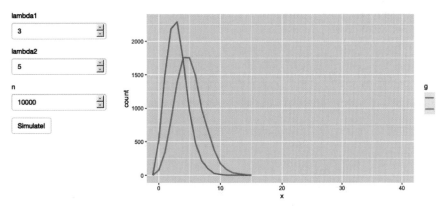

그림 3-13 액션 버튼을 추가한 앱. *https://hadley.shinyapps.io/ms-action-button*에서 실제로 확인해보자.

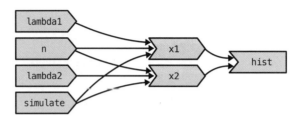

그림 3-14 이 반응형 그래프는 우리의 목적을 이루지 못한다.
이는 기존의 의존성을 교체하지 않고 단지 새로운 의존성을 추가한 것이다.

이 문제를 해결하려면 입력값에 반응형 의존성을 지니지 않은 채 그 값을 사용할 수 있는 새로운 도구가 필요하다. 이를 위해 eventReactive()를 사용하는데, 이 함수는 두 개의 인자를 지닌다. 첫 번째 인자는 어떠한 것에 의존성을 지닐 것인지를 특정하고, 두 번째 인자는 어떤 계산을 수행할 것인지를 특정한다. 이를 통해 오직 simulate가 클릭되었을 때만 x1()과 x2()가 계산되도록 할 수 있다.

```
server <- function(input, output, session) {
  x1 <- eventReactive(input$simulate, {
    rpois(input$n, input$lambda1)
  })
  x2 <- eventReactive(input$simulate, {
    rpois(input$n, input$lambda2)
  })

  output$hist <- renderPlot({
    freqpoly(x1(), x2(), binwidth = 1, xlim = c(0, 40))
  }, res = 96)
}
```

그림 3-15는 새 반응형 그래프를 보여준다. 원했던 대로 x1과 x2가 더 이상 lambda1, lambda2, n에 반응형 의존성을 지니지 않음을 주목하자. 이제 이 입력값들을 변경한다고 해서 계산이 트리거(trigger)되지 않는다. x1과 x2가 반응형 의존성을 갖지

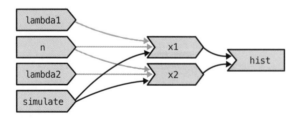

그림 3-15 eventReactive()로 의존성(검은색 화살표)과
결과 계산에 사용하는 값(회색 화살표)을 분리할 수 있다.

않지만 여전히 그 값을 사용한다는 점을 상기시키기 위해 화살표를 매우 연한 회색으로 남겨두었다.

관찰자

지금까지 앱 내부에서 벌어지는 일에 대해 초점을 맞추었다. 하지만 어떤 경우에는 앱의 외부에 접근하여 부수효과(side effects)[12]를 발생시켜야 할 필요가 있다. 가령 공유 네트워크 드라이브에 파일을 저장하거나, 웹 API로 데이터를 전송하거나, 데이터베이스를 갱신하거나, (가장 흔하게는) 디버깅 메시지를 콘솔에 출력해야 할 필요가 있을 것이다. 이러한 동작은 앱이 어떻게 보이는지에 영향을 미치는 부분이 아니므로 출력과 render 함수를 사용하는 대신 **관찰자**(observer)를 사용해야 한다.

관찰자를 생성하는 데는 여러 가지 방법이 있는데, 이는 251쪽의 '관찰자와 출력'에서 다시 다룬다. 이 절에서는 Shiny를 처음 배울 때 중요한 디버깅 도구가 되는 observeEvent()를 어떻게 사용하는지 보도록 하자.

observeEvent()는 eventReactive()와 매우 비슷하며, 두 개의 중요한 인자, 즉 eventExpr과 handlerExpr를 갖는다. 첫 번째 인자는 어떠한 입력 혹은 표현식에 의존성을 지닐지 특정하며, 두 번째 인자는 실행할 코드를 특정한다. 예를 들어, 다음과 같이 server()를 수정하면 매번 name이 변경될 때마다 메시지를 콘솔로 보낸다.

```
ui <- fluidPage(
  textInput("name", "What's your name?"),
  textOutput("greeting")
)

server <- function(input, output, session) {
  string <- reactive(paste0("Hello ", input$name, "!"))

  output$greeting <- renderText(string())
  observeEvent(input$name, {
    message("Greeting performed")
  })
}
```

observeEvent()와 eventReactive() 사이에는 두 가지 중요한 차이점이 있다.

---

12 (옮긴이) 부작용 또는 부가작용으로 번역되기도 한다. 함수 내에서 수행된 결과가 반환값을 통하지 않고 직접 함수 외부 환경에 영향을 미치는 것을 뜻한다.

- observeEvent()의 결과는 변수에 할당되지 않는다.
- 따라서 observeEvent()는 다른 반응형 소비자 내에서 참조할 수 없다.

관찰자와 출력은 밀접하게 관련되어 있다. 출력은 사용자가 브라우저상에서 보는 HTML을 갱신하는 것이므로 부수효과의 특수한 경우라고 생각할 수 있다. 이러한 밀접성을 강조하기 위해, 반응형 그래프에서는 관찰자와 출력을 동일한 방법으로 표현할 것이다. 따라서 앞의 앱에 대한 반응형 그래프는 그림 3-16과 같다.

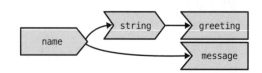

그림 3-16 반응형 그래프에서 관찰자는 출력과 동일하게 표현된다.

요약

이 장에서는 Shiny 앱의 백엔드에서 사용자의 동작에 반응하는 server() 코드에 대한 이해를 향상시켜 보았다. 또한 Shiny 기저에 있는 반응형 프로그래밍 패러다임을 마스터하기 위한 첫 걸음을 내딛었다. 여기에서 배운 내용은 13장에서 기저의 이론을 다시 다루기 전까지 많은 도움이 될 것이다. 반응성은 매우 강력하지만, 그 동안 익숙했던 명령형 R 프로그래밍과는 매우 다르다. 모든 것을 이해하는 데 상당한 시간이 걸릴 수 있음을 예상하자.

이 장으로 Shiny의 원리에 대한 개요가 마무리되었다. 다음 장에서는 데이터 분석을 위해 설계된 더 큰 Shiny 앱을 작성함으로써 지금까지 공부했던 내용을 실습해보자.

4장

사례 연구: 응급 부상 사고

소개

지난 세 장에 걸쳐 소개한 수많은 새로운 개념을 통합적으로 이해하기 위해, 재미 있는 데이터셋을 탐색하고 지금까지 봤던 많은 아이디어를 함께 적용한 더 풍성한 Shiny 앱을 살펴보자. 일단 Shiny 외부에서 약간의 데이터 분석을 해본 뒤, 이를 앱 으로 전환시켜볼 것이다. 간단한 앱으로 시작해서, 점진적으로 세부적인 부분을 추 가할 것이다.

이 장에서는 Shiny 앱에 빠른 파일 읽기를 위한 vroom 패키지와 일반적인 데이 터 분석을 위한 tidyverse 패키지를 추가로 로드한다.

```
library(shiny)
library(vroom)
library(tidyverse)
```

데이터

미국 소비자 제품 안전 위원회(Consumer Product Safety Commission, CPSC)가 수 집한 전국 전자 위해 감시 시스템(National Electronic Injury Surveillance System, NEISS) 데이터를 탐색해볼 것이다. 이는 미국을 대표하는 병원 샘플에서 접수한 모 든 사고를 기록한 장기(long-term) 사례 연구 데이터다. 모든 사람이 이 분야에 친 숙하고, 또 각 관측이 어떻게 사고가 발생했는지에 대한 짧은 서술을 포함하고 있 기 때문에 탐색하기 흥미로운 데이터셋이다. 이 데이터에 대한 좀더 자세한 정보는 깃허브(*https://github.com/hadley/neiss*)에서 찾을 수 있다.

이 장에서는 2017년의 데이터에만 초점을 맞출 것이다. 이렇게 하면 데이터가 충분히 작아(약 10MB) 책의 나머지 부분들과 함께 깃에 쉽게 저장할 수 있고, 데이터를 빠르게 불러오기 위한 복잡한 전략에 대해 생각할 필요도 없다. 이 장에서 사용할 데이터를 추출하기 위한 코드는 깃허브(*https://oreil.ly/ERRCh*)에서 볼 수 있다.

컴퓨터에 데이터를 다운로드하려면 다음 코드를 실행하자.

```
dir.create("neiss")
download <- function(name) {
  url <- "https://github.com/hadley/mastering-shiny/raw/main/neiss/"
  download.file(paste0(url, name), paste0("neiss/", name), quiet = TRUE)
}
download("injuries.tsv.gz")
download("population.tsv")
download("products.tsv")
```

주로 사용할 데이터셋은 약 25만 개의 관측을 지닌 injuries다.

```
injuries <- vroom::vroom("neiss/injuries.tsv.gz")
injuries
#> # A tibble: 255,064 x 10
#>   trmt_date   age sex   race  body_part  diag        location     prod_code weight
#>   <date>      <dbl> <chr> <chr> <chr>     <chr>       <chr>            <dbl> <dbl>
#> 1 2017-01-01   71 male  white Upper Tru... Contusion... Other Publ...      807  77.7
#> 2 2017-01-01   16 male  white Lower Arm  Burns, Th... Home               676  77.7
#> 3 2017-01-01   58 male  white Upper Tru... Contusion... Home               649  77.7
#> 4 2017-01-01   21 male  white Lower Tru... Strain, S... Home              4076  77.7
#> 5 2017-01-01   54 male  white Head       Inter Org... Other Publ...     1807  77.7
#> 6 2017-01-01   21 male  white Hand       Fracture    Home              1884  77.7
#> # ... with 255,058 more rows, and 1 more variable: narrative <chr>[c][d]
```

각 행은 하나의 부상 사고를 10개의 변수로 표현한다.

trmt_date

환자가 병원에 온 날짜(사고가 발생한 날짜가 아님)

age, sex, race

환자의 인구통계특성(demographic) 정보

body_part

부상이 발생한 신체 부위(복사뼈, 귀 등)

diag

부상 기초 진단(골절상, 열상 등)

location

사고가 발생한 장소(집, 학교 등)

prod_code

부상과 연관된 주요 물품

weight

데이터셋을 미국 전체 인구를 대상으로 확장한다면 몇 명의 사람들이 같은 부상
을 겪었다고 관측될지를 추정한 통계적 가중치

narrative

어떻게 사고가 발생했는지에 대한 간단한 서술

추가적인 맥락을 위해 이를 다른 두 데이터 프레임과 결합한다. products를 통해
물품 코드를 이용하여 물품 이름을 알 수 있으며, population을 통해 각 나이와 성
별 조합에 대한 2017년 미국 인구를 알 수 있다.

```
products <- vroom::vroom("neiss/products.tsv")
products
#> # A tibble: 38 x 2
#>    prod_code title
#>        <dbl> <chr>
#> 1      464 knives, not elsewhere classified
#> 2      474 tableware and accessories
#> 3      604 desks, chests, bureaus or buffets
#> 4      611 bathtubs or showers
#> 5      649 toilets
#> 6      676 rugs or carpets, not specified
#> # ... with 32 more rows

population <- vroom::vroom("neiss/population.tsv")
population
#> # A tibble: 170 x 3
#>     age sex     population
#>   <dbl> <chr>        <dbl>
#> 1     0 female     1924145
#> 2     0 male       2015150
#> 3     1 female     1943534
#> 4     1 male       2031718
#> 5     2 female     1965150
```

```
#> 6     2 male      2056625
#> # ... with 164 more rows
```

탐색

앱을 만들기 전에, 데이터를 잠시 탐색해보자. 우선 흥미로운 이야기를 전해줄, 물품 코드가 649인 'toilets'(변기)를 살펴보자. 먼저 이 물품과 연관된 부상 사고들을 따로 뽑아보자.

```
selected <- injuries %>% filter(prod_code == 649)
nrow(selected)
#> [1] 2993
```

다음으로 변기와 관련된 부상 발생 장소, 부상 신체 부위, 진단에 대한 기초 요약을 수행한다. 이때 weight 변수값에 따라 가중치를 부여하였기 때문에, 총계는 미국 전체에 걸친 전체 부상의 추정치라고 해석할 수 있다.

```
selected %>% count(location, wt = weight, sort = TRUE)
#> # A tibble: 6 x 2
#>   location                    n
#>   <chr>                   <dbl>
#> 1 Home                    99603.
#> 2 Other Public Property   18663.
#> 3 Unknown                 16267.
#> 4 School                    659.
#> 5 Street Or Highway          16.2
#> 6 Sports Or Recreation Place 14.8

selected %>% count(body_part, wt = weight, sort = TRUE)
#> # A tibble: 24 x 2
#>   body_part       n
#>   <chr>         dbl>
#> 1 Head        31370.
#> 2 Lower Trunk 26855.
#> 3 Face        13016.
#> 4 Upper Trunk 12508.
#> 5 Knee         6968.
#> 6 N.S./Unk     6741.
#> # ... with 18 more rows

selected %>% count(diag, wt = weight, sort = TRUE)
#> # A tibble: 20 x 2
#>   diag                    n
#>   <chr>               <dbl>
#> 1 Other Or Not Stated 32897.
```

```
#> 2 Contusion Or Abrasion 22493.
#> 3 Inter Organ Injury    21525.
#> 4 Fracture              21497.
#> 5 Laceration            18734.
#> 6 Strain, Sprain         7609.
#> # ... with 14 more rows
```

예상했겠지만, 변기와 관련된 부상은 집(home)에서 가장 자주 일어난다. 가장 흔한 부상 신체 부위는 넘어짐으로 인한 부상일 가능성(머리(head)와 얼굴(face)은 일상적인 변기 사용과는 보통 관련이 없으므로)을 제시하며, 진단은 다양해 보인다.

나이와 성별에 걸친 패턴을 탐색해볼 수도 있다. 이때 데이터의 양이 표로 출력하기에는 너무 많으므로, 그림 4-1의 플롯을 만들어 패턴을 더 명확히 살펴본다.

```
summary <- selected %>%
  count(age, sex, wt = weight)
summary
#> # A tibble: 208 x 3
#>      age sex          n
#>    <dbl> <chr>    <dbl>
#> 1      0 female    4.76
#> 2      0 male     14.3
#> 3      1 female  253.
#> 4      1 male    231.
#> 5      2 female  438.
#> 6      2 male    632.
#> # ... with 202 more rows

summary %>%
  ggplot(aes(age, n, colour = sex)) +
  geom_line() +
  labs(y = "Estimated number of injuries")
```

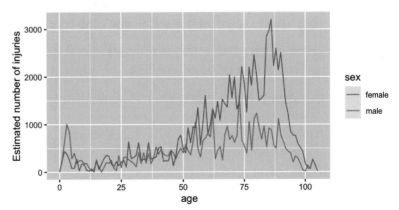

그림 4-1 나이 및 성별에 따른 변기로 인한 부상자 수 추정치

남자 아이의 경우 3세에서 피크가 솟아오르고, 중년부터 (특히 여성의 경우) 부상이 늘기 시작하며, 80세 이후부터는 서서히 감소하는 것을 볼 수 있다. 필자는 남자 아이들이 일어서서 변기를 사용하기 때문에 피크가 관측되고, 골다공증의 영향으로 여성의 경우 부상이 증가한다고 본다(남성과 여성의 부상 비율은 같으리라 생각하지만, 여성이 골절상 위험이 더 높기 때문에 응급실에 가게 되는 경우가 더 많을 것이다).

이 패턴을 해석할 때 하나의 문제는, 고령층의 인구가 젊은 층의 인구보다 적기 때문에, 부상을 당할 가능성이 있는 인구도 더 적다는 점이다. 부상 당한 사람의 수를 인구와 비교하여 부상자 발생률(injury rate)을 계산함으로써 이 문제를 통제할 수 있다. 여기에서는 인구 1만명당 부상자 수를 사용한다.

```
summary <- selected %>%
  count(age, sex, wt = weight) %>%
  left_join(population, by = c("age", "sex")) %>%
  mutate(rate = n / population * 1e4)

summary
#> # A tibble: 208 x 5
#>     age sex          n population   rate
#>   <dbl> <chr>    <dbl>      <dbl>  <dbl>
#> 1     0 female    4.76    1924145 0.0247
#> 2     0 male     14.3     2015150 0.0708
#> 3     1 female  253.      1943534 1.30
#> 4     1 male    231.      2031718 1.14
#> 5     2 female  438.      1965150 2.23
#> 6     2 male    632.      2056625 3.07
#> # ... with 202 more rows
```

그림 4-2와 같이 비율을 플롯으로 나타내면 이전 플롯과 비교하여 50세 이후에 눈에 띄게 달라진 추세를 보인다. 남성과 여성의 차이는 훨씬 줄어들었으며, 더 이상 감소 추세가 보이지 않는다. 이는 그림 4-1에서 보았던 50세 이후 남성과 여성의 부상자 수의 큰 격차는 단지 여성이 남성보다 수명이 길어 고령층으로 갈수록 부상을 입을 가능성이 있는 생존 여성 인구가 남성 인구에 비해 더 많아지기 때문이었음을 나타낸다.

```
summary %>%
  ggplot(aes(age, rate, colour = sex)) +
  geom_line(na.rm = TRUE) +
  labs(y = "Injuries per 10,000 people")
```

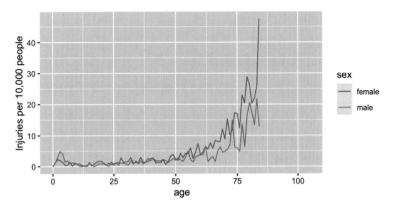

그림 4-2 나이 및 성별에 따른 인구 1만 명당 변기로 인한 부상자 수 추정치

(80세가 넘는 범위에 대한 인구 데이터를 찾을 수 없었기 때문에, 비율은 80세까지만 계산되었다.)

마지막으로 몇 개의 서술을 살펴보자. 이를 훑어보는 것은 가설을 검토하고 추가 탐색을 위한 새로운 아이디어를 얻는 간략한 방법이다. 여기에서는 10개의 랜덤 샘플을 뽑아보자.

```
selected %>%
  sample_n(10) %>%
  pull(narrative)
#>  [1] "68YOF STRAINED KNEE MOVING FROM TOILET TO POWER CHAIR AT HOME. DX:...
#>  [2] "97YOM LWR BACK PAIN - MISSED TOILET SEAT, FELL FLOOR AT NH"
#>  [3] "54 YOF DX ALCOHOL INTOXICATION - PT STATES SHE FELL OFF TOILET."
#>  [4] "85YOF-STAFF AT NH STATES PT WAS TRANSITIONIN TO TOILET FROM WHEELCH...
#>  [5] "FOREHEAD LACERATION. 64 YOM FELL AND HIT HIS HEAD ON TOILET."
#>  [6] "70YOM-STAFF STATES PT FELL OFF TOILET ONTO CONCRETE FLOOR AT *** AR...
#>  [7] "40YOF WAS INTOXICATED AND FELL OFF THE TOILET STRUCK HEAD ON THE WA...
#>  [8] "66 Y/O F FELL FROM COMMODE ONTO FLOOR AND FRACTURED CLAVICLE"
#>  [9] "25YOF SYNCOPAL EPS W ON TOILET FELL HIT RS OF HEAD REPORTLY LOC UNK...
#> [10] "4 YO M W/LAC TO FOREHEAD SLIPPED IN BATHROOM HIT ON TOILET FLUSH HA...
```

이렇게 하나의 물품(예시에서의 변기 사례)에 대한 탐색을 하고 보니, 다른 품목에 대해서도 코드를 다시 타이핑하지 않고도 같은 탐색을 쉽게 할 수 있다면 정말 좋을 것 같다. 그렇다면 Shiny 앱을 만들어보자!

프로토타입

복잡한 앱을 만들 때, 우선 가능한 한 간단하게 시작해서 기본 메커니즘이 잘 동작하는지 확인한 뒤에 좀더 복잡한 부분을 작업하기를 강력히 추천한다. 여기서는 하나의 입력(물품 코드)과 세 개의 표, 하나의 플롯으로 시작한다.

첫 프로토타입을 설계할 때, 그것을 '가능한 한 간단하게' 만드는 것이 도전 과제다. 빨리 기본적인 부분을 작동하도록 만드는 것과 이후 단계를 계획하는 것 사이의 갈등이 있을 것이다. 어느 쪽이든 극단은 좋지 않다. 만약 기본적인 부분에만 맞추어 앱을 협소하게 설계하면 이후에 앱을 다시 작성하는 데 많은 시간을 보내야 하는 반면, 너무 철저하게 설계를 수행하면 나중에 최종 앱에서 필요하지 않아 삭제하게 될 코드를 작성하는 데 많은 시간을 쏟게 된다. 균형을 잘 잡기 위해서 필자는 코딩을 시작하기 전에 종이에 연필로 UI와 반응형 그래프를 그려보곤 한다.

여기서는 하나의 행에 입력을(아마도 앱이 완성되기 전에 더 많은 입력을 추가할 것이다), 다른 한 행에 세 개의 표를(총 12개의 컬럼 중 각각의 표가 3분의 1씩 4개의 컬럼을 차지하도록 한다), 그리고 또 하나의 행에 플롯을 표시하기로 결정했다.

```r
prod_codes <- setNames(products$prod_code, products$title)

ui <- fluidPage(
  fluidRow(
    column(6,
      selectInput("code", "Product", choices = prod_codes)
    )
  ),
  fluidRow(
    column(4, tableOutput("diag")),
    column(4, tableOutput("body_part")),
    column(4, tableOutput("location"))
  ),
  fluidRow(
    column(12, plotOutput("age_sex"))
  )
)
```

아직까지 fluidRow()와 column()에 대해서는 배우지 않았지만, 무엇을 수행하는지 맥락상 추측할 수 있을 것이다. 이 함수들에 대해서는 103쪽의 '멀티행'에서 다시 얘기하겠다. 또한 selectInput()의 choices 인자에 setNames()를 사용한 것을 주목할 필요가 있는데, 이를 통해 UI에는 물품 이름이 표시되고 서버에는 물품 코드가 반환되게 한다.

서버 함수는 비교적 이해하기 쉽다. 우선 앞서 정적(static) 변수였던 selected와 summary를 반응형 표현식으로 변환하였다. 이는 합리적인 일반 패턴이다. 데이터 분석 시에는 전체 분석을 여러 단계로 분해하고 같은 계산을 여러 번 수행하는 것을 피하기 위해 변수를 생성하는데, Shiny 앱에서는 반응형 표현식이 같은 역할을 수행하기 때문이다.

Shiny 앱을 만들기 시작하기 전에, 분석 코드를 정리하는 데 약간 시간을 들이는 것은 좋은 습관이다. 이렇게 함으로써 반응형이라는 복잡성을 추가하기 전에 일반 R 코드 내에서 어떻게 변수를 생성하면 좋을지를 생각해볼 수 있다.

```
server <- function(input, output, session) {
  selected <- reactive(injuries %>% filter(prod_code == input$code))

  output$diag <- renderTable(
    selected() %>% count(diag, wt = weight, sort = TRUE)
  )
  output$body_part <- renderTable(
    selected() %>% count(body_part, wt = weight, sort = TRUE)
  )
  output$location <- renderTable(
    selected() %>% count(location, wt = weight, sort = TRUE)
  )

  summary <- reactive({
    selected() %>%
      count(age, sex, wt = weight) %>%
      left_join(population, by = c("age", "sex")) %>%
      mutate(rate = n / population * 1e4)
  })

  output$age_sex <- renderPlot({
    summary() %>%
      ggplot(aes(age, n, colour = sex)) +
      geom_line() +
      labs(y = "Estimated number of injuries")
  }, res = 96)
}
```

한 가지 주목할 점은, 여기서 summary는 단 하나의 반응형 소비자에서만 사용되므로 반드시 반응형으로 생성할 필요는 없다는 점이다. 하지만 계산 코드와 플롯을 그리는 코드를 분리하는 것은 좋은 습관이다. 앱의 흐름을 이해하기 쉽고 추후에 좀더 쉽게 일반화할 수 있기 때문이다.

그림 4-3은 결과로 얻어진 앱의 스크린샷이다. 소스 코드는 깃허브(*https://oreil.ly/L7xcN*)에서 볼 수 있다.

Product

knives, not elsewhere classified ▼

diag	n
Laceration	287925.65
Avulsion	9970.11
Puncture	5870.19
Other Or Not Stated	4852.37
Contusion Or Abrasion	1687.99
Amputation	1360.71
Fracture	574.87
Foreign Body	325.72
Strain, Sprain	226.77
Hemorrhage	179.56
Poisoning	110.03
Hematoma	99.58
Dermat Or Conj	95.36
Dental Injury	79.17
Ingested Object	79.17
Nerve Damage	79.17
Burns, Thermal	38.74
Burns, Chemical	16.18
Inter Organ Injury	16.18

body_part	n
Finger	212292.96
Hand	59287.40
Lower Arm	10986.55
Wrist	5512.13
Lower Leg	5156.99
Upper Leg	4931.13
Foot	4792.77
Knee	1666.74
Lower Trunk	1563.82
Face	1462.47
Toe	1228.27
Upper Arm	828.96
Ankle	750.35
Upper Trunk	644.14
Eyeball	555.77
Mouth	379.93
Neck	336.24
Head	309.10
Elbow	263.10
Shoulder	183.52
All Of Body	110.03
N.S./Unk	94.66
Ear	88.69
Pubic Region	82.66
Internal	79.17

location	n
Home	214092.90
Unknown	93006.86
Sports Or Recreation Place	2841.22
Other Public Property	2307.34
School	1067.87
Street Or Highway	254.34
Farm	16.99

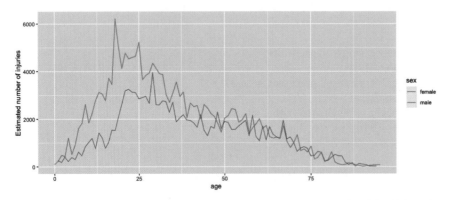

그림 4-3 NEISS 탐색 앱의 첫 프로토타입. *https://hadley.shinyapps.io/ms-prototype*에서 실제로 확인해보자.

표 다듬기

이제 기본 컴포넌트로 이루어진 앱이 작동하는 것을 확인하였으니, 점차 앱을 개
선할 차례다. 현재 앱의 첫 번째 문제는 표에 너무 많은 정보를 보여준다는 점인데,

아마도 가장 흥미로운 부분만 강조하면 충분할 것이다. 이 문제를 해결하기 위해 우선 어떻게 표를 줄일 수 있는지 알아내야 한다. 여기에서는 forcats 패키지 함수를 사용하여 변수를 팩터(factor)로 변환한 뒤, 빈도순으로 정렬하고, 가장 빈도가 높은 다섯 개의 레벨을 제외한 나머지를 하나로 합칠 것이다.

```
injuries %>%
  mutate(diag = fct_lump(fct_infreq(diag), n = 5)) %>%
  group_by(diag) %>%
  summarise(n = as.integer(sum(weight)))
#> # A tibble: 6 x 2
#>   diag                   n
#> * <fct>              <int>
#> 1 Other Or Not Stated 1806436
#> 2 Fracture            1558961
#> 3 Laceration          1432407
#> 4 Strain, Sprain      1432556
#> 5 Contusion Or Abrasion 1451987
#> 6 Other               1929147
```

이를 어떠한 변수에 대해서든 자동으로 수행할 수 있도록 함수화하자. 이 함수에 대한 상세한 내용은 여기에서는 중요치 않으니, 12장에서 다시 다루겠다. 이 코드가 너무 낯설게 느껴진다면 걱정하지 말자. 코드 복사/붙여넣기를 통해서 해결할 수도 있는 문제다.

```
count_top <- function(df, var, n = 5) {
  df %>%
    mutate({{ var }} := fct_lump(fct_infreq({{ var }}), n = n)) %>%
    group_by({{ var }}) %>%
    summarise(n = as.integer(sum(weight)))
}
```

이제 다음 코드를 서버 함수에 사용해보자.

```
output$diag <- renderTable(count_top(selected(), diag), width = "100%")
output$body_part <- renderTable(count_top(selected(), body_part), width = "100%")
output$location <- renderTable(count_top(selected(), location), width = "100%")
```

앱의 심미성 향상을 위해서 모든 표가 최대 너비를 차지하도록(즉, 각 표가 나타나는 열을 꽉 채우도록) 설정하였다. 이는 중요하지 않은 시각적 변동을 줄여 출력을 심미적으로 더 만족스럽게 만든다.

그림 4-4는 결과로 나타난 앱의 스크린샷이며, 소스 코드는 깃허브(*https://oreil.ly/ Mya71*)에서 볼 수 있다.

Product

knives, not elsewhere classified	▼

diag	n	body_part	n	location	n
Laceration	287925	Finger	212292	Home	214092
Avulsion	9970	Hand	59287	Unknown	93006
Puncture	5870	Lower Arm	10986	Other Public Property	2307
Other Or Not Stated	4852	Wrist	5512	Sports Or Recreation Place	2841
Contusion Or Abrasion	1687	Foot	4792	School	1067
Other	3281	Other	20715	Other	271

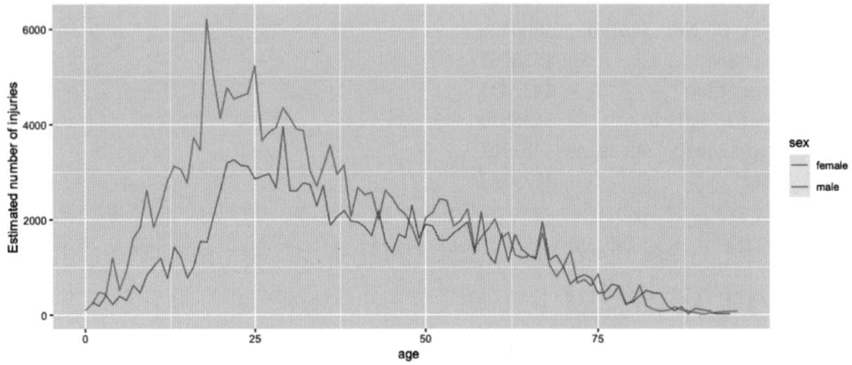

그림 4-4 이 두 번째 앱은 가장 빈도가 높은 행들만 요약표에 보여줌으로써 화면의 구도를 개선시킨다. *https://hadley.shinyapps.io/ms-polish-tables*에서 실제로 확인해보자.

비율 대 개수

지금까지는 하나의 플롯만 나타냈으나, 이제는 부상자 수와 인구 대비 비율 중에서 사용자가 선택하여 시각화할 수 있게 하려 한다. 우선 UI에 컨트롤을 추가하자. selectInput()을 사용하여 상태를 명시적으로 작성하며, 향후 새로운 상태를 추가하기 쉽게 할 것이다.

```
fluidRow(
  column(8,
    selectInput("code", "Product",
      choices = setNames(products$prod_code, products$title),
      width = "100%"
    )
  ),
  column(2, selectInput("y", "Y axis", c("rate", "count")))
),
```

(필자가 rate를 기본값으로 설정한 것은, 인구 분포에 대한 이해 없이도 플롯을 올바르게 해석할 수 있어서 더 안전하다고 생각했기 때문이다.)

이제 선택된 입력에 따라 그려지도록 하자.

```
output$age_sex <- renderPlot({
  if (input$y == "count") {
    summary() %>%
      ggplot(aes(age, n, colour = sex)) +
      geom_line() +
      labs(y = "Estimated number of injuries")
  } else {
    summary() %>%
      ggplot(aes(age, rate, colour = sex)) +
      geom_line(na.rm = TRUE) +
      labs(y = "Injuries per 10,000 people")
  }
}, res = 96)
```

그림 4-5는 생성된 앱의 스크린샷이며, 소스 코드는 깃허브(*https://oreil.ly/3AwYf*)에서 볼 수 있다.

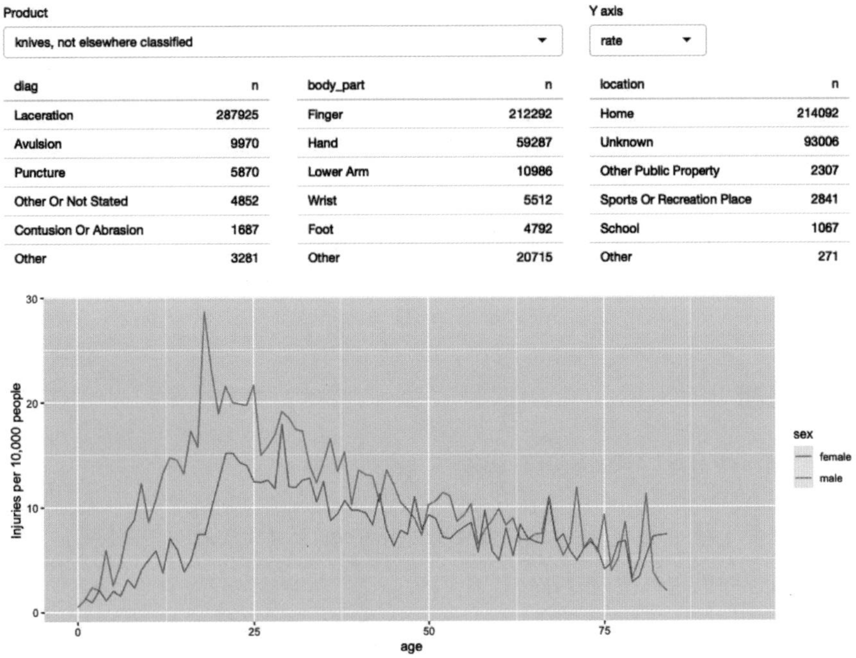

그림 4-5 이번 단계에서는 플롯의 y축을 부상자 수와 인구 대비 비율 사이에서 사용자가 선택하여 바꿀 수 있는 기능을 제공한다. *https://hadley.shinyapps.io/ms-rate-vs-count*에서 실제로 확인해보자.

서술

마지막으로, 서술(narrative)에 접근할 수 있는 방법을 보여주려고 한다. 서술은 그 자체로 매우 흥미롭고, 또 플롯을 살펴보면서 떠올린 가설을 간략하게 검토할 수 있도록 해주기 때문이다. 앞서 보았던 R 코드에서는 여러 개의 서술을 한번에 샘플링하여 출력하였지만, 인터랙티브하게 탐색하는 앱에서는 사용자가 원할 때마다 한 번에 하나씩 서술을 새로 샘플링하여 보여주면 좋을 것이다.

해법은 두 부분으로 구성된다. 우선 UI의 마지막에 새로운 행을 추가한다. 새로운 서술을 보여주도록 요청하는 액션 버튼과 추출된 서술을 나타내는 textOutput() 을 사용한다.

```
fluidRow(
  column(2, actionButton("story", "Tell me a story")),
  column(10, textOutput("narrative"))
)
```

그리고 eventReactive()를 사용하여 오직 버튼이 클릭될 때나 기저 데이터가 변경될 때만 갱신되는 반응형을 생성한다.

```
narrative_sample <- eventReactive(
  list(input$story, selected()),
  selected() %>% pull(narrative) %>% sample(1)
)
output$narrative <- renderText(narrative_sample())[h]
```

그림 4-6은 결과적으로 생성된 앱의 스크린샷이다. 소스 코드는 깃허브(*https://oreil.ly/dsqIH*)에서 볼 수 있다.

연습문제

1. 각 앱의 반응형 그래프를 그려보자.

2. 요약표의 행 수를 줄이는 코드에서 fct_infreq()와 fct_lump()의 적용 순서를 바꾸면 어떤 일이 발생할까?

3. 요약표에 몇 개의 행을 표시할 것인지를 사용자가 결정하도록 하는 입력 컨트롤을 추가해보자.

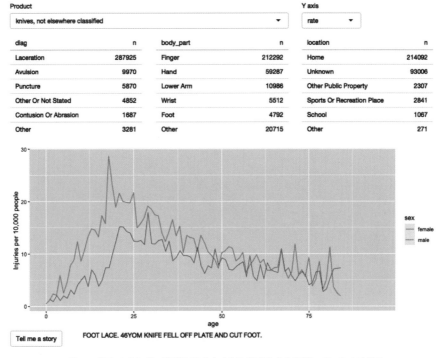

그림 4-6 최종 단계에서는 선택된 행에서 서술을 랜덤하게 추출하는 기능을 추가한다. *https://hadley.shinyapps.io/ms-narrative*에서 실제로 확인해보자.

4. '앞으로' 버튼과 '뒤로' 버튼을 사용하여 시스템적으로 모든 서술을 하나씩 살펴 볼 수 있는 방법을 제공하자.

고급 과제: 서술 목록을 '회전식'으로 구성하여, 마지막 서술에서 '앞으로' 버튼 을 눌렀을 때 처음 서술로 진행하도록 하자.

요약

지금까지 Shiny 앱의 기본을 습득하였다. 다음에 이어질 일곱 개 장에서는 중요한 기법들을 모아서 다룰 것이다. 워크플로를 다루는 다음 장을 읽은 다음, 이후 장들 은 우선 훑어보며 어떤 기법을 다루는지 감을 잡은 뒤, 앱을 개발하면서 각 기법이 필요할 때 다시 돌아와 읽기를 추천한다.

Shiny 실전

2부에서는 유용한 기법 모음을 제공한다. 5장은 앱을 개발하거나 디버깅할 때, 그리고 어려움에 봉착하여 도움을 구할 때 중요한 도구들을 다루므로 우선 5장을 먼저 읽어야 할 것이다. 이후에는 특정한 순서가 없으며, 각 장들 간에는 비교적 연결고리가 적다. 필자는 여러분이 나머지 장들을 빠르게 훑어보며 여러 가지 다른 기법들을 인지하고(그래서 나중에 관련된 문제가 발생했을 때 이 기법들을 기억해낼 수 있게 하고), 현재 필요한 부분에 대해서만 세세하게 읽기를 제안한다. 다음은 각 장에서 다룰 주요 주제들이다.

- 6장에서는 입력과 출력 구성성분들을 배치(layout)하는 다양한 방법에 대해 설명한다.
- 7장에서는 플롯에 인터랙션을 직접 추가하는 방법과, 다른 방식으로 생성된 이미지를 출력하는 방법을 보여준다.
- 8장에서는 앱이 실행되는 동안 사용자에게 피드백을 주는 여러 가지 기법(인라인 에러, 알림, 프로그레스 바, 다이얼로그 박스 등)을 다룬다.
- 9장에서는 파일을 앱으로 전송하고 앱에서 전송받는 방법에 대해 설명한다.
- 10장에서는 앱이 실행되는 동안 사용자 인터페이스를 동적으로 수정하는 방법을 살펴본다.
- 11장에서는 사용자가 북마크하는 것과 같이 앱의 상태를 저장하는 방법을 살펴본다.
- 12장에서는 앱에서 tidyverse 패키지를 이용할 때 사용자가 변수를 선택하도록 허용하는 방법을 보여준다.

우선, 앱 개발을 위한 워크플로부터 시작해보자.

5장

M a s t e r i n g **S h i n y**

워크플로

만약 앞으로 많은 Shiny 앱을 작성할 거라면(이 책을 읽고 그렇게 되길 바란다!) 기본 워크플로에 어느 정도 시간을 투자할 만하다. 워크플로 개선에 시간을 투자하는 것은 장기적으로 큰 도움이 되기 때문이다. 이는 R 코드를 작성하는 데 쓸 수 있는 시간을 늘려줄 뿐만 아니라, 그 결과를 더 빨리 확인할 수 있게 함으로써 Shiny 앱을 작성하는 과정을 훨씬 즐겁게 해주고 스킬을 좀더 빨리 발전시킬 수 있도록 도와준다.

이 장의 목표는 세 가지 중요한 Shiny 워크플로를 개선하는 것이다.

- 기본 개발 사이클: 앱을 만들고, 변경하고, 그 결과를 실험하는 과정
- 디버깅: 코드에서 잘못된 부분을 발견하고 해법을 브레인스토밍하는 워크플로
- 재현 가능한 예제(reprex) 작성하기: 문제를 실제로 보여주기 위한 자립적인 (self-contained) 코드. 재현 가능한 예제는 강력한 디버깅 기법이며 다른 사람들로부터 도움을 받고자 할 때 필수적이다.

개발 워크플로

개발 워크플로를 최적화하는 목적은 앱을 변경한 뒤 그 결과를 확인할 때까지의 시간을 줄이기 위해서다. 더 빨리 단계를 반복할수록 더 빨리 실험하게 되고 더 빨리 더 뛰어난 Shiny 개발자가 될 수 있다. 여기서 두 가지 주요 워크플로, 즉 최초 앱을 만드는 워크플로와 그 후 앱 코드를 수정하고 그 결과를 테스트해보는 반복 과정의 속도를 향상시키는 워크플로를 최적화해보자.

앱 만들기

모든 앱은 다음과 같은 여섯 줄의 R 코드에서 시작할 것이다.

```
library(shiny)
ui <- fluidPage(
)
server <- function(input, output, session) {
}
shinyApp(ui, server)
```

이 코드를 매번 새로 타이핑해야 한다면 쉽게 지루해질 것이므로 RStudio에서는 몇 가지 단축 방법을 제공한다.

- 만약 이미 *app.R*로 사용할 코드창을 열었다면, **shinyapp**이라고 타이핑한 뒤 Shift + Tab을 누르면 Shiny 앱 스니펫(snippet)[1]이 삽입된다.
- 만약 새 프로젝트[2]를 시작하고 싶다면, File 메뉴로 가서 New Project를 선택한 뒤 그림 5-1과 같이 Shiny Web Application을 선택한다.

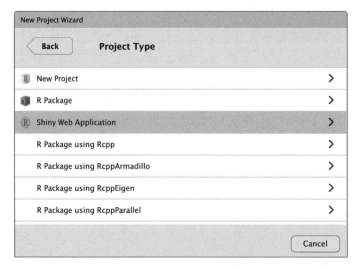

그림 5-1 RStudio 내에서 새로 Shiny 앱을 만들기 위해
프로젝트 타입으로 Shiny Web Application을 선택한다.

---

1 스니펫(*https://oreil.ly/LDRpo*)은 빈번하게 사용되는 코드 조각을 삽입하는 텍스트 매크로다. 스니펫을 사용하는 게 마음에 든다면, ThinkR이 모아놓은 Shiny 스니펫 모음(*https://oreil.ly/kXGFY*)을 살펴보자.
2 프로젝트는 다른 프로젝트들로부터 분리된 자립적인(self-contained) 디렉터리다. RStudio를 사용하고 있지만 프로젝트를 사용하고 있지 않다면, 프로젝트 기반 워크플로(*https://oreil.ly/px2Gi*)에 대해 읽어보길 적극 추천한다.

하루에 한두 개 정도의 앱만 만들 것이기 때문에 이런 단축키를 배우는 것이 별로 중요하지 않다고 생각할지도 모르겠다. 하지만 간단한 앱을 만드는 것은 더 큰 프로젝트를 시작하기에 앞서 기본 개념을 이해하는 훌륭한 방법이며, 또한 디버깅할 때도 훌륭한 도구다.

변경 확인하기

앞 절의 '앱 만들기'는 하루에 최대 몇 번만 수행하겠지만, 개발 과정에서 앱을 하루에 수백 번 변경하고 실행하게 될 것이므로, 이를 위한 개발 워크플로를 마스터하는 것은 매우 중요하다. 반복적인 앱 실행에 소요되는 시간을 줄이는 첫 번째 방법은 Run App 버튼을 클릭하는 대신 키보드 단축키 Cmd/Ctrl + Shift + Enter를 사용하는 것이다. 이는 다음과 같은 개발 워크플로를 제공한다.

1. 코드를 작성한다.
2. 단축키 Cmd/Ctrl + Shift + Enter로 앱을 실행한다.
3. 인터랙티브하게 앱을 실험한다.
4. 앱을 닫는다.
5. 1번으로 돌아간다.

시간을 더 줄이는 또 한 가지 방법은 백그라운드 작업(*https://oreil.ly/jtX8d*)으로 자동 리로드[3]를 활성화하고 앱을 실행하는 것이다. 이 워크플로 내에서는 코드 파일을 저장하자마자 앱이 다시 실행되기 때문에 앱을 닫고 재실행할 필요가 없다. 이는 다음과 같은 좀더 빠른 워크플로를 제공한다.

1. 코드를 작성한 뒤 단축키 Cmd/Ctrl + S를 눌러 파일을 저장한다.
2. 인터랙티브하게 앱을 실험한다.
3. 1번으로 돌아간다.

이 기법의 가장 큰 단점은 앱이 분리된 프로세스에서 실행되기 때문에 디버깅이 상당히 더 어렵다는 점이다.

앱이 점점 더 커질수록 인터랙티브하게 실험한다는 게 매우 부담이 될 것이다. 앱에서 변경한 부분에 영향을 받는 컴포넌트를 모두 기억하여 다시 검사하기는 너무 어렵다. 이후 21장에서는 인터랙티브한 실험을 자동화된 코드로 변환하는 테스

---

3 (옮긴이) options(shiny.autoreload = TRUE)

트 자동화 도구를 배운다. 이렇게 하면 (자동화되었기 때문에) 테스트를 더욱 빨리 수행할 수 있으며, 중요한 테스트를 잊지 않고 수행할 수 있다. 이는 테스트를 개발하는 부분에 초기 투자를 필요로 하지만, 큰 앱에서는 이 투자가 멋진 성과를 가져다줄 것이다.

뷰 제어하기

기본 설정으로 앱을 실행하면 앱이 팝업창에 나타날 것이다. 그림 5-2와 같이 Run App 드롭다운 메뉴에서 선택할 수 있는 다른 두 가지 옵션이 있다.

- Run in Viewer Pane을 선택하면 (보통 IDE에서 우측에 자리한) 뷰어 페인(viewer pane)에서 앱을 연다. 이 옵션은 작은 크기의 앱일수록 유용한데, 앱 코드를 실행하는 동시에 같은 RStudio 창에서 앱을 볼 수 있기 때문이다.
- Run External을 선택하면 일반 웹 브라우저에서 앱을 연다. 이 옵션은 큰 규모의 앱일수록 유용하며, 대부분의 사용자들이 경험하는 것과 같은 조건에서 앱을 살펴보고 싶을 때 유용하다.

그림 5-2 Run App 버튼은 앱이 어떻게 표시될지 선택할 수 있게 한다.

디버깅

앱을 작성하기 시작하면, 어떤 부분에 오류가 발생하는 것은 거의 당연하다. 대부분 버그가 발생하는 원인은 앱 작성자의 Shiny에 대한 멘탈 모델(mental model)과 Shiny가 실제로 수행하는 방식이 불일치하기 때문이다. 이 책을 읽으면서 멘탈 모델이 개선될 것이고, 실수가 줄어들게 될 것이며, 버그가 생겼을 때 쉽게 문제를 발견하게 될 것이다. 하지만 어떤 언어든지 코드를 처음 작성할 때부터 신뢰성 있게 작동하게 하려면 수년간의 경험이 필요하다. 따라서, 실수를 발견하고 고치는 탄탄한 워크플로를 개발할 필요가 있다. 여기서는 Shiny 앱의 특정한 디버깅 기술에 초점을 맞출 것이다. 만약 R에서의 디버깅을 처음 접한다면, 제니 브라이언 (Jenny Bryan)의 rstudio::conf(2020) 키노트 'Object of type closure is not subset table'(*https://oreil.ly/QXvtt*)을 보면서 시작해보자.

다음은 앞으로 다룰 세 가지 주요 문제 상황들이다.

- 앱에서 예상하지 못한 오류가 발생한다. 이는 가장 쉬운 경우인데, 왜냐하면 정확히 어디서 오류가 발생했는지 역추적할 수 있기 때문이다. 문제를 발견한 후에는, 예상과 실제의 차이를 찾아낼 때까지 시스템적으로 가정들을 테스트해야 한다. 인터랙티브 디버거는 이 과정에서 큰 도움이 된다.
- 앱에서 오류가 발생하지 않지만, 나타난 일부 값들이 정확하지 않다. 이 경우, 근본적인 원인을 찾기 위해 조사하는 기술과 함께 인터랙티브 디버거를 사용해야 한다.
- 모든 값이 정확하게 나타나지만, 예상했던 시점에서 갱신되지 않는다. 이는 Shiny에서만 발생하는 문제들로, 기존의 R 디버깅 기술을 활용할 수 없기 때문에 가장 어려운 문제다.

이런 상황들이 발생할 때는 좌절스럽겠지만, 이를 디버깅 기술을 연마하는 기회로 삼을 수 있다.

다음 절에서는 또 다른 중요한 기법인 최소(minimal)의 재현 가능한 예제 만들기를 살펴볼 것이다. 어려움에 봉착하였을 때, 최소의 예제를 만드는 것은 다른 사람의 도움을 구할 때뿐만 아니라 스스로 코드를 디버깅할 때도 매우 중요하다. 보통의 경우, 코드 대부분은 잘 수행되며 오직 아주 작은 부분만 문제를 발생시킨다. 문제없이 작동하는 코드를 빼고 문제가 있는 코드에만 초점을 맞춘 간략한 예제를 만들 수 있다면, 해법을 찾기 위한 과정을 훨씬 빨리 진행할 수 있을 것이다. 이는 필자가 매일 사용하는 기법이다.

역추적 읽기

R에서 모든 오류는 **역추적**(traceback) 혹은 호출 스택(call stack)을 수반하는데, 이는 문자 그대로 그 오류에 이르게 한 일련의 함수들을 호출 순서를 역으로 추적한다. 예를 들어, f()가 g()를 호출하고, g()가 h()를 호출하고, h()가 곱셈 연산자를 호출하는 간단한 일련의 함수 호출을 살펴보자.

```
f <- function(x) g(x)
g <- function(x) h(x)
h <- function(x) x * 2
```

이 코드가 다음과 같이 오류를 발생시킨다면,

```
f("a")
#> Error in x * 2: non-numeric argument to binary operator
```

traceback()을 호출하여 이 문제를 일으킨 함수 호출 순서를 알아낼 수 있다.

```
traceback()
#> 3: h(x)
#> 2: g(x)
#> 1: f("a")
```

역추적 결과의 위아래 순서를 바꾸면 아마 더 이해하기 쉬울 것이다.

```
1: f("a")
2: g(x)
3: h(x)
```

이는 오류에 이르기까지 함수가 호출된 순서를 알려준다. f()가 g()를 호출했고, g()가 (오류를 발생시킨) h()를 호출했다.

Shiny에서의 역추적

불행히도 Shiny에서는 traceback()을 사용할 수 없는데, 이는 앱이 실행되는 동안 다른 코드를 실행할 수 없기 때문이다. 대신, Shiny는 자동으로 역추적 정보를 출력한다. 예를 들어, 앞에서 정의한 함수 f()를 사용하는 간단한 앱을 살펴보자.

```
library(shiny)

f <- function(x) g(x)
g <- function(x) h(x)
h <- function(x) x * 2

ui <- fluidPage(
  selectInput("n", "N", 1:10),
  plotOutput("plot")
)
server <- function(input, output, session) {
  output$plot <- renderPlot({
```

```
    n <- f(input$n)
    plot(head(cars, n))
  }, res = 96)
}
shinyApp(ui, server)
```

이 앱을 실행하면 앱에 오류 메시지가 나타나고 콘솔에 역추적 정보가 출력된다.[4]

```
Error in *: non-numeric argument to binary operator
169: g [app.R#4]
168: f [app.R#3]
167: renderPlot [app.R#13]
165: func
125: drawPlot
111: <reactive:plotObj>
 95: drawReactive
 82: renderFunc
 81: output$plot
  1: runApp
```

무슨 일이 일어나고 있는지 이해하기 위해 역추적 정보의 위아래 순서를 바꾸어 함수가 호출된 순서대로 나타나도록 해보자.

```
Error in *: non-numeric argument to binary operator
  1: runApp
 81: output$plot
 82: renderFunc
 95: drawReactive
111: <reactive:plotObj>
125: drawPlot
165: func
167: renderPlot [app.R#13]
168: f [app.R#3]
169: g [app.R#4]
```

이 호출 스택은 세 기본 부분으로 나눌 수 있다.

• 처음 몇 개의 함수 호출은 앱을 시작하기 위한 것이다. 앞의 경우에는 runApp()
  만 보이지만, 앱을 어떻게 실행하느냐에 따라 좀더 복잡한 역추적 정보를 볼 수

---

4 (옮긴이) 이후 설명되겠지만, 역추적 정보가 나타나도록 하기 위해서는 runApp()을 호출하여
  (RStudio IDE 이용 시 코드 창에서 단축키 Cmd/Ctrl + Shift + Enter) 앱을 실행하도록 하자. 다른 방
  법으로는 source()를 echo = TRUE로 설정하여 호출하거나 shinyApp()의 반환값을 인자로 사용하여
  print() 함수를 호출하는 등의 방법으로 앱을 실행하면 역추적 정보가 출력된다.

있다. 예를 들어, source()[5]를 호출하여 앱을 수행하면, 다음과 같은 역추적 정보를 보게 될 것이다.

```
1: source
3: print.shiny.appobj
5: runApp
```

보통 처음 runApp() 이전의 호출은 무시해도 좋다. 이 부분은 그저 앱을 실행시키기 위한 설정 코드이기 때문이다.

- 다음으로 반응형 표현식 호출을 담당하는 Shiny 내부 코드를 보게 될 것이다.

```
81: output$plot
82: renderFunc
95: drawReactive
111: <reactive:plotObj>
125: drawPlot
165: func
```

여기서 output$plot을 찾아내는 게 정말 중요하다. 이것이 어떤 반응형(plot)이 오류를 발생시키는 원인인지 말해준다. 다음에 오는 몇 개의 함수들은 내부 함수들로, 무시해도 된다.

- 마지막으로, 직접 작성한 코드들을 가장 아래에서 보게 될 것이다.

```
167: renderPlot [app.R#13]
168: f [app.R#3]
169: g [app.R#4]
```

이 코드들은 renderPlot() 내부에서 호출된다. 파일 경로와 줄 번호가 이 코드들이 직접 작성한 코드라는 것을 말해주며, 이 부분에 주의를 기울여야 한다.

만약 앱에서 오류가 발생했는데 역추적 정보를 볼 수 없다면, 단축키 Cmd/Ctrl + Shift + Enter를 이용하여 (혹은, RStudio를 사용하지 않고 있다면 runApp()을 호출하여) 앱을 실행시켰는지, 그리고 그 전에 코드 파일을 저장하였는지 확인하자. 다른 방법으로 앱을 실행시켰다면 역추적을 위한 정보를 얻지 못할 수도 있다.

---

5 (옮긴이) 인자를 echo = TRUE로 설정해야 한다.

인터랙티브 디버거

앞서 살펴본 방법으로 오류가 어디에서 발생하는지 알아낸 뒤, 오류의 원인을 파악하고 싶다면, **인터랙티브 디버거**가 가용한 가장 강력한 도구다. 디버거는 코드 실행을 잠시 멈춘 뒤, 무엇이 잘못되었는지 파악하기 위해 어떠한 코드든지 인터랙티브 R 콘솔을 통해 실행시킬 수 있게 한다. 디버거를 실행시키는 방법은 두 가지가 있다.

- 소스 코드에 browser() 호출을 포함시킨다. 이는 R에서 인터랙티브 디버거를 실행시키는 표준적인 방법이며, 어떠한 방식으로 Shiny를 실행시키든지 작동할 것이다.

  browser()의 또 다른 장점은 R 코드이기 때문에 if 문과 결합하여 조건부로 실행되도록 할 수 있다는 것이다. 이를 통해 디버거를 오직 문제가 발생하는 입력에 대해서만 실행되도록 할 수 있다.

```
if (input$value == "a") {
  browser()
}
# 혹은 경우에 따라
if (my_reactive() < 0) {
  browser()
}
```

- 줄 번호 왼쪽을 클릭함으로써 RStudio 중단점(breakpoint)을 추가한다. 빨간 원을 클릭하여 중단점을 제거할 수 있다.

```
23 ▾  server <- function(input, output, session) {
24 ▾    territory <- reactive({
● 25        req(input$territory)
26 ▾        if (input$territory == "NA") {
```

중단점의 장점은, 이들은 코드가 아니므로 의도치 않게 디버거 실행 명령이 버전 관리 시스템에 추가되는 것을 걱정할 필요가 없다는 점이다.

RStudio를 사용하고 있다면, 그림 5-3의 툴바(toolbar)가 디버거가 실행되고 있는 콘솔의 상단에 나타날 것이다. 이 툴바는 현재 사용 가능한 디버깅 명령들을 보여준다. 이 명령들은 RStudio 밖에서도 사용할 수 있는데, 각각을 실행시키려면 한 글자 명령어만 기억하면 된다. 가장 유용한 세 가지 명령은 다음과 같다.

Next (n을 누른다)

함수 내에서 다음 단계를 실행한다. 만약 n이라는 이름을 가진 변수가 존재한다면, 그 변수의 값을 출력하기 위해서는 print(n)을 사용해야 함을 주목하자.

Continue (c를 누른다)

인터랙티브 디버깅을 벗어나 함수의 남은 부분 전체를 한꺼번에 실행한다. 이는 잘못된 상태를 고친 후 함수가 맞게 진행되는지 확인하고 싶을 때 유용하다.

Stop (Q를 누른다)

디버깅을 중단하고 함수를 중지하며 전역 워크스페이스(global workspace)로 돌아간다. 어디가 문제인지 파악했고, 그 문제를 고치고 코드를 재실행할 준비가 된 경우에만 사용하자.

그림 5-3 RStudio 디버깅 툴바

이 도구를 이용하여 코드를 한 줄 한 줄 단계적으로 실행해볼 뿐만 아니라, 무엇이 잘못되었는지 찾아내기 위해 수많은 인터랙티브 코드를 작성하게 될 것이다. 디버깅은 불일치를 찾아낼 때까지 기대와 실제를 체계적으로 비교하는 과정이다. R에서의 디버깅을 처음 접한다면, 《Advanced R》의 '디버깅(Debugging)' 장(*https://oreil.ly/5jiRp*)을 읽고 일반적인 기법들을 배워보자.

사례 연구

> 불가능한 것을 제거한 후에 마지막에 남은 것은, 아무리 믿기지 않더라도 진실임에 틀림없다.[6]
>
> – 셜록 홈즈, 아서 코난 도일의 《네 개의 서명(The Sign of the Four)》 중

기본 디버깅 접근 방법을 보여주기 위해, 필자가 174쪽의 '계층형 셀렉트 박스'를 쓰고 있을 때 맞닥뜨렸던 작은 문제를 함께 살펴보자. 우선 기본 맥락을 살펴본 뒤, 인터랙티브 디버깅 도구 없이 문제를 해결하기 시작한 과정과 결국 인터랙티브 디

---

6 (옮긴이) 원문은 다음과 같다. "When you have eliminated the impossible, whatever remains, however improbable, must be the truth."

버깅이 필요했던 부분을 보고, 마침내 발견한 놀라운 해법을 확인하자.

초기 목적은 매우 간단하다. 판매에 대한 데이터셋[7]이 있는데, 이를 지역별로 필터링하는 것이다. 다음은 데이터가 어떤 형태인지 보여준다.[8]

```
sales <- readr::read_csv("sales-dashboard/sales_data_sample.csv")
sales <- sales[c(
  "TERRITORY", "ORDERDATE", "ORDERNUMBER", "PRODUCTCODE",
  "QUANTITYORDERED", "PRICEEACH"
)]
sales
#> # A tibble: 2,823 x 6
#>   TERRITORY ORDERDATE      ORDERNUMBER PRODUCTCODE QUANTITYORDERED PRICEEACH
#>   <chr>     <chr>              <dbl> <chr>                 <dbl>     <dbl>
#> 1 <NA>      2/24/2003 0:00     10107 S10_1678               30      95.7
#> 2 EMEA      5/7/2003 0:00      10121 S10_1678               34      81.4
#> 3 EMEA      7/1/2003 0:00      10134 S10_1678               41      94.7
#> 4 <NA>      8/25/2003 0:00     10145 S10_1678               45      83.3
#> # ... with 2,819 more rows
```

다음은 지역 목록이다.

```
unique(sales$TERRITORY)
#> [1] NA        "EMEA"  "APAC"  "Japan"
```

처음 시작했을 때, 필자는 이 문제가 너무 간단해서 별다른 연구 없이도 앱을 작성할 수 있을 거라 생각했다.

```
ui <- fluidPage(
  selectInput("territory", "territory", choices = unique(sales$TERRITORY)),
  tableOutput("selected")
)
server <- function(input, output, session) {
  selected <- reactive(sales[sales$TERRITORY == input$territory, ])
  output$selected <- renderTable(head(selected(), 10))
}
```

단 여덟 줄의 코드로 작성된 앱에서 잘못될 게 뭐란 말인가? 하지만 필자가 앱을 열자마자 어떤 지역을 선택하든 수많은 결측값(missing value)이 나타났다. 아마도 화면에 보여줄 데이터를 선택하는 반응형 내의 코드 sales[sales$TERRITORY ==

---

7 (옮긴이) 캐글(*https://oreil.ly/Oclev*)에서 다운로드할 수 있다.

8 (옮긴이) 만약 readr::read_csv() 호출 시 오류가 발생한다면, 대신 vroom::vroom()을 사용하자.

input$territory,]가 이 문제의 원인일 가능성이 가장 높아 보였다. 그래서 필자는 앱 실행을 멈추고 데이터 서브셋 추출(subsetting)이 원래 생각했던 대로 작동하는지 재빨리 확인해보았다.

```
sales[sales$TERRITORY == "EMEA", ]
#> # A tibble: 2,481 x 6
#>   TERRITORY ORDERDATE      ORDERNUMBER PRODUCTCODE QUANTITYORDERED PRICEEACH
#>   <chr>     <chr>                <dbl> <chr>                 <dbl>     <dbl>
#> 1 <NA>      <NA>                    NA <NA>                     NA        NA
#> 2 EMEA      5/7/2003 0:00        10121 S10_1678                 34      81.4
#> 3 EMEA      7/1/2003 0:00        10134 S10_1678                 41      94.7
#> 4 <NA>      <NA>                    NA <NA>                     NA        NA
#> # ... with 2,477 more rows
```

어이쿠! TERRITORY가 수많은 결측값을 지니고 있어 sales$TERRITORY == "EMEA" 역시 많은 결측값을 반환한다는 사실을 잊고 있었다.

```
head(sales$TERRITORY == "EMEA", 25)
#>  [1]    NA TRUE TRUE   NA   NA   NA TRUE TRUE   NA TRUE FALSE   NA
#> [13]    NA   NA TRUE   NA TRUE TRUE   NA   NA TRUE FALSE TRUE   NA
#> [25]  TRUE
```

이 결측값들은 [연산자를 사용하여 sales 데이터의 서브셋을 추출하려 할 때 결측행을 반환한다. 입력에 결측값이 존재하면 출력에 결측행으로 보존되는 것이다. 이 문제를 풀기 위한 여러 가지 방법이 있는데, 필자는 자동으로 결측값을 제거하며 sales라고 타이핑해야 할 횟수를 줄여주는 subset()[9]을 사용하기로 하였다. 그런 다음, 이 방법이 실제로 잘 작동하는지 재차 확인하였다.

```
subset(sales, TERRITORY == "EMEA")
#> # A tibble: 1,407 x 6
#>   TERRITORY ORDERDATE       ORDERNUMBER PRODUCTCODE QUANTITYORDERED PRICEEACH
#>   <chr>     <chr>                 <dbl> <chr>                 <dbl>     <dbl>
#> 1 EMEA      5/7/2003 0:00         10121 S10_1678                 34      81.4
#> 2 EMEA      7/1/2003 0:00         10134 S10_1678                 41      94.7
#> 3 EMEA      11/11/2003 0:00       10180 S10_1678                 29      86.1
#> 4 EMEA      11/18/2003 0:00       10188 S10_1678                 48       100
#> # ... with 1,403 more rows
```

9 여기서 필자는 앱에 추가적으로 다른 패키지를 불러올 필요가 없는 subset()을 사용하였다. 더 큰 앱이라면, 아마도 어떻게 작동하는지 필자가 좀더 잘 알고 있는 dplyr::filter()를 선호할 것 같다.

이것으로 대부분의 문제가 해결되었으나, 지역 드롭다운 메뉴에서 NA를 선택했을 때는 여전히 문제가 발생하였다. 아무 행도 나타나지 않는 것이었다. 그래서 다시 콘솔에서 확인해보았다.

```
subset(sales, TERRITORY == NA)
#> # A tibble: 0 x 6
#> # ... with 6 variables: TERRITORY <chr>, ORDERDATE <chr>, ORDERNUMBER <dbl>,
#> #   PRODUCTCODE <chr>, QUANTITYORDERED <dbl>, PRICEEACH <dbl>
```

그리고 필자는 결측값은 값을 비교하는 연산에 사용되면 항상 결측값을 반환하므로, 이 방법이 당연히 작동하지 않을 거라는 점을 기억해냈다.

```
head(sales$TERRITORY == NA, 25)
#> [1] NA NA NA NA NA NA NA NA NA NA NA NA NA NA NA NA NA NA NA NA NA NA NA NA NA
```

이 문제를 해결하기 위해 추가할 방법은 ==를 %in%로 교체하는 것이다.

```
head(sales$TERRITORY %in% NA, 25)
#>  [1]  TRUE FALSE FALSE  TRUE  TRUE  TRUE FALSE FALSE  TRUE FALSE FALSE  TRUE
#> [13]  TRUE  TRUE FALSE  TRUE FALSE FALSE  TRUE  TRUE FALSE FALSE FALSE  TRUE
#> [25] FALSE
subset(sales, TERRITORY %in% NA)
#> # A tibble: 1,074 x 6
#>   TERRITORY ORDERDATE       ORDERNUMBER PRODUCTCODE QUANTITYORDERED PRICEEACH
#>   <chr>     <chr>                 <dbl> <chr>                 <dbl>     <dbl>
#> 1 <NA>      2/24/2003 0:00        10107 S10_1678                30      95.7
#> 2 <NA>      8/25/2003 0:00        10145 S10_1678                45      83.3
#> 3 <NA>      10/10/2003 0:00       10159 S10_1678                49      100
#> 4 <NA>      10/28/2003 0:00       10168 S10_1678                36      96.7
#> # ... with 1,070 more rows
```

이렇게 앱을 변경하고 다시 시도해보았다. 여전히 작동하지가 않았다! 드롭다운 메뉴에서 'NA'를 선택했을 때, 어떠한 행도 보이지 않는다.

　이 시점에서, 필자는 콘솔에서 살펴볼 수 있는 모든 것을 살펴봤다는 것을 깨달았고, 이제 왜 이 코드가 Shiny 안에서는 필자가 예상하는 대로 작동하지 않는지 알아내기 위해 실험을 수행해야 했다. 아마도 반응형 selected가 문제의 원인일 거라고 추측했기 때문에, browser()를 이 반응형 내에 추가했다. 이렇게 하면 두 줄짜리 반응형이 되므로, 코드를 {}으로 감쌌다.

```
server <- function(input, output, session) {
  selected <- reactive({
```

```
    browser()
    subset(sales, TERRITORY %in% input$territory)
  })
  output$selected <- renderTable(head(selected(), 10))
}
```

다시 앱을 실행하자마자 인터랙티브 콘솔을 접하게 되었고, 현재 문제 상황에 들어와 있는지 확인하려고 subset(sales, TERRITORY %in% input$territory)를 실행해 보았다. 그 결과 빈 데이터 프레임이 반환되었으므로, 필요한 문제 상황에 들어와 있다는 것을 알게 되었다. 만약에 이 단계에서 문제를 발견하지 못했었다면, c를 입력해서 앱을 계속 진행시킨 뒤, 문제 상황이 발생하는 지점에 도달할 때까지 앱과 상호작용했을 것이다.

다음으로 subset()의 입력이 예상했던 것과 같은지 검사해보았다. 우선 sales 데이터가 정상적인지 재확인했다. 앱의 어떤 부분도 이 데이터를 수정하지 않기 때문에, 이 데이터가 망가졌으리라 정말로 예상하지는 않았지만, 어쨌든 세울 수 있는 모든 가정을 철저히 검사하는 게 가장 안전하다. sales 데이터는 이상이 없어 보였으므로 문제는 TERRITORY %in% input$territory에 존재하는 것이 틀림없었다. TERRITORY는 이상 없음을 확인한 sales의 일부분이므로, 필자는 input$territory부터 검사하기 시작했다.

```
input$territory
#> [1] "NA"
```

이 또한 이상 없는 듯하여 한참 동안 바라보고 있는데, 불현듯한 생각이 머리를 스쳤다. '난 NA를 예상하고 있었는데, 이건 "NA"잖아!' 이제서야 이 문제를 Shiny 바깥에서 재현할 수 있게 되었다.

```
subset(sales, TERRITORY %in% "NA")
#> # A tibble: 0 x 6
#> # ... with 6 variables: TERRITORY <chr>, ORDERDATE <chr>, ORDERNUMBER <dbl>,
#> #     PRODUCTCODE <chr>, QUANTITYORDERED <dbl>, PRICEEACH <dbl>
```

그리고선 간단한 해법을 찾고, 서버 함수에 적용한 뒤, 앱을 다시 실행했다.

```
server <- function(input, output, session) {
  selected <- reactive({
    if (input$territory == "NA") {
      subset(sales, is.na(TERRITORY))
```

```
    } else {
      subset(sales, TERRITORY == input$territory)
    }
  })
  output$selected <- renderTable(head(selected(), 10))
}
```

만세! 문제 해결! 하지만 필자는 Shiny가 아무런 메시지 없이 NA를 "NA"로 변환한다는 점에 매우 놀라서 버그 리포트(*https://oreil.ly/nZCg5*)를 작성하였다.

몇 주 후에, 필자는 이 예제를 다시 들여다보면서 다른 지역들에 대해 생각하기 시작했다. '유럽-중동-아프리카(Europe, Middle East, and Africa, EMEA)와 아시아-태평양(Asia-Pacific, APAC)은 있는데, 북미(North America)는 어디 있는 거지?' 그때, 아마도 소스 데이터에서 NA가 North America의 약자로 쓰여졌을 것이며, R이 이를 결측값으로 읽었을 것임을 깨달았다. 따라서 진짜 문제는 데이터를 불러오는 곳에 있었고, 그 부분을 고쳐서 문제를 해결해야 한다.

```
sales <- readr::read_csv("sales-dashboard/sales_data_sample.csv", na = "")
unique(sales$TERRITORY)
#> [1] "NA"     "EMEA"   "APAC"   "Japan"
```

이 해법은 일을 훨씬 쉽게 만들었다![10]

이는 디버깅을 할 때 보통 겪는 패턴이다. 이슈의 원인을 완전히 이해할 때까지 종종 몇 겹의 양파 껍질을 벗겨내야 한다.

반응성 디버깅하기

디버깅하기 가장 어려운 문제는 반응형이 예상하지 못했던 순서로 실행될 때다. 이 절에서는 이런 문제를 디버깅할 때 도움이 될 만한 몇몇 도구만 추천한다. 다음 절에서 이런 문제 해결에 매우 중요한 최소의 재현 가능한 예제(reprex)를 만드는 법을 배우고, 이 책의 후반부에서는 기반이 되는 이론과 반응형 로그(reactive log; *https://github.com/rstudio/reactlog*) 같은 도구에 대해 더 배울 것이다. 하지만 일단 이 절에서는 이런 경우에 유용한 전통적인 기법인 '프린트(print)' 디버깅에 초점을 맞춘다.

프린트 디버깅의 기본 아이디어는 언제 각 코드 부분이 실행되는지 파악해야 하

---

10 (옮긴이) 파일을 변경된 코드를 이용해서 읽으면, 수정하기 전 가장 처음의 서버 함수가 잘 작동한다. 만약 readr::read_csv() 호출 시 오류가 발생한다면, 대신 vroom::vroom()을 사용하자.

고 중요한 변수의 값을 보아야 할 때마다 print() 함수를 호출하는 것이다. (대부분의 언어가 print 함수를 사용하기 때문에) 이를 '프린트' 디버깅이라고 부르는데, R에서는 사실 message()를 사용하는 게 더 적합하다.

- print()는 데이터 벡터를 출력하기 위해 설계되었기 때문에, 출력될 때 문자열 앞뒤에 따옴표를 추가하며 첫 번째 행 앞이 [1]로 시작한다.
- message()는 그 결과를 '표준 출력(standard output)'이 아닌 '표준 에러(standard error)'로 보낸다. 이는 출력 스트림(output stream)을 나타내는 기술적인 용어들로, 인터랙티브한 환경에서 코드를 실행할 때는 둘 다 같은 방식으로 표시되므로 보통 그 차이를 인지하지 못할 것이다. 하지만 앱이 다른 곳에서 호스팅되었다면 '표준 에러'로 보내진 출력은 로그(log)에 기록될 것이다.

또한 필자는 message()를 glue::glue()와 결합하여 사용하길 추천하는데, 메시지에 텍스트와 값을 끼워넣기 용이하기 때문이다. 만약 아직 glue(*http://glue.tidyverse.org*) 패키지를 본 적이 없다면, {} 내에 있는 코드가 평가되어 출력에 삽입된다는 기본 아이디어만 일단 이해하자.

```
library(glue)
name <- "Hadley"
message(glue("Hello {name}"))
#> Hello Hadley
```

마지막으로 객체의 상세한 구조를 출력하는 str()도 유용한 도구다. 이는 객체 형태(type)가 예상에 부합하는지 확인해야 할 때 특히 유용하다.

여기 작은 앱이 몇 가지 기본 아이디어를 보여준다. message()가 reactive()에서 어떻게 사용되었는지 주목하자. 계산을 먼저 수행한 뒤에, 그 계산값을 메시지에 포함하여 전송한 뒤, 같은 계산값을 반응형으로 반환한다.

```
ui <- fluidPage(
  sliderInput("x", "x", value = 1, min = 0, max = 10),
  sliderInput("y", "y", value = 2, min = 0, max = 10),
  sliderInput("z", "z", value = 3, min = 0, max = 10),
  textOutput("total")
)
server <- function(input, output, session) {
  observeEvent(input$x, {
    message(glue("Updating y from {input$y} to {input$x * 2}"))
    updateSliderInput(session, "y", value = input$x * 2)
```

```
  })

  total <- reactive({
    total <- input$x + input$y + input$z
    message(glue("New total is {total}"))
    total
  })

  output$total <- renderText({
    total()
  })
}
```

앱을 시작하면, 콘솔에는 다음 메시지가 출력된다.

```
Updating y from 2 to 2
New total is 6
```

그리고 x 슬라이더를 3으로 이동시키면 다음 메시지가 출력된다.

```
Updating y from 2 to 6
New total is 8
New total is 12
```

결과가 생각과 다르게 나왔더라도 걱정하지 말자. 어떤 일이 벌어지고 있는지 8장과 35쪽의 '반응형 그래프'에서 좀더 배울 수 있다.[11]

도움 얻기

만일 이런 여러 가지 기법을 시도한 후에도 문제를 해결하지 못했다면, 아마 다른 사람에게 물어봐야 할 때일 것이다. RStudio Community 웹사이트(*https://oreil.ly/SXMCw*)는 도움을 얻기에 정말 좋은 곳이다. Shiny 패키지 개발자들뿐만 아니라 많은 Shiny 사용자가 이 웹사이트를 방문하여 질문을 읽는다. 이 웹사이트는 또한 다른 사람을 도움으로써 스스로 Shiny 기술을 향상시키기에도 좋은 곳이다.

도움을 최대한 빨리 얻기 위해서는 재현 가능한 예제(reproducible example, 이하 reprex)를 만들어야 한다. Reprex의 목적은 문제를 분명히 보여주는 동시에 다

---

11 (옮긴이) 슬라이더를 천천히 드래그했다면, 도중에 반응형이 실행되어 중간 단계가 발생하고 로그가 책에 나온 결과와 다르게 보였을 것이다. 만일 그랬다면, 책과 동일한 결과를 얻기 위해서, 앱을 다시 실행한 후, x 슬라이더의 3에 마우스 포인터를 먼저 위치시킨 뒤 클릭해보자.

른 사람의 컴퓨터에서 쉽게 실행할 수 있는 형태로 가능한 한 최소한의 R 코드 조각을 제공하는 것이다. Reprex를 만드는 것은 당연한 예의(이며 스스로에게 최선의 이익이 된)다. 다른 사람의 도움을 받고 싶다면, 가능한 한 그 사람들이 도와주기 쉽게 만들어줘야 한다!

Reprex는 문제를 표현하기에 핵심적인 요소들을 누구나 실행할 수 있는 형식으로 저장한다. 이는 도움을 주려는 사람들 누구나 정확히 무엇이 문제인지 보고 가능한 해법들을 쉽게 실험해볼 수 있게 해준다는 측면에서, 예의를 갖춰 도움을 요청하는 방법이다.

Reprex 기본

Reprex는 그냥 복사해서 다른 컴퓨터의 R 세션에 붙여 넣었을 때도 작동하는 R 코드다. 여기 간단한 Shiny 앱 reprex를 보자.

```
library(shiny)
ui <- fluidPage(
  selectInput("n", "N", 1:10),
  plotOutput("plot")
)
server <- function(input, output, session) {
  output$plot <- renderPlot({
    n <- input$n * 2
    plot(head(cars, n))
  })
}
shinyApp(ui, server)
```

이 코드는 (Shiny가 설치되었다는 것 외에는) 코드가 실행될 컴퓨터에 대한 어떠한 가정도 세우지 않으므로, 누구든지 이 코드를 실행하여 앱이 non-numeric argument to binary operator라는 오류를 발생시키는 문제를 볼 수 있다.

분명하게 문제를 보여주는 것이 도움을 얻는 가장 첫 단계다. 코드 복사/붙여넣기를 통해 문제를 재현할 수 있기 때문에, 누구나 코드를 쉽게 탐색하고 가능성 있는 해법들을 쉽게 테스트해볼 수 있다. (이 경우에는 selectInput()이 input$n을 문자열로 생성하기 때문에 as.numeric(input$n)을 사용해야 한다.)

Reprex 만들기

Reprex를 만드는 첫 번째 단계는 코드를 실행하기 위해 필요한 모든 것을 갖춘 하나의 자립적인 코드를 만드는 것이다. 이를 위해서는 R 세션을 새로 시작하여 코드를 실행시켰을 때 코드가 잘 작동하는지 검사해야 한다. 앱이 작동하기 위해 필요한 패키지들 중 잊고 로드하지 않은 것은 없는지 확인하자.[12]

앱을 다른 사람들의 컴퓨터에서 작동시키려 할 때 가장 어려운 부분은, 보통 여러분의 컴퓨터에만 저장되어 있는 데이터를 사용하는 상황을 없애는 것이다. 여기에는 세 가지 유용한 패턴이 있다.

- 보통 사용하는 데이터 자체는 문제와 직접적으로 관련이 없기 때문에, mtcars나 iris와 같이 R 패키지에 내장된 데이터를 대신 사용할 수 있다.
- 경우에 따라 문제를 보여주는 데 사용할 데이터셋을 생성하는 짧은 R 코드를 작성할 수 있다.

```
mydata <- data.frame(x = 1:5, y = c("a", "b", "c", "d", "e"))
```

- 만일 앞의 두 기법에 실패한다면, dput()을 이용하여 데이터를 코드로 전환할 수 있다. 예를 들어, dput(mydata)는 mydata를 다시 만들 수 있는 코드를 생성한다.

```
dput(mydata)
#> structure(list(x = 1:5, y = c("a", "b", "c", "d", "e")),
#> class = "data.frame", row.names = c(NA, -5L))
```

이 코드가 생성되면, 이를 reprex에 포함시켜 mydata가 생성되게 할 수 있다.

```
mydata <- structure(list(x = 1:5, y = structure(1:5, .Label = c("a", "b",
"c", "d", "e"), class = "factor")), class = "data.frame", row.names =
c(NA, -5L))
```

종종 dput()은 거대한 양의 코드를 생성할 것이므로, 문제를 보여줄 적합한 서브셋을 찾아야 할 것이다. 적은 양의 데이터를 제공할수록 다른 사람들이 여러분에게 도움을 주기 쉽다.

만일 디스크에서 데이터를 읽는 것이 문제를 보여주는 데 필수적인 부분이라면, 마지막 전략은 *app.R*과 필요한 데이터 파일을 모두 포함한 완전한 프로젝트로 제공

12 평소 어떻게 패키지를 로드하는지와 무관하게, reprex 작성 시에는 여러 개의 library() 호출을 사용할 것을 강력하게 추천한다. 이는 다른 방법으로 패키지를 로드하는 것에 익숙치 않은 사람들이 겪을 잠재적인 혼동을 없앤다.

하는 것이다. 가장 좋은 방법은 깃허브에 호스팅된 RStudio 프로젝트로 제공하는 것이지만, 이 방법에 실패한다면 로컬 컴퓨터에서 실행 가능하도록 신중하게 zip 파일로 만들 수 있다. 이때 다른 컴퓨터에서도 여전히 작동하도록 코드 내에서 상대경로를 사용하여 데이터 파일을 읽도록 되어 있지 않은지 확인하자. 즉, `read.csv("c:\\my-user-name\\files\\my-data.csv")`가 아니라 `read.csv("my-data.csv")`를 사용하자.

또한 읽는 사람을 고려하여 코드가 쉽게 읽히도록 포매팅(formatting)에 노력을 기울여야 한다. 만약 tidyverse 스타일 가이드(*http://style.tidyverse.org*)를 채택한다면 styler(*http://styler.r-lib.org*) 패키지를 사용하여 코드를 자동으로 다시 포매팅할 수 있는데, 이는 코드를 보다 읽기 쉽게 만드는 빠른 방법이다.

최소의 Reprex 만들기

재현 가능한 예제를 만드는 것은 여러분이 겪는 문제를 다른 사람이 정확하게 다시 생성할 수 있게 해주므로 훌륭한 첫 걸음이다. 하지만 문제가 있는 코드는 문제없이 잘 작동하는 코드들 사이에 묻혀 있곤 하기 마련이다. 이런 문제없는 부분들을 잘라버리면 다른 사람들이 훨씬 쉽게 도움을 줄 수 있다.

가능한 한 작은 reprex를 만드는 것은 복잡하기 마련인 Shiny 앱에서 특히 중요하다. 다른 사람들이 전체 앱을 이해하도록 강요하는 대신, 여러분이 어려움을 겪고 있는 앱 부분만 정확히 추출하여 전달할 수 있다면, 양질의 도움을 더 빨리 받을 수 있을 것이다. 게다가, 이러한 과정 중에 종종 무엇이 문제였는지 여러분 스스로 발견하여 다른 사람의 도움을 기다릴 필요가 없게 될 것이다!

긴 코드를 본질적인 문제만 보이도록 줄이는 것은 기술이며, 아마도 처음부터 매우 잘할 수는 없을 것이다. 괜찮다! 코드 복잡성을 아주 조금 줄이는 것조차 여러분을 도우려는 사람들에게 도움이 되며, 시간이 지날수록 reprex를 줄이는 기술이 늘어갈 것이다.

만약 코드의 어떤 부분이 문제를 발생시키는지 알지 못한다면, 좋은 방법은 문제가 사라질 때까지 앱에서 코드 세션들을 하나씩 지워보는 것이다. 특정한 코드 부분을 지웠을 때 문제가 없어졌다면, 아마도 그 코드가 문제와 관련이 있을 것이다. 또 다른 방법은, 새로운 빈 앱에서 시작하여 문제가 발생할 때까지 코드를 하나씩 추가해가는 방법으로 어떤 경우에는 이 방법이 더 간단하다.

문제를 설명할 수 있도록 앱을 단순화했다면, 마지막으로 체크 리스트를 검토해보자.

- UI의 모든 입력과 출력이 문제와 관련이 있는가?
- 앱의 복잡한 레이아웃을 더 단순화하여 문제에 더 잘 집중하게 할 수 있는가? 보기엔 좋지만 문제와는 관련이 없는 UI 커스터마이징을 모두 제거하였는가?
- 이제 제거해도 무방한 반응형이 server()에 아직 있는가?
- 만약 문제를 풀기 위해 여러 시도를 했었다면, 그 실패했던 시도의 흔적들을 모두 지웠는가?
- 로드하는 모든 패키지가 문제를 보여주는 데 필요한가? 함수를 더미코드(dummy code)로 대체하여 패키지를 제거할 수 있는가?

이는 많은 작업일 수 있겠지만, 큰 보상이 있을 것이다. 종종 reprex를 만드는 동안 스스로 해답을 발견할 수도 있고, 그렇지 않은 경우 도움을 얻기가 엄청나게 더 쉬워질 것이다.

사례 연구

뛰어난 reprex를 만드는 과정을 보여주기 위해, 스캇 노보그라츠(Scott Novogoratz, *https://oreil.ly/FkqDU*)가 RStudio Community(*https://oreil.ly/rJgWH*)에 올린 예제를 사용할 것이다. 초기 코드는 reprex에 매우 근접했으나 두 개의 패키지를 로드하는 부분이 빠져있어서 완전하게 재현 가능하지는 않았다. 시작점으로, 필자는

- 빠져있던 library(lubridate)와 library(xts)를 추가하였다.
- ui와 server를 각각 다른 객체로 분리하였다.
- styler::style_selection()을 사용하여 코드를 다시 포매팅하였다.

이를 통해 다음 reprex를 얻었다.

```
library(xts)
library(lubridate)
library(shiny)

ui <- fluidPage(
  uiOutput("interaction_slider"),
  verbatimTextOutput("breaks")
)
```

```
server <- function(input, output, session) {
  df <- data.frame(
    dateTime = c(
      "2019-08-20 16:00:00",
      "2019-08-20 16:00:01",
      "2019-08-20 16:00:02",
      "2019-08-20 16:00:03",
      "2019-08-20 16:00:04",
      "2019-08-20 16:00:05"
    ),
    var1 = c(9, 8, 11, 14, 16, 1),
    var2 = c(3, 4, 15, 12, 11, 19),
    var3 = c(2, 11, 9, 7, 14, 1)
  )

  timeSeries <- as.xts(df[, 2:4],
    order.by = strptime(df[, 1], format = "%Y-%m-%d %H:%M:%S")
  )
  print(paste(min(time(timeSeries)), is.POSIXt(min(time(timeSeries))), sep = " "))
  print(paste(max(time(timeSeries)), is.POSIXt(max(time(timeSeries))), sep = " "))

  output$interaction_slider <- renderUI({
    sliderInput(
      "slider",
      "Select Range:",
      min = min(time(timeSeries)),
      max = max(time(timeSeries)),
      value = c(min, max)
    )
  })

  brks <- reactive({
    req(input$slider)
    seq(input$slider[1], input$slider[2], length.out = 10)
  })

  output$breaks <- brks
}
shinyApp(ui, server)
```

이 reprex를 실행하면,[13] 초기 포스트와 동일한 문제를 보게 될 것이다. "Type mis-match for min, max, and value. Each must be Date, POSIXt, or number"라는 오류

---

13 (옮긴이) 실행 전에, 이 reprex에서 로드하는 패키지가 모두 설치되어 있는지 확인하자. 특히 xts는 책 머리말의 필요 패키지 리스트에 포함되어 있지 않으니 추가로 설치해야 할 것이다.

를 얻는다.[14] 이는 견고한 reprex이다. 필자의 컴퓨터에서 쉽게 실행할 수 있었고, 문제를 즉각적으로 볼 수 있었다. 하지만 이 코드가 다소 길어서 어떤 부분이 문제의 원인이 되는지 불분명했다.

Reprex를 좀더 간단하게 만들기 위해, 코드 각 라인을 세밀히 들여다보면 각각이 중요한 부분인지 알 수 있다. 이 과정에서 필자가 발견한 것은 다음과 같다.

- print()로 시작하는 두 줄을 지우는 것은 오류에 영향을 미치지 않는다. 이 두 줄은 lubridate::is.POSIXt() 함수를 사용하였는데, lubridate 패키지는 여기에서만 사용되었으므로, 이 두 줄을 제거함으로써 더 이상 lubridate 패키지를 로드할 필요가 없게 된다.
- df는 데이터 프레임으로, timeSeries라는 xts 데이터 프레임으로 변환된다. timeSeries는 오직 데이트타임(datetime)형을 반환하는 time(timeSeries) 호출을 통해서만 사용되었다. 그래서 필자는 데이트타임형 더미 데이터를 지닌 새로운 변수 datetime을 생성하였다. 이를 통해, 여전히 같은 오류를 얻되, xts가 사용된 timeSeries와 df를 제거함으로써, library(xts) 또한 코드에서 제거할 수 있었다.

이러한 변경을 통해 다음과 같은 새로운 server() 함수를 얻을 수 있었다.

```
datetime <- Sys.time() + (86400 * 0:10)

server <- function(input, output, session) {
  output$interaction_slider <- renderUI({
    sliderInput(
      "slider",
      "Select Range:",
      min = min(datetime),
      max = max(datetime),
      value = c(min, max)
    )
  })
```

---

14 (옮긴이) 만약 여러분의 컴퓨터에서 본문과 다른 오류 메시지가 발생하더라도 놀라지 말자. 해당 reprex는 2019년 8월에 작성된 것으로, 그 당시의 최신 버전인 Shiny 1.3.2 버전에서는 본문과 동일한 오류 메시지가 발생한다. 반면, 만약 Shiny 1.6.0 버전에서 동일한 reprex를 실행한다면 "Error in min: invalid 'type' (list) of argument"라는 오류 메시지가 발생할 것이다. 이 부분에서 본문에서는 설명되지 않은 reprex의 중요한 고려사항을 생각해볼 수 있다. 코드 실행 결과가 환경(R 버전, 패키지 버전, 운영체제 등)에 영향을 받을 수 있으므로, 이러한 환경 정보를 reprex와 함께 제공한다면 도움이 될 것이다.

```
  brks <- reactive({
    req(input$slider)
    seq(input$slider[1], input$slider[2], length.out = 10)
  })

  output$breaks <- brks
}
```

다음으로, 필자는 이 예제가 서버 함수에서 UI를 생성하는 상대적으로 복잡한 Shiny 기법을 사용하고 있는 것을 알아챘다. 하지만 renderUI()는 어떤 반응형 입력도 사용하고 있지 않으므로, 이 부분을 서버 함수에서 빼서 UI에 위치시킨다 해도 동일하게 작동할 것이다.

이 변경은 상당히 좋은 결과를 가져다주는데, 앱을 시작하기도 전에 오류가 일찍 감치 발생하기 때문이다.

```
ui <- fluidPage(
  sliderInput("slider",
    "Select Range:",
    min = min(datetime),
    max = max(datetime),
    value = c(min, max)
  ),
  verbatimTextOutput("breaks")
)
#> Error: Type mismatch for `min`, `max`, and `value`.
#> i All values must have same type: either numeric, Date, or POSIXt.
```

이제 오류 메시지로부터 힌트를 얻어 min, max, value 인자에 제공하는 각각의 입력을 살펴봄으로써 문제가 어디에서 발생하는지 볼 수 있다.

```
min(datetime)
#> [1] "2021-03-05 16:38:02 CST"
max(datetime)
#> [1] "2021-03-15 17:38:02 CDT"
c(min, max)
#> [[1]]
#> function (..., na.rm = FALSE) .Primitive("min")
#>
#> [[2]]
#> function (..., na.rm = FALSE) .Primitive("max")
```

이제 문제는 분명해졌다. sliderInput() 함수의 value 인자에 값을 입력하는 과정에서, min과 max 변수가 생성되지 않은 상태이므로 의도치 않게 min()과 max() 함수를 넘기게 된 것이다. 함수 range()를 사용하면 이 문제를 해결할 수 있다.

```
ui <- fluidPage(
  sliderInput("slider",
    "Select Range:",
    min = min(datetime),
    max = max(datetime),
    value = range(datetime)
  ),
  verbatimTextOutput("breaks")
)
```

이는 reprex를 생성할 때 얻는 전형적인 결과다. 문제를 핵심 구성요소만 지니도록 단순화할 때, 해법은 분명해진다. 좋은 reprex를 만드는 것은 엄청나게 강력한 디버깅 기법이다.

이 reprex를 단순화하기 위해 필자는 수많은 실험을 하고 친숙하지 않았던 함수들에 대해 읽어야 했다.[15] 본인이 작성한 reprex라면 코드의 의도를 이미 이해하고 있기 때문에 이 과정이 훨씬 쉽다. 하지만 여전히 정확히 어디에서 문제가 발생하는지 찾아내기 위해 수많은 실험이 필요할 것이다. 이 과정이 좌절스럽기도 하고 시간 소모적이라 느낄 수도 있겠지만, 다음과 같이 여러 이득을 가져다줄 것이다.

• Shiny를 아는 사람이라면 누구에게나, 여러분이 다루는 특정 분야에 대한 지식이 없는 사람들에게도, 문제에 대한 설명을 전달할 수 있다.
• 여러분의 코드가 어떻게 작동하는지에 대해 더 견고한 멘탈 모델을 구축하게 되어, 다음에 같거나 비슷한 실수를 덜 하게 될 것이다.
• 시간이 지날수록 reprex를 더 빨리 만들 수 있게 됨에 따라, 이것이 디버깅을 할 때 흔히 사용하는 기법이 될 것이다.
• 완벽한 reprex를 만들지 않더라도, reprex를 개선하기 위해 할 수 있는 어떤 일이든 그것이 다른 사람의 일을 줄여준다. 이는 패키지 개발자들에게 도움을 얻기 위해서 특히 중요한데, 그 사람들은 보통 많은 사람으로부터 요청을 받아 시간이 부족하기 때문이다.

필자가 RStudio Community(*https://oreil.ly/EHtZI*)에서 다른 사람들의 앱에 도움을

---

15 예를 들어, is.POSIXt() 함수가 lubridate 패키지 내에 있었다는 것을 전혀 알지 못했다!

주려 할 때는 항상 reprex부터 만든다. 이는 필자가 도움을 주고 싶지 않아 얼렁뚱땅 넘어가기 위해서 불필요한 숙제를 내주는 것이 아니다. 반대로, 이는 필자가 돕기 시작할 때 하는 일이다!

요약

이 장에서는 앱을 개발할 때, 문제를 디버깅할 때, 도움을 얻을 때 유용한 워크플로를 배웠다. 이 워크플로들은 다소 추상적이게 보일 수 있으며, 각각의 앱을 구체적으로 개선하는 내용이 아니기 때문에 무시하기 쉽다. 하지만 필자는 워크플로가 필자의 '시크릿' 파워 중 하나라고 생각한다. 필자가 수많은 것을 성취할 수 있었던 이유 중 하나는 워크플로를 분석하고 개선하는 데 시간을 들였기 때문이다. 여러분도 같은 노력을 기울이길 적극 권장한다!

레이아웃과 테마에 대해 다루는 다음 장은 유용한 기법을 모은 첫 번째 꾸러미다. 순차적으로 읽을 필요는 없으니 현재 여러분이 작성하고 있는 앱에 필요한 장으로 건너뛰고 싶다면 그렇게 해도 괜찮다.

## 6장

M a s t e r i n g **S h i n y**

레이아웃, 테마, HTML

소개

이 장에서는 앱의 전반적인 모양새를 제어할 수 있는 새로운 도구들을 펼쳐볼 것이다. 입력과 출력을 정돈할 수 있는 (싱글 및 멀티) 페이지 레이아웃부터 살펴볼 것이다. 다음으로 Shiny가 사용하는 CSS 툴킷인 부트스트랩(Bootstrap)에 대해 배운 뒤, 전체적인 모양새를 테마로 어떻게 커스터마이즈할 수 있는지 배운다. 마지막으로 Shiny 내부에 어떤 일이 일어나는지 간략하게 논의함으로써, HTML과 CSS를 알고 있다면 Shiny 앱을 좀더 커스터마이즈할 수 있도록 할 것이다. 늘 그렇듯이, shiny 패키지를 로드하면서 시작하자.

```
library(shiny)
```

싱글페이지 레이아웃

2장에서 앱의 인터랙티브 컴포넌트를 구성하는 입력과 출력에 대해 배웠지만, 어떻게 그 컴포넌트들을 페이지에 배치하는지에 대해서는 살펴보지 않고, 단순히 모든 컴포넌트를 fluidPage()의 인자로 순서대로 입력하여 신속하게 앱을 만들었다. Shiny를 배우기에는 큰 상관이 없지만, 이렇게 만들어진 앱은 실제로 쓸 만하거나 시각적으로 매력적이지 않기 때문에, 이제부터는 더 다양한 레이아웃 함수들을 배워볼 것이다.

레이아웃 함수는 앱의 고수준(high-level) 시각 구조를 제공한다. 레이아웃은 함수 호출의 계층(hierarchy)에 의해 만들어지는데, R 코드에서의 계층과 생성된 HTML에서의 계층이 일치한다. 이 점이 레이아웃 코드를 이해하는 데 도움이 된다. 예를 들어, 다음과 같은 레이아웃 코드를 볼 때,

```
fluidPage(
  titlePanel("Hello Shiny!"),
  sidebarLayout(
    sidebarPanel(
      sliderInput("obs", "Observations:", min = 0, max = 1000, value = 500)
    ),
    mainPanel(
      plotOutput("distPlot")
    )
  )
)
```

함수 호출의 계층에 초점을 두자.

```
fluidPage(
  titlePanel(),
  sidebarLayout(
    sidebarPanel(),
    mainPanel()
  )
)
```

아직 이 함수들을 배우지 않았지만, 함수 이름을 통해서 무엇이 진행되는지 추측할 수 있을 것이다. 아마도 상단에 타이틀바(title bar)가 있고, 그 아래에 (슬라이더를 포함한) 사이드바(sidebar)와 (플롯을 포함한) 메인 패널(main panel)이 있는 전통적인 앱 디자인을 이 코드가 생성할 거라는 점을 상상할 수 있을 것이다. 코딩에서 일관된 스타일을 사용하는 게 좋은 이유 중 하나는, 들여쓰기를 통해 계층을 쉽게 볼 수 있다는 점이다.

이 절의 나머지 부분에서 싱글페이지 앱을 설계할 때 유용한 함수를 배운 뒤, 다음 절로 넘어가 멀티페이지 앱에 대해 배운다. 또한, 다소 오래되긴 했지만, 유용한 기능들을 보여주는 'Shiny 앱 레이아웃 가이드'(*https://oreil.ly/ZXl62*)를 방문해보길 추천한다.

페이지 함수

가장 평범하지만 가장 중요한 레이아웃 함수는 fluidPage()이며, 이제까지 모든 예제에서 사용하였다. 그런데 이 함수가 무슨 일을 할까? 그리고 이 함수를 아무런 인자 없이 사용하면 어떤 일이 생길까? 그림 6-1이 그 결과를 보여준다. 매우 지루해보이는 앱이지만, fluidPage()가 Shiny에 필요한 모든 HTML, CSS, 자바스크립트를 설치하기 때문에, 눈에 안 보이는 곳에서 많은 일이 벌어진다.

fluidPage() 외에도 Shiny는 fixedPage()나 fillPage() 같이 좀더 특수한 상황에서 편리하게 사용할 수 있는 몇 가지 다른 페이지 함수를 제공한다. fixedPage()는 fluidPage()처럼 작동하지만 최대 너비가 고정되어 있기 때문에 큰 화면에서 앱이 비합리적으로 넓어지는 것을 방지한다. fillPage()는 브라우저의 전체 높이를 채우며, 플롯이 전체 화면을 차지하게 만들고 싶을 때 유용하다. 상세한 내용은 도움말에서 찾을 수 있다.

그림 6-1 fluidPage()만 포함한 UI

사이드바 페이지

더 복잡한 레이아웃을 만들기 위해서는 fluidPage() 내에서 레이아웃 함수를 호출해야 한다. 예를 들어, 입력을 왼쪽 열에, 그리고 출력을 오른쪽 열에 표시하는 두 열(two-column) 레이아웃을 만들기 위해서는 sidebarLayout()을 (같이 따라다니는 titlePanel(), sidebarPanel(), mainPanel()과 함께) 사용할 수 있다. 다음 코드는 그림 6-2를 생성하는 기본 구조를 보여준다.

```
fluidPage(
  titlePanel(
    # 앱 제목/설명
  ),
  sidebarLayout(
    sidebarPanel(
      # 입력
    ),
    mainPanel(
      # 출력
    )
  )
)
```

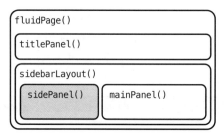

그림 6-2 사이드바를 지닌 기본 앱 구조

더 현실적인 예를 살펴보려면, 입력과 출력을 추가하여, 중심극한정리(central limit theorem)를 나타내는 그림 6-3의 매우 간단한 앱을 만들어보자. 이 앱을 실행하여 샘플 수를 증가시키면 분포가 정규분포에 더 가깝게 됨을 확인할 수 있다.

```
ui <- fluidPage(
  titlePanel("Central limit theorem"),
  sidebarLayout(
    sidebarPanel(
      numericInput("m", "Number of samples:", 2, min = 1, max = 100)
    ),
    mainPanel(
      plotOutput("hist")
    )
  )
)
server <- function(input, output, session) {
  output$hist <- renderPlot({
    means <- replicate(1e4, mean(runif(input$m)))
    hist(means, breaks = 20)
  }, res = 96)
}
```

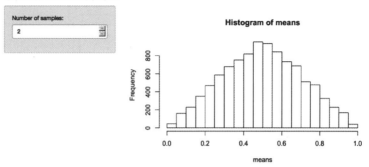

그림 6-3 컨트롤을 사이드바에 위치시키고 결과를 메인 패널에 표시하는 흔한 앱 디자인

멀티행

안을 들여다보면, sidebarLayout()은 유연한 멀티행(multirow) 레이아웃상에 만들어지는데, 시각적으로 한층 더 복잡한 앱을 만들기 위해서 멀티행 레이아웃을 직접 사용할 수도 있다. fluidPage()로 시작한 뒤, fluidRow()로 행을, column()으로 열을 생성할 수 있다. 다음 템플릿은 그림 6-4의 구조를 생성한다.

```
fluidPage(
  fluidRow(
    column(4,
      ...
    ),
    column(8,
      ...
    )
  ),
  fluidRow(
    column(6,
      ...
    ),
    column(6,
      ...
    )
  )
)
```

각 행은 12개의 열로 이루어지며, column()의 첫 번째 인자는 몇 개의 열을 차지할 것인지를 얘기한다. 12열 레이아웃은 쉽게 2열, 3열, 4열 레이아웃을 만들거나 좁은 열을 공백으로 사용할 수 있게 하기 때문에, 상당한 유연성을 제공한다. 앞서

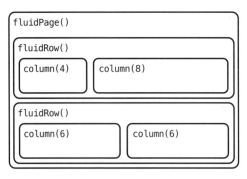

그림 6-4 간단한 멀티행 앱의 기반 구조

4장의 사례 연구에서 그림 4-3의 앱이 이 레이아웃을 사용했다.

그리드 시스템(grid system)을 이용한 디자인에 대해 좀더 배우고 싶다면, 이 주제에 대한 고전적인 교재인 요제프 뮐러 브로크만(Josef Müller-Brockmann)의 《디자이너를 위한 그리드 시스템(Grid Systems in Graphic Design)》(비즈앤비즈, 2017)을 강력히 추천한다.

연습문제

1. sidebarLayout() 도움말에서 사이드바와 메인 패널의 너비(열 개수)를 어떻게 결정하는지 읽어보자. fluidRow()와 column()을 이용하여 그 모양새를 재생성할 수 있을까? 무엇이 부족할까?

2. 중심극한정리 앱에서 사이드바가 왼쪽이 아닌 오른쪽에 있도록 수정하자.

3. 각각 앱 전체 너비의 절반을 차지하는 두 개의 플롯을 포함하는 앱을 만들어보자. 컨트롤을 플롯 아래에 전체 너비로 넣자.

멀티페이지 레이아웃

앱의 복잡도가 증가하면서 모든 것을 하나의 페이지에 넣는 것이 불가능해질 수 있다. 이 절에서는 tabPanel()을 사용하여 마치 여러 개의 페이지를 사용하는 것처럼 보이게 하는 여러 방법을 배운다. 사실 이것은 환상인데, 왜냐하면 이 앱은 여전히 하나의 HTML 파일로 이루어진 단일 앱이며, 단지 여러 조각으로 쪼개져 한 번에 한 조각씩만 보일 뿐이기 때문이다.

멀티페이지 앱은 19장에서 배울 모듈과 특히 잘 어울린다. 모듈은 사용자 인터페이스를 나누는 것과 마찬가지 방법으로 서버 함수를 나누어, 명확한 연결을 통해서만 상호작용(interact)하는 독립적인 컴포넌트를 생성할 수 있게 한다.

탭셋

페이지를 여러 조각으로 나누는 간단한 방법은 tabsetPanel()과 tabPanel()을 사용하는 것이다. 다음 코드에서 보듯이, tabsetPanel()은 몇 개의 tabPanel()이든 담을 수 있는 상자이며, tabPanel()은 다른 어떤 HTML 컴포넌트든 담을 수 있는 상자다. 그림 6-5가 간단한 예다.

```
ui <- fluidPage(
  tabsetPanel(
    tabPanel("Import data",
      fileInput("file", "Data", buttonLabel = "Upload..."),
      textInput("delim", "Delimiter (leave blank to guess)", ""),
      numericInput("skip", "Rows to skip", 0, min = 0),
      numericInput("rows", "Rows to preview", 10, min = 1)
    ),
    tabPanel("Set parameters"),
    tabPanel("Visualise results")
  )
)
```

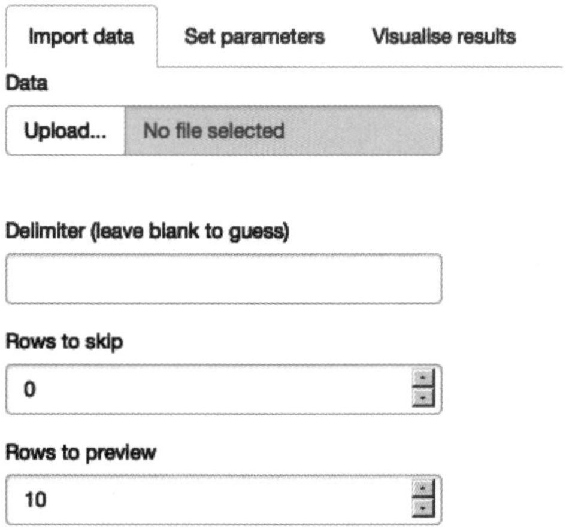

그림 6-5 tabsetPanel()은 사용자가 보고 싶은 하나의 tabPanel()을 선택할 수 있게 한다.

사용자가 어떤 탭을 선택했는지 알고 싶다면, id 인자를 tabsetPanel()에 제공하면 이것이 Shiny 입력이 된다. 그림 6-6이 이 작동을 보여준다.

```
ui <- fluidPage(
  sidebarLayout(
    sidebarPanel(
      textOutput("panel")
    ),
    mainPanel(
      tabsetPanel(
        id = "tabset",
        tabPanel("panel 1", "one"),
        tabPanel("panel 2", "two"),
        tabPanel("panel 3", "three")
      )
    )
  )
)
server <- function(input, output, session) {
  output$panel <- renderText({
    paste("Current panel: ", input$tabset)
  })
}
```

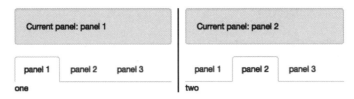

그림 6-6 id 인자를 사용하면 탭셋(tabset)이 입력된다. 이를 통해, 현재
어떤 탭이 화면에 보이는지에 따라 앱이 다르게 작동하도록 만들 수 있다.

내비리스트와 내비바

탭 제목은 수평으로 배치되기 때문에, 사용할 수 있는 탭의 개수에 근본적인 한
계가 있으며, 탭 제목들이 긴 경우에는 특히 그 제약이 심하다. navlistPanel()과
navbarPage()는 더 많은 탭과 더 긴 제목을 사용할 수 있도록 두 가지 대안적인 레
이아웃을 제공한다.

navlistPanel()은 tabsetPanel()과 비슷하지만, 탭 제목들을 가로로 늘어놓는 대
신, 사이드바에 세로로 열거한다. 또한 그림 6-7을 생성하는 다음 코드에서와 같이,
순수 문자열로 섹션 헤더를 추가할 수 있다.

```
ui <- fluidPage(
  navlistPanel(
    id = "tabset",
```

```
    "Heading 1",
    tabPanel("panel 1", "Panel one contents"),
    "Heading 2",
    tabPanel("panel 2", "Panel two contents"),
    tabPanel("panel 3", "Panel three contents")
  )
)
```

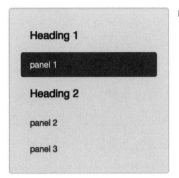

그림 6-7 navlistPanel()은 탭 제목들을 가로 대신 세로로 열거한다.

또 다른 방법은 navbarPage()를 사용하는 것이다. 이는 탭 제목을 여전히 가로로 열거하지만, navbarMenu()를 사용하여 추가적인 계층에 대한 드롭다운 메뉴를 추가할 수 있다. 그림 6-8이 간단한 예를 보여준다.

```
ui <- navbarPage(
  "Page title",
  tabPanel("panel 1", "one"),
  tabPanel("panel 2", "two"),
  tabPanel("panel 3", "three"),
  navbarMenu("subpanels",
    tabPanel("panel 4a", "four-a"),
    tabPanel("panel 4b", "four-b"),
    tabPanel("panel 4c", "four-c")
  )
)
```

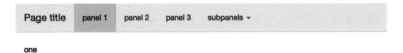

그림 6-8 navbarPage()는 페이지 상단에 가로 방향의 내비바를 만든다.

이 레이아웃들은 풍부하고 만족스러운 앱을 만드는 데 상당한 도움을 준다. 한층 더 앞으로 나아가기 위해서는 기저의 디자인 시스템에 대해 더 배울 필요가 있을 것이다.

부트스트랩

앱 커스터마이징의 여정을 이어가기 위해서는 Shiny가 사용하는 부트스트랩(Bootstrap; *https://getbootstrap.com*) 프레임워크에 대한 이해가 조금 더 필요할 것이다. 부트스트랩은 HTML 규칙과 CSS 스타일, 자바스크립트 스니펫(snippet)을 편리한 형태로 모아둔 것이다. 부트스트랩은 원래 트위터(Twitter)를 위해 개발된 프레임워크이며, 지난 10년 동안 웹에서 가장 많이 사용되는 CSS 프레임워크 중 하나가 되었다. 부트스트랩은 R에서도 많이 사용된다. 여러분이 그동안 많이 봐왔을 rmarkdown::html_document()로 작성된 많은 문서와 pkgdown(*http://pkgdown.r-lib.org*)으로 작성된 패키지 웹사이트가 부트스트랩을 사용한다.

Shiny 함수들이 자동으로 부트스트랩에 호환성 있는 HTML을 생성하기 때문에, Shiny 개발자 입장에서는 부트스트랩에 대해 너무 많이 생각할 필요는 없다. 하지만 부트스트랩의 존재를 알고 있으면 다음과 같은 이유로 좋다.

- 109쪽의 '테마'에서 다루어질 내용으로, bslib::bs_theme()를 사용하여 앱의 시각적 모양새를 커스터마이즈할 수 있다.
- 21쪽의 '액션 버튼'에서 본 것처럼, class 인자에 부트스트랩 클래스 이름을 사용하여 레이아웃, 입력, 출력을 커스터마이즈할 수 있다.
- bslib 패키지의 '유틸리티 클래스(Utility classes)'(*https://rstudio.github.io/bslib/articles/utility-classes.html*) 문서에 설명된 것처럼, 사용자 함수를 만들어 Shiny가 제공하지 않는 부트스트랩 구성요소를 생성할 수 있다.

완전히 다른 CSS 프레임워크를 사용하는 것 또한 가능한데, 흔히 사용되는 부트스트랩의 대안들을 사용하기 쉽게 해준 많은 기존 R 패키지가 있다.

- shiny.semantic(*https://appsilon.github.io/shiny.semantic*)은 Appsilon(*https://appsilon.com*)이 개발했으며, Fomantic-UI(*https://fomantic-ui.com*) 기반이다.

- shinyMobile(*https://github.com/RinteRface/shinyMobile*)은 RinteRface(*https://rinterface.com*)가 개발했으며, Framework7(*https://framework7.io*) 기반이고 모바일 앱을 위해 특별히 설계되었다.
- shinymaterial(*https://ericrayanderson.github.io/shinymaterial*)은 에릭 앤더슨(Eric Anderson, *https://github.com/ericrayanderson*)이 개발했으며, 구글의 Material Design(*https://material.io/design*) 프레임워크 기반이다.
- shinydashboard(*https://rstudio.github.io/shinydashboard*)는 Shiny와 마찬가지로 RStudio가 개발했으며, 대시보드(dashboard)를 만들기 위해 설계된 레이아웃 시스템을 제공한다.

더 완전하고 활발하게 관리되고 있는 리스트를 깃허브(*https://github.com/nanxstats/awesome-shiny-extensions*)에서 볼 수 있다.

테마

부트스트랩은 R 커뮤니티에서 너무 흔하게 사용되므로, 얼마 뒤 모든 Shiny 앱과 R 마크다운이 비슷하게 보임에 따라 그 스타일에 쉽게 피로해질 수 있다. 해결 방법은 bslib(*https://rstudio.github.io/bslib*) 패키지로 테마를 만드는 것이다. bslib는 비교적 새로 만들어진 패키지로, 독특한 모양새를 만들기 위해 많은 부트스트랩 기본값을 덮어쓰기(override)할 수 있게 해준다. 필자가 집필하고 있는 시점에서 bslib는 대체로 Shiny에만 적용 가능하지만, R 마크다운과 pkgdown을 비롯한 많은 다른 부분에도 bslib의 강화된 테마 기능을 적용하려는 일이 진행 중이다.[1]

만약 여러분의 회사에서 사용할 앱을 제작한다면, 테마 작성에 얼마간 시간을 투자하길 적극 권장한다. 앱의 테마를 회사의 스타일 가이드에 맞게 작성하는 것이 여러분을 돋보이게 만드는 쉬운 방법이다.

---

1 (옮긴이) 2022년 2월 현재 `rmarkdown::html_document()`의 theme 인자를 통해 bslib을 이용한 테마를 설정할 수 있다. rstudio::global(2021)에서 톰 모크(Tom Mock)과 섀넌 해거티(Shannon Haggerty)가 발표한 '{thematic}과 {bslib}으로 Shiny와 R 마크다운 테마 설정하기(Theming Shiny and RMarkdown with {thematic} & {bslib})'(*https://www.rstudio.com/resources/rstudioglobal-2021/theming-shiny-and-rmarkdown-with-thematic-and-bslib/*)도 참고하도록 하자.

시작하기

bslib::bs_theme()로 테마를 만든 뒤, 페이지 레이아웃 함수의 theme 인자를 통해 앱에 적용한다.

```
fluidPage(
  theme = bslib::bs_theme(...)
)
```

별도로 특정하지 않는 한, Shiny는 처음 개발되었을 때부터 전통적으로 사용해 온 부트스트랩 버전 3 테마를 사용할 것이다. 반면, bslib::bs_theme()는 부트스트랩 버전 4를 기본값으로 사용한다. 버전 3 대신 버전 4를 사용하는 것은 Shiny에 내장된 컴포넌트만 사용하는 경우에는 문제가 없지만, 커스텀 HTML을 사용할 때는 문제가 발생할 가능성이 있으므로, version = 3으로 bslib::bs_theme()의 인자값을 설정하여 버전 3 테마를 사용하도록 강제할 수 있다.

Shiny 테마

앱의 모양새를 전반적으로 변경하는 가장 쉬운 방법은 bslib::bs_theme()의 bootswatch 인자를 사용하여 미리 만들어진 '부트스와치(bootswatch)' 테마(*https://bootswatch.com*)를 선택하는 것이다. 그림 6-9가 다음 코드의 결과 및 "darkly"를 다른 테마로 변경했을 때의 결과를 보여준다.

```
ui <- fluidPage(
  theme = bslib::bs_theme(bootswatch = "darkly"),
  sidebarLayout(
    sidebarPanel(
      textInput("txt", "Text input:", "text here"),
      sliderInput("slider", "Slider input:", 1, 100, 30)
    ),
    mainPanel(
      h1(paste0("Theme: darkly")),
      h2("Header 2"),
      p("Some text")
    )
  )
)
```

그림 6-9 같은 앱에 적용한 네 개의 부트스와치 테마: darkly, flatly, sandstone, united.

다른 방법으로는, bg(background color; 배경색), fg(foreground color; 전경색), base_font와 같은 bs_theme()의 다른 인자들을 사용하여 테마를 직접 만들 수 있다.[2]

```
theme <- bslib::bs_theme(
  bg = "#0b3d91",
  fg = "white",
  base_font = "Source Sans Pro"
)
```

bslib::bs_theme_preview(theme)를 사용하면[3] 테마를 미리보기하고 커스터마이즈하기 쉽다. 이는 Shiny 앱을 열어 많은 종류의 표준 컨트롤에 테마가 적용될 때 어떻게 나타나는지 보여주며, 또한 가장 중요한 파라미터들을 조정할 수 있는 인터랙티브 컨트롤을 제공한다.

플롯 테마

만약 앱의 스타일을 많이 커스터마이즈했다면, 플롯 또한 어울리도록 커스터마이즈하고 싶어질 것이다. 다행히도 ggplot2, lattice, base 플롯들의 테마를 자동으로 설정하는 thematic(*https://rstudio.github.io/thematic*) 패키지 덕분에 쉽게 이 부분을 해결할 수 있다. 단순히 서버 함수에서 thematic_shiny()를 호출하기만 하면, 앱 테마에 기반하여 자동으로 모든 설정을 그림 6-10과 같이 결정한다.

2 　폰트는 앱 뷰어가 해당 폰트를 지니고 있는지 확인해야 하기 때문에, 색상에 비해 다소 까다롭다. 상세한 내용을 알아보려면 bs_theme() 도움말을 읽어보자.

3 　(옮긴이) DT(*https://rstudio.github.io/DT/*) 패키지가 설치되어 있어야 실행된다.

```
library(ggplot2)

ui <- fluidPage(
  theme = bslib::bs_theme(bootswatch = "darkly"),
  titlePanel("A themed plot"),
  plotOutput("plot"),
)

server <- function(input, output, session) {
  thematic::thematic_shiny()

  output$plot <- renderPlot({
    ggplot(mtcars, aes(wt, mpg)) +
      geom_point() +
      geom_smooth()
  }, res = 96)
}
```

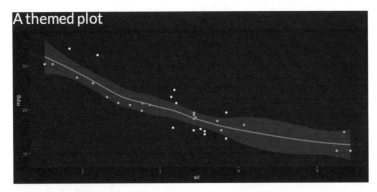

그림 6-10 thematic::thematic_shiny()는 ggplot2가 앱 테마에 자동으로 매치되도록 보장한다.

연습문제

1. bslib::bs_theme_preview()를 사용하여 최대한 못생긴 테마를 만들어보자.

내부

Shiny는 R 사용자가 HTML에 대해 상세히 배울 필요가 없도록 설계되었다. 하지만 HTML과 CSS에 대해 알고 있다면 Shiny를 좀더 커스터마이즈할 수 있다. 아쉽게도 이 책에서는 HTML과 CSS를 가르치지 않지만, MDN의 HTML 기초(*https://oreil.ly/ig3dW*)와 CSS 기초(*https://oreil.ly/4Utd6*) 튜토리얼로 시작하면 좋다.

가장 중요하게 알아야 할 것은 모든 입력, 출력, 레이아웃 함수들 뒤에 마법은 없다는 것이다. 이들은 그저 HTML을 생성한다.[4] UI 함수를 콘솔에서 직접 실행함으로써 이 HTML을 볼 수 있다.

```
fluidPage(
  textInput("name", "What's your name?")
)

<div class="container-fluid">
  <div class="form-group shiny-input-container">
    <label for="name">What's your name?</label>
    <input id="name" type="text" class="form-control" value=""/>
  </div>
</div>
```

이 부분이 <body> 태그의 콘텐츠임에 주목하자. Shiny의 다른 부분들은 <head> 태그를 생성한다. 만약 추가적인 CSS나 자바스크립트 의존성을 포함시키고 싶다면 htmltools::htmlDependency()를 배워야 할 것이다. R-hub 블로그 포스트 'R 패키지 개발자를 위한 자바스크립트(JavaScript for the R Package Developer)'(*https://oreil.ly/vUVAj*)와 《Outstanding User Interfaces with Shiny》의 4장(*https://oreil.ly/eOYCN*)으로 시작하면 좋다.

직접 작성한 HTML을 ui에 추가하는 것도 가능하다. 한 가지 방법은 HTML() 함수를 사용하여 HTML을 그대로 포함시키는 것이다. 다음 예에서 문자열에 따옴표를 쉽게 포함시키기 위해 '원시 문자 상수(raw character constant)'[5] r"()"을 사용하였다.

```
ui <- fluidPage(
  HTML(r"(
    <h1>This is a heading</h1>
    <p class="my-class">This is some text!</p>
    <ul>
      <li>First bullet</li>
      <li>Second bullet</li>
    </ul>
  )")
)
```

---

4 입력과 출력을 R에 연결하는 마법은 다른 곳에서(자바스크립트를 통해) 나타나는데, 이는 이 책의 범위 한참 밖이다.
5 R 4.0.0에 추가되었다.

만약 HTML/CSS 전문가라면, fluidPage() 자체를 건너뛰고 원시 HTML을 제공할
수 있다는 점에 흥미를 느낄 것이다. 좀더 상세한 내용은 '전체 UI를 HTML로 만들
기(Build Your Entire UI with HTML)'(*https://oreil.ly/7UCaY*)에서 살펴보자.

다른 방법으로는 Shiny가 제공하는 HTML 도우미(helper)를 사용할 수 있다.
h1()이나 p()와 같이 가장 중요한 원소들을 제공하는 일반 함수들이 있으며, 다른
원소들은 태그(tags) 도우미를 통해 접근할 수 있다. 이름이 있는 인자가 속성(attri-
bute)이 되며, 이름이 없는 인자가 하위(children)가 되어, 앞에서 봤던 HTML을 다
음과 같이 재생성할 수 있다.

```
ui <- fluidPage(
  h1("This is a heading"),
  p("This is some text", class = "my-class"),
  tags$ul(
    tags$li("First bullet"),
    tags$li("Second bullet")
  )
)
```

HTML을 코드를 사용하여 생성할 때의 한 가지 장점은 기존 Shiny 컴포넌트를 커스
텀 구조에 섞어 넣을 수 있다는 것이다. 예를 들어, 다음 코드는 두 개의 출력을 포
함한 텍스트 문단을 만들며, 그중 하나의 출력은 굵은 글씨체로 나타난다.

```
tags$p(
  "You made ",
  tags$b("$", textOutput("amount", inline = TRUE)),
  " in the last ",
  textOutput("days", inline = TRUE),
  " days "
)
```

textOutput()은 기본적으로 완전한 문단을 생성하는데, 여기에서는 다른 텍스트와
함께 한 문단에 섞어 넣기 위해 inline = TRUE를 사용했음에 주목하자.

훌륭한 사용자 인터페이스를 만들기 위해 HTML, CSS, 자바스크립트를 좀더 배
우고 싶다면, 데이비드 그랑존(David Granjon)의 《Outstanding User Interfaces
with Shiny》(*https://oreil.ly/q7aKy*)를 강력 추천한다.

요약

이 장에서는 복잡하고 매력적인 Shiny 앱을 만들 때 필요한 도구들을 알려주었다. 싱글페이지나 멀티페이지 앱을 배치하는 Shiny 함수들(fluidPage()나 tabsetPanel() 과 같은)과 전체적인 시각적 모양새를 테마를 이용하여 어떻게 커스터마이즈할 수 있는지도 배웠다. 또한 내부적으로 어떠한 일이 일어나고 있는지에 대해서도 조금 배웠다. 즉, Shiny가 부트스트랩을 사용한다는 것과 입력 및 출력 함수가 단지 HTML을 반환한다는 것, 그리고 HTML을 직접 생성할 수 있다는 것을 배웠다.

다음 장에서는 또 다른 중요한 시각적 구성요소인 그래픽스에 대해 배운다.

## 7장

M a s t e r i n g **S h i n y**

그래픽스

우리는 2장에서 앱에 그래픽을 표시하는 강력한 도구인 renderPlot()에 대해 간단히 다뤘다. 이 장에서는 마우스 이벤트에 반응하는 플롯인 인터랙티브 플롯을 만들기 위해 이를 십분 활용하는 방법을 살펴볼 것이다. 또한 동적 너비 및 높이의 플롯을 만드는 방법과 renderImage()로 이미지를 표시하는 방법 등 몇몇 다른 유용한 기법들을 알아볼 것이다.

이 장에서는 shiny뿐만 아니라, 대부분의 그래픽스에서 사용할 ggplot2도 필요하다.

```
library(shiny)
library(ggplot2)
```

인터랙티비티

plotOutput()의 가장 멋진 부분 중 하나는 플롯을 표시하는 출력인 동시에 포인터(pointer) 이벤트에 반응하는 입력이 될 수 있다는 점이다. 이 점이 플롯상에서 사용자가 데이터와 직접 상호작용하는 인터랙티브 그래픽을 만들 수 있게 한다. 인터랙티브 그래픽은 광범위하게 활용되는 강력한 도구다. 모든 가능한 활용을 다 보여줄 수는 없으므로, 여기에서는 기초적인 부분에만 초점을 맞춘 뒤, 더 배울 수 있는 리소스를 알려주도록 하겠다.

기본

플롯은 네 가지 마우스[1] 이벤트, 즉 click, dblclick(더블 클릭), hover(마우스가 한 곳에서 잠시 머물 때), brush(사각형 선택 도구)에 반응한다. 이 이벤트들을 Shiny 입력으로 전환하기 위해서는, 예를 들어 plotOutput("plot", click = "plot_click")과 같이, 해당되는 plotOutput()의 인자에 문자열을 제공해야 한다. 이 코드는 input$plot_click을 생성하여 플롯상의 마우스 클릭을 다룰 수 있게 한다.

다음 코드는 마우스 클릭을 다루는 매우 간단한 예를 보여준다. 입력 plot_click을 등록하여 마우스 클릭 시 좌표값 출력을 갱신할 때 사용한다. 그림 7-1이 그 결과를 보여준다.

```
ui <- fluidPage(
  plotOutput("plot", click = "plot_click"),
  verbatimTextOutput("info")
)

server <- function(input, output) {
  output$plot <- renderPlot({
    plot(mtcars$wt, mtcars$mpg)
  }, res = 96)

  output$info <- renderPrint({
    req(input$plot_click)
    x <- round(input$plot_click$x, 2)
    y <- round(input$plot_click$y, 2)
    cat("[", x, ", ", y, "]", sep = "")
  })
}
```

(처음 마우스가 클릭되기 전까지는 아무 일도 수행하지 않도록 req()를 사용하였으며, 좌표값이 기저의 wt와 mpg 변수에 관한 것이라는 점에 주목하자.)

이어지는 절에서는 이벤트를 좀더 상세하게 설명한다. 처음에 클릭 이벤트를 설명하고, 이후 그와 밀접하게 관련된 dblclick과 hover를 간략하게 다룬다. 그 다음으로 네 개의 변(xmin, xmax, ymin, ymax)으로 정의되는 사각형 '브러시(brush)'를 제공하는 brush 이벤트를 배운다. 작동 결과로 플롯을 갱신하는 한두 개의 예제를 살펴본 뒤에, Shiny 내의 인터랙티브 그래픽스의 한계에 대해 논할 것이다.

---

1 필자가 이 장을 작성하는 시점에서 Shiny는 터치(touch) 이벤트를 지원하지 않는다. 이는 모바일 디바이스에서는 인터랙티브 플롯이 작동하지 않는다는 의미다. 여러분이 이 장을 읽고 있는 시점에는 Shiny가 터치 이벤트를 지원하고 있길 희망한다.

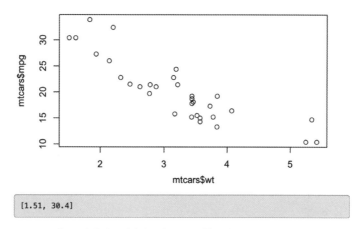

```
[1.51, 30.4]
```

그림 7-1 가장 왼쪽 상단의 포인트를 클릭할 때 출력된 좌표가 갱신된다.
*https://hadley.shinyapps.io/ms-click*에서 실제로 확인해보자.

클릭하기

포인트 이벤트는 비교적 많은 양의 정보를 지닌 큰 리스트를 반환한다. 가장 중요한 구성성분은 데이터 좌표에서 이벤트가 발생한 위치 정보를 지니는 x와 y지만, 상대적으로 드물게 사용할 것이므로 여기에서는 다루지 않겠다. (상세한 내용을 원한다면 Shiny 갤러리에서 이 앱(*https://oreil.ly/KkhOH*)을 사용해보자.) 대신, 수많은 복잡한 상세 작업을 내부적으로 수행하여 원 데이터 프레임에서 클릭된 위치 근처에 있는 포인트에 해당하는 행(row)만 반환하는 nearPoints()를 사용할 것이다.[2]

여기 nearPoints()를 사용하여 이벤트 위치 근처 포인트에 해당하는 데이터 표를 보여주는 간단한 예가 있다. 그림 7-2가 앱의 스크린샷을 보여준다.

```
ui <- fluidPage(
  plotOutput("plot", click = "plot_click"),
  tableOutput("data")
)
server <- function(input, output, session) {
  output$plot <- renderPlot({
    plot(mtcars$wt, mtcars$mpg)
  }, res = 96)
```

---

2 nearestPoints()라고 이름짓지 않은 것에 주목하자. 기존 데이터 포인트 가까이에서 클릭하지 않으면 아무것도 반환하지 않는다.

```
output$data <- renderTable({
  nearPoints(mtcars, input$plot_click, xvar = "wt", yvar = "mpg")
})
}
```

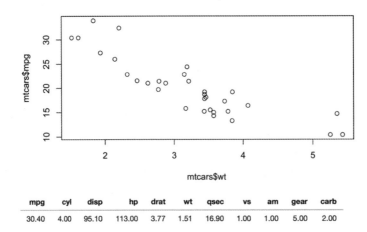

mpg	cyl	disp	hp	drat	wt	qsec	vs	am	gear	carb
30.40	4.00	95.10	113.00	3.77	1.51	16.90	1.00	1.00	5.00	2.00

그림 7-2 nearPoints()는 클릭한 위치의 포인트에 해당하는 데이터를 보여주기 쉽도록, 플롯의 좌표를 데이터 행으로 변환한다. *https://hadley.shinyapps.io/ms-nearPoints*에서 실제로 확인해보자.

여기서 nearPoints()에 네 개의 인자로 플롯의 기저에 있는 데이터 프레임, 입력 이벤트, 각 축의 변수 이름을 제공한다. 만약 ggplot2를 사용한다면, xvar와 yvar는 플롯 데이터 구조로부터 자동으로 대체되므로 첫 두 개의 인자만 제공하면 된다. 이러한 이유로, 필자는 이 장의 나머지 부분에서는 ggplot2를 사용할 것이다. 다음은 앞의 예를 ggplot2를 사용하여 다시 구현한 것이다.

```
ui <- fluidPage(
  plotOutput("plot", click = "plot_click"),
  tableOutput("data")
)
server <- function(input, output, session) {
  output$plot <- renderPlot({
    ggplot(mtcars, aes(wt, mpg)) + geom_point()
  }, res = 96)

  output$data <- renderTable({
    req(input$plot_click)
    nearPoints(mtcars, input$plot_click)
  })
}
```

아마 nearPoints()가 정확히 무엇을 반환하는지 궁금할 것이다. 이때 81쪽의 '인터랙티브 디버거'에서 다루었던 browser()를 사용하면 좋다.

```
...
  output$data <- renderTable({
    req(input$plot_click)
    browser()
    nearPoints(mtcars, input$plot_click)
  })
...
```

이제 앱을 시작하여 포인트를 클릭하면 인터랙티브 디버거로 들어가며, 여기에서 nearPoints()를 실행했을 때 무엇이 반환되는지 확인할 수 있다.

```
nearPoints(mtcars, input$plot_click)
#>            mpg cyl disp hp drat   wt qsec vs am gear carb
#> Datsun 710 22.8   4  108 93 3.85 2.32 18.61  1  1    4    1
```

nearPoints()를 사용하는 또 다른 방법은 allRows = TRUE와 addDist = TRUE 인자를 사용하는 것이다. 이는 원래 데이터 프레임에 두 개의 새로운 열을 추가해 반환한다.

- dist_는 각 행과 이벤트 위치 간의 거리(픽셀 단위)를 나타낸다.
- selected_는 각 행이 클릭 이벤트와 가까운지(즉, allRows = FALSE였다면 각 행 이 반환되었을 것인지)를 표시한다.

잠시 뒤에 예제를 보게 될 것이다.

다른 포인트 이벤트들

click, dblclick, hover 간에는 같은 접근 방법이 똑같이 잘 작동하므로, 인자 이름 만 변경하면 된다. 필요하다면, 입력 ID 문자열 대신 clickOpts(), dblclickOpts(), hoverOpts()를 제공하여 이벤트를 추가적으로 제어할 수 있다. 이는 드물게 사용되 므로 여기에서는 다루지 않을 것이며, 상세한 내용은 도움말을 참고하기 바란다.

하나의 플롯에 여러 가지 인터랙션 타입을 사용할 수도 있다. 이때 사용자에게 제공되는 기능을 설명하였는지 확인하자. 앱에서 마우스 이벤트를 통해 인터랙션 을 제공할 때의 단점 한 가지는 그 기능을 쉽게 발견하기 어렵다는 점이다.[3]

---

3 일반적인 규칙으로, 설명글을 추가하는 것은 앱 인터페이스가 너무 복잡하다는 것을 시사하므로 가 급적 피하는 것이 최선이다. 이것이 도널드 노먼(Don Norman)의 《디자인과 인간 심리(The Design of Everyday Things)》(학지사, 2016)에서 소개된 것처럼, 객체는 그것과 어떻게 상호작용하는지 자 연스럽게 암시해야 한다는 **어포던스**(affordances, 행동 유도성)의 핵심 아이디어다.

브러시하기

플롯에서 포인트를 선택하는 또 다른 방법은 네 변으로 정의되는 사각형 셀렉션 (selection)인 브러시(brush)를 사용하는 것이다. 일단 click과 nearPoints()를 마스터했다면 브러시의 사용은 단지 brush 인자와 brushedPoints()로 교체하면 되기 때문에 간단하다.

여기 브러시로 선택된 포인트들을 보여주는 간단한 예가 있다. 그림 7-3은 그 결과를 보여준다.

```
ui <- fluidPage(
  plotOutput("plot", brush = "plot_brush"),
  tableOutput("data")
)
server <- function(input, output, session) {
  output$plot <- renderPlot({
    ggplot(mtcars, aes(wt, mpg)) + geom_point()
  }, res = 96)

  output$data <- renderTable({
    brushedPoints(mtcars, input$plot_brush)
  })
}
```

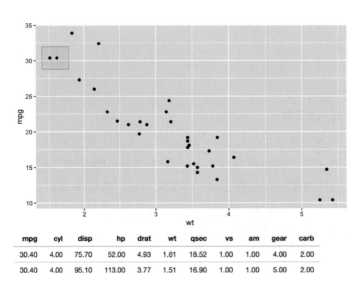

mpg	cyl	disp	hp	drat	wt	qsec	vs	am	gear	carb
30.40	4.00	75.70	52.00	4.93	1.61	18.52	1.00	1.00	4.00	2.00
30.40	4.00	95.10	113.00	3.77	1.51	16.90	1.00	1.00	5.00	2.00

그림 7-3 brush 인자를 설정하면 사용자에게 드래그(drag) 가능한 'brush'를 제공한다. 이 앱에서는 브러시 밑에 깔린 포인트들이 표에 보여진다. *https://hadley.shinyapps.io/ms-brushedPoints*에서 실제로 확인해보자.

brushOpts()를 사용하여 색상(fill과 stroke)을 제어하거나, direction = "x" 혹은 "y"를 사용하여 일차원 브러시를 만들어보자(예를 들어 시계열을 브러시할 때 유용하다).

플롯 수정하기

지금까지는 플롯상에서의 상호작용 결과를 또 다른 출력에 보여줬다. 하지만 인터랙티비티의 진정한 아름다움은 상호작용하고 있는 플롯을 변경할 때 알 수 있다. 불행히도 이는 아직 다루지 않은 고급 반응성 기법인 reactiveVal()을 필요로 한다. 16장에서 reactiveVal()을 배우겠지만,[4] 매우 유용한 기법이기에 일단 여기에서 보여주려 한다. 아마도 16장을 읽은 뒤에 이 절을 다시 읽어봐야 하겠지만, 일단 현재는 이론적 배경이 아예 없이도 그 잠재적인 활용에 대해 감을 느낄 수 있길 바란다.

이름에서 추측할 수 있듯이, reactiveVal()은 reactive()와 비슷하다. 초깃값과 함께 reactiveVal()을 호출하여 반응형 값을 생성하고, 이후 그 값을 반응형과 마찬가지 방법으로 읽는다.

```
val <- reactiveVal(10)
val()
#> [1] 10
```

큰 차이점은 반응형 값을 갱신할 수 있으며, 이때 이 반응형 값을 참조하는 모든 반응형 소비자가 재계산(recompute)된다는 점이다. 반응형 값은 특별한 문법(syntax)을 사용하여 값을 갱신하는데, 함수처럼 호출하면서 그 첫 번째 인자로 새 값을 제공한다.

```
val(20)
val()
#> [1] 20
```

이는 현재값을 이용하여 반응형 값을 갱신하는 코드는 마치 다음 예와 같다는 뜻이다.

---

4   (옮긴이) 15장에서 reactiveVal()에 대해 배운 뒤, 16장에서 이를 활용하여 문제를 해결하는 방법을 배운다.

```
val(val() + 1)
val()
#> [1] 21
```

불행히도 앞의 코드들을 콘솔에서 실행하려 하면 오류가 발생할 텐데, 이는 이 코드들이 반응형 환경 내에서 실행되어야만 하기 때문이다.[5] 이런 점은 실험이나 디버깅을 더욱 어렵게 만든다. shinyApp()을 호출한 상태에서 browser()나 그와 비슷한 방법으로 앱의 실행을 일시적으로 멈춰야 하기 때문이다. 이는 나중에 16장에서 살펴볼 어려움 중 한 가지다.

reactiveVal()을 배우는 어려움은 일단 제쳐두고, 왜 reactiveVal()이 중요한지 보도록 하자. 플롯상에서 클릭한 위치와 포인트 사이의 거리를 시각화한다고 상상해보자. 다음 앱에서 그 거리를 저장하는 반응형 값을 생성하며, 이때 상수(constant)로 초깃값을 설정한다. 그 다음 observeEvent()를 사용하여 마우스가 클릭될 때 반응형 값을 갱신하고, 거리를 포인트 크기에 매핑하여 시각화한 ggplot을 생성한다. 이 모든 것이 다음 코드와 같이 구현되고, 그 결과는 그림 7-4와 같다.

```
set.seed(1014)
df <- data.frame(x = rnorm(100), y = rnorm(100))

ui <- fluidPage(
  plotOutput("plot", click = "plot_click", )
)
server <- function(input, output, session) {
  dist <- reactiveVal(rep(1, nrow(df)))
  observeEvent(input$plot_click,
    dist(nearPoints(df, input$plot_click, allRows = TRUE, addDist = TRUE)$dist_)
  )

  output$plot <- renderPlot({
    df$dist <- dist()
    ggplot(df, aes(x, y, size = dist)) +
      geom_point() +
      scale_size_area(limits = c(0, 1000), max_size = 10, guide = NULL)
  }, res = 96)
}
```

---

5 (옮긴이) 13장과 15장에서 이런 코드를 콘솔에서 실행할 수 있는 방법을 볼 것이다.

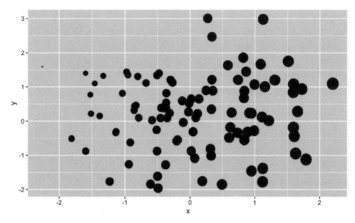

그림 7-4 이 앱은 reactiveVal()을 사용하여 마지막 클릭으로부터 포인트까지의 거리를 저장하고,
이를 포인트 크기로 매핑한다. 이 그림은 플롯 왼쪽 끝을 클릭했을 때 나타나는 결과를 보여준다.
*https://hadley.shinyapps.io/ms-modifying-size*에서 실제로 확인해보자.

여기에서 주목할 두 가지 중요한 ggplot2 기법이 있다.

- 플롯을 그리기 전, 데이터 프레임에 거리를 추가하였다. 필자는 시각화하기 전
에 데이터 프레임에 관련된 모든 변수를 함께 포함시키는 것이 좋은 방법이라고
생각한다.
- scale_size_area()에서 limits를 설정하여 포인트 크기 스케일이 클릭할 때마
다 변하지 않고 일관되게 하였다. 적절한 범위를 찾기 위해 필자는 약간의 인터
랙티브한 실험을 하였다.

여기 좀더 복잡한 아이디어가 있다. 브러시를 사용하여 포인트를 점진적으로 추가
선택하려고 한다. 이 예에서는 선택된 포인트들을 다른 색상으로 표시하는데, 여러
분은 다른 여러 가지 응용을 상상해볼 수 있을 것이다. 이를 위해 reactiveVal()을
모든 원소값이 FALSE인 벡터로 초기화하고, brushedPoints()와 |를 사용하여 브러
시 밑에 깔려 있는 모든 포인트를 추가 선택한다. 사용자가 처음부터 다시 시작할
수 있도록, 더블 클릭 시 모든 포인트가 선택되지 않은 상태로 리셋한다. 그림 7-5
는 실행된 앱에서 얻은 두 개의 스크린샷을 보여준다.

```
ui <- fluidPage(
  plotOutput("plot", brush = "plot_brush", dblclick = "plot_reset")
)
server <- function(input, output, session) {
  selected <- reactiveVal(rep(FALSE, nrow(mtcars)))
```

```
observeEvent(input$plot_brush, {
  brushed <- brushedPoints(mtcars, input$plot_brush, allRows = TRUE)$selected_
  selected(brushed | selected())
})
observeEvent(input$plot_reset, {
  selected(rep(FALSE, nrow(mtcars)))
})

output$plot <- renderPlot({
  mtcars$sel <- selected()
  ggplot(mtcars, aes(wt, mpg)) +
    geom_point(aes(colour = sel)) +
    scale_colour_discrete(limits = c("TRUE", "FALSE"))
}, res = 96)
}
```

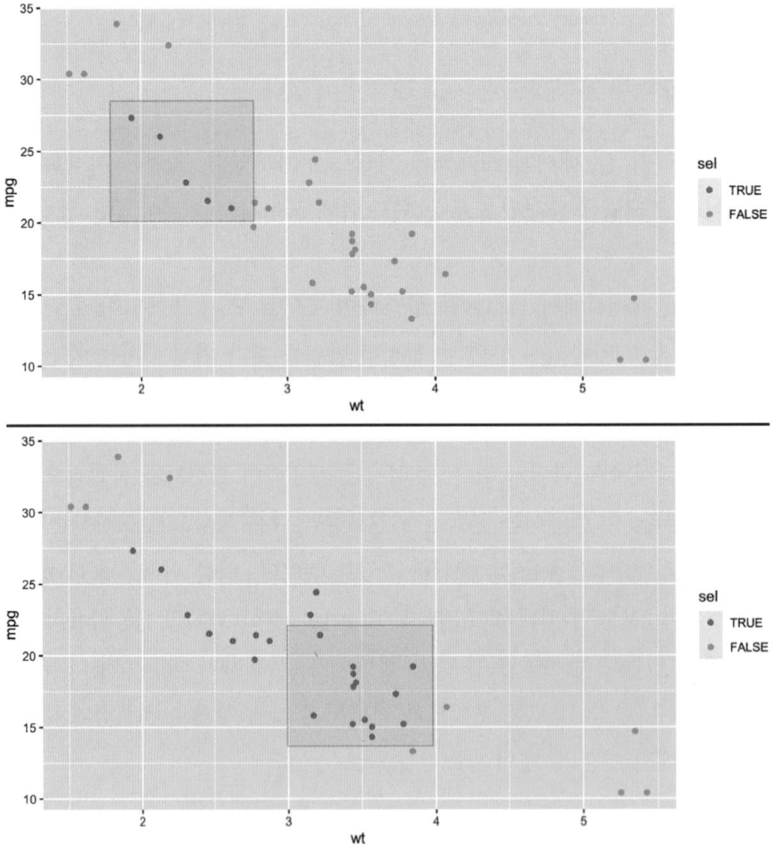

그림 7-5 이 앱은 브러시가 '지속되도록' 만들어, 드래깅할 때 현재 선택에 포인트가 추가되게 한다.

여기에서도 범례(와 색상)가 첫 클릭 때 변하지 않도록 하기 위해 색상 스케일에 `limits`를 설정하였다.

인터랙티비티의 한계

다음 주제로 넘어가기 전에, 인터랙티비티의 한계를 이해하기 위해 인터랙티브 플롯 내에서의 기본적인 데이터 흐름을 이해하는 것이 중요하다. 기본 흐름은 다음과 같다.

1. 자바스크립트가 마우스 이벤트를 수집(capture)한다.
2. Shiny가 마우스 이벤트를 R로 전송하여, 앱에게 입력이 갱신되어야 한다는 것을 알린다.
3. 모든 다운스트림(downstream) 반응형 소비자가 재계산된다.
4. `plotOutput()`이 새 PNG를 생성하여 브라우저에 전송한다.

로컬 앱에서는 병목 현상(bottleneck)이 플롯을 그리는 데 걸리는 시간인 경향이 있다. 플롯이 얼마나 복잡한가에 따라 1초에 가까운 시간이 걸리기도 할 것이다. 반면, 호스팅된 앱에서는 브라우저에서 R로 이벤트를 전송하는 시간과 생성된 플롯을 R에서 브라우저로 전송하는 시간 또한 감안해야만 한다.

이는 일반적으로 동작(action)과 반응(response)이 즉각적으로 감지되는(즉, 플롯이 사용자의 동작에 동시적으로 갱신되는) Shiny 앱을 만들기는 불가능하다는 뜻이다. 그 정도의 속도가 필요하다면, 더 많은 계산을 자바스크립트로 수행해야 한다. 이를 위한 한 가지 방법은 자바스크립트 그래픽스 라이브러리를 래핑(wrapping)한 R 패키지를 사용하는 것이다. 필자가 이 책을 쓰고 있는 현재, 아마도 카슨 시버트(Carson Sievert)의 《Interactive Web-Based Data Visualization with R, Plotly, and Shiny》(*https://plotly-r.com*)에 쓰여진 것처럼 plotly 패키지를 통해 최선의 경험을 얻을 수 있을 것이다.

동적 높이 및 너비

이 장의 나머지 부분은 인터랙티브 그래픽만큼 재미있진 않지만 어딘가에서는 다룰 중요한 자료를 포함한다.

우선, 플롯 크기를 반응형으로 만들어 플롯의 너비와 높이를 사용자의 동작에 따라 변경할 수 있다. 이를 위해 renderPlot()의 인자 width와 height(이는 변경 가능하기 때문에 UI가 아니라 server 내에 정의되어야 한다)에 인자가 없는 함수 (zero-argument function)를 제공하며, 이 함수들은 원하는 크기를 픽셀 단위로 반환한다. 이는 반응형 환경 내에서 평가되어 플롯 크기를 동적(dynamic)으로 만들 수 있다.

다음 앱은 기본 아이디어를 보여주는데, 두 개의 슬라이더로 플롯의 크기를 직접 제어한다. 그림 7-6은 두 개의 스크린샷 표본을 보여준다. 플롯의 크기를 변경할 때 데이터는 그대로 남아있음에 주목하자. 새로운 랜덤 데이터를 얻지 않는다.

```r
ui <- fluidPage(
  sliderInput("height", "height", min = 100, max = 500, value = 250),
  sliderInput("width", "width", min = 100, max = 500, value = 250),
  plotOutput("plot", width = 250, height = 250)
)
server <- function(input, output, session) {
  output$plot <- renderPlot(
    width = function() input$width,
    height = function() input$height,
    res = 96,
    {
      plot(rnorm(20), rnorm(20))
    }
  )
}
```

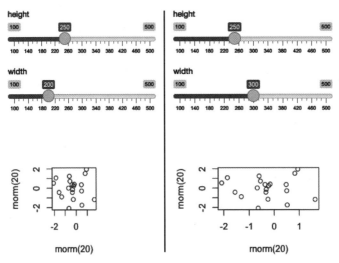

그림 7-6 플롯 크기를 동적으로 만들어 사용자의 동작에 반응하도록 할 수 있다. 이 그림은 너비를 변경했을 때의 효과를 보여준다. *https://hadley.shinyapps.io/ms-resize*에서 실제로 확인해보자.

실제 앱에서는 width와 height 함수에 한결 복잡한 표현식을 사용하게 될 것이다. 예를 들어, 만약 ggplot2에서 면분할(facet)된 플롯을 사용한다면, 아마 분할된 각 면의 크기를 거의 동일하게 유지하기 위해 동적 크기를 사용하여 플롯 크기를 증가시킬 것이다.[6]

이미지

플롯이 아닌 이미지를 보여주고자 한다면 renderImage()를 사용할 수 있다. 예를 들어, 사용자에게 보여주고 싶은 사진들을 지닌 디렉터리가 있을 것이다. 다음 앱은 그림 7-7에 보이듯 귀여운 강아지 사진들을 보여주는 예를 통해 renderImage() 의 기본 사용법을 보여준다.[7] 사진들은 필자가 로얄티 없는 사진을 얻기 위해 즐겨 사용하는 Unsplash(*https://unsplash.com*)로부터 얻었다.

```
puppies <- tibble::tribble(
  ~breed, ~ id, ~author,
  "corgi", "eoqnr8ikwFE","alvannee",
  "labrador", "KCdYn0xu2fU", "shaneguymon",
  "spaniel", "TzjMd7i5WQI", "_redo_"
)

ui <- fluidPage(
  selectInput("id", "Pick a breed", choices = setNames(puppies$id, puppies$breed)),
  htmlOutput("source"),
  imageOutput("photo")
)
server <- function(input, output, session) {
  output$photo <- renderImage({
    list(
      src = file.path("puppy-photos", paste0(input$id, ".jpg")),
      contentType = "image/jpeg",
      width = 500,
      height = 650
    )
  }, deleteFile = FALSE)

  output$source <- renderUI({
```

---

6   불행히도 면분할 크기를 정확히 같게 유지하기 위한 쉬운 방법은 존재하지 않는데, 플롯 경계의 고정된 원소들의 크기를 알아내기가 불가능하기 때문이다.

7   (옮긴이) 여러분의 컴퓨터에서 실행하려면, 우선 깃허브(*https://github.com/hadley/mastering-shiny/tree/main/puppy-photos*)에 있는 사진들을 puppy-photos 디렉터리에 다운로드한 뒤 실행하도록 하자.

```
    info <- puppies[puppies$id == input$id, , drop = FALSE]
    HTML(glue::glue("<p>
      <a href='https://unsplash.com/photos/{info$id}'>original</a> by
      <a href='https://unsplash.com/@{info$author}'>{info$author}</a>
    </p>"))
  })
}
```

그림 7-7 귀여운 강아지 사진들을 renderImage()를 이용하여 보여주는 앱.
*https://hadley.shinyapps.io/ms-puppies*에서 실제로 확인해보자.

renderImage()는 리스트를 반환해야 하는데, 이 중 필수적인 정보는 이미지 파일의 로컬 경로를 지닌 src뿐이며, 다음과 같이 다른 원소들을 추가로 제공할 수 있다.

- 이미지의 MIME 타입을 정의하는 contentType. 이 원소가 제공되지 않으면 Shiny는 파일 확장자를 통해 추측하므로, 파일 확장자가 존재하지 않을 때는 이 원소가 필요하다.
- 이미지가 보여질 너비 width와 높이 height
- class나 alt와 같이 HTML의 <img> 태그에 속성으로 추가될 다른 원소들

또한 renderImage()를 호출할 때 '반드시' deleteFile 인자를 제공해야 한다. 불행

히도 renderImage()는 원래 임시 파일을 다루기 위해 설계되었기 때문에, 렌더링
(rendering) 이후에는 자동으로 이미지를 삭제했었다. 이는 물론 매우 위험한 설계
였기 때문에, Shiny 1.5.0부터는 설계가 변경되어 이미지를 자동으로 삭제하는 대
신 deleteFile 인자를 통해 명시적으로 원하는 동작을 선택하도록 한다.

Shiny 웹사이트(*https://oreil.ly/zgzNm*)에서 renderImage()에 대해 더 배우고, 이를
이용할 수 있는 다른 방법들을 볼 수 있다.

요약

시각화는 데이터를 표현하는 엄청나게 강력한 방법이며, 이 장에서는 Shiny 앱에
힘을 부여하기 위한 몇 가지 고급 기법을 소개하였다. 다음 장에서는 앱에서 어떤
일이 벌어지고 있는지에 대해 사용자에게 피드백을 제공하기 위한 기법들을 배울
것이다. 이는 작동하는 데 얼마만큼의 시간이 걸릴지 분명치 않을 때 특히 중요한
부분이다.

## 8장

M a s t e r i n g **S h i n y**

사용자 피드백

앱에서 무슨 일이 발생하고 있는지 사용자가 통찰할 수 있게 도움으로써 앱을 더 사용하기 쉽게 만들 수 있게 되곤 한다. 이는 사용자 입력이 적합하지 않을 때 도움이 되는 메시지를 제공하거나, 긴 시간이 걸리는 연산 수행 시 프로그레스 바를 제공하는 형태일 수 있다. 어떤 피드백은 이미 배운 출력을 통해 자연스럽게 발생하지만, 때론 다른 방법이 필요할 것이다. 이 장의 목표는 출력 외의 다른 옵션을 보여주는 것이다.

우선 입력(혹은 입력 조합)이 무효한(invalid) 상태일 때 사용자에게 알려주는 **유효성 검증**(validation) 기법부터 배운다. 다음으로는 사용자에게 일반적인 메시지를 전달하는 **알림**(notification)과 여러 개의 작은 단계로 구성되어 많은 시간이 소요되는 연산의 상세한 진행 상황을 알려주는 **프로그레스 바**(progress bar)를 배운다. 마지막으로 위험한 작동에 대해 **확인**(confirmation) 다이얼로그 및 **되돌리기**(undo) 기능을 제공함으로써 사용자가 안심할 수 있게 하는 방법에 대해 배운다.

이 장에서는 앤디 멀리노(Andy Merlino)의 shinyFeedback(*https://oreil.ly/luGeN*) 패키지와 존 코엔(John Coene)의 waiter(*http://waiter.john-coene.com*) 패키지를 사용할 것이다. 또한 현재 개발 중인 조 쳉(Joe Cheng)의 shinyvalidate(*https://oreil.ly/XADgf*) 패키지도 관심을 두고 지켜보면 좋을 것이다. 우선 shiny를 로딩하면서 시작하자.

```
library(shiny)
```

유효성 검증

사용자에게 가장 먼저 제공하면서도 가장 중요한 피드백은 잘못된 입력에 대한 것이다. 이는 R에서 좋은 함수를 작성하는 것에 비유할 수 있다. 사용자 친화적인 (user-friendly) 함수는 어떤 입력이 기대되었고 어떻게 그 기대가 벗어났는지를 설명하는 명확한 오류 메시지를 제공한다. 오류 상황이 R 코드 내에서 흘러가게 두어 어느 순간 별 영양가 없는 메시지를 발생시키게 하는 대신, 사용자가 어떻게 앱을 잘못 사용할 가능성이 있는지에 대해 깊이 생각해봄으로써 UI를 통해 유익한 정보를 지닌 메시지를 전달할 수 있다.

입력 유효성 검증하기

사용자에게 추가적인 피드백을 제공하는 훌륭한 방법은 shinyFeedback(*https://oreil.ly/luGeN*) 패키지를 이용하는 것이다. 우선, useShinyFeedback()을 ui에 추가한다. 이는 오류 메시지를 보기 좋게 표시하기 위해 필요한 HTML과 자바스크립트를 세팅한다.

```
ui <- fluidPage(
  shinyFeedback::useShinyFeedback(),
  numericInput("n", "n", value = 10),
  textOutput("half")
)
```

다음으로는 server() 함수에서 다음 피드백 함수 feedback(), feedbackWarning(), feedbackDanger(), feedbackSuccess() 중 하나를 호출한다. 이 함수들은 세 개의 핵심 인자들을 지닌다.

inputId
  피드백이 적용되어야 하는 입력의 ID

show
  피드백을 보여줄지 말지 결정하는 논리값(logical value)

text
  표시할 텍스트

이 외에도 color 및 icon 인자를 제공하여, 모양새를 좀더 커스터마이즈할 수 있다. 상세한 내용은 도움말에서 찾아보자.

실제 예에서, 오직 짝수(even number)만 입력으로 허용하길 원한다고 가정하고, 어떻게 이 피드백을 적용하는지 살펴보자.

```
server <- function(input, output, session) {
  half <- reactive({
    even <- input$n %% 2 == 0
    shinyFeedback::feedbackWarning("n", !even, "Please select an even number")
    input$n / 2
  })

  output$half <- renderText(half())
}
```

그림 8-1이 결과를 보여준다.

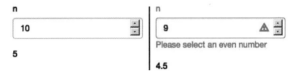

그림 8-1 feedbackWarning()이 유효하지 않은 입력에 대한 경고(warning)를 표시한다.
왼쪽 앱은 유효한 입력을 보여주며, 오른쪽 앱은 유효하지 않은(홀수의) 입력을 경고 메시지와
함께 보여준다. *https://hadley.shinyapps.io/ms-feedback*에서 실제로 확인해보자.

오류 메시지가 화면에 표시됨에도 불구하고 여전히 출력이 갱신되는 점에 주목하자. 유효하지 않은 입력이 사용자에게 딱히 도움이 되지 않고 보여주고 싶지 않은 R 오류를 출력하는 상황은 보통 원하지 않을 것이다. 입력이 반응형을 변경하는 것을 중지시키기 위해서는 새로운 도구인 req()('required'의 축약이다)이 필요하다. 이를 적용한 코드는 다음과 같다.

```
server <- function(input, output, session) {
  half <- reactive({
    even <- input$n %% 2 == 0
    shinyFeedback::feedbackWarning("n", !even, "Please select an even number")
    req(even)
    input$n / 2
  })

  output$half <- renderText(half())
}
```

req()는 그 입력 인자가 참이 아닐 때 Shiny에게 반응형에 필요한 모든 입력이 준비되지 않았다는 특별한 신호를 보냄으로써, 그 반응형이 '잠시 멈춤' 상태가 되게 한다. 이 함수에 대해 간략히 설명한 뒤에, 원래 주제로 돌아가 이를 validate()와 함께 사용하는 방법을 다루도록 하겠다.

req()를 사용하여 실행 취소하기

req()를 쉽게 이해하기 위해서는 유효성 검증 주제 밖에서 시작하는 것이 최선이다. 앱을 시작할 때, 사용자가 어떠한 행동도 하기 전에 이미 전체 반응형 그래프가 계산된다는 것을 알아챘을 것이다. 이는 입력에 대해 유효한 기본(default) value를 설정하였을 때는 잘 작동한다. 하지만 유효한 기본값을 제공하는 게 항상 가능하지는 않으며, 어떤 경우에는 사용자가 실제로 어떤 행동을 하기까지 기다리길 원할 수도 있다. 이런 경우들은 세 가지 컨트롤에서 발생하는 경향이 있다.

- textInput()에서 value = ""를 설정하고, 사용자가 무언가 타이핑하기 전에는 아무런 계산도 수행하지 않고자 할 때
- selectInput()에서 빈 선택 ""을 제공하고, 사용자가 어떤 선택을 하기 전에는 아무런 계산도 수행하지 않고자 할 때
- fileInput()에서 사용자가 어떤 파일을 업로드하기 전에는 빈 결과를 갖고 있으려고 할 때. 이 부분은 그림 9-1에서 다시 살펴볼 것이다.

반응형을 '잠시 멈춤' 상태가 되게 하여 어떤 조건이 만족하기 전에는 아무 일도 일어나지 않게 하는 어떤 방법이 필요하다. 이것이 req()가 하는 일로, 반응형 생산자를 계속 진행시키기 전에 필요한 값들을 검사한다.

예를 들어, 영어 혹은 마오리어(Maori)로 환영 인사를 생성하는 다음 앱을 생각해보자. 만약 이 앱을 실행시키면, 그림 8-2와 같은 오류를 보게 될 텐데, 이는 언어 선택 기본값 ""에 해당하는 원소가 greetings 벡터에 존재하지 않기 때문이다.

```
ui <- fluidPage(
  selectInput("language", "Language", choices = c("", "English", "Maori")),
  textInput("name", "Name"),
  textOutput("greeting")
)

server <- function(input, output, session) {
  greetings <- c(
```

```
    English = "Hello",
    Maori = "Ki ora"
  )
  output$greeting <- renderText({
    paste0(greetings[[input$language]], " ", input$name, "!")
  })
}
```

Language

Name

Error: subscript out of bounds

그림 8-2 앱이 실행될 때 아직 언어가 선택되지 않은 상태에서 별 도움이 안 되는 오류를 표시한다.

이 문제를 req()를 사용하여, 다음 코드와 그림 8-3에서 보이는 것처럼 사용자가 언어와 이름에 모두 값을 제공하기 전까지는 아무것도 출력되지 않도록 고칠 수 있다.

```
server <- function(input, output, session) {
  greetings <- c(
    English = "Hello",
    Maori = "Ki ora"
  )
  output$greeting <- renderText({
    req(input$language, input$name)
    paste0(greetings[[input$language]], " ", input$name, "!")
  })
}
```

Language	**Language**	**Language**
	English	English
Name	**Name**	**Name**
		Hadley
		Hello Hadley!

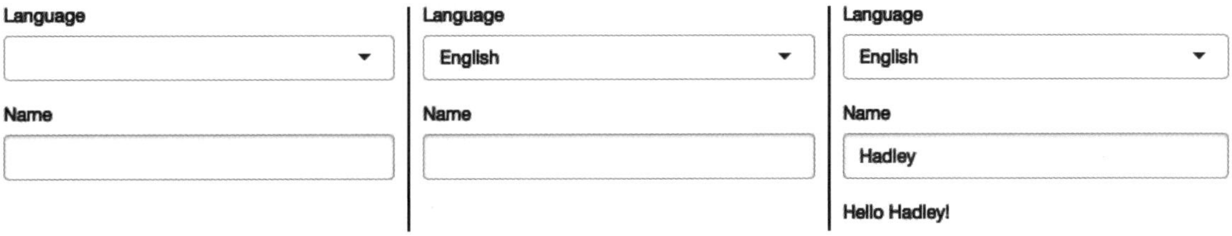

그림 8-3 req()를 사용하여 언어와 이름이 모두 제공된 경우에만 출력이 보이도록 한다.
*https://hadley.shinyapps.io/ms-require-simple2*에서 실제로 확인해보자.

req()는 특수한 **상황**(condition)을 시사하는 방식으로 작동한다.[1] 이 특수한 상황은 모든 후속 반응형과 출력의 실행을 중지시킨다. 기술적으로, 이는 모든 후속 반응형 소비자들을 무효화된(invalidated) 상태로 남겨둔다. 이 용어들에 대해서는 16장에서 다시 살펴볼 것이다.

req()는 입력 컨트롤의 종류와는 상관없이, 사용자가 값을 제공했을 때만 req(input$x)이 진행되도록 한다.[2] 또한 필요한 경우 req()에 논리 구문(logical statement)을 사용할 수도 있다. 예를 들어, req(input$a > 0)는 a가 0보다 클 때 계산을 진행하도록 할 것이다. 이는 유효성 검증을 할 때 일반적으로 사용하게 될 형식으로, 다음 절에서 보게 될 것이다.

req()와 유효성 검증

이제 req()와 shinyFeedback을 결합하여 더 어려운 문제를 풀어보자. 1장에서 만들었던, 내장된 데이터셋을 선택하게 하고 그 데이터를 보여주는 간단한 앱으로 돌아가 보자. 여기에서 selectInput() 대신 textInput()을 사용하여 앱을 더 일반화되고 복잡하게 만들 것이다. UI는 아주 약간만 변경된다.

```
ui <- fluidPage(
  shinyFeedback::useShinyFeedback(),
  textInput("dataset", "Dataset name"),
  tableOutput("data")
)
```

반면 서버 함수는 좀더 복잡해질 필요가 있다. 여기서 req()를 두 가지 방법으로 사용할 것이다.

- 오직 사용자가 값을 입력했을 때만 계산이 수행되도록 req(input$dataset)를 사용한다.

- 다음으로, 제공된 이름의 데이터가 실제로 존재하는지 검사한다. 만약 존재하지 않는다면, 오류 메시지를 표시하고 req()를 사용하여 계산을 취소한다. 여기서 cancelOutput = TRUE의 사용에 주목하자. 보통 반응형을 취소하면 후속의 모든 출력이 리셋되지만, cancelOutput = TRUE를 사용하면 후속 출력들이 가장 최근

---

1 condition은 오류(error), 경고(warning), 메시지(message)를 포함한 기술적 용어다. 관심이 있다면, 《Advanced R》의 8장(*https://oreil.ly/gP3i8*)에서 R의 condition 시스템에 대해 좀더 상세히 배울 수 있다.
2 더 정확하게 말하면, req는 오직 그 입력값이 참으로 여겨질(truthy) 때만 진행하는데, 이는 FALSE, NULL, ""를 비롯하여 ?isTruthy에 설명된 몇 가지 특별한 경우를 제외한 모든 값을 의미한다.

의 정상적인 값으로 남아있게 된다. 이는 textInput() 사용에 있어 매우 중요한데, 이름을 타이핑하는 도중에 업데이트가 시작될 수 있기 때문이다.

결과는 그림 8-4에 보여진다.

```
server <- function(input, output, session) {
  data <- reactive({
    req(input$dataset)

    exists <- exists(input$dataset, "package:datasets")
    shinyFeedback::feedbackDanger("dataset", !exists, "Unknown dataset")
    req(exists, cancelOutput = TRUE)

    get(input$dataset, "package:datasets")
  })

  output$data <- renderTable({
    head(data())
  })
}
```

Dataset name

```
[                              ]
```

Dataset name

```
[ iris                         ]
```

Sepal.Length	Sepal.Width	Petal.Length	Petal.Width	Species
5.10	3.50	1.40	0.20	setosa
4.90	3.00	1.40	0.20	setosa
4.70	3.20	1.30	0.20	setosa
4.60	3.10	1.50	0.20	setosa
5.00	3.60	1.40	0.20	setosa
5.40	3.90	1.70	0.40	setosa

Dataset name

```
[ iri                      🔴 ]
```
Unknown dataset

Sepal.Length	Sepal.Width	Petal.Length	Petal.Width	Species
5.10	3.50	1.40	0.20	setosa
4.90	3.00	1.40	0.20	setosa
4.70	3.20	1.30	0.20	setosa
4.60	3.10	1.50	0.20	setosa
5.00	3.60	1.40	0.20	setosa
5.40	3.90	1.70	0.40	setosa

그림 8-4 앱이 실행될 때 데이터셋 이름이 비어 있으므로 표 또한 비어 있다. 유효한 데이터셋 이름(iris)을 입력하면 데이터가 표에 보여지며, 이후 새로운 데이터셋 이름을 입력하기 위해 백스페이스를 눌렀을 때도 여전히 같은 데이터가 보인다. *https://hadley.shinyapps.io/ms-require-cancel*에서 실제로 확인해보자.

출력 유효성 검증

shinyFeedback은 문제가 하나의 입력에 관련되어 있을 때 사용하기 좋다. 하지만 무효한 상태가 여러 입력의 조합에 의한 결과일 때도 있다. 이러한 경우에는 하나의 입력 옆에 오류를 나타내는 것은 별로 타당하지 않으며(어떤 입력 옆에 오류를 나타내겠는가?), 대신 출력에 오류를 나타내는 편이 더 타당하다.

Shiny에 내장된 도구인 validate()를 사용하여 이를 구현할 수 있다. 반응형이나 출력 내부에서 호출될 때, validate(message)는 나머지 코드의 실행을 중단하고 message를 모든 후속 출력에 나타낸다. 다음 코드는 음수에 로그나 제곱근을 적용하지 않으려 하는 간단한 예를 보여준다.

```r
ui <- fluidPage(
  numericInput("x", "x", value = 0),
  selectInput("trans", "transformation",
    choices = c("square", "log", "square-root")
  ),
  textOutput("out")
)

server <- function(input, output, server) {
  output$out <- renderText({
    if (input$x < 0 && input$trans %in% c("log", "square-root")) {
      validate("x can not be negative for this transformation")
    }

    switch(input$trans,
      square = input$x ^ 2,
      "square-root" = sqrt(input$x),
      log = log(input$x)
    )
  })
}
```

결과는 그림 8-5에서 볼 수 있다.

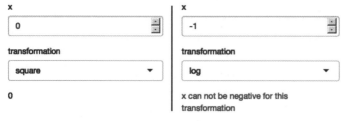

그림 8-5 입력이 유효하면 출력은 변환된 결과를 보여준다. 만약 입력의 조합이 유효하지 않으면, 출력은 유효하지 않은 이유를 말해주는 메시지로 대체된다.

알림

유효성에 문제가 있는 것이 아니라, 단지 사용자에게 현재 발생하고 있는 일들을 알려주고 싶다면, **알림**(notification)을 사용하자. Shiny에서는 showNotification() 을 사용하여 페이지의 오른쪽 하단에 알림을 생성한다. showNotification()의 세 가지 기본적인 사용 방법은 다음과 같다.

- 일정 시간이 지난 뒤에 자동으로 사라지는 일시적인(transient) 알림을 보여줌
- 프로세스가 시작할 때 알림을 보여주고 프로세스가 끝날 때 알림을 제거함
- 하나의 알림을 진행 상황에 따라 점진적(progressive)으로 갱신함

이 세 기법들을 이어지는 절들에서 살펴보자.

일시적 알림

showNotification()을 가장 간단하게 사용하는 방법은 표시하고자 하는 메시지 하나만 인자로 하여 호출하는 것이다. 작동하는 모습을 스크린샷으로 저장하는 것은 매우 어려운 일이므로 작동을 실제로 보고 싶다면 라이브 앱(*https://hadley.shiny apps.io/ms-notification-transient*)을 확인해보자.

```
ui <- fluidPage(
  actionButton("goodnight", "Good night")
)
server <- function(input, output, session) {
  observeEvent(input$goodnight, {
    showNotification("So long")
    Sys.sleep(1)
    showNotification("Farewell")
    Sys.sleep(1)
    showNotification("Auf Wiedersehen")
    Sys.sleep(1)
    showNotification("Adieu")
  })
}
```

기본값으로 메시지는 5초 후에 사라지지만, duration 인자를 설정하여 치환(over-ride)하거나, 닫기 버튼[3]을 클릭하여 일찍 없앨 수 있다. 알림을 더 눈에 잘 띄게 하

---

3   (옮긴이) 알림 오른쪽 끝에 '×'로 표시된 버튼

는 방법으로, type 인자를 'message', 'warning', 'error' 중 하나로 설정할 수 있다.

```
server <- function(input, output, session) {
  observeEvent(input$goodnight, {
    showNotification("So long")
    Sys.sleep(1)
    showNotification("Farewell", type = "message")
    Sys.sleep(1)
    showNotification("Auf Wiedersehen", type = "warning")
    Sys.sleep(1)
    showNotification("Adieu", type = "error")
  })
}
```

그림 8-6을 보면 이 알림들이 어떻게 생겼는지 볼 수 있다.

그림 8-6 'Good night'을 클릭한 뒤 알림이 진행된다. 첫 번째 알림이 나타나고 3초가 지나면 모든 알림이 화면에 보이는 상태가 된다. 이후 알림들이 하나씩 사라지기 시작한다. *https://hadley.shinyapps.io/ms-notify-persistent*에서 실제로 확인해보자.

완료 시 제거하기

알림을 오래 걸리는(long-running) 작업에 사용하면 좋을 때가 종종 있다. 이런 경우에는 작업이 시작될 때 알림을 보이고 작업이 완료될 때 알림을 제거하길 원할 것이다. 이를 위해서는 다음과 같이 코드를 작성해야 한다.

• duration = NULL과 closeButton = FALSE를 설정하여 작업이 완료될 때까지 알림이 계속 보이는 상태로 유지한다.

• showNotification()이 반환하는 id를 저장한 뒤, 이를 removeNotification()에 인자로 넘긴다. 가장 믿을 만한 방법은 on.exit()를 사용하여, 어떻게 작업이 완료되든지(성공적으로 완료되든지 오류가 발생하든지) 상관없이 알림이 제거되도록 하는 것이다. on.exit()에 대해 더 배우고 싶다면, '상태를 변경하고 복구하기(Changing and Restoring State)'(*https://oreil.ly/8RFsu*)를 읽어보자.

다음 예는 이를 모두 이용하여 큰 CSV 파일을 읽을 때 사용자에게 어떻게 계속 상태를 제공할 수 있을 것인지 보여준다.[4]

```
server <- function(input, output, session) {
  data <- reactive({
    id <- showNotification("Reading data...", duration = NULL, closeButton = FALSE)
    on.exit(removeNotification(id), add = TRUE)

    read.csv(input$file$datapath)
  })
}
```

오래 걸리는 계산은 꼭 필요한 경우에만 재실행하는 것이 좋으므로, 일반적으로 이런 알림들은 반응형 내에 존재하게 될 것이다.

점진적 갱신

첫 예제에서 보았듯이, 여러 번의 showNotification() 호출은 보통 여러 개의 알림을 생성한다. 그 대안으로, 처음 호출 시 id를 저장하고, 이를 이용하여 이후 호출에서 그 알림을 갱신할 수 있다.

```
ui <- fluidPage(
  tableOutput("data")
)

server <- function(input, output, session) {
  notify <- function(msg, id = NULL) {
    showNotification(msg, id = id, duration = NULL, closeButton = FALSE)
  }

  data <- reactive({
    id <- notify("Reading data...")
    on.exit(removeNotification(id), add = TRUE)
    Sys.sleep(1)

    notify("Reticulating splines...", id = id)
    Sys.sleep(1)

    notify("Herding llamas...", id = id)
```

---

4 만약 CSV 파일을 읽는 것이 앱에서 병목(bottleneck)이라면, data.table::fread()나 vroom::vroom()을 대신 사용하는 것을 고려해야 할 것이다. 이 함수들은 read.csv()보다 열 배 이상 빠르다.

```
    Sys.sleep(1)

    notify("Orthogonalizing matrices...", id = id)
    Sys.sleep(1)

    mtcars
  })

  output$data <- renderTable(head(data()))
}
```

이 방법은 오래 걸리는 작업이 여러 개의 부분요소를 지닐 때 유용하다. 라이브
앱(*https://hadley.shinyapps.io/ms-notification-updates*)에서 그 결과를 확인해볼 수
있다.

프로그레스 바

시간이 오래 소요되는 작업의 경우, 가장 좋은 피드백 형식은 프로그레스 바를 사
용하는 것이다. 현재 프로세스가 얼마만큼 진행되고 있는지 알려줄 뿐만 아니라,
앞으로 얼마나 시간이 더 걸릴지 사용자가 예상하는 데 도움을 준다. 숨 깊게 한 번
들이쉬면 될지, 커피를 한잔 마시고 와야 할지, 아니면 내일 다시 확인해봐야 할지
짐작할 수 있게 해준다. 이 절에서는 프로그레스 바를 표시하는 두 가지 기법을 배
울 텐데, 하나는 Shiny에 내장된 것이고, 다른 하나는 존 코엔(John Coene)이 개발
한 waiter(*https://waiter.john-coene.com*) 패키지에 있는 것이다.

안타깝게도, 두 기법 모두 같은 큰 단점이 있는데, 프로그레스 바를 사용하기 위
해서는 큰 작업을 대략 같은 시간이 걸리는 여러 개의 작은 작업으로 나누어야 하
며, 그 개수를 알고 있어야 한다는 점이다. 이렇게 하기 어려울 때가 자주 있는데,
특히 기저의 코드가 C 언어로 작성된 경우 그 진행 상황 업데이트를 커뮤니케이션
할 방법이 없기 때문이다. 언젠가 dplyr, readr, vroom 같은 패키지들이 Shiny에 쉽
게 전달될 수 있는 프로그레스 바를 생성하도록 하기 위해 progress(*https://github.
com/r-lib/progress*) 패키지 내에 도구를 개발 중이다.

Shiny

Shiny로 프로그레스 바를 만들기 위해서는 `withProgress()`와 `incProgress()`를 사

용해야 한다. 다음이 천천히 실행되는 코드라고 상상해보자.[5]

```
for (i in seq_len(step)) {
  x <- function_that_takes_a_long_time(x)
}
```

우선 이 코드를 withProgress()로 감싼다. 이를 통해 코드가 시작될 때 프로그레스 바가 나타나며 코드가 종료될 때 자동으로 프로그레스 바가 사라지게 한다.

```
withProgress({
  for (i in seq_len(step)) {
    x <- function_that_takes_a_long_time(x)
  }
})
```

그런 다음 각 단계를 마칠 때마다 incProgress()를 호출한다.

```
withProgress({
  for (i in seq_len(step)) {
    x <- function_that_takes_a_long_time(x)
    incProgress(1 / length(step))
  }
})
```

incProgress()의 첫 번째 인자는 프로그레스 바를 증가시킬 양이다. 기본값으로 프로그레스 바는 0에서 시작하여 1에서 마치므로, 각 단계에서 전체 단계 수 분의 1만큼 증가시켜, 반복문이 종료될 때 프로그레스 바를 완료 상태로 만든다.

다음은 그림 8-7과 같은 완전한 Shiny 앱이 어떻게 작성되는지 보여준다.

```
ui <- fluidPage(
  numericInput("steps", "How many steps?", 10),
  actionButton("go", "go"),
  textOutput("result")
)

server <- function(input, output, session) {
  data <- eventReactive(input$go, {
    withProgress(message = "Computing random number", {
      for (i in seq_len(input$steps)) {
        Sys.sleep(0.5)
```

---

5 만약 코드가 for 반복문이나 apply/map 함수를 포함하고 있지 않다면, 프로그레스 바를 만들기 매우 어려울 것이다.

```
      incProgress(1 / input$steps)
    }
    runif(1)
  })
})

output$result <- renderText(round(data(), 2))
}
```

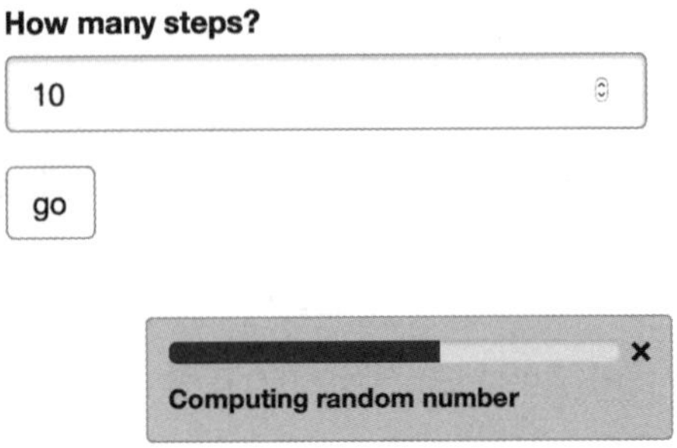

How many steps?

```
10                                    ⊜
```

```
go
```

Computing random number ✕

그림 8-7 프로그레스 바는 얼마나 더 오래 수행해야 하는지를 나타내는 데 도움을 준다.
*https://hadley.shinyapps.io/ms-progress*에서 실제로 확인해보자.

몇 가지 주목할 점이 있다.

- 비필수(optional) 인자인 message를 사용하여 프로그레스 바에 설명을 추가하였다.
- 오랜 시간이 걸리는 작업을 시뮬레이션하기 위해서 Sys.sleep()을 사용하였다. 현실의 앱에서는 이 부분이 느린 함수로 대체될 부분이다.
- 버튼과 eventReactive()를 결합함으로써, 사용자가 언제 이벤트를 시작할지 제어할 수 있도록 하였다. 프로그레스 바가 필요한 모든 작업에 대해 이러한 제어 방법을 제공하는 게 좋다.

Waiter

Shiny에 내장된 프로그레스 바는 기본적으로 훌륭하긴 하지만, 시각적으로 더 많은 옵션을 제공하길 원한다면 waiter(*https://waiter.john-coene.com*) 패키지를 써보자. 앞에서 봤던 코드를 waiter와 작동하도록 간단하게 바꿀 수 있다. 우선 UI에는 use_waitress()를 추가한다.

```
ui <- fluidPage(
  waiter::use_waitress(),
  numericInput("steps", "How many steps?", 10),
  actionButton("go", "go"),
  textOutput("result")
)
```

waiter의 프로그레스 바 인터페이스는 약간 다르다. waiter 패키지는 R6 객체를 사용하여 프로그레스와 관련된 모든 함수를 하나의 객체로 묶는다. 만약 R6 객체를 아직 사용해본 적이 없다면, 상세한 내용에 대해서는 너무 걱정하지 않아도 된다. 그냥 다음 템플릿에서 복사 및 붙여넣기를 하면 된다. 기본 라이프 사이클(life cycle)은 다음과 같다.

```
# 새로운 프로그레스 바를 만든다.
waitress <- waiter::Waitress$new(max = input$steps)
# 완료되었을 때 자동으로 닫는다.
on.exit(waitress$close())

for (i in seq_len(input$steps)) {
  Sys.sleep(0.5)
  # 한 단계 증가시킨다.
  waitress$inc(1)
}
```

그리고 Shiny 앱에서는 다음과 같이 사용할 수 있다.

```
server <- function(input, output, session) {
  data <- eventReactive(input$go, {
    waitress <- waiter::Waitress$new(max = input$steps)
    on.exit(waitress$close())

    for (i in seq_len(input$steps)) {
      Sys.sleep(0.5)
      waitress$inc(1)
    }

    runif(1)
  })

  output$result <- renderText(round(data(), 2))
}
```

기본 설정으로는 라이브 앱(*https://hadley.shinyapps.io/ms-waiter*)에서 볼 수 있듯이 페이지 상단에 얇은 프로그레스 바로 표시되지만, 이를 커스터마이즈하는 여러 가지 방법이 있다.

- theme 인자 기본값을 다음 중 하나로 치환할 수 있다.

  overlay

  페이지 전체를 덮는 불투명 프로그레스 바

  overlay-opacity

  페이지 전체를 차지하는 반투명 프로그레스 바

  overlay-percent

  퍼센트 숫자를 함께 보여주는 불투명 프로그레스 바

- 프로그레스 바를 전체 페이지에 보이는 대신, 다음 예와 같이 selector 파라미터를 설정함으로써 특정 입력이나 출력에 프로그레스 바가 나타나게 할 수 있다.

```
waitress <- waiter::Waitress$new(selector = "#steps", theme = "overlay")
```

스피너

어떤 경우에는 연산이 얼마나 오래 수행될지 정확히 알지 못하기 때문에, 단지 스피너(spinner) 애니메이션을 표시함으로써 여전히 작업이 수행되고 있음을 알려 사용자를 안심시키고 싶을 것이다. 이 경우에도 waiter 패키지를 사용할 수 있는데, 단지 Waitress를 Waiter로 바꾸기만 하면 된다.

```
ui <- fluidPage(
  waiter::use_waiter(),
  actionButton("go", "go"),
  textOutput("result")
)

server <- function(input, output, session) {
  data <- eventReactive(input$go, {
    waiter <- waiter::Waiter$new()
    waiter$show()
    on.exit(waiter$hide())
```

```
    Sys.sleep(sample(5, 1))
    runif(1)
  })
  output$result <- renderText(round(data(), 2))
}
```

그림 8-8은 스피너가 앱에서 어떻게 나타나는지 보여준다.

그림 8-8 waiter는 어떤 작업이 수행되고 있는 동안 스피너를 전체 앱에 보여준다.
*https://hadley.shinyapps.io/ms-spinner-1*에서 실제로 확인해보자.

Waitress와 마찬가지로 Waiter 또한 특정 출력에 나타나도록 사용할 수 있다. 이는 출력이 갱신될 때 자동으로 스피너가 없어지도록 하기 때문에, 코드가 한결 간결해진다.

```
ui <- fluidPage(
  waiter::use_waiter(),
  actionButton("go", "go"),
  plotOutput("plot"),
)
```

```
server <- function(input, output, session) {
  data <- eventReactive(input$go, {
    waiter::Waiter$new(id = "plot")$show()

    Sys.sleep(3)
    data.frame(x = runif(50), y = runif(50))
  })

  output$plot <- renderPlot(plot(data()), res = 96)
}
```

그림 8-9에서 결과를 보여준다.

그림 8-9 스피너를 하나의 출력에 표시할 수 있다.
*https://hadley.shinyapps.io/ms-spinner-2*에서 실제로 확인해보자.

waiter 패키지는 매우 다양한 스피너 옵션을 제공한다. ?waiter::spinners로 제공되는 옵션을 살펴보고 그중 하나를 (예를 들어) Waiter$new(html = spin_ripple())과 같이 선택하자.[6]

더 간단한 대안은 딘 아탈리(Dean Attali)의 shinycssloaders(*https://oreil.ly/qIcuN*)

---

6 (옮긴이) 패키지를 library(waiter)로 미리 로드하거나, 스피너 옵션을 waiter::spin_ripple()과 같이 호출해야 한다.

패키지를 사용하는 것이다. 이는 자바스크립트를 사용하여 Shiny 이벤트를 수신 대기하므로, 서버 함수 내 코드 작성 없이, 단지 UI에서 스피너가 자동으로 나타나게 하고 싶은 출력을 shinycssloaders::withSpinner()로 감싸면 된다.

```
library(shinycssloaders)

ui <- fluidPage(
  actionButton("go", "go"),
  withSpinner(plotOutput("plot")),
)
server <- function(input, output, session) {
  data <- eventReactive(input$go, {
    Sys.sleep(3)
    data.frame(x = runif(50), y = runif(50))
  })

  output$plot <- renderPlot(plot(data()), res = 96)
}
```

확인하기 및 되돌리기

어떤 작동은 잠재적인 위험을 지닐 때가 흔히 있기 때문에, 사용자가 진짜로 그 작동의 실행을 원하는지 확인하거나, 사용자에게 너무 늦기 전에 작동을 되돌릴 수 있도록 해주길 원할 것이다. 이 절에서 다루는 세 가지 기법은 기본적인 옵션을 나열하며, 이를 앱에서 어떻게 구현할지에 대해 약간의 팁을 제공한다.

명시적 확인

사용자를 위험한 작동의 우발적인 실행으로부터 보호하기 위한 가장 간단한 접근은 명시적 확인을 요구하는 것이다. 가장 쉬운 방법은 사용자에게 몇 개의 작동 중 하나를 선택하도록 강제하는 다이얼로그 박스를 사용하는 것이다. Shiny에서는 modalDialog()로 다이얼로그 박스를 생성한다. 이를 '모달(modal)' 다이얼로그라고 부르는데, 그 이유는 이 다이얼로그를 마칠 때까지는 메인 앱과 상호작용을 못하도록 하는 새로운 인터랙션 '모드(mode)'를 생성하기 때문이다.

디렉터리로부터 어떤 파일을 삭제하는(혹은 데이터베이스에서 어떤 행을 삭제하는 등의) Shiny 앱이 있다고 상상해보자. 이것이 실행되면 원 상태로 되돌리기 어렵기 때문에, 사용자가 정말로 이 작동을 수행하려 하는 것인지 확인하고 싶을 것이

다. 이를 위해 명시적 확인을 요구하는 그림 8-10과 같은 다이얼로그 박스를 만들
수 있다.

```
modal_confirm <- modalDialog(
  "Are you sure you want to continue?",
  title = "Deleting files",
  footer = tagList(
    actionButton("cancel", "Cancel"),
    actionButton("ok", "Delete", class = "btn btn-danger")
  )
)
```

그림 8-10 파일을 삭제하길 원하는지 아닌지 다이얼로그 박스를 사용해 체크한다.

다이얼로그 박스를 만들 때 고려해야 할 작지만 중요한 몇 가지 세부 사항들이
있다.

- 버튼을 어떻게 이름지어야 할까? 서술적인 것이 가장 좋으므로 예/아니요(yes/
  no)나 계속하기/취소하기(continue/cancel) 등은 피하고, 핵심 동사(verb)를 요
  약해서 이름을 짓자.
- 버튼 순서를 어떻게 정해야 할까? 맥(Mac)처럼 취소하기(cancel)를 처음에 오게
  해야 할까, 아니면 윈도우(Windows)처럼 계속하기(continue)를 처음에 위치시
  켜야 할까? 최선의 옵션은 앱 사용자가 가장 많이 사용할 것 같은 플랫폼을 반영
  하는 것이다.
- 위험성을 지닌 옵션이 어떤 것인지 좀더 분명하게 만들 수 있을까? 앞의 예에서
  필자는 class = "btn btn-danger"를 사용하여 버튼 스타일을 두드러지게 했다.

제이콥 닐슨(Jakob Nielsen)은 '버튼에 대한 고민: OK-Cancel이 좋을까? Cancel-OK
가 좋을까?(OK-Cancel or Cancel-OK? The Trouble With Buttons)'(*https://oreil.ly/
php5k*)라는 글에서 추가로 좋은 조언을 주고 있다.

이 다이얼로그를 매우 간단한 실제 앱에서 사용해보자. UI는 '모든 파일을 삭제하기' 위한 하나의 버튼만 보여준다.

```
ui <- fluidPage(
  actionButton("delete", "Delete all files?")
)
```

server() 내에는 두 가지 새로운 아이디어가 존재한다.

- 다이얼로그를 보이고 숨기기 위해 showModal()과 removeModal()을 사용한다.
- modal_confirm의 UI에서 생성된 이벤트를 관찰(observe)한다. 이 객체들은 ui 내에 고정적으로 생성되지 않고 server() 내에서 showModal()에 의해 동적으로 추가된다.

```
server <- function(input, output, session) {
  observeEvent(input$delete, {
    showModal(modal_confirm)
  })

  observeEvent(input$ok, {
    showNotification("Files deleted")
    removeModal()
  })
  observeEvent(input$cancel, {
    removeModal()
  })
}
```

이 아이디어에 대한 좀더 상세한 내용은 10장에서 다룰 것이다.

작동 되돌리기

명시적 확인은 뜸하게 수행되는 파괴적인 동작에 가장 유용하다. 반면, 자주 수행되는 동작으로 인해 발생하는 오류를 줄이려면 이 방법을 피해야 한다. 예를 들어, 트위터에는 효과적이지 않을 것이다. 만약 '이것을 트윗하기를 정말 원합니까?'라는 다이얼로그 박스가 있다면, 곧 습관적으로 '예'를 클릭하게 되겠지만, 트윗 10초 후 오타를 발견하고는 후회하는 자신을 발견할 것이다.

이런 경우, 더 나은 접근 방법은 실제로 작동을 수행하까지 몇 초 기다리면서, 사용자에게 문제를 발견하고 작동을 되돌릴 기회를 주는 것이다. 엄밀히 말하면,

이는 작동을 되돌리는 것이 아니지만(실제로 작동이 실행되지 않았으므로), 사용자 입장에서는 '되돌리기(undo)'라는 단어를 통해 무슨 현상이 일어날지 떠올릴 수 있을 것이다.

이 기법을 필자 개인적으로 되돌리기 버튼이 있으면 좋을 것 같다고 생각하는 트위터를 통해 묘사해보겠다. 트위터 UI의 본질은 매우 단순하다. 트윗을 작성하는 텍스트 영역과 트윗을 전송하는 버튼이 있다.

```
ui <- fluidPage(
  textAreaInput("message",
    label = NULL,
    placeholder = "What's happening?",
    rows = 3
  ),
  actionButton("tweet", "Tweet")
)
```

서버 함수는 꽤 복잡하며 아직 다루지 않은 기법들을 필요로 한다. 코드를 이해하는 것에 너무 신경 쓰지 말고, observeEvent()에 어떤 특별한 인자를 사용하여 코드가 몇 초 후에 실행되도록 한다는 기본 아이디어에 초점을 맞추자. 중요한 새로운 아이디어는 observeEvent()의 결과를 수집하여 변수에 저장한다는 것이다. 이를 통해 관찰자를 소멸시켜 트위터에 전송하는 코드가 실제로 수행되지 않도록 할 수 있다.

```
runLater <- function(action, seconds = 3) {
  observeEvent(
    invalidateLater(seconds * 1000), action,
    ignoreInit = TRUE,
    once = TRUE,
    ignoreNULL = FALSE,
    autoDestroy = FALSE
  )
}

server <- function(input, output, session) {
  waiting <- NULL
  last_message <- NULL

  observeEvent(input$tweet, {
    notification <- glue::glue("Tweeted '{input$message}'")
    last_message <<- input$message
    updateTextAreaInput(session, "message", value = "")
```

```
showNotification(
  notification,
  action = actionButton("undo", "Undo?"),
  duration = NULL,
  closeButton = FALSE,
  id = "tweeted",
  type = "warning"
)

waiting <<- runLater({
  cat("Actually sending tweet...\n")
  removeNotification("tweeted")
})
})

observeEvent(input$undo, {
  waiting$destroy()
  showNotification("Tweet retracted", id = "tweeted")
  updateTextAreaInput(session, "message", value = last_message)
})
}
```

라이브 앱(*https://hadley.shinyapps.io/ms-undo*)에서 어떻게 동작하는지 확인해보자.

휴지통

며칠 뒤 후회할지도 모르는 작동에 대해서는 컴퓨터에 있는 휴지통(trash)이나 재활용 수거함(recycling bin)과 같은 한결 복잡한 패턴을 구현해야 한다. 파일을 삭제할 때, 파일이 영구적으로 삭제되는 대신 보관함(holding cell)으로 옮겨지며, 이를 비우기 위해서는 별도의 동작이 필요하다. 동작을 후회하기까지 긴 시간이 허용된다는 점에서, 이는 마치 강화된 '되돌리기' 옵션과 같다. 이는 또한 확인하기와도 다소 비슷한데, 파일을 영구히 삭제하기 위해서는 두 개의 별도 동작이 필요하기 때문이다.

이 기법의 주요 단점은 구현이 상당히 더 복잡하며(작동을 되돌리기할 때 필요한 정보를 저장할 별도의 '보관함'을 구현해야 한다) 누적되는 것을 방지하기 위해 정기적인 사용자의 개입이 필요하다는 점이다. 이러한 이유로, 필자는 이 주제는 아주 복잡한 Shiny 앱을 제외하면 관심 범위 밖이라고 생각하여 그 구현을 여기서 보여주지는 않을 것이다.

요약

이 장에서는 앱에서 발생하고 있는 일들을 사용자와 커뮤니케이션하는 데 도움을 주는 여러 가지 도구를 살펴보았다. 어떤 관점에서 이 기법들은 대체로 선택 사항으로, 비록 앱이 이들 없이도 작동하지만, 이 도구들을 잘 활용하면 사용자 경험에 질적으로 커다란 영향을 미친다. 여러분 자신이 앱의 유일한 사용자라면 피드백을 종종 생략해도 될 테지만, 더 많은 사람이 사용할수록 친절한 알림이 더 좋은 결과를 가져다줄 것이다.

다음 장에서는 파일을 사용자와 어떻게 주고 받는지 배운다.

## 9장

M a s t e r i n g **S h i n y**

업로드 및 다운로드

파일을 사용자와 주고 받는 것은 앱의 흔한 기능이다. 이를 이용하여 분석에 필요한 데이터를 업로드하고 그 결과를 데이터셋이나 리포트로 다운로드하게 할 수 있다. 이 장에서는 앱상에서 파일을 전송받고 내보내기 위해 필요한 UI와 서버 컴포넌트를 살펴볼 것이다. 시작에 앞서 shiny를 로드하자.

```
library(shiny)
```

업로드

우선 파일 업로드부터 살펴보자. 기본 UI와 서버 컴포넌트를 보고, 이를 간단한 앱에서 어떻게 함께 사용하는지 볼 것이다.

UI

파일 업로드를 지원하기 위한 UI는 단순하다. 단지 fileInput()을 UI에 추가하기만 하면 된다.

```
ui <- fluidPage(
  fileInput("upload", "Upload a file")
)
```

다른 대부분의 UI 컴포넌트와 마찬가지로, 오직 두 개의 필수 인자 id와 label이 있다. width, buttonLabel, placeholder 인자를 사용하면 컴포넌트의 모양새를 변경할 수 있다. 이 인자들에 대해 여기에서 다루지는 않겠지만, `?fileInput`을 통해 이 인자들에 대해 더 읽어볼 수 있다.

서버

다른 입력에 비해 `fileInput()`을 서버에서 다루는 것은 조금 더 복잡하다. 대부분의 입력은 단순한 벡터를 반환하지만, `fileInput()`은 다음과 같은 네 개의 열을 지닌 데이터 프레임을 반환한다.

name

사용자의 컴퓨터에 있는 원래 파일 이름

size

바이트 단위의 파일 크기. 기본값으로 사용자는 5MB까지의 파일을 업로드할 수 있다.[1] Shiny를 시작하기 전에 `shiny.maxRequestSize` 옵션을 설정하여 이 제한을 늘릴 수 있다. 예를 들어, `options(shiny.maxRequestSize = 10 * 1024^2)`를 실행하여 10MB까지 허용할 수 있다.

type

파일의 'MIME 타입'.[2] 보통의 경우 이는 파일 확장자로부터 파생되는 정규화된 파일 유형의 규격이며, Shiny 앱에서는 거의 필요하지 않은 정보다.

datapath

서버에 데이터가 업로드된 경로. 이 경로는 일시적인 것으로 간주하자. 만약 사용자가 다른 파일들을 더 업로드하면, 이 파일은 삭제될 수 있다. 데이터는 항상 임시 디렉터리에 임시 이름으로 저장된다.

간단한 앱을 만들어보는 것이 아마도 이 데이터 구조를 이해하는 가장 쉬운 방법일 것이다. 다음 코드를 실행하고 몇 개의 파일을 업로드하여 Shiny가 어떤 데이터를 제공하는지 감을 익혀보자.

---

1 (옮긴이) 파일 각각의 크기 기준이다. 여러 개의 파일을 한꺼번에 업로드할 수 있는데, 이때 파일 크기의 총합이 5MB를 초과하더라도 각각의 파일 크기가 모두 5MB보다 작다면 업로드가 수행된다.

2 MIME 타입은 '다목적 인터넷 메일 확장 타입(multipurpose internet mail extensions type)'의 약어다. 이름에서 추측할 수 있듯이, 이는 애초에 이메일 시스템을 위해 설계되었지만, 현재는 여러 인터넷 도구에 걸쳐 광범위하게 사용되고 있다. MIME 타입은 type/subtype과 같이 표현된다. 흔한 예로는 text/csv, text/html, image/png, application/pdf, application/vnd.ms-excel(엑셀 파일) 등이 있다.

```
ui <- fluidPage(
  fileInput("upload", NULL, buttonLabel = "Upload...", multiple = TRUE),
  tableOutput("files")
)
server <- function(input, output, session) {
  output$files <- renderTable(input$upload)
}
```

두 개의 강아지 사진(129쪽의 '이미지'에서 본)을 업로드했을 때의 결과를 그림 9-1에서 볼 수 있다.

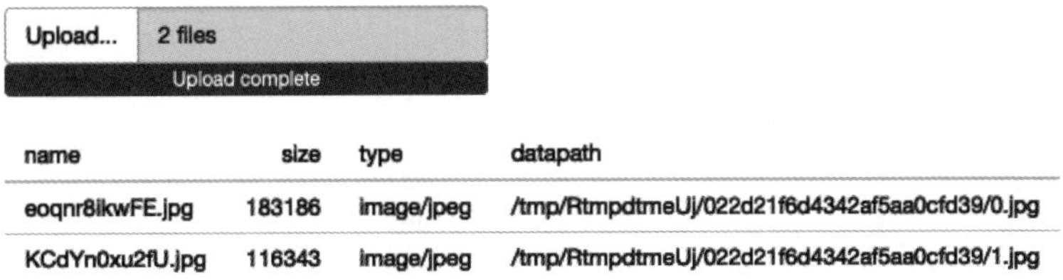
Upload...
2 files
Upload complete
name size type datapath
eoqnr8ikwFE.jpg 183186 image/jpeg /tmp/RtmpdtmeUj/022d21f6d4342af5aa0cfd39/0.jpg
KCdYn0xu2fU.jpg 116343 image/jpeg /tmp/RtmpdtmeUj/022d21f6d4342af5aa0cfd39/1.jpg

그림 9-1 이 간단한 앱은 업로드된 파일에 대해 Shiny가 정확히 어떤 데이터를 제공하는지 보여준다. *https://hadley.shinyapps.io/ms-upload*에서 실제로 확인해보자.

`label`과 `buttonLabel` 인자를 이용하여 UI 모양새를 변경하고, `multiple = TRUE`를 통하여 사용자가 여러 개의 파일을 한꺼번에 업로드할 수 있도록 한 점에 주목하자.

데이터 업로드하기

사용자가 데이터셋을 업로드하는 경우, 여러분은 다음 두 가지 세부사항을 알고 있어야 한다.

- `input$upload`는 페이지가 열릴 때 `NULL`로 초기화되므로, 코드가 첫 번째 파일이 업로드되기 전까지 기다리도록 하기 위해 `req(input$file)`이 필요할 것이다.
- `accept` 인자를 사용하여 가능한 입력을 제한할 수 있다. 가장 쉬운 방법은 파일 확장자를 `accept = ".csv"`와 같이 문자형 벡터로 제공하는 것이다. 하지만 이는 파일 브라우저에 대한 제안사항일 뿐, 항상 강제하지는 않기 때문에, 더 좋은 방법은 유효성을 검증하는 것이다(예: 134쪽의 '유효성 검증'). R에서 파일 확장자를 얻는 가장 쉬운 방법은 `tools::file_ext()`인데, 이때 확장자 앞의 마침표(`.`)가 제외된다는 점을 알아두자.

이 아이디어를 모두 반영해서 다음과 같이 .csv나 .tsv 파일을 업로드하고 처음 n 개의 행을 볼 수 있는 앱을 구현할 수 있다.

```
ui <- fluidPage(
  fileInput("file", NULL, accept = c(".csv", ".tsv")),
  numericInput("n", "Rows", value = 5, min = 1, step = 1),
  tableOutput("head")
)

server <- function(input, output, session) {
  data <- reactive({
    req(input$file)

    ext <- tools::file_ext(input$file$name)
    switch(ext,
      csv = vroom::vroom(input$file$datapath, delim = ","),
      tsv = vroom::vroom(input$file$datapath, delim = "\t"),
      validate("Invalid file; Please upload a .csv or .tsv file")
    )
  })

  output$head <- renderTable({
    head(data(), input$n)
  })
}
```

라이브 앱(*https://hadley.shinyapps.io/ms-upload-validate*)에서 어떻게 동작하는지 확인해보자.

multiple = FALSE(기본값)로 설정했기 때문에, input$file은 하나의 행을 지닌 데이터 프레임이며, 따라서 input$file$name과 input$file$datapath는 하나의 원소만 지닌 문자형 벡터라는 점을 알아두자.

다운로드

다음으로 파일 다운로드를 살펴볼 텐데, 우선 기본 UI와 서버 컴포넌트를 본 뒤, 어떻게 이를 이용하여 사용자가 데이터나 리포트를 다운로드하도록 할 수 있는지 실제 예를 통해 보여줄 것이다.

기본

업로드와 마찬가지로 UI는 단순하다. downloadButton(id) 혹은 downloadLink(id)

를 사용하여 사용자가 파일을 다운로드하기 위해 클릭할 항목을 제공한다.

```
ui <- fluidPage(
  downloadButton("download1"),
  downloadLink("download2")
)
```

그림 9-2가 결과를 보여준다.

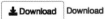

그림 9-2 다운로드 버튼과 다운로드 링크

21쪽의 '액션 버튼'에서 actionButtons()에 대해 설명했던 것과 같이 class와 icon 인자를 사용하여 모양새를 커스터마이즈할 수 있다.

　　다른 출력들과는 다르게, downloadButton()은 렌더 함수와 짝을 이루지 않는다. 대신, 다음에 보이는 경우처럼 downloadHandler()를 사용한다.

```
output$download <- downloadHandler(
  filename = function() {
    paste0(input$dataset, ".csv")
  },
  content = function(file) {
    write.csv(data(), file)
  }
)
```

downloadHandler()는 인자가 두 개이며, 모두 함수다.

filename

　　인자를 지니지 않으며, 파일 이름을 (문자열로) 반환하는 함수. 이 함수의 역할
　　은 사용자의 다운로드 다이얼로그 박스에 표시될 파일 이름을 생성하는 것이다.

content

　　파일이 저장될 경로를 지정하는 file 인자 하나를 지닌 함수. 이 함수의 역할은
　　파일을 Shiny가 알 수 있는 경로에 저장하는 것이다. 이후 Shiny는 그 저장된 파
　　일을 사용자에게 전송한다.

이 흔하지 않은 인터페이스를 통해 여러분이 여전히 파일의 내용(contents)에 대한

제어를 하는 동안 Shiny로 하여금 파일이 어디에 저장될지 제어하도록 한다(그래서 안전한 장소에 파일이 있을 수 있게 한다).

다음 절에서는 이 컴포넌트들을 모아서 어떻게 데이터 파일이나 리포트를 사용자에게 전송할 수 있는지 보여준다.

데이터 다운로드하기

다음 앱은 그림 9-3과 같이 datasets 패키지에 있는 어떤 데이터셋이든 탭으로 분리된(tab-separated) 형식의 파일로 저장하도록 하는 예를 통해 데이터 다운로드의 기본을 보여준다. 필자는 .csv(콤마로 분리된 값, comma-separated values) 대신 .tsv(탭으로 분리된 값, tab-separated values)를 사용하길 권장하는데, 이는 많은 유럽 국가들이 소수점으로 마침표 대신 콤마를 사용하기 때문이다(예: 1,23 대 1.23). 이는 해당 유럽 국가들은 콤마를 필드(field)를 구분하려는 용도로 사용할 수 없으며, 대신 세미콜론(semicolon)을 사용하면서도 여전히 CSV 파일이라 부르기 때문이다! 이러한 복잡함을 지역에 상관없이 같은 방법으로 작동하는 탭으로 분리된 형식의 파일을 사용함으로써 피할 수 있다.

```
ui <- fluidPage(
  selectInput("dataset", "Pick a dataset", ls("package:datasets")),
  tableOutput("preview"),
  downloadButton("download", "Download .tsv")
)

server <- function(input, output, session) {
  data <- reactive({
    out <- get(input$dataset, "package:datasets")
    if (!is.data.frame(out)) {
      validate(paste0("'", input$dataset, "' is not a data frame"))
    }
    out
  })

  output$preview <- renderTable({
    head(data())
  })

  output$download <- downloadHandler(
    filename = function() {
      paste0(input$dataset, ".tsv")
    },
    content = function(file) {
```

```
        vroom::vroom_write(data(), file)
    }
  )
}
```

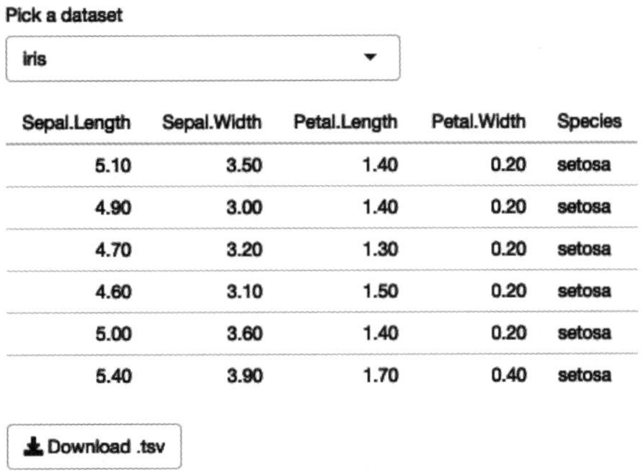

Pick a dataset

| iris | ▼ |

Sepal.Length	Sepal.Width	Petal.Length	Petal.Width	Species
5.10	3.50	1.40	0.20	setosa
4.90	3.00	1.40	0.20	setosa
4.70	3.20	1.30	0.20	setosa
4.60	3.10	1.50	0.20	setosa
5.00	3.60	1.40	0.20	setosa
5.40	3.90	1.70	0.40	setosa

⬇ Download .tsv

그림 9-3 이 풍성해진 앱은 내장된 데이터셋을 선택하고 다운로드 전에 미리보기할 수 있게 해준다.
*https://hadley.shinyapps.io/ms-download-data*에서 실제로 확인해보자.

validate()를 사용하여 오직 데이터 프레임인 경우에만 사용자가 다운로드할 수 있도록 한 점에 주목하자. 더 나은 방법은 리스트를 미리 필터링하는 것이겠지만, 이 예에서는 validate()의 활용을 보여주려 했다.

리포트 다운로드하기

데이터의 다운로드뿐만 아니라, 사용자가 Shiny 앱에서 인터랙티브하게 탐색한 결과를 요약하는 리포트 또한 다운로드하도록 할 수 있다. 이는 동일한 정보를 다른 형식으로 표시해야 하기 때문에 꽤 많은 작업이 필요하지만, 중요한 결과를 다루는 앱에서는 매우 유용하다.

리포트를 생성하는 한 가지 강력한 방법은 파라미터화된 R 마크다운 문서(*https://oreil.ly/ZlvJg*)를 사용하는 것이다. 파라미터화된 R 마크다운 파일은 YAML 메타데이터에 params 필드를 지닌다.

```
title: My Document
output: html_document
params:
  year: 2018
  region: Europe
  printcode: TRUE
  data: file.csv
```

문서 내에서 이 값들을 params 리스트의 원소로 참조할 수 있다(예: params$year, params$region). YAML 메타데이터 내에 설정하는 값은 기본값이며, 일반적으로 rmarkdown::render()를 호출할 때 params 인자를 제공하여 치환할 수 있다. 이를 통해, 같은 .Rmd 파일로부터 여러 개의 다른 리포트를 쉽게 생성할 수 있다.

여기 이 기법에 대해 더 상세하게 다루는 '다운로드 가능한 리포트 생성하기 (Generating downloadable reports)'(https://oreil.ly/QcleZ)에서 가져온 간단한 예가 있다. 핵심은 downloadHandler()의 content 인자에서 rmarkdown::render()를 호출하는 것이다.[3]

```r
ui <- fluidPage(
  sliderInput("n", "Number of points", 1, 100, 50),
  downloadButton("report", "Generate report")
)

server <- function(input, output, session) {
  output$report <- downloadHandler(
    filename = "report.html",
    content = function(file) {
      params <- list(n = input$n)

      id <- showNotification(
        "Rendering report...",
        duration = NULL,
        closeButton = FALSE
      )
      on.exit(removeNotification(id), add = TRUE)

      rmarkdown::render("report.Rmd",
        output_file = file,
        params = params,
        envir = new.env(parent = globalenv())
      )
    }
  )
}
```

만약 다른 포맷으로 출력하고 싶다면, 단지 .Rmd 내에서 출력(output) 포맷을 변경한 뒤 출력 파일 확장자를 갱신하면 된다(예: .pdf로 변경). 라이브 앱(https://hadley. shinyapps.io/ms-download-rmd)에서 어떻게 동작하는지 확인해보자. .Rmd 파일을

---

3 (옮긴이) 여러분의 컴퓨터에서 실행시키려면, 우선 report.Rmd 파일을 깃허브(https://oreil.ly/OZuFs) 에서 다운로드하여 Shiny 앱이 실행되는 디렉터리에 저장해야 한다.

렌더(render)하는 데 보통 최소 수 초가 걸릴 것이므로, 141쪽의 '알림'에서 살펴봤던 알림을 사용하기 좋은 지점이다.

알아둘 만한 몇 가지 다른 방법들이 있다.

- R 마크다운은 현재 작업 디렉터리(working directory)에서 작동하므로, 여러 배포 시나리오(예: shinyapps.io 상에 배포)에서는 오류가 발생할 것이다. 앱을 시작할 때(즉, 서버 함수 외부에서) 리포트를 임시 디렉터리에 복사함으로써 이 문제를 피해갈 수 있다.

```
report_path <- tempfile(fileext = ".Rmd")
file.copy("report.Rmd", report_path, overwrite = TRUE)
```

그런 다음 rmarkdown::render()를 호출할 때 "report.Rmd"를 report_path로 대체한다.

```
rmarkdown::render(report_path,
  output_file = file,
  params = params,
  envir = new.env(parent = globalenv())
)
```

- 기본값으로 R 마크다운은 리포트를 현재 프로세스상에서 렌더하며, 이는 Shiny 앱에 대한 여러 가지 설정(로드된 패키지, 옵션 등)을 상속받는 것을 뜻한다. 이 의존성으로 인해 발생할 수 있는 예상치 못한 오류를 방지하기 위해, callr 패키지를 사용하여 render()를 별도의 R 세션에서 실행할 것을 권장한다.

```
render_report <- function(input, output, params) {
  rmarkdown::render(input,
    output_file = output,
    params = params,
    envir = new.env(parent = globalenv())
  )
}

server <- function(input, output) {
  output$report <- downloadHandler(
    filename = "report.html",
    content = function(file) {
      params <- list(n = input$n)
      callr::r(
        render_report,
```

```
        list(input = report_path, output = file, params = params)
      )
    }
  )
}
```

이 모든 조각을 합한 코드를 이 책의 원서(Mastering Shiny) 깃허브 저장소에 있는 *rmarkdown-report/*(*https://oreil.ly/OZuFs*)에서 볼 수 있다.

관련하여, 이따금 Shiny 앱의 현재 상태를 미래에도 다시 실행할 수 있는 재현 가능한(reproducible) 리포트로 만들 필요가 있는데, shinymeta(*https://oreil.ly/f8uj4*) 패키지는 이런 문제를 해결해 준다. 조 쳉의 useR! 2019 키노트 'Shiny의 성배: 재현 가능성을 갖춘 인터랙티비티(Shiny's Holy Grail: Interactivity with Reproducibility)'(*https://oreil.ly/Q7f2P*)에서 정보를 더 얻을 수 있다.

사례 연구

이 장을 마무리하기 위해, (사용자가 제공한 구분자를 사용하여) 파일을 업로드하고, 미리보기 하고, 샘 퍼크(Sam Firke)가 만든 janitor(*https://sfirke.github.io/janitor*) 패키지를 사용하여 몇 가지 선택적인(optional) 변환을 실행하고, 사용자가 그 결과를 .tsv로 다운로드하게 하는 작은 사례 연구를 수행해보자.[4]

앱을 어떻게 사용하는지 이해하기 쉽도록, 필자는 sidebarLayout()을 사용하여 앱을 세 개의 주요 단계로 나누었다.

1. 파일 업로드 및 파싱하기(parsing)

```
ui_upload <- sidebarLayout(
  sidebarPanel(
    fileInput("file", "Data", buttonLabel = "Upload..."),
    textInput("delim", "Delimiter (leave blank to guess)", ""),
    numericInput("skip", "Rows to skip", 0, min = 0),
    numericInput("rows", "Rows to preview", 10, min = 1)
  ),
  mainPanel(
    h3("Raw data"),
    tableOutput("preview1")
  )
)
```

---

4 (옮긴이) 코드를 실행하기 전에 여러분의 컴퓨터에 janitor 패키지가 설치되어 있는지 확인하자.

2. 파일 정제하기(cleaning)

```r
ui_clean <- sidebarLayout(
  sidebarPanel(
    checkboxInput("snake", "Rename columns to snake case?"),
    checkboxInput("constant", "Remove constant columns?"),
    checkboxInput("empty", "Remove empty cols?")
  ),
  mainPanel(
    h3("Cleaner data"),
    tableOutput("preview2")
  )
)
```

3. 파일 다운로드하기

```r
ui_download <- fluidRow(
  column(width = 12, downloadButton("download", class = "btn-block"))
)
```

이 세 부분은 하나의 `fluidPage()`로 합쳐진다.

```r
ui <- fluidPage(
  ui_upload,
  ui_clean,
  ui_download
)
```

이와 일관되게 서버 함수를 다음과 같이 세 부분으로 구성하면 앱을 이해하기 더 쉽다.

```r
server <- function(input, output, session) {
  # 업로드 ---------------------------------------------------
  raw <- reactive({
    req(input$file)
    delim <- if (input$delim == "") NULL else input$delim
    vroom::vroom(input$file$datapath, delim = delim, skip = input$skip)
  })
  output$preview1 <- renderTable(head(raw(), input$rows))

  # 정제 ---------------------------------------------------
  tidied <- reactive({
    out <- raw()
    if (input$snake) {
      names(out) <- janitor::make_clean_names(names(out))
    }
```

```
    if (input$empty) {
      out <- janitor::remove_empty(out, "cols")
    }
    if (input$constant) {
      out <- janitor::remove_constant(out)
    }

    out
  })
  output$preview2 <- renderTable(head(tidied(), input$rows))

  # 다운로드 ------------------------------------------------------
  output$download <- downloadHandler(
    filename = function() {
      paste0(tools::file_path_sans_ext(input$file$name), ".tsv")
    },
    content = function(file) {
      vroom::vroom_write(tidied(), file)
    }
  )
}
```

그림 9-4가 결과를 보여준다.

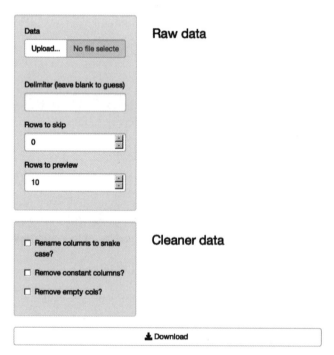

그림 9-4 이 앱은 사용자가 파일을 업로드하고 몇 가지 간단한 정제를 수행한 뒤 그 결과를
다운로드하게 한다. *https://hadley.shinyapps.io/ms-case-study*에서 실제로 확인해보자.

연습문제

1. 토마스 린 페데르센(Thomas Lin Pedersen)의 ambient(*https://ambient.data-imaginist.com*) 패키지를 이용하여 월리 노이즈(worley noise, *https://oreil.ly/qAl0s*)를 생성하고 PNG 파일로 다운로드하자.

2. CSV 파일을 업로드하고, 변수를 선택하고, 선택된 변수에 대해 **t.test()**를 수행하도록 하는 앱을 만들어보자. CSV 파일을 업로드한 후, **updateSelectInput()**을 이용하여 사용 가능한 변수들을 채워넣어야 할 것이다. 더 상세한 내용은 172쪽의 '입력 갱신하기'를 보자.

3. 사용자가 CSV 파일을 업로드하고, 하나의 변수를 선택하고, 히스토그램을 그린 다음, 그 히스토그램을 다운로드하게 하는 앱을 만들어보자. 추가적으로, 사용자가 출력 포맷으로 **.png**, **.pdf**, **.svg** 중 하나를 선택할 수 있게 해보자.

4. 라이언 팀피(Ryan Timpe)의 brickr(*https://github.com/ryantimpe/brickr*) 패키지를 이용하여 사용자가 어떤 **.png** 파일이든 레고 모자이크(Lego mosaic)로 만들 수 있도록 하는 앱을 작성해보자. 기본적인 부분을 완성한 뒤에, 사용자가 모자이크의 크기(브릭 단위)를 선택해보게 하는 컨트롤을 추가하고, 'universal' 혹은 'generic' 색상 팔레트 중 사용하고 싶은 것을 선택하게 하는 컨트롤을 추가하자.

5. 166쪽의 '사례 연구' 마지막 앱은 다음에 보이는 큰 반응형 하나가 포함되어 있다.

```
tidied <- reactive({
  out <- raw()
  if (input$snake) {
    names(out) <- janitor::make_clean_names(names(out))
  }
  if (input$empty) {
    out <- janitor::remove_empty(out, "cols")
  }
  if (input$constant) {
    out <- janitor::remove_constant(out)
  }
  out
})
```

이 반응형을 여러 개의 조각으로 나누어 (예를 들어) input$empty가 변경되었을 때는 janitor::make_clean_names()는 다시 실행하지 않도록 하자.

요약

이 장에서는 fileInput()과 downloadButton()을 이용하여 사용자로부터 파일을 전송받고 사용자에게 파일을 전송하는 방법을 배웠다. 대부분의 문제는 업로드된 파일을 다루거나 다운로드할 파일을 생성하는 부분에서 발생하기에, 이 장에서 몇 가지 흔한 사례들을 보았다. 이 장에서 다루지 않은 특정한 문제들은 여러분의 창의력을 발휘하여 해결해야 할 것이다😄.

다음 장은 사용자가 제공한 데이터를 이용할 때 겪게 되는 일반적인 어려움을 다루는 데 도움이 될 것이다. 사용자 인터페이스를 데이터에 적합하게 동적으로(dynamically) 조정할 필요가 있다. 우선 이해하기 쉽고 많은 경우에 적용 가능한 몇 가지 간단한 기법으로 시작한 뒤, 점차적으로 코드로 생성되는 완전한 동적 사용자 인터페이스까지 도달할 것이다.

10장

동적 UI

지금까지는 사용자 인터페이스와 서버 함수가 분명하게 분리된 코드들을 보았다. 사용자 인터페이스는 앱이 실행될 때 고정적으로 정의되며, 따라서 앱에서 발생하는 어떤 일에 대해서도 반응할 수 없었다. 이 장에서는, 서버 함수에서 실행되는 코드를 이용하여 UI를 변경하는 **동적**(dynamic) 사용자 인터페이스를 만드는 방법에 대해 배운다.

동적 사용자 인터페이스를 만드는 세 가지 핵심 기법은 다음과 같다.

- update 함수군(family of functions)을 사용하여 입력 컨트롤의 파라미터값 수정하기
- tabsetPanel()을 사용하여 사용자 인터페이스의 일부분을 보이고 숨기기
- uiOutput()과 renderUI()를 사용하여 해당 부분의 사용자 인터페이스를 코드로 생성하기

이 세 가지 도구는 입력과 출력을 수정함으로써 사용자의 행동에 상당히 유연하게 반응할 수 있게 된다. 이를 적용하는 몇 가지 유용한 방식을 이 장에서 보여주겠지만, 궁극적으로는 여러분이 창의력을 발휘해서 무한히 많은 다른 방식으로 적용할 수 있을 것이다. 그와 동시에, 이 도구들은 앱을 상당히 더 이해하기 어렵게 만들기 때문에 절제해서 사용해야 하고, 항상 가장 간단한 기법으로 문제를 해결하기 위해 노력해야 한다. 이제 시작해보자.

```
library(shiny)
library(dplyr, warn.conflicts = FALSE)
```

입력 갱신하기

우선 간단한 기법부터 시작해보자. 입력이 생성된 뒤에, 업데이트 함수군이 그 입력을 수정할 수 있게 해준다. 모든 입력 컨트롤(예: textInput())은 생성 후 그와 짝을 이루는 **업데이트 함수**(예: updateTextInput())를 사용하여 수정할 수 있다.

다음 예시 코드와, 그 결과를 나타내는 그림 10-1을 보자. 앱은 하나의 슬라이더 입력과, 그 범위(min과 max)를 제어하는 두 개의 입력을 지니고 있다. 핵심은 observeEvent()[1]를 사용하여 min이나 max 입력이 변경될 때마다 updateSliderInput()을 실행시키는 것이다.

```
ui <- fluidPage(
  numericInput("min", "Minimum", 0),
  numericInput("max", "Maximum", 3),
  sliderInput("n", "n", min = 0, max = 3, value = 1)
)
server <- function(input, output, session) {
  observeEvent(input$min, {
    updateSliderInput(inputId = "n", min = input$min)
  })
  observeEvent(input$max, {
    updateSliderInput(inputId = "n", max = input$max)
  })
}
```

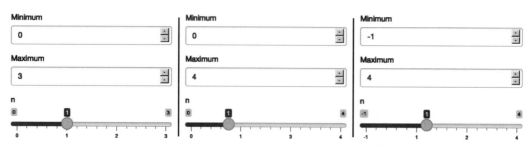

그림 10-1 앱을 실행시켰을 때(왼쪽), 최댓값을 증가시킨 후(가운데), 최솟값을 감소시킨 후(오른쪽).
*https://hadley.shinyapps.io/ms-update-basics*에서 실제로 확인해보자.

업데이트 함수는 입력의 이름을 inputId 인자로 (문자열로) 받는다는 점이 다른 Shiny 함수들과는 약간 다르게 생긴 부분이다.[2] 나머지 인자들은 입력 생성자(con-

---

1 53쪽의 '관찰자'에서 observedEvent()가 소개되었으며, 251쪽의 '관찰자와 출력'에서 더 상세한 내용을 다룰 것이다.
2 첫 번째 인자인 session은 이전 버전과의 호환성(backward compatibility)을 위해 존재하며, 매우 드물게 사용된다.

structor)의 인자들과 대응하여, 생성된 입력에 대해 수정 가능하다.

업데이트 함수에 대한 이해를 돕기 위해 두 가지 간단한 예를 더 본 다음, 계층형 셀렉트 박스(hierarchical select boxes)를 사용한 좀더 복잡한 사례 연구를 들여다 보고, 순환 참조(circular references) 문제를 다룬 뒤 이 절을 마치도록 하겠다.

간단한 사용

업데이트 함수의 가장 간단한 적용 방법은 사용자에게 작은 편의를 제공하는 것이다. 예를 들어, 파라미터를 초깃값으로 돌려놓는 리셋(reset)을 쉽게 수행하도록 만들고 싶을 때 어떻게 actionButton(), observeEvent(), updateSliderInput()을 조합하는지 다음 코드에서 볼 수 있으며, 결과는 그림 10-2와 같다.

```
ui <- fluidPage(
  sliderInput("x1", "x1", 0, min = -10, max = 10),
  sliderInput("x2", "x2", 0, min = -10, max = 10),
  sliderInput("x3", "x3", 0, min = -10, max = 10),
  actionButton("reset", "Reset")
)

server <- function(input, output, session) {
  observeEvent(input$reset, {
    updateSliderInput(inputId = "x1", value = 0)
    updateSliderInput(inputId = "x2", value = 0)
    updateSliderInput(inputId = "x3", value = 0)
  })
}
```

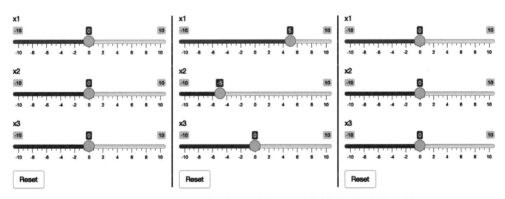

그림 10-2 앱을 실행시켰을 때(왼쪽), 슬라이더를 드래깅한 후(가운데), 리셋(reset)을 클릭한 후(오른쪽). *https://hadley.shinyapps.io/ms-update-reset*에서 실제로 확인해보자.

비슷한 예로, 액션 버튼의 텍스트를 수정하면 버튼을 클릭했을 때 정확히 어떤 일이 벌어질지 알려줄 수 있다. 그림 10-3은 다음 코드의 결과를 보여준다.

```
ui <- fluidPage(
  numericInput("n", "Simulations", 10),
  actionButton("simulate", "Simulate")
)

server <- function(input, output, session) {
  observeEvent(input$n, {
    label <- paste0("Simulate ", input$n, " times")
    updateActionButton(inputId = "simulate", label = label)
  })
}
```

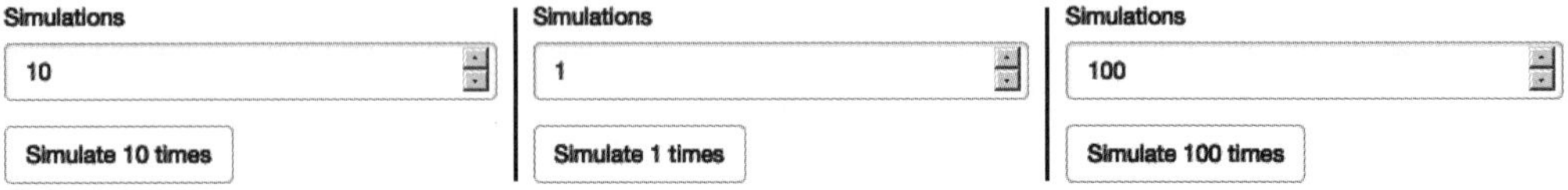

그림 10-3 앱을 실행시켰을 때(왼쪽), 시뮬레이션 수(simulations)를 1로 설정했을 때(가운데), 시뮬레이션 수를 100으로 설정했을 때(오른쪽). *https://hadley.shinyapps.io/ms-update-button*에서 실제로 확인해보자.

업데이트 함수를 이런 방식으로 적용할 수 있는 수많은 방법들이 있다. 복잡한 앱을 작성할 때는 사용자에게 더 많은 정보를 제공할 수 있는 방법을 찾도록 노력하자. 특히 중요한 적용 사례는 단계적(step-by-step) 필터링을 통하여 수많은 선택 가능 옵션들로부터 특정 옵션을 쉽게 선택하도록 만드는 것인데, 이는 종종 '계층형 셀렉트 박스'에 해당되는 문제다.

계층형 셀렉트 박스

한결 복잡하지만 특히 유용한 방법으로, 업데이트 함수를 적용하여 여러 카테고리에 걸쳐 인터랙티브하게 파고 들어가도록(drill-down) 할 수 있다. 그 사용법을 캐글(Kaggle, *https://oreil.ly/Oclev*)에 올라와 있는 판매 대시보드(dashboard)를 위한 가상의 데이터에 적용하여 보여줄 것이다.

```
sales <- vroom::vroom(
  "sales-dashboard/sales_data_sample.csv",
  col_types = list(),
  na = ""
)
sales %>%
```

```
  select(TERRITORY, CUSTOMERNAME, ORDERNUMBER, everything()) %>%
  arrange(ORDERNUMBER)
#> # A tibble: 2,823 x 25
#>    TERRITORY CUSTOMERNAME ORDERNUMBER QUANTITYORDERED PRICEEACH ORDERLINENUMBER
#>    <chr>     <chr>              <dbl>           <dbl>     <dbl>           <dbl>
#>  1 NA        Online Diecas...   10100              30       100               3
#>  2 NA        Online Diecas...   10100              50      67.8               2
#>  3 NA        Online Diecas...   10100              22      86.5               4
#>  4 NA        Online Diecas...   10100              49      34.5               1
#>  5 EMEA      Blauer See Au...   10101              25       100               4
#>  6 EMEA      Blauer See Au...   10101              26       100               1
#>  7 EMEA      Blauer See Au...   10101              45      31.2               3
#>  8 EMEA      Blauer See Au...   10101              46      53.8               2
#>  9 NA        Vitachrome In...   10102              39       100               2
#> 10 NA        Vitachrome In...   10102              41      50.1               1
#> # ... with 2,813 more rows, and 19 more variables: SALES <dbl>, ORDERDATE <chr>,
#> #     STATUS <chr>, QTR_ID <dbl>, MONTH_ID <dbl>, YEAR_ID <dbl>,
#> #     PRODUCTLINE <chr>, MSRP <dbl>, PRODUCTCODE <chr>, PHONE <chr>,
#> #     ADDRESSLINE1 <chr>, ADDRESSLINE2 <chr>, CITY <chr>, STATE <chr>,
#> #     POSTALCODE <chr>, COUNTRY <chr>, CONTACTLASTNAME <chr>,
#> #     CONTACTFIRSTNAME <chr>, DEALSIZE <chr>
```

이 예시를 위해, 데이터 내의 자연스러운 계층 구조에 초점을 두자.

- 각 지역(territory)에는 여러 고객(customer)이 있다.
- 각 고객(customer)은 주문(order)을 여러 번 한다.
- 각 주문(order)의 상세 내용은 여러 행(row)에 걸쳐 나타난다.

다음과 같은 작업을 수행할 수 있는 사용자 인터페이스를 만들 것이다.

- 지역을 선택하여, 해당 지역의 모든 고객을 본다.
- 고객을 선택하여, 해당 고객의 모든 주문을 본다.
- 주문을 선택하여, 해당 주문의 모든 행을 본다.

UI의 본질은 단순하다. 세 개의 셀렉트 박스와 하나의 출력 표를 만들 것이다. 셀렉트 박스 customername과 ordernumber에 대한 선택 옵션은 동적으로 생성될 것이므로, choices = NULL로 설정한다.

```
ui <- fluidPage(
  selectInput("territory", "Territory", choices = unique(sales$TERRITORY)),
  selectInput("customername", "Customer", choices = NULL),
  selectInput("ordernumber", "Order number", choices = NULL),
  tableOutput("data")
)
```

서버 함수를 톱다운(top-down) 방식으로 작성해보자.

1. 선택된 지역과 일치하는 sales의 행을 가진 반응형 territory()를 생성한다.

2. territory()가 변경될 때마다 input$customername 셀렉트 박스의 choices 리스트를 갱신한다.

3. 선택된 고객과 일치하는 territory()의 행을 가진 또 다른 반응형 customer()를 생성한다.

4. customer()가 변경될 때마다 input$ordernumber 셀렉트 박스의 choices 리스트를 갱신한다.

5. 선택된 주문을 output$data에 표시한다.

이 흐름의 구현과 결과는 다음 코드와 그림 10-4에서 볼 수 있다.

```
server <- function(input, output, session) {
  territory <- reactive({
    filter(sales, TERRITORY == input$territory)
  })
  observeEvent(territory(), {
    choices <- unique(territory()$CUSTOMERNAME)
    updateSelectInput(inputId = "customername", choices = choices)
  })

  customer <- reactive({
    req(input$customername)
    filter(territory(), CUSTOMERNAME == input$customername)
  })
  observeEvent(customer(), {
    choices <- unique(customer()$ORDERNUMBER)
    updateSelectInput(inputId = "ordernumber", choices = choices)
  })

  output$data <- renderTable({
    req(input$ordernumber)
    customer() %>%
      filter(ORDERNUMBER == input$ordernumber) %>%
      select(QUANTITYORDERED, PRICEEACH, PRODUCTCODE)
  })
}
```

더 완성된 앱을 보려면 깃허브(*https://oreil.ly/XBU1r*)의 간단한 앱을 시험해보거나 소스 코드를 보도록 하자.

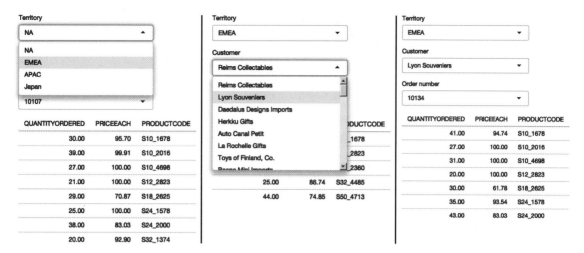

그림 10-4 'EMEA'를 선택하고(왼쪽), 'Lyon Souveniers'를 선택하고(가운데), 다음으로(오른쪽)
주문을 본다. *https://hadley.shinyapps.io/ms-update-nested*에서 실제로 확인해보자.

반응형 입력 동결하기

때때로 이런 계층형 선택은 순간적으로 유효하지 않은 입력 조합을 생성하여 원하지 않는 출력의 깜박거림(flicker)을 발생시킬 수 있다. 예를 들어, 데이터셋을 선택한 뒤 요약할 변수를 선택하는 다음의 간단한 앱을 고려해보자.

```
ui <- fluidPage(
  selectInput("dataset", "Choose a dataset", c("pressure", "cars")),
  selectInput("column", "Choose column", character(0)),
  verbatimTextOutput("summary")
)

server <- function(input, output, session) {
  dataset <- reactive(get(input$dataset, "package:datasets"))

  observeEvent(input$dataset, {
    updateSelectInput(inputId = "column", choices = names(dataset()))
  })

  output$summary <- renderPrint({
    summary(dataset()[[input$column]])
  })
}
```

라이브 앱(*https://hadley.shinyapps.io/ms-freeze*)을 시험해보면, 데이터셋을 교체할 때 요약 출력이 순간적으로 깜박거리는 것을 알아챌 것이다. 그 이유는 오직 모든 출력과 관찰자가 실행된 이후에야 updateSelectInput()이 효과를 보이기 때문인데, 이로 인해 데이터셋은 B지만 변수 이름은 데이터셋 A로부터 오는 임시적인 상태가 발생하고, 따라서 출력이 summary(NULL)을 나타내게 되기 때문이다.

freezeReactiveValue()를 사용하여 입력을 '동결(freezing)'시킴으로써 이 문제를 해결할 수 있다. 이렇게 하면 해당 입력을 사용하는 모든 반응형과 출력이 다음번 무효화 과정이 끝날 때까지 갱신되지 않는다.[3]

```
server <- function(input, output, session) {
  dataset <- reactive(get(input$dataset, "package:datasets"))

  observeEvent(input$dataset, {
    freezeReactiveValue(input, "column")
    updateSelectInput(inputId = "column", choices = names(dataset()))
  })

  output$summary <- renderPrint({
    summary(dataset()[[input$column]])
  })
}
```

입력값을 따로 '해동(thaw)'할 필요가 없다는 점에 주목하자. 세션과 서버가 다시 동기화(sync)된 상태라는 것을 Shiny가 감지하면, 입력의 동결 상태는 해제된다.

아마도 언제 freezeReactiveValue()를 사용해야 하는지 궁금할 것이다. 사실 동적으로 변경할 때 항상 입력값을 사용하는 것은 좋은 습관이다. 실제 수정 사항이 브라우저에 반영되고, 그 결과가 다시 Shiny로 전해지려면 어느 정도 시간이 소요되는데, 그 시간 사이에 입력값을 읽으려는 시도들은 최선의 경우 쓸모없이 버려지며, 최악의 경우 오류를 발생시킨다. freezeReactiveValue()를 사용하여 모든 후속 계산들에 입력값이 오래되어 쓸 수가 없으니 입력값이 유용해질 때까지 기다리라고 알려주자.

순환 참조

입력의 현재 value[4]를 변경하기 위해 업데이트 함수를 사용하길 원한다면 살펴봐야 할 한 가지 중요한 이슈가 있다. Shiny 관점에서는 value를 수정하기 위해 업

---

3 더 정확히 말하면, 동결된 입력을 읽으려는 어떠한 시도도 req(FALSE)로 귀결될 것이다.
4 이는 보통 value를 변경할 때만 유의할 부분이지만, 다른 파라미터들이 입력값을 간접적으로 변경시킬 수 있음에 주의하자. 예를 들어, selectInput() 내의 choices나 sliderInput() 내의 min과 max를 변경할 때, 현재 value가 새롭게 설정된 값의 범위에서 허용되는 값이 아니라면, value 또한 변경될 것이다.

데이트 함수를 사용하는 것이 사용자가 직접 클릭하거나 타이핑하여 값을 수정하는 것과 차이가 없다. 이는 사람이 하는 것과 정확히 같은 방식으로 업데이트 함수가 반응형의 갱신을 작동시킬 수 있다는 것을 뜻한다. 이것은 순수 반응형 프로그래밍의 경계를 벗어나고 있으며, 순환 참조(circular reference)와 무한 루프(infinite loop)에 대해 걱정할 필요가 있다는 의미다.

다음의 간단한 앱을 예로 들여다보자. 이는 하나의 입력 컨트롤과 그 입력값을 1씩 증가시키는 관찰자를 포함한다. updateNumericInput()이 실행될 때마다 input$n이 변경되며, 이는 updateNumericInput()을 다시 실행되게 만들어; 앱이 input$n의 값을 계속해서 증가시키는 무한 루프에 빠지게 된다.

```
ui <- fluidPage(
  numericInput("n", "n", 0)
)
server <- function(input, output, session) {
  observeEvent(input$n,
    updateNumericInput(inputId = "n", value = input$n + 1)
  )
}
```

보통은 앱에서 이렇게 분명하게 드러나는 문제를 만들지는 않겠지만, 다음에 볼 예와 같이 여러 개의 서로 연관된 컨트롤들을 갱신한다면 예기치 않은 문제가 발생할 수 있다.

상호 관련된 입력

순환 참조에 쉽게 빠질 수 있는 경우는 앱에 여러 개의 '진실 공급원(source of truth)'이 존재할 때다. 예를 들어, 온도를 섭씨(Celsius)나 화씨(Fahrenheit)로 입력하여 다른 단위로 변환하는 앱을 만들려고 한다고 상상해보자.

```
ui <- fluidPage(
  numericInput("temp_c", "Celsius", NA, step = 1),
  numericInput("temp_f", "Fahrenheit", NA, step = 1)
)

server <- function(input, output, session) {
  observeEvent(input$temp_f, {
    c <- round((input$temp_f - 32) * 5 / 9)
    updateNumericInput(inputId = "temp_c", value = c)
  })
```

```
    observeEvent(input$temp_c, {
      f <- round((input$temp_c * 9 / 5) + 32)
      updateNumericInput(inputId = "temp_f", value = f)
  })
}
```

이 앱(*https://hadley.shinyapps.io/ms-temperature*)을 사용해보면, 대체로 잘 작동하지만 때때로 여러 차례의 변경을 촉발시키는 것을 알아챌 것이다. 예를 들어,

- 화씨 온도를 120도로 입력한 뒤, 아래쪽 화살표를 클릭하자.[5]
- 화씨 온도가 119도로 바뀌고, 섭씨 온도가 48도로 갱신된다.
- 섭씨 48도는 화씨 118도로 변환되므로, 화씨 온도 입력값이 118도로 바뀐다.
- 다행히도 화씨 118도는 여전히 섭씨 48도이므로, 여기에서 갱신은 완료된다.

이 문제를 피해갈 방법은 없는데, 이는 앱상에서 하나의 아이디어(온도)에 대해 두 개의 표현식(섭씨 및 화씨)이 존재하기 때문이다. 앞의 경우에는 두 개의 제약식(constraint)을 모두 만족시키는 값으로 빨리 수렴(converge)한 다행스러운 상황이지만, 일반적으로는 기저의 다이내믹(dynamic) 시스템에 대한 수렴 성질을 매우 신중하게 분석할 의지가 없다면 이러한 상황을 피하는 것이 상책이다.

연습문제

1. 오직 input$year에 속한 날짜만 선택할 수 있도록 input$date를 갱신하는 서버 함수를 작성하여 다음 사용자 인터페이스를 완성하자.

```
ui <- fluidPage(
  numericInput("year", "year", value = 2020),
  dateInput("date", "date")
)
```

2. input$state에 따라 input$county를 갱신하는 서버 함수를 작성하여 다음 사용자 인터페이스를 완성하자. 추가로, 레이블(label) 'County'를 선택된 주(state)에 따라 변경하여, 루이지애나(Louisiana)가 선택되었을 때는 'Parish'로, 알래스카(Alaska)가 선택되었을 때는 'Borough'로 변경되도록 해 보자.

---

5 (옮긴이) 웹 브라우저에 따라 화살표를 클릭할 때 값 변경 단위가 달라서 결과가 본문 설명과 다르게 보일 수 있다. 화씨 120도를 입력한 뒤, 다시 입력값을 119로 빠르게 타이핑해서 본문에서 설명된 결과를 재현할 수도 있다.

```
library(openintro, warn.conflicts = FALSE)
states <- unique(county$state)

ui <- fluidPage(
  selectInput("state", "State", choices = states),
  selectInput("county", "County", choices = NULL)
)
```

3. input$country의 선택 옵션을 input$continent에 따라 갱신하는 서버 함수를
   작성하여 다음 사용자 인터페이스를 완성하자. output$data를 이용하여 모든
   해당되는 행을 표시하자.

```
library(gapminder)
continents <- unique(gapminder$continent)

ui <- fluidPage(
  selectInput("continent", "Continent", choices = continents),
  selectInput("country", "Country", choices = NULL),
  tableOutput("data")
)
```

4. 앞의 앱을 확장하여, 모든 대륙(continent)을 선택할 수 있게 하고, 이를 통해 모
   든 국가(country)를 볼 수 있게 하자. 이를 위해 선택 옵션 리스트에 "(All)"을
   추가하고, 데이터를 필터링할 때 특수하게 다루어야 할 것이다.

5. 이 RStudio Community 글(*https://oreil.ly/WIuFK*)에 설명된 문제의 핵심은 무엇
   인가?

동적 가시성

복잡도가 올라가는 다음 단계는 UI의 일부를 선택적으로 보이거나 가리는 것이다.
자바스크립트나 CSS를 안다면 한결 세련된 접근 방법이 있겠지만, 이러한 추가 지
식 없이도 탭셋(tabset)을 사용하여 비필수적인 UI를 숨기는 (105쪽의 '탭셋'에서 소
개된 바와 같이) 유용한 기법이 있다. 이는 UI를 처음부터 다시 생성(이는 다음 절
에서 배울 방법이다)하는 대신, 필요에 따라 UI를 보이고 숨길 수 있게 하는 영리한
방법이다.

```
ui <- fluidPage(
  sidebarLayout(
    sidebarPanel(
      selectInput("controller", "Show", choices = paste0("panel", 1:3))
    ),
    mainPanel(
      tabsetPanel(
        id = "switcher",
        type = "hidden",
        tabPanelBody("panel1", "Panel 1 content"),
        tabPanelBody("panel2", "Panel 2 content"),
        tabPanelBody("panel3", "Panel 3 content")
      )
    )
  )
)

server <- function(input, output, session) {
  observeEvent(input$controller, {
    updateTabsetPanel(inputId = "switcher", selected = input$controller)
  })
}
```

그림 10-5는 그 결과를 보여준다.

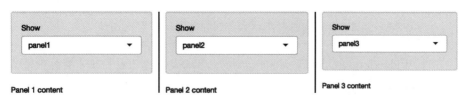

그림 10-5 panel1을 선택했을 때(왼쪽), panel2를 선택했을 때(가운데), panel3을 선택했을 때(오른쪽).
*https://hadley.shinyapps.io/ms-dynamic-panels*에서 실제로 확인해보자.

두 가지 주요 아이디어는 다음과 같다.

• 숨겨진 탭을 가진 탭셋 패널을 사용한다.
• updateTabsetPanel()을 사용하여 서버에서 탭을 교환(switch)한다.

이는 단순한 아이디어지만, 약간의 창의력을 곁들인다면 상당한 기능을 제공한다. 이어질 두 개의 절에서는 이 방법이 실전에서 어떻게 사용되는지에 대해 몇 가지 작은 예를 보여준다.

조건부 UI

정규(normal)분포, 균일(uniform)분포, 지수(exponential)분포로부터 사용자가 데이터를 시뮬레이션할 수 있게 하는 앱을 만든다고 상상해보자. 각 분포는 각자 다른 파라미터를 지니기 때문에, 각각의 분포에 대해 서로 다른 컨트롤을 보여주는 방법이 필요하다. 여기에서는 각 분포에 대해 고유한(unique) 사용자 인터페이스를 각자의 tabPanel()에 올리고, 이 세 개의 탭을 tabsetPanel()에 배열할 것이다.

```
parameter_tabs <- tabsetPanel(
  id = "params",
  type = "hidden",
  tabPanel("normal",
    numericInput("mean", "mean", value = 1),
    numericInput("sd", "standard deviation", min = 0, value = 1)
  ),
  tabPanel("uniform",
    numericInput("min", "min", value = 0),
    numericInput("max", "max", value = 1)
  ),
  tabPanel("exponential",
    numericInput("rate", "rate", value = 1, min = 0),
  )
)
```

이를 UI에 탑재한다. UI는 또한 사용자가 샘플의 개수를 선택하도록 하고, 샘플링 결과를 히스토그램으로 보여준다.

```
ui <- fluidPage(
  sidebarLayout(
    sidebarPanel(
      selectInput("dist", "Distribution",
        choices = c("normal", "uniform", "exponential")
      ),
      numericInput("n", "Number of samples", value = 100),
      parameter_tabs,
    ),
    mainPanel(
      plotOutput("hist")
    )
  )
)
```

여기서 input$dist의 choices를 탭 패널 이름과 일치시켰음에 주목하자. 이렇게 하면 분포가 변경될 때마다 컨트롤을 자동으로 교체하는 다음의 observeEvent() 코드를 작성하기 쉽다. 앱의 나머지 부분에서는 이제 이미 익숙해졌을 기법들을 사용한다.

```
server <- function(input, output, session) {
  observeEvent(input$dist, {
    updateTabsetPanel(inputId = "params", selected = input$dist)
  })

  sample <- reactive({
    switch(input$dist,
      normal = rnorm(input$n, input$mean, input$sd),
      uniform = runif(input$n, input$min, input$max),
      exponential = rexp(input$n, input$rate)
    )
  })
  output$hist <- renderPlot(hist(sample()), res = 96)
}
```

최종 결과를 그림 10-6에서 보자. 각 파라미터 입력(예를 들어 input$mean)의 값이 그 입력을 사용자가 볼 수 있는지 아닌지에 대해 독립적이라는 점에 주목하자. 기저의 HTML 컨트롤은 여전히 존재하며, 단지 사용자가 볼 수 없을 뿐이다.

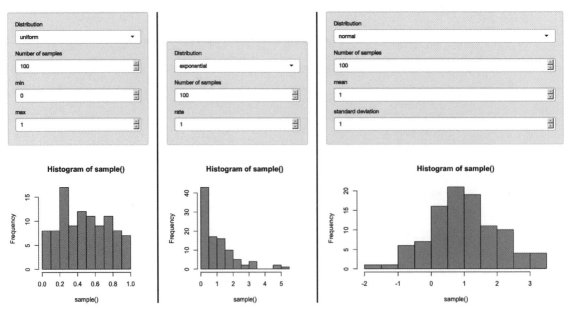

그림 10-6 정규분포(왼쪽), 균일분포(가운데), 지수분포(오른쪽)의 결과.
*https://hadley.shinyapps.io/ms-dynamic-conditional*에서 실제로 확인해보자.

위저드 인터페이스

또한 이 아이디어를 '위저드(wizard)'를 만드는 데 사용할 수 있다. 위저드는 많은 정보를 여러 페이지에 걸쳐 나누어 수집하기 쉽게 만들어주는 인터페이스 형태다. 여기서 각 '페이지' 내에 액션 버튼을 탑재하여 이후 페이지로 진행하거나 이전 페이지로 돌아가는 것을 쉽게 한다.

```r
ui <- fluidPage(
  tabsetPanel(
    id = "wizard",
    type = "hidden",
    tabPanel("page_1",
      "Welcome!",
      actionButton("page_12", "next")
    ),
    tabPanel("page_2",
      "Only one page to go",
      actionButton("page_21", "prev"),
      actionButton("page_23", "next")
    ),
    tabPanel("page_3",
      "You're done!",
      actionButton("page_32", "prev")
    )
  )
)

server <- function(input, output, session) {
  switch_page <- function(i) {
    updateTabsetPanel(inputId = "wizard", selected = paste0("page_", i))
  }

  observeEvent(input$page_12, switch_page(2))
  observeEvent(input$page_21, switch_page(1))
  observeEvent(input$page_23, switch_page(3))
  observeEvent(input$page_32, switch_page(2))
}
```

그림 10-7은 그 결과를 보여준다.

그림 10-7 위저드 인터페이스는 복잡한 UI를 여러 페이지에 분배한다. 여기에서는 'next'를 클릭할 때 다음 페이지로 진행하는 아이디어를 아주 간단한 예로 보여준다. *https://hadley.shinyapps.io/ms-wizard*에서 실제로 확인해보자.

서버 코드에서 중복을 줄이기 위해 switch_page() 함수를 사용한 것에 주목하자. 이 아이디어에 대해 18장에서 다시 다룬 뒤에, 313쪽의 '위저드'에서 위저드 인터페이스를 자동화하는 모듈을 만들어볼 것이다.

연습문제

1. 히든(hidden) 탭셋을 사용하여 사용자가 'advanced' 체크박스에 체크를 했을 때만 추가적인 컨트롤이 나타나도록 하자.

2. ggplot(diamonds, aes(carat)) 플롯을 그리되, 사용자가 geom_histogram(), geom_freqpoly(), geom_density() 중 어떤 것을 사용할지 선택하도록 하는 앱을 만들어보자. 히든 탭셋을 사용하여 geom에 따라 사용자가 다른 인자를 선택하도록 하자. geom_histogram()과 geom_freqpoly()는 binwidth 인자를 지니며, geom_density()는 bw 인자를 지닌다.

3. 앞 연습문제에서 만든 앱을 수정하여 사용자가 각각의 geom을 보일지 말지 선택할 수 있도록(즉, 항상 하나의 geom만 보이는 대신, 사용자가 0개, 1개, 2개, 혹은 3개를 선택할 수 있도록) 하자. 히스토그램과 빈도다각형의 binwidth가 독립적으로 제어될 수 있게 하자.

코드로 UI 생성하기

때로는 앞에서 설명했던 기법으로는 필요한 수준의 동적 UI를 구현하지 못할 수도 있다. 업데이트 함수는 오직 이미 존재하는 입력만 수정할 수 있도록 하며, 탭셋은 가능한 입력 조합이 고정되어 있고 이미 알고 있는 경우에만 적용할 수 있다. 가끔은 어떠한 입력에 기반하여 다른 형태나 개수의 입력(혹은 출력)을 생성해야 하는데, 이 절에서 다룰 마지막 기법은 이러한 작업을 가능하게 한다.

지금까지 쭉 사용자 인터페이스를 코드로 생성한 것은 맞지만, 항상 앱이 시작하기 전에 그 작업이 이루어졌다. 반면, 이 절에서 다룰 기법은 앱이 실행되고 있는 동안 사용자 인터페이스를 생성하고 수정할 수 있게 해준다. 그 해법은 두 부분으로 이루어진다.

- uiOutput()이 ui에 플레이스 홀더를 삽입한다. 이는 서버 코드가 나중에 채워넣을 '구멍'을 남긴다.

- renderUI()가 server() 안에서 호출되어 플레이스 홀더를 동적으로 생성된 UI로 채워넣는다.

간단한 예를 통해 이것이 어떻게 작동하는지 본 뒤에, 좀더 현실적인 사용 방법으로 들어가 보자.

시작하기

하나의 입력 컨트롤을 동적으로 생성하는 간단한 앱으로 시작해보자. 이 입력의 종류와 레이블은 다른 두 입력에 의해 결정된다.

```
ui <- fluidPage(
  textInput("label", "label"),
  selectInput("type", "type", c("slider", "numeric")),
  uiOutput("numeric")
)
server <- function(input, output, session) {
  output$numeric <- renderUI({
    if (input$type == "slider") {
      sliderInput("dynamic", input$label, value = 0, min = 0, max = 10)
    } else {
      numericInput("dynamic", input$label, value = 0, min = 0, max = 10)
    }
  })
}
```

생성된 앱은 그림 10-8과 같다.

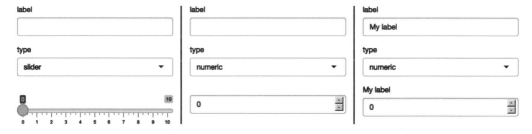

그림 10-8 앱을 실행시켰을 때(왼쪽), 타입(type)을 숫자형(numeric)으로 변경한 후(가운데), 레이블(label)을 'My label'로 변경한 후(오른쪽). *https://hadley.shinyapps.io/ms-render-simple*에서 실제로 확인해보자.

이 코드를 여러분의 컴퓨터에서 실행한다면, 앱이 실행된 후 컨트롤이 보이기까지 잠깐의 시간이 소요되는 것을 알아챌 것이다. 이는 컨트롤이 반응형이기 때문이다. 앱이 실행된 후 반응형 이벤트를 촉발시켜야 하며, 이때 서버 함수가 호출되어 페이지에 삽입할 HTML을 얻는다. 이는 renderUI()의 단점 중 하나로, 이 기법에 너무 의존하면 UI가 느려질 것이다. 성능을 좋게 하려면 앞 절들에서 설명한 기법들을 이용하여 가능한 한 사용자 인터페이스를 고정시키려 애써야 한다.

이 방법에서 한 가지 다른 문제는, 컨트롤을 변경할 때 기존에 선택된 값을 잃어버린다는 점이다. 기존의 상태(state)를 유지하는 것이 코드로 UI를 생성할 때의 큰 숙제 중 하나다. 따라서 가능한 경우라면 선택적으로 UI를 보이고 숨기는 방법이 더 좋은 방법이다—컨트롤을 없애고 새로 만드는 것이 아니기 때문에, 값을 보존하기 위한 별도의 작업이 필요하지 않다. 하지만 많은 경우에 새로운 입력의 value를 기존 컨트롤의 현재값으로 설정하여 이 문제를 해결할 수 있다.[6]

```
server <- function(input, output, session) {
  output$numeric <- renderUI({
    value <- isolate(input$dynamic)
    if (input$type == "slider") {
      sliderInput("dynamic", input$label, value = value, min = 0, max = 10)
    } else {
      numericInput("dynamic", input$label, value = value, min = 0, max = 10)
    }
  })
}
```

isolate()의 사용이 중요하다. 253쪽의 'isolate()'에서 이것이 무슨 일을 하는지 다시 얘기하겠지만, 여기서의 역할은 출력이 input$dynamic에 반응형 의존성을 갖지 않게 하여, input$dynamic이 변경될 때마다(즉, 사용자가 값을 수정할 때마다) 코드가 재실행되지 않고 오직 input$type이나 input$label이 변경될 때만 이 코드가 다시 실행되게 한다.

다중 컨트롤

동적 UI는 임의의 수나 형태의 컨트롤을 생성할 때 가장 유용하다. 이는 코드로 UI를 생성할 거라는 점을 의미하며, 필자는 이러한 작업에 대해 함수형 프로그래밍을 사용할 것을 권장한다. 여기에서는 purrr::map()과 purrr::reduce()를 사용할 텐데,

---

6 (옮긴이) 주어진 코드를 실행할 경우, 앱이 시작될 때 컨트롤 대신 오류 메시지가 출력될 것이다. 이는 해당 코드가 최초에 컨트롤을 생성할 때 NULL값을 컨트롤에 value 인자로 설정하려 시도하기 때문인데, 이를 해결하기 위해 sliderInput()과 numericInput()을 value = value 대신 value = ifelse (is.null(value), 0, value)를 사용하여 호출해보자.

물론 base R의 lapply()와 Reduce() 함수를 사용하여 구현할 수도 있다.

```
library(purrr)
```

만일 함수형 프로그래밍의 map()과 reduce()에 친숙하지 않다면, 계속 진행하기 전에 함수형 프로그래밍(*https://oreil.ly/mVxlM*)을 먼저 읽어보고 와도 좋다. 또한 18장에서 이 아이디어에 대해 다시 얘기할 것이다. 이 아이디어는 복잡하므로, 처음 읽어볼 때 이해가 안 가더라도 스트레스 받지 말자.

이 아이디어를 구체화하기 위해, 사용자가 그들만의 색상 팔레트를 제공할 수 있도록 만들고 싶다고 상상해보자. 우선 사용자는 몇 개의 색상을 사용하고 싶은지 정하고, 그 다음으로 각각의 색상값을 제공할 것이다. ui는 매우 단순하여, 입력 개수를 제어하는 하나의 numericInput()과 생성된 텍스트 박스들이 위치할 하나의 uiOutput(), 그리고 모든 것이 맞게 연결되었음을 표시할 하나의 textOutput()으로 구성된다.

```
ui <- fluidPage(
  numericInput("n", "Number of colours", value = 5, min = 1),
  uiOutput("col"),
  textOutput("palette")
)
```

서버 함수는 짧지만, 몇 가지 큰 아이디어를 담고 있다.

```
server <- function(input, output, session) {
  col_names <- reactive(paste0("col", seq_len(input$n)))

  output$col <- renderUI({
    map(col_names(), ~ textInput(.x, NULL))
  })

  output$palette <- renderText({
    map_chr(col_names(), ~ input[[.x]] %||% "")
  })
}
```

- 반응형 col_names()를 사용하여 생성될 각 색상 입력의 이름을 저장한다.
- map()을 사용하여 col_names()의 이름 하나당 하나의 textInput()을 지닌 리스트를 생성한다. renderUI()는 이 HTML 컴포넌트 리스트를 UI에 추가한다.

- 입력값에 접근하기 위해 새로운 방식이 필요하다. 지금까지는 항상 입력 컴포넌트를 $를 사용하여 읽었다(예: input$col1). 하지만 여기에서는 입력의 이름을 var <- "col1"과 같이 문자형 벡터로 지니고 있다. 이 경우 $는 더 이상 사용할 수 없으며, 따라서 [[로 전환해야 한다(즉, input[[var]]).

- map_chr()를 사용하여 모든 값을 문자형 벡터에 수집하고 output$palette에 표시한다. 불행히도 새로운 입력들이 렌더링되기 전에 잠깐 동안 그 값들이 NULL인 시간이 있다. 이는 map_chr()에서 오류를 발생시키는데, 간편한 %||% 함수를 사용하여 이를 해결한다. %||%는 좌항(left-hand side)이 NULL일 때 우항(right-hand side)을 반환한다.

그 결과를 그림 10-9에서 볼 수 있다.

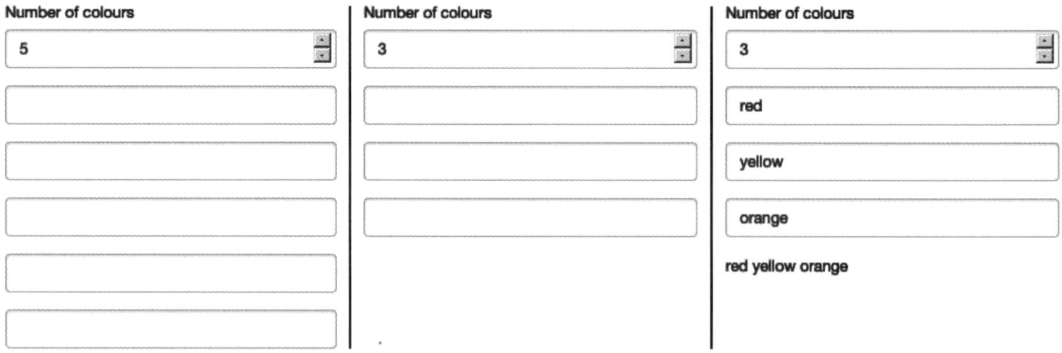

그림 10-9 앱을 실행시켰을 때(왼쪽), 색상 개수를 3으로 설정했을 때(가운데), 색상을 입력했을 때(오른쪽). *https://hadley.shinyapps.io/ms-render-palette*에서 실제로 확인해보자.

이 앱을 실행하면, 색상 개수를 변경할 때마다 그동안 입력한 모든 데이터가 사라지는 짜증나는 현상을 발견하게 될 것이다. 앞 절에서와 같이 분리된 현재값으로 value를 설정함으로써 이 문제를 해결할 수 있다. 또한 선택된 색상을 플롯으로 표시하는 것을 포함하여 앱의 모양새를 좀더 보기 좋게 만들었다. 그림 10-10은 스크린샷 표본을 보여준다.

```
ui <- fluidPage(
  sidebarLayout(
    sidebarPanel(
      numericInput("n", "Number of colours", value = 5, min = 1),
      uiOutput("col"),
    ),
    mainPanel(
```

```
      plotOutput("plot")
    )
  )
)

server <- function(input, output, session) {
  col_names <- reactive(paste0("col", seq_len(input$n)))

  output$col <- renderUI({
    map(col_names(), ~ textInput(.x, NULL, value = isolate(input[[.x]])))
  })

  output$plot <- renderPlot({
    cols <- map_chr(col_names(), ~ input[[.x]] %||% "")
    # 비어있는 입력은 투명하게 전환한다.
    cols[cols == ""] <- NA

    barplot(
      rep(1, length(cols)),
      col = cols,
      space = 0,
      axes = FALSE
    )
  }, res = 96)
}
```

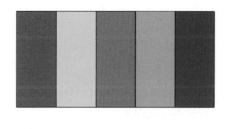

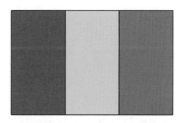

그림 10-10 무지개색을 채워넣었을 때(위), 색상 개수를 3으로 줄였을 때(아래). 색상이 보존됨에 주목하자. *https://hadley.shinyapps.io/ms-render-palette-full*에서 실제로 확인해보자.

동적 필터링

이 장의 마지막 예로, 어떤 데이터 프레임이든 동적으로 필터링하게 하는 앱을 만들 것이다. 각 숫자형 변수에 대해서는 범위 슬라이더(range slider)를, 그리고 각 팩터형 변수에 대해서는 멀티셀렉트(multiselect)를 제공할 것이다. 예를 들어, 데이터 프레임이 세 개의 숫자형 변수와 두 개의 팩터형 변수를 지닌다면, 앱은 세 개의 슬라이더와 두 개의 셀렉트 박스를 지닐 것이다.

하나의 변수에 대한 UI를 생성하는 함수부터 작성해보자. 이 함수는 입력 인자가 숫자형일 때는 범위 슬라이더를, 팩터형일 때는 멀티셀렉트를, 그 외의 타입일 때는 NULL을 반환한다.[7]

```
make_ui <- function(x, var) {
  if (is.numeric(x)) {
    rng <- range(x, na.rm = TRUE)
    sliderInput(var, var, min = rng[1], max = rng[2], value = rng)
  } else if (is.factor(x)) {
    levs <- levels(x)
    selectInput(var, var, choices = levs, selected = levs, multiple = TRUE)
  } else {
    # 지원되지 않음
    NULL
  }
}
```

그리고 동일한 구조의 서버 측 함수를 만든다. 이 함수는 변수와 입력 컨트롤의 값을 인자로 받아, 각 관측값을 포함시킬지 말지를 나타내는 논리형 벡터를 반환한다. 논리형 벡터를 사용하면 여러 개의 열로부터의 결과를 결합하기 쉽다.

```
filter_var <- function(x, val) {
  if (is.numeric(x)) {
    !is.na(x) & x >= val[1] & x <= val[2]
  } else if (is.factor(x)) {
    x %in% val
  } else {
    # 컨트롤이 존재하지 않으므로 필터링하지 않음
    TRUE
  }
}
```

---

7 (옮긴이) 만약 앱을 실행했을 때 팩터형 변수에 대해 selectInput()으로 생성된 컨트롤이 필터링을
   제대로 수행하지 못한다면, selectize = FALSE 인자를 추가하여 다음과 같이 시도해보자.
   selectInput(var, var, choices = levs, selected = levs, multiple = TRUE, selectize = FALSE)

iris 데이터셋에 대한 간단한 필터링 UI를 생성하기 위해 이 함수들을 '수동으로' 사용할 수 있다.

```r
ui <- fluidPage(
  sidebarLayout(
    sidebarPanel(
      make_ui(iris$Sepal.Length, "Sepal.Length"),
      make_ui(iris$Sepal.Width, "Sepal.Width"),
      make_ui(iris$Species, "Species")
    ),
    mainPanel(
      tableOutput("data")
    )
  )
)
server <- function(input, output, session) {
  selected <- reactive({
    filter_var(iris$Sepal.Length, input$Sepal.Length) &
      filter_var(iris$Sepal.Width, input$Sepal.Width) &
      filter_var(iris$Species, input$Species)
  })

  output$data <- renderTable(head(iris[selected(), ], 12))
}
```

그림 10-11은 이 필터 인터페이스를 보여준다.

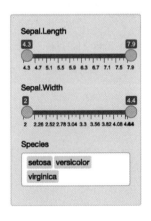

Sepal.Length	Sepal.Width	Petal.Length	Petal.Width	Species
5.10	3.50	1.40	0.20	setosa
4.90	3.00	1.40	0.20	setosa
4.70	3.20	1.30	0.20	setosa
4.60	3.10	1.50	0.20	setosa
5.00	3.60	1.40	0.20	setosa
5.40	3.90	1.70	0.40	setosa
4.60	3.40	1.40	0.30	setosa
5.00	3.40	1.50	0.20	setosa
4.40	2.90	1.40	0.20	setosa
4.90	3.10	1.50	0.10	setosa
5.40	3.70	1.50	0.20	setosa
4.80	3.40	1.60	0.20	setosa

그림 10-11 iris 데이터셋을 위한 간단한 필터 인터페이스

아마도 여러분은 필자가 복사/붙여넣기가 지겨워서 단지 세 개의 열에 대한 필터링만 제공하는 앱을 만든 것을 알아챘을 것이다. 약간의 함수형 프로그래밍을 이용하면, 모든 컬럼에 대해 필터링을 제공하도록 만들 수 있다.

- ui에서 map()을 사용하여 각 변수당 하나의 컨트롤을 생성한다.
- server()에서 map()을 사용하여 각 변수에 대한 논리형 셀렉션 벡터를 생성한 다음, reduce()와 &를 사용하여 모든 변수에 대한 논리형 벡터를 하나의 논리형 벡터로 조합한다.

만약 이 부분에서 무슨 일이 일어나고 있는지 정확히 이해하지 못하더라도 너무 걱정하지 말자. 요점은 함수형 프로그래밍을 마스터한다면 복잡한 동적 앱을 생성하는 코드를 매우 간결하게 작성할 수 있다는 점이다.[8]

```r
ui <- fluidPage(
  sidebarLayout(
    sidebarPanel(
      map(names(iris), ~ make_ui(iris[[.x]], .x))
    ),
    mainPanel(
      tableOutput("data")
    )
  )
)
server <- function(input, output, session) {
  selected <- reactive({
    each_var <- map(names(iris), ~ filter_var(iris[[.x]], input[[.x]]))
    reduce(each_var, ~ .x & .y)
  })

  output$data <- renderTable(head(iris[selected(), ], 12))
}
```

이는 그림 10-12에 보이는 앱을 생성한다.

---

8 (옮긴이) 다음 코드를 실행하기 전에 앞 절에서와 같이 library(purrr)를 먼저 수행하자.

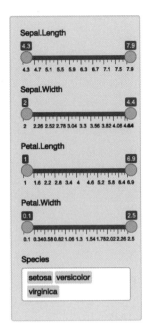

Sepal.Length	Sepal.Width	Petal.Length	Petal.Width	Species
5.10	3.50	1.40	0.20	setosa
4.90	3.00	1.40	0.20	setosa
4.70	3.20	1.30	0.20	setosa
4.60	3.10	1.50	0.20	setosa
5.00	3.60	1.40	0.20	setosa
5.40	3.90	1.70	0.40	setosa
4.60	3.40	1.40	0.30	setosa
5.00	3.40	1.50	0.20	setosa
4.40	2.90	1.40	0.20	setosa
4.90	3.10	1.50	0.10	setosa
5.40	3.70	1.50	0.20	setosa
4.80	3.40	1.60	0.20	setosa

그림 10-12 함수형 프로그래밍을 사용하여 만든 iris 데이터셋 필터링 앱

이를 어떠한 데이터 프레임에도 작동하도록 일반화하는 것은 간단하다. 여기에서는 datasets 패키지에 내장된 데이터 프레임을 사용하여 보여주겠지만, 이를 어떻게 사용자가 업로드한 데이터를 필터링하는 앱으로 확장시킬 수 있을지 쉽게 상상할 수 있을 것이다.

```
dfs <- keep(ls("package:datasets"), ~ is.data.frame(get(.x, "package:datasets")))

ui <- fluidPage(
  sidebarLayout(
    sidebarPanel(
      selectInput("dataset", label = "Dataset", choices = dfs),
      uiOutput("filter")
    ),
    mainPanel(
      tableOutput("data")
    )
  )
)
server <- function(input, output, session) {
  data <- reactive({
    get(input$dataset, "package:datasets")
  })
```

```
  vars <- reactive(names(data()))

  output$filter <- renderUI(
    map(vars(), ~ make_ui(data()[[.x]], .x))
  )

  selected <- reactive({
    each_var <- map(vars(), ~ filter_var(data()[[.x]], input[[.x]]))
    reduce(each_var, `&`)
  })

  output$data <- renderTable(head(data()[selected(), ], 12))
}
```

결과를 그림 10-13에서 보자.

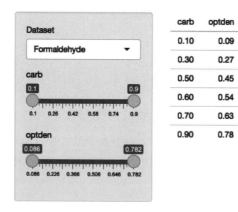

그림 10-13 선택된 데이터셋의 필드로부터 자동으로 생성된 동적 사용자 인터페이스.
*https://hadley.shinyapps.io/ms-filtering-final*에서 실제로 확인해보자.

다이얼로그 박스

마무리하기 전에, 관련된 기법인 다이얼로그 박스에 대해 언급하고 싶다. 이미 151
쪽의 '명시적 확인'에서 고정된 텍스트 문자열을 내용으로 보여주는 텍스트 박스를
보았다. modalDialog()는 서버 함수 내에서 호출되므로, renderUI()를 사용할 때와
마찬가지 방법으로 그 내용을 동적으로 생성할 수 있다. 이 기법을 알고 있으면, 앱
에서 작업을 계속 진행하기 전에 사용자가 어떠한 결정을 내리도록 하려는 경우 유
용하다.

연습문제

1. 이 절에서 처음 다루었던 예에 기반한 다음의 매우 간단한 앱을 보자.

```
ui <- fluidPage(
  selectInput("type", "type", c("slider", "numeric")),
  uiOutput("numeric")
)
server <- function(input, output, session) {
  output$numeric <- renderUI({
    if (input$type == "slider") {
      sliderInput("n", "n", value = 0, min = 0, max = 100)
    } else {
      numericInput("n", "n", value = 0, min = 0, max = 100)
    }
  })
}
```

어떻게 하면 동적 가시성을 대신 이용하여 앱을 구현할 수 있을까? 동적 가시성을 구현한다면, 컨트롤이 변경될 때 어떻게 값이 동기화(sync)되게 유지할 수 있을까?

2. 다음 앱이 어떻게 작동하는지 설명해보자. 'Enter password' 버튼을 두 번 클릭하면 비밀번호가 사라지는 이유는 무엇인가?

```
ui <- fluidPage(
  actionButton("go", "Enter password"),
  textOutput("text")
)
server <- function(input, output, session) {
  observeEvent(input$go, {
    showModal(modalDialog(
      passwordInput("password", NULL),
      title = "Please enter your password"
    ))
  })

  output$text <- renderText({
    if (!isTruthy(input$password)) {
      "No password"
    } else {
      "Password entered"
    }
  })
}
```

3. 187쪽의 '시작하기' 앱에서 `value <- isolate(input$dynamic)`으로부터 `isolate()`를 없애면 어떤 일이 발생할까?

4. `make_ui()`와 `filter_var()`에 날짜(date) 및 날짜-시간(date-time) 열에 대한 지원을 추가하자.

5. (고급 문제) 만약 S3 객체지향 프로그래밍(OOP, *http://adv-r.hadley.nz/S3.html*) 시스템에 대해 알고 있다면, `make_ui()`와 `filter_var()` 내의 if 문을 어떻게 제네릭(generic) 함수로 대체할 수 있을지 생각해보자.

요약

이 장을 읽기 전에는 서버 함수가 실행되기 전에 정적으로 사용자 인터페이스를 생성하는 방법에 제한되어 있었다면, 이제는 사용자 인터페이스를 사용자의 동작에 따라 수정하거나 완전히 재생성하는 방법을 배웠다. 동적 사용자 인터페이스는 앱의 복잡도를 극적으로 증가시키므로, 무슨 일이 벌어지고 있는지 디버깅하는 데 애를 먹기 쉽다. 가장 간단한 방법으로 문제를 풀어야 한다는 점을 항상 기억하고, 76쪽의 '디버깅'에 있는 디버깅에 대한 조언들을 다시 보자.

다음 장에서는 방향을 전환하여, 앱의 현재 상태를 다른 이들과 공유할 수 있게 해주는 북마킹(bookmarking)에 대해 이야기해보자.

11장

북마킹

기본 설정으로 사용할 때 Shiny 앱은 대부분의 웹사이트와 비교하면 한 가지 큰 단점이 있는데, 앱을 북마크하여 미래에 같은 상태의 페이지를 방문하거나 다른 사람들에게 이메일로 링크를 보내 작업을 공유할 수가 없다는 점이다. 이는 Shiny가 기본 설정에서는 앱의 현재 상태를 URL에 노출하지 않기 때문이다. 하지만 다행스럽게도 약간의 추가 작업을 통해 이를 변경할 수 있는데, 그 방법을 이 장에서 보게될 것이다. 늘 그렇듯이 shiny를 로드하며 시작해보자.

```
library(shiny)
```

기본 아이디어

북마킹이 가능한 간단한 앱을 들여다보자. 이 앱은 진자(pendulum)의 움직임을 모방한 리사주(Lissajous) 그림을 그린다. 여러분은 아마 여러분이 이 앱을 이용하여 만든 여러 가지 흥미로운 패턴을 다른 사람들과 공유하고 싶을 것이다.

```
ui <- fluidPage(
  sidebarLayout(
    sidebarPanel(
      sliderInput("omega", "omega", value = 1, min = -2, max = 2, step = 0.01),
      sliderInput("delta", "delta", value = 1, min = 0, max = 2, step = 0.01),
      sliderInput("damping", "damping", value = 1, min = 0.9, max = 1, step = 0.001),
      numericInput("length", "length", value = 100)
    ),
    mainPanel(
```

```
      plotOutput("fig")
    )
  )
)
server <- function(input, output, session) {
  t <- reactive(seq(0, input$length, length.out = input$length * 100))
  x <- reactive(sin(input$omega * t() + input$delta) * input$damping ^ t())
  y <- reactive(sin(t()) * input$damping ^ t())
  output$fig <- renderPlot({
    plot(x(), y(), axes = FALSE, xlab = "", ylab = "", type = "l", lwd = 2)
  }, res = 96)
}
```

그림 11-1은 그 결과를 보여준다.

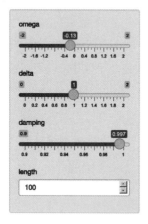 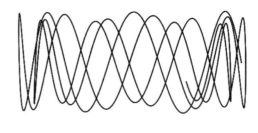

그림 11-1 이 앱은 진자 모형을 이용한 흥미로운 그림을 생성할 수
있게 해준다. 친구들에게 링크를 공유할 수 있다면 멋지지 않겠는가?

이 앱을 북마킹할 수 있게 하려면 세 가지 작업이 필요하다.

1. UI에 bookmarkButton()을 추가한다. 이는 사용자가 클릭하면 북마크 URL을 제
   공해주는 버튼을 생성한다.
2. ui를 함수로 변환한다. 이는 북마크된 앱이 북마크된 값을 재생(replay)해야 하
   기 때문에 필요하며, 이때 실질적으로 Shiny는 각 입력 컨트롤의 기본값을 수정
   하게 된다. 이는 더 이상 단일한 고정 UI가 있는 것이 아니라, URL에 있는 파라
   미터값에 따라 여러 가지 가능한 UI가 존재한다(즉, UI는 함수여야 한다)는 것
   이다.
3. shinyApp() 호출 시 enableBookmarking = "url"을 추가한다.

이러한 변경으로 다음 코드가 만들어진다.

```
ui <- function(request) {
  fluidPage(
    sidebarLayout(
      sidebarPanel(
        sliderInput("omega", "omega", value = 1, min = -2, max = 2, step = 0.01),
        sliderInput("delta", "delta", value = 1, min = 0, max = 2, step = 0.01),
        sliderInput("damping", "damping", value = 1, min = 0.9, max = 1, step = 0.001),
        numericInput("length", "length", value = 100),
        bookmarkButton()
      ),
      mainPanel(
        plotOutput("fig")
      )
    )
  )
}

shinyApp(ui, server, enableBookmarking = "url")
```

만약 라이브 앱(*https://hadley.shinyapps.io/ms-bookmark-url*)을 사용하면서 몇몇 흥미로운 상태를 북마크한다면, 다음과 같이 생긴 URL이 생성될 것이다.

```
https://hadley.shinyapps.io/ms-bookmark-url/
  ?_inputs_&damping=1&delta=1&length=100&omega=1
```

```
https://hadley.shinyapps.io/ms-bookmark-url/
  ?_inputs_&damping=0.966&delta=1.25&length=100&omega=-0.54
```

```
https://hadley.shinyapps.io/ms-bookmark-url/
  ?_inputs_&damping=0.997&delta=1.37&length=500&omega=-0.9
```

무슨 일이 벌어지고 있는지 이해하기 위해, 첫 번째 URL을 여러 조각으로 나누어 살펴보자.

- http://는 앱과 통신하기 위해 사용되는 '프로토콜'이다. 이는 항상 http 아니면 https이다.
- hadley.shinyapps.io/ms-bookmark-url은 앱의 위치다.
- ? 다음에 오는 것은 모두 '파라미터'다. 각 파라미터는 &로 분리되며, 이를 분해하면 앱의 각 입력에 대한 값을 볼 수 있다.
  ◦ damping=1
  ◦ delta=1

- length=100
- omega=1

따라서 '북마크 생성하기'란 입력의 현재 값을 URL의 파라미터에 기록하는 것을 의미한다. 만약 로컬 앱을 사용한다면, URL은 약간 다르게 보일 것이다.

```
http://127.0.0.1:4087/
 ?_inputs_&damping=1&delta=1&length=100&omega=1

http://127.0.0.1:4087/
 ?_inputs_&damping=0.966&delta=1.25&length=100&omega=-0.54

http://127.0.0.1:4087/
 ?_inputs_&damping=0.997&delta=1.37&length=500&omega=-0.9
```

대부분은 같지만, hadley.shinyapps.io/ms-bookmark-url 대신에 127.0.0.1:4087 같은 주소를 보게 될 것이다. 127.0.0.1은 항상 로컬 컴퓨터를 가리키는 특별한 주소이고, 4087은 랜덤하게 할당된 포트다. 보통 다른 앱은 다른 경로나 IP 주소를 지니지만, 여러 개의 앱을 로컬 컴퓨터 내에서 호스팅할 때는 이것이 불가능하기 때문에 서로 다른 포트 번호를 할당한다.

URL 갱신하기

명시적인 버튼 대신 제공할 수 있는 다른 방법은, 브라우저에서 URL을 자동으로 갱신하는 것이다. 이는 사용자로 하여금 브라우저 내의 사용자 북마크 명령을 이용하거나 주소창에서 URL을 복사하고 붙여넣기 할 수 있게 해준다.

자동으로 URL을 갱신하기 위해서는 서버 함수 내에 약간의 표준 양식을 추가해야 한다.

```
# 입력이 변경될 때마다 매번 자동으로 북마크를 수행한다.
observe({
  reactiveValuesToList(input)
  session$doBookmark()
})
# 쿼리 문자열을 갱신한다.
onBookmarked(updateQueryString)
```

이 코드를 추가하여 서버 함수를 다음과 같이 변경한다.

```
server <- function(input, output, session) {
  t <- reactive(seq(0, input$length, length = input$length * 100))
  x <- reactive(sin(input$omega * t() + input$delta) * input$damping ^ t())
  y <- reactive(sin(t()) * input$damping ^ t())

  output$fig <- renderPlot({
    plot(x(), y(), axes = FALSE, xlab = "", ylab = "", type = "l", lwd = 2)
  }, res = 96)

  observe({
    reactiveValuesToList(input)
    session$doBookmark()
  })
  onBookmarked(updateQueryString)
}

shinyApp(ui, server, enableBookmarking = "url")
```

결과가 어떻게 나타나는지 라이브 앱(*https://hadley.shinyapps.io/ms-bookmark-auto*)
에서 볼 수 있다. URL이 자동으로 갱신되므로, 이제 북마크 버튼을 UI에서 제거해
도 될 것이다.

복잡한 상태 저장하기

지금까지는 enableBookmarking = "url"을 이용하여 상태를 URL에 직접 저장했다.
이는 매우 간단하며 Shiny 앱을 어디에 배포하든 상관없이 작동하는 방법이기 때문
에 좋은 시작점이다. 하지만 입력의 수가 많을 경우 URL이 매우 길어지며, 사용자
가 업로드한 파일을 함께 포함하지 못한다는 점을 예상할 수 있을 것이다.

이러한 경우에는 상태를 .*rds* 파일로 서버에 저장하는 enableBookmarking =
"server"를 고려해보자. 이는 항상 짧고 불투명한[1] URL을 생성하는 반면, 서버 측
에 추가적인 저장 공간을 필요로 한다.

```
shinyApp(ui, server, enableBookmarking = "server")
```

shinyapps.io는 현재 서버 측 북마킹을 지원하지 않으므로, 이를 로컬에서 시도해
봐야 할 것이다. 로컬 앱에서 북마크 버튼이 다음과 같이 생긴 URL을 생성하는 것
을 확인할 수 있을 것이다.

---

1 (옮긴이) 각 입력값이 URL에 나타나지 않는

http://127.0.0.1:4087/?_state_id_=0d645f1b28f05c97

http://127.0.0.1:4087/?_state_id_=87b56383d8a1062c

http://127.0.0.1:4087/?_state_id_=c8b0291ba622b69c

이는 작업 디렉터리 내에 있는 같은 이름의 디렉터리와 짝을 이룬다.

shiny_bookmarks/0d645f1b28f05c97

shiny_bookmarks/87b56383d8a1062c

shiny_bookmarks/c8b0291ba622b69c

서버 북마킹의 주된 단점은, 서버에 파일이 저장되어야 하며, 이 파일들이 얼마나 오랫동안 저장되어 있어야 할지 불명확하다는 것이다. 만약 복잡한 상태를 북마킹한 뒤 파일들을 삭제하지 않는다면, 앱은 시간이 갈수록 더 많은 디스크 저장 공간을 차지할 것이다. 반면, 파일들을 삭제한다면 오래된 북마크들은 작동하지 않게 될 것이다.

북마킹 난제

자동화된 북마킹은 반응형 그래프에 의존한다. 이는 저장된 값을 입력에 제공하고, 그 후 모든 반응형 표현식과 출력을 재생(replay)하여, 앱의 반응형 그래프가 간단한 경우에는 현재 보고 있는 앱과 동일한 앱을 얻게 한다. 이 절에서는 약간의 추가적인 노력이 필요한 몇몇 사례를 간략히 언급할 것이다.

- 만약 앱이 랜덤 숫자를 사용한다면, 모든 입력이 같다고 할지라도 결과가 다를 것이다. 만약 항상 같은 숫자를 생성하는 것이 정말 중요하다면, 어떻게 랜덤 프로세스를 재현 가능하게(reproducible) 만들 것인지에 대해 생각해봐야 한다. 가장 쉬운 방법은 repeatable()을 사용하는 것이다. 더 상세한 내용은 도움말에서 찾아보자.
- 만약 북마크하고 싶은 탭이 있고 활성화된 탭을 복원하고 싶다면, tabsetPanel() 호출에서 id를 제공하도록 하자.
- 만약 북마크하지 말아야 할 입력이 있다면(예: 공유하면 안 될 사적인 정보를 포함한 입력), setBookmarkExclude() 호출에 포함시키도록 하자. 예를 들어,

```
setBookmarkExclude(c("secret1", "secret2"))
```

는 secret1과 secret2가 북마크되지 않도록 보장할 것이다.

- 만약 여러분이 만든 reactiveValues() 객체 내에서 반응형 상태를 (16장에서 다룰 내용과 같이) 손수 관리한다면, onBookmark()와 onRestore() 콜백을 사용하여 그 추가적인 상태를 손수 저장하고 불러와야 할 것이다. '고급 북마킹(Advanced bookmarking)'(*https://oreil.ly/S6D8c*)에서 더 상세한 내용을 보자.

연습문제

1. ambient::noise_simplex()(*https://oreil.ly/UyK1G*)의 결과를 시각화하는 앱을 만들어보자. 사용자가 빈도(frequency), 프랙탈(fractal), 프랙탈의 빈도(lacunarity), 진폭(gain)을 제어할 수 있어야 하고, 북마킹이 가능해야 한다. 북마크를 이용하여 앱을 다시 열었을 때, 이미지가 정확히 같게 보이도록 어떻게 보장할 수 있는가? (seed 인자가 무엇을 의미하는지 생각해보자.)

2. CSV 파일을 업로드하고 이를 북마크할 수 있게 해주는 간단한 앱을 만들어보자. 몇 개의 파일을 업로드하고, shiny_bookmarks 안을 들여다보자. 파일이 북마크에 어떻게 상응하는가? (힌트: readRDS()를 사용하여 Shiny가 생성한 캐시 파일의 내부를 살펴볼 수 있다.)

요약

이 장에서는 앱이 북마크를 활성화하는 방법을 살펴보았다. 이 기능은 사용자들이 그들의 작업을 다른 이들과 쉽게 공유할 수 있게 해주므로, 사용자에게 제공할 만한 훌륭한 기능이다. 다음 장에서는 Shiny 앱 안에서 타이디 평가(tidy evaluation)를 어떻게 사용하는지 얘기해볼 것이다. 타이디 평가는 많은 tidyverse 함수들의 특성이며, 예를 들어 사용자가 dplyr 파이프라인이나 ggplot2 그래픽스에서 변수를 변경할 수 있도록 앱을 작성하려면 이것을 배워야 한다.

12장

타이디 평가

Shiny를 tidyverse와 함께 사용하고 있다면, 아마도 분명 타이디 평가를 사용하여 프로그래밍해야 하는 문제에 맞닥뜨리게 될 것이다. 타이디 평가는 tidyverse에서 인터랙티브 데이터 탐색을 더 유연하게 만들기 위해 사용되지만, 변수를 간접적으로 참조하기 어렵고, 따라서 프로그래밍하기 더 어려워진다는 비용-(cost)을 수반한다.

이 장에서는 ggplot2와 dplyr 함수를 Shiny 앱 내에 포함시키는 법을 배운다(만약 tidyverse를 사용하고 있지 않다면, 이 장을 건너뛰어도 된다😊). ggplot2와 dplyr 함수를 다른 함수나 패키지 내에 포함시키는 기법은 다소 다르며, 이는 '패키지 내에서 ggplot2 사용하기(Using ggplot2 in packages)'(*https://oreil.ly/N0a1J*)나 'dplyr을 이용한 프로그래밍(Programming with dplyr)'(*https://oreil.ly/4Mdfc*)과 같은 다른 자료에서 다루고 있다. 이제 시작해보자.

```
library(shiny)
library(dplyr, warn.conflicts = FALSE)
library(ggplot2)
```

동기

사용자가 필터링을 수행할 숫자형 변수를 선택하고, 사용자가 제공한 임계값(threshold)보다 변수값이 큰 행을 선택하는 앱을 만든다고 상상해보자. 아마도 앱을 다음과 같이 작성할 것이다.

```
num_vars <- c("carat", "depth", "table", "price", "x", "y", "z")
ui <- fluidPage(
  selectInput("var", "Variable", choices = num_vars),
```

```
    numericInput("min", "Minimum", value = 1),
    tableOutput("output")
)
server <- function(input, output, session) {
  data <- reactive(diamonds %>% filter(input$var > input$min))
  output$output <- renderTable(head(data()))
}
```

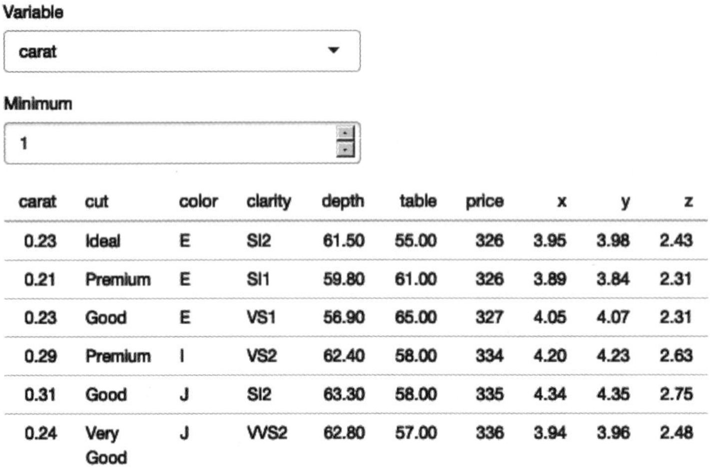

Variable

carat ▼

Minimum

1

carat	cut	color	clarity	depth	table	price	x	y	z
0.23	Ideal	E	SI2	61.50	55.00	326	3.95	3.98	2.43
0.21	Premium	E	SI1	59.80	61.00	326	3.89	3.84	2.31
0.23	Good	E	VS1	56.90	65.00	327	4.05	4.07	2.31
0.29	Premium	I	VS2	62.40	58.00	334	4.20	4.23	2.63
0.31	Good	J	SI2	63.30	58.00	335	4.34	4.35	2.75
0.24	Very Good	J	VVS2	62.80	57.00	336	3.94	3.96	2.48

그림 12-1 사용자가 선택한 변수의 값이 임계값보다 큰 행을 선택하려고 시도하는 앱

그림 12-1에서 볼 수 있듯이, 앱은 오류를 발생시키지 않고 실행되지만, 올바른 결과를 반환하지 않는다—모든 행에서 carat 값이 1보다 작다. 이 장의 목표는 왜 이 앱이 작동하지 않으며, 왜 dplyr은 사용자가 filter(diamonds, "carat" > 1)을 요구했다고 생각하는지 알 수 있도록 하는 것이다.

이는 **간접성**(indirection)의 문제다. 보통 tidyverse 함수를 사용할 때는 함수 호출 시 변수 이름을 직접 타이핑한다. 하지만 이번 경우에는 변수 이름을 간접적으로 참조하길 원한다. 따라서 변수(carat)를 다른 변수(input$var) 내부에 저장한다.

이 문장은 직관적으로 말이 되게 느껴지지만, 다소 혼동스러운데, 왜냐하면 필자가 '변수'를 약간 다른 두 가지 의미로 사용했기 때문이다. 그 두 가지 사용에 대한 차이를 명확하게 할 수 있도록 두 개의 새로운 용어를 도입한다면, 무슨 일이 발생하고 있는지 더 쉽게 이해할 수 있을 것이다.

환경 변수(env-variable)

환경 변수는 <-로 생성하는 '프로그래밍' 변수다. input$var는 환경 변수다.

데이터 변수(data-variable)

데이터 (프레임) 변수는 데이터 프레임 내부에 존재하는 '통계적' 변수다. carat
은 데이터 변수다.

이 두 용어들을 통해 간접성의 문제를 보다 분명하게 나타낼 수 있다. 우리는 데이터 변수(carat)를 환경 변수(input$var) 내부에 저장하였으며, 이를 dplyr에게 알릴 어떤 방법이 필요하다. 사용하는 함수가 '데이터 마스킹(data-masking)' 함수인지 '타이디 셀렉션(tidy-selection)' 함수인지에 따라 이를 수행하는 약간 다른 두 가지 방법이 있다.

데이터 마스킹

데이터 마스킹 함수에서는 '현재' 데이터 프레임의 변수를 추가 구문 없이 사용할 수 있다. 데이터 마스킹은 arrange(), filter(), group_by(), mutate(), summarise() 와 같은 많은 dplyr 함수들과 ggplot2의 aes()에서 사용된다.

시작하기

데이터 변수(carat)와 환경 변수(min)를 사용하는 filter() 호출부터 살펴보자.

```
min <- 1
diamonds %>% filter(carat > min)
#> # A tibble: 17,502 x 10
#>   carat cut       color clarity depth table price     x     y     z
#>   <dbl> <ord>     <ord> <ord>   <dbl> <dbl> <int> <dbl> <dbl> <dbl>
#> 1  1.17 Very Good J     I1       60.2    61  2774  6.83   6.9  4.13
#> 2  1.01 Premium   F     I1       61.8    60  2781  6.39  6.36  3.94
#> 3  1.01 Fair      E     I1       64.5    58  2788  6.29  6.21  4.03
#> 4  1.01 Premium   H     SI2      62.7    59  2788  6.31  6.22  3.93
#> 5  1.05 Very Good J     SI2      63.2    56  2789  6.49  6.45  4.09
#> 6  1.05 Fair      J     SI2      65.8    59  2789  6.41  6.27  4.18
#> # ... with 17,496 more rows
```

이를 동등한 base R 코드와 비교해보자.

```
diamonds[diamonds$carat > min, ]
```

전부는 아니지만[1] 대부분의 base R 함수에서 데이터 변수는 $를 사용하여 참조해야 한다. 이는 코드 자체로 종종 데이터 프레임 이름을 여러 번 반복해서 작성해야 함을 뜻하지만, 이렇게 하면 정확히 무엇이 데이터 변수고 무엇이 환경 변수인지 분명하게 알 수 있다. 또한 데이터 변수의 이름을 환경 변수에 저장한 뒤 $를 [[로 바꾸는 간단한 방식으로 간접성을 사용할 수 있다.[2]

```
var <- "carat"
diamonds[diamonds[[var]] > min, ]
```

같은 결과를 타이디 평가를 이용해서 어떻게 얻을 수 있을까? 일단 $를 다시 추가하는 방법을 생각해보자. 다행스럽게도, 데이터 마스킹 함수 내에서 .data나 .env를 사용하여 데이터 변수인지 환경 변수인지를 명시적으로 나타낼 수 있다.

```
diamonds %>% filter(.data$carat > .env$min)
```

이제 $를 [[로 바꿀 수 있다.

```
diamonds %>% filter(.data[[var]] > .env$min)
```

앞서 이 장을 시작했던 서버 함수를 갱신하여 앱이 올바른 결과를 반환하는지 확인하자.

```
num_vars <- c("carat", "depth", "table", "price", "x", "y", "z")
ui <- fluidPage(
  selectInput("var", "Variable", choices = num_vars),
  numericInput("min", "Minimum", value = 1),
  tableOutput("output")
)
server <- function(input, output, session) {
  data <- reactive(diamonds %>% filter(.data[[input$var]] > .env$input$min))
  output$output <- renderTable(head(data()))
}
```

그림 12-2는 앱이 성공적으로 작동함을 보여준다—오직 carat 값이 1보다 큰 다이아몬드만 볼 수 있다.

---

1 dplyr::filter()는 base::subset()으로부터 영감을 얻었다. subset()은 데이터 마스킹을 이용하지만 타이디 평가를 통해서 사용하지는 않으므로 불행히도 이 장에서 다룰 기법이 적용되지 않는다.
2 Shiny 앱에서 간접성의 가장 흔한 형식은 데이터 변수의 이름을 반응형 값에 저장하는 것이다. 수용하기(embracing)라고 부르는 또 다른 간접성의 형식은 {{ x }}를 사용하여 푸는 함수를 작성할 때 발생한다. 이는 'dplyr을 이용한 프로그래밍(Programming with dplyr)'(*https://oreil.ly/4Mdfc*)에서 더 자세히 배울 수 있다.

Variable

carat ▼

Minimum

1

carat	cut	color	clarity	depth	table	price	x	y	z
1.17	Very Good	J	I1	60.20	61.00	2774	6.83	6.90	4.13
1.01	Premium	F	I1	61.80	60.00	2781	6.39	6.36	3.94
1.01	Fair	E	I1	64.50	58.00	2788	6.29	6.21	4.03
1.01	Premium	H	SI2	62.70	59.00	2788	6.31	6.22	3.93
1.05	Very Good	J	SI2	63.20	56.00	2789	6.49	6.45	4.09
1.05	Fair	J	SI2	65.80	59.00	2789	6.41	6.27	4.18

그림 12-2 .data와 .env를 명시하고 $ 대신 [[를 사용한 이후 앱이 잘 작동한다.
*https://hadley.shinyapps.io/ms-tidied-up*에서 실시간으로 확인해보자.

지금까지 기본을 다루었으니, 이제 여전히 간단하지만 좀더 현실적인 Shiny 앱 몇
개를 개발해보자.

예: ggplot2

사용자가 x와 y 축에 나타날 변수를 선택하여 산점도(scatterplot)를 생성하도록 하
는 동적 플롯을 만들어보자.

```
ui <- fluidPage(
  selectInput("x", "X variable", choices = names(iris)),
  selectInput("y", "Y variable", choices = names(iris)),
  plotOutput("plot")
)
server <- function(input, output, session) {
  output$plot <- renderPlot({
    ggplot(iris, aes(.data[[input$x]], .data[[input$y]])) +
      geom_point(position = ggforce::position_auto())
  }, res = 96)
}
```

결과는 그림 12-3에서 볼 수 있다.

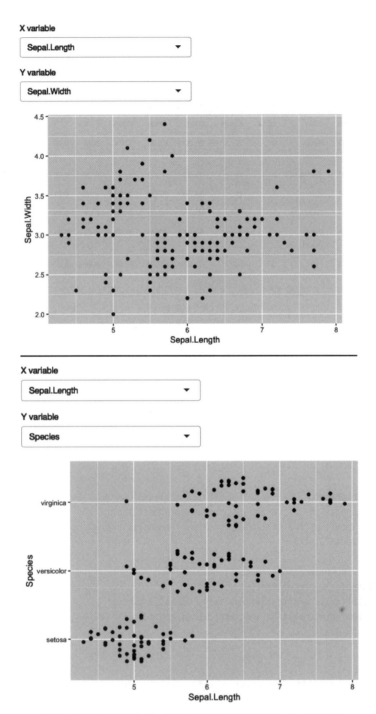

그림 12-3 사용자가 플롯의 x와 y 축에 나타날 변수를 선택하도록 하는 간단한 앱.
*https://hadley.shinyapps.io/ms-ggplot2*에서 실시간으로 확인해보자.

여기에서 필자는 x와 y 변수가 연속형(continuous)이든 이산형(discrete)이든 상관없이 geom_point()를 훌륭하게 작동시킬 수 있도록 ggforce::position_auto()를 사용하였다. 대안으로 사용자가 geom을 고를 수 있게 할 수도 있다. 다음 앱은 switch() 구문을 사용하여 플롯에 추가될 반응형 geom을 생성한다.

```
ui <- fluidPage(
  selectInput("x", "X variable", choices = names(iris)),
  selectInput("y", "Y variable", choices = names(iris)),
  selectInput("geom", "geom", c("point", "smooth", "jitter")),
  plotOutput("plot")
)
server <- function(input, output, session) {
  plot_geom <- reactive({
    switch(input$geom,
      point = geom_point(),
      smooth = geom_smooth(se = FALSE),
      jitter = geom_jitter()
    )
  })

  output$plot <- renderPlot({
    ggplot(iris, aes(.data[[input$x]], .data[[input$y]])) +
      plot_geom()
  }, res = 96)
}
```

이와 같이, 사용자가 발생시킬 모든 경우를 다루기 위해서 코드가 더 복잡해진다는 점이 사용자 선택 변수를 사용하는 프로그래밍의 어려운 점 중 한 가지다.

예: dplyr

같은 기법이 dplyr에서도 작동한다. 다음 앱은 앞에서 봤던 간단한 앱을 확장하여 사용자가 필터링에 사용할 변수 및 최솟값과 데이터 정렬에 사용할 변수를 선택할 수 있게 한다.

```
ui <- fluidPage(
  selectInput("var", "Select variable", choices = names(mtcars)),
  sliderInput("min", "Minimum value", 0, min = 0, max = 100),
  selectInput("sort", "Sort by", choices = names(mtcars)),
  tableOutput("data")
)
server <- function(input, output, session) {
  observeEvent(input$var, {
```

```
    rng <- range(mtcars[[input$var]])
    updateSliderInput(
      session, "min",
      value = rng[[1]],
      min = rng[[1]],
      max = rng[[2]]
    )
  })

  output$data <- renderTable({
    mtcars %>%
      filter(.data[[input$var]] > input$min) %>%
      arrange(.data[[input$sort]])
  })
}
```

그림 12-4가 갱신된 결과를 보여준다.

Select variable

| mpg | ▼ |

Minimum value

| 10.4 | **25** | 33.9 |

10.4 13 15 17 20 22 25 27 29 32 33.9

Sort by

| disp | ▼ |

mpg	cyl	disp	hp	drat	wt	qsec	vs	am	gear	carb
33.90	4.00	71.10	65.00	4.22	1.83	19.90	1.00	1.00	4.00	1.00
30.40	4.00	75.70	52.00	4.93	1.61	18.52	1.00	1.00	4.00	2.00
32.40	4.00	78.70	66.00	4.08	2.20	19.47	1.00	1.00	4.00	1.00
27.30	4.00	79.00	66.00	4.08	1.94	18.90	1.00	1.00	4.00	1.00
30.40	4.00	95.10	113.00	3.77	1.51	16.90	1.00	1.00	5.00	2.00
26.00	4.00	120.30	91.00	4.43	2.14	16.70	0.00	1.00	5.00	2.00

그림 12-4 사용자가 임계값에 대한 변수와 결과의 정렬 방법을 선택하도록 하는 간단한 앱.
*https://hadley.shinyapps.io/ms-dplyr*에서 실시간으로 확인해보자.

대부분의 다른 문제들은 .data를 이미 알고 있는 프로그래밍 기술에 결합하여 해결할 수 있다. 예를 들어, 조건부로 오름차순이나 내림차순으로 정렬하고 싶다면 어떻게 할까?

```r
ui <- fluidPage(
  selectInput("var", "Sort by", choices = names(mtcars)),
  checkboxInput("desc", "Descending order?"),
  tableOutput("data")
)
server <- function(input, output, session) {
  sorted <- reactive({
    if (input$desc) {
      arrange(mtcars, desc(.data[[input$var]]))
    } else {
      arrange(mtcars, .data[[input$var]])
    }
  })
  output$data <- renderTable(sorted())
}
```

더 많은 제어를 제공할수록, 코드가 점점 더 복잡해지며, 포괄적(comprehensive)인 동시에 사용자 친화적(user-friendly)인 사용자 인터페이스를 만드는 게 점점 더 어려워짐을 알게 될 것이다. 이것이 필자가 데이터 분석을 위한 코딩 도구에 항상 초점을 두는 이유다. 좋은 UI를 만드는 것은 정말 정말 어렵다!

사용자 제공 데이터

타이디 셀렉션(tidy-selection)에 대해 얘기하기에 앞서, 마지막으로 사용자 제공 (user-supplied) 데이터에 대해 논해보자. 그림 12-5에 보이는 다음 앱을 보자. 이는 사용자가 TSV 파일을 업로드하고 변수를 선택한 뒤 그 변수를 이용하여 필터링을 수행할 수 있게 한다. 이는 대부분의 입력에 대해 잘 작동할 것이다.

```r
ui <- fluidPage(
  fileInput("data", "dataset", accept = ".tsv"),
  selectInput("var", "var", character()),
  numericInput("min", "min", 1, min = 0, step = 1),
  tableOutput("output")
)
server <- function(input, output, session) {
  data <- reactive({
    req(input$data)
    vroom::vroom(input$data$datapath)
  })
  observeEvent(data(), {
    updateSelectInput(session, "var", choices = names(data()))
  })
  observeEvent(input$var, {
```

```
    val <- data()[[input$var]]
    updateNumericInput(session, "min", value = min(val))
  })

  output$output <- renderTable({
    req(input$var)

    data() %>%
      filter(.data[[input$var]] > input$min) %>%
      arrange(.data[[input$var]]) %>%
      head(10)
  })
}
```

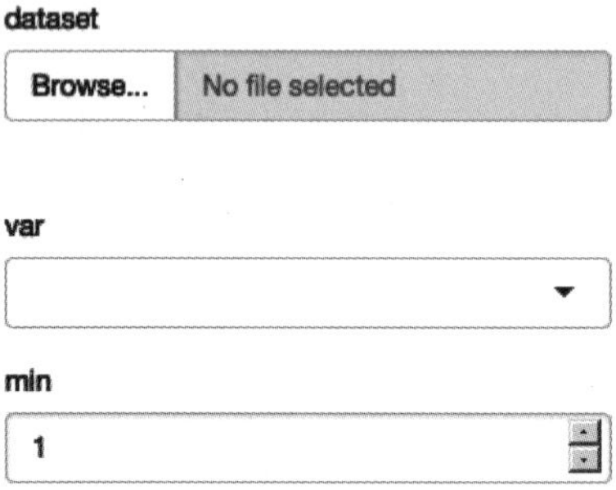

그림 12-5 사용자 제공 데이터를 필터링하는 앱. 갑작스러운 오류를 발생시킨다.
*https://hadley.shinyapps.io/ms-user-supplied*에서 실시간으로 확인해보자.

하지만 여기서 filter()의 사용에 미묘한 문제가 있다. filter()를 호출하는 부분
만 따로 떼어내어 앱의 외부에서 직접 사용해보자.

```
df <- data.frame(x = 1, y = 2)
input <- list(var = "x", min = 0)

df %>% filter(.data[[input$var]] > input$min)
#>   x y
#> 1 1 2
```

이 코드를 사용해보면, 대부분의 데이터 프레임에 대해 잘 작동함을 알 수 있을 것
이다. 하지만 미묘한 이슈가 있다. 데이터 프레임이 input이라는 변수를 지니고 있
다면 어떻게 될까?

```
df <- data.frame(x = 1, y = 2, input = 3)
df %>% filter(.data[[input$var]] > input$min)
#> Error: Problem with `filter()` input `..1`.
```

```
#> x $ operator is invalid for atomic vectors
#> i Input `..1` is `.data[["x"]] > input$min`.
```

오류 메시지를 얻게 되는데, 이는 filter()가 df$input$min을 평가하려 시도하기 때문이다.

```
df$input$min
#> Error in df$input$min: $ operator is invalid for atomic vectors
```

이 문제는 데이터 변수와 환경 변수 간의 모호함 때문이며, 두 가지 변수가 모두 존재하는 경우에는 데이터 마스킹이 데이터 변수를 사용하는 것을 선호하기 때문이다. filter()가 오직 환경 변수 내의 min만 찾아보도록 .env[3]를 사용함으로써 이 문제를 해결할 수 있다.

```
df %>% filter(.data[[input$var]] > .env$input$min)
#>   x y input
#> 1 1 2     3
```

오직 사용자 제공 데이터를 다루는 경우에만 이 문제에 대해 걱정할 필요가 있다는 점을 알아두자. 여러분이 자신의 데이터를 다루는 경우에는, 데이터 변수 이름이 환경 변수 이름과 충돌하지 않도록 여러분 스스로 보장할 수 있을 것이다(그리고 의도치 않게 충돌한 경우에는 그 즉시 발견하게 될 것이다).

왜 base R을 사용하지 않는가?

이 시점에서 filter() 대신 동일한 역할의 base R 코드를 사용하는 게 좋지 않을까 궁금해할 수도 있다.

```
df[df[[input$var]] > input$min, ]
#>   x y input
#> 1 1 2     3
```

filter()가 정확히 어떤 일을 수행하는지 알고, 그에 따라 동등한 base R 코드를 생성할 수 있는 한, 이는 전적으로 타당한 방안이다. 이 경우,

---

3   .data와 .env라고 명명된 변수를 부를 때도 같은 문제가 발생하는지 궁금할 것이다. 데이터 프레임에 이런 이름의 열을 가지는 일은 흔치 않겠지만, 이럴 때는 명시적으로 .data$.data와 .data$.env로 변수를 참조해야 한다.

- df가 오직 하나의 열만 지닌 경우 drop = FALSE가 필요할 것이다(그렇게 하지 않으면 데이터 프레임 대신 벡터를 얻는다).
- 결측값을 제거하기 위해 which()나 비슷한 방법을 사용해야 할 것이다.
- 그룹별 필터링을 수행할 수 없다(예: df %>% group_by(g) %>% filter(n() == 1)).

보통, dplyr을 매우 간단한 사례에 사용할 때는 데이터 마스킹이 없는 base R 함수를 사용하는 것이 더 쉽다고 느낄 것이다. 하지만 필자의 생각에는, tidyverse의 장점 중 하나는 예외적인 상황(edge cases)에 대해서도 세심하게 고려하여 함수가 보다 일관성 있게 작동하도록 한 것이다. 필자는 이 점을 과대포장하고 싶지는 않다. 다만, base R로 코드를 작성할 때는 특정 base R 함수의 기이한 행동(quirks)들을 망각하기 쉬우며, 그로 인해 95%의 경우에 잘 작동하더라도 5%의 경우에 일반적이지 않은 방식으로 오류가 발생하는 코드를 작성하게 되기 쉽다는 점을 말해둔다.

타이디 셀렉션

타이디 셀렉션은 타이디 평가에 있어서 데이터 마스킹만큼이나 중요한 부분이다. 타이디 셀렉션은 열을 위치, 이름, 혹은 타입에 따라 선택할 수 있는 간결한 방법을 제공한다. 이는 dplyr::select()와 dplyr::across() 함수, 그리고 pivot_longer(), pivot_wider(), separate(), extract(), unite()와 같은 많은 tidyr 함수에 사용된다.

간접성

변수를 간접적으로 참조하기 위해 any_of()나 all_of()를 사용하자.[4] 두 함수 모두 데이터 변수의 이름을 지니는 문자형 벡터 환경 변수를 인자로 받는다. 오직 한 가지 차이점은 데이터 프레임에 존재하지 않는 변수 이름을 제공하였을 때 발생하는 결과다. any_of()는 해당 변수 이름을 조용히 무시하는 반면, all_of()는 오류를 발생시킨다.

예를 들어, 다음 앱은 all_of()와 멀티셀렉트(multiselect) 입력을 이용하여 사용자가 몇 개의 변수든 선택할 수 있게 한다.

---

4 tidyselect와 dplyr 패키지의 오래된 버전에서는 one_of()를 사용해야 할 것이다. 이는 any_of()와 같은 의미를 지니지만 이름이 그 의미를 잘 나타내지 못한다.

```
ui <- fluidPage(
  selectInput("vars", "Variables", names(mtcars), multiple = TRUE),
  tableOutput("data")
)

server <- function(input, output, session) {
  output$data <- renderTable({
    req(input$vars)
    mtcars %>% select(all_of(input$vars))
  })
}
```

타이디 셀렉션과 데이터 마스킹

타이디 셀렉션을 이용한 함수를 사용할 때 여러 개의 변수를 다루는 방법은 명쾌하다. 단지 any_of()나 all_of()에 변수 이름을 문자형 벡터로 넘기면 된다. 데이터 마스킹 함수에서도 이와 같이 할 수 있다면 멋지지 않을까? 이것이 dplyr 1.0.0에 추가된 across() 함수의 아이디어다. 이 함수는 데이터 마스킹 함수 내에서 타이디 셀렉션을 사용할 수 있게 한다.

across()는 보통 하나나 두 개의 인자와 함께 사용된다. 첫 번째 인자는 변수를 선택하며, group_by()나 district()와 같은 함수에 유용하다. 예를 들어, 그림 12-6의 앱은 변수를 몇 개든 선택할 수 있게 하고, 고유한 변수 값 조합 각각이 나타나는 횟수를 계산한다.

```
ui <- fluidPage(
  selectInput("vars", "Variables", names(mtcars), multiple = TRUE),
  tableOutput("count")
)

server <- function(input, output, session) {
  output$count <- renderTable({
    req(input$vars)

    mtcars %>%
      group_by(across(all_of(input$vars))) %>%
      summarise(n = n(), .groups = "drop")
  })
}
```

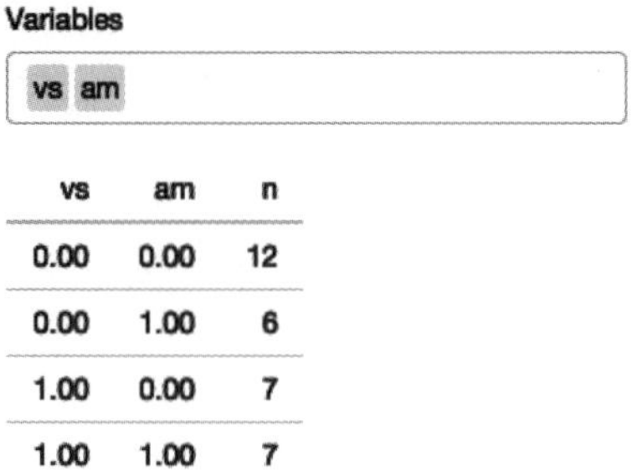

Variables

| vs | am |

vs	am	n
0.00	0.00	12
0.00	1.00	6
1.00	0.00	7
1.00	1.00	7

그림 12-6 이 앱은 사용자가 변수를 몇 개든 선택할 수 있게 하며, 고유한 변수 값 조합이 나타나는 횟수를 계산한다. *https://hadley.shinyapps.io/ms-across*에서 실시간으로 확인해보자.

두 번째 인자는 각 선택된 열에 적용될 함수(혹은 함수의 리스트)다. 따라서 각 변수를 어떤 방법으로 변형하려고 사용하는 mutate()와 summarise()에 적합하다. 예를 들어, 다음 코드로 생성된 앱에서는 사용자가 그룹 변수를 몇 개든 선택하고, 또한 평균을 구할 변수를 몇 개든 선택할 수 있다.

```
ui <- fluidPage(
  selectInput("vars_g", "Group by", names(mtcars), multiple = TRUE),
  selectInput("vars_s", "Summarise", names(mtcars), multiple = TRUE),
  tableOutput("data")
)

server <- function(input, output, session) {
  output$data <- renderTable({
    mtcars %>%
      group_by(across(all_of(input$vars_g))) %>%
      summarise(across(all_of(input$vars_s), mean), n = n())
  })
}
```

parse()와 eval()

이 장을 마치기 전에, paste() + parse() + eval()에 대해 간단히 언급하는 것이 좋겠다. 이 조합이 무엇인지 전혀 모르겠다면, 이 절을 건너뛰어도 좋다. 만약 이 조합을 사용해봤다면, 필자는 짧게 주의를 주고 싶다.

이 조합은 아주 약간의 새로운 아이디어만 배우면 되므로 매력적인 접근 방법이다. 하지만 이 방법에는 큰 단점이 있다. 문자열들을 하나로 합치기 때문에, 뜻하지 않게 무효한(invalid) 코드나 의도하지 않았던 작업을 수행하는 잘못된 코드가 생성되기 쉽다. Shiny 앱을 사용하는 사람이 오직 여러분 자신뿐이라면 큰 문제가 되진 않겠지만, 이는 좋은 코딩 습관이 아니다. 만약 이렇게 만들어진 Shiny 앱을 많은 다른 사용자들도 이용한다면 뜻하지 않은 보안상의 허점이 발생하기 쉽다. 이 아이디어에 대해서는 22장에서 다시 다루겠다.

(이 방법이 문제를 풀기 위해 여러분이 찾을 수 있는 유일한 방법이라면 낙담하지 말자. 하지만 약간의 정신적 여유가 주어진다면, 문자열 조작(string manipulation) 없이 문제를 푸는 방법을 찾는 데 시간을 들여보길 추천한다. 이는 여러분이 더 나은 R 프로그래머가 되는 데 도움이 될 것이다.)

요약

이 장에서는 dplyr::filter()나 ggplot2::aes()와 같은 tidyverse 함수에 제공할 변수를 사용자가 직접 선택할 수 있는 Shiny 앱을 만드는 방법에 대해 배웠다. 이는 데이터 변수와 환경 변수 간의 핵심적인 차이에 대해 생각하게 한다. 이 구별이 자연스러워지기까지는 어느 정도 연습이 필요할 테지만, 이 아이디어를 마스터한다면 tidyverse의 데이터 분석 역량을 R을 사용하지 않는 사용자들 또한 이용하게 만들 수 있는 힘을 얻게 된다.

이 장은 이 책의 2부 'Shiny 실전'의 마지막 장이었다. 이제 어느 정도 유용한 앱을 만들기 위해 필요한 도구를 갖게 되었다. 이제부터는 Shiny 기저의 이론에 대한 이해를 향상시키는 데 초점을 맞춰보겠다.

반응성 마스터하기

이제 다양한 종류의 유용한 애플리케이션을 만들 수 있는 훌륭한 기술들을 갖추었다. 다음으로, Shiny 마법의 기저에 있는 반응성(reactivity)의 이론에 주목해볼 것이다.

- 13장에서는 반응성 프로그래밍 모형(reactivity programming model)이 필요한 이유와 R 이외의 반응형 프로그래밍(reactive programming)의 간략한 역사를 배운다.
- 14장에서는 반응형 컴포넌트가 갱신되는 정확한 시점을 결정하는 반응형 그래프(reactive graph)에 대해 상세하게 배운다.
- 15장에서는 기저에 있는 기본 단위, 특히 관찰자(observer)와 예정된 무효화(timed invalidation)에 대해 배운다.
- 16장에서는 reactiveVal()과 observe()를 이용하여 반응형 그래프의 제약을 벗어나는 방법을 배운다.

물론 일상적인 Shiny 앱 개발을 위해 이 모든 상세한 내용을 이해할 필요는 없다. 하지만 반응형에 대한 이해도를 높이면 처음부터 올바른 앱을 작성하거나, 앱이 기대와 다르게 작동할 때 기저의 문제를 빨리 파악하는 데 도움이 된다.

13장

왜 반응성인가?

소개

Shiny를 처음 접하면 '마법'이라는 인상을 받는다. 마법은 간단한 앱을 엄청나게 빠르게 만들 수 있기에 처음 시작하는 단계에서는 멋지다. 하지만 소프트웨어를 개발하다 보면 이런 마법에 대한 환상은 깨지기 마련이다. 견고한 멘탈 모델을 갖추지 못하면, 데모나 예제를 벗어났을 때 소프트웨어가 어떻게 작동할지 예측하기 매우 어려우며, 기대했던 방향으로 작동하지 않을 경우 디버깅하기가 거의 불가능하다.

다행스럽게도 Shiny는 '좋은' 마법이다. 톰 데일(Tom Dale)이 그의 Ember.js 자바스크립트 프레임워크에서 말했듯이 "우리는 많은 마법을 행하지만, 그것은 '좋은 마법'이다. 이는 마법이 적절한 기초 요소들(primitives)로 분해됨을 뜻한다."[1] 이것은 Shiny 팀이 Shiny에 대해 열정을 갖고 추구하는 점이며, 반응형 프로그래밍에 대해 특히 그러하다. 반응형 프로그래밍 내부를 들여다보면, 휴리스틱(heuristics)이나 특수 상황 혹은 특정 문제에 대한 해결책(hack)을 발견하는 대신, 영리하면서도 상당히 이해하기 쉬운 메커니즘을 발견할 것이다. 반응성에 대한 정확한 멘탈 모델을 구축하고 나면, Shiny에 숨겨진 비밀은 없다는 것을 알게 될 것이다. 이 마법은 일관된 방식으로 조합된 간단한 개념들로부터 온다.

---

[1] Steve Sanderson, "Rich JavaScript Applications—The Seven Frameworks (Throne of JS, 2012)," (*https://oreil.ly/HBSKI*) Steve Sanderson's Blog, August 1, 2012.

이 장에서는, 반응형 프로그래밍 없이 작업 수행을 시도하면 어떤 어려움이 있는 지 살펴봄으로써 반응형 프로그래밍의 동기를 부여하고, Shiny와 관련된 반응성의 간단한 역사를 다룬다.

왜 반응형 프로그래밍이 필요한가?

반응형 프로그래밍은 시간이 지남에 따라 변하는 값들과 그 값들에 의존적인 계산 및 작용에 중점을 두는 프로그래밍 스타일이다. Shiny 앱은 인터랙티브하므로 반 응성이 중요하다. 사용자가 입력 컨트롤의 값을 변경하고(슬라이더 드래깅하기, 텍스트 박스에 문자 입력하기, 체크박스 선택하기 등), 이로 인해 서버에서 로직이 실행되며(CSV 파일 읽기, 데이터 서브셋 추출하기(subsetting), 모형 추정하기(fitting) 등), 최종적으로 출력이 갱신된다(플롯 다시 그리기, 표 갱신하기 등). 이는 보통 상당히 정적인(static) 데이터를 다루는 대부분의 R 코드와는 매우 다른 점이다.

Shiny 앱을 최대한 유용하게 만들기 위해서는 반응형 표현식(reactive expressions)과 출력이 그들에 영향을 미치는 입력이 변경되었을 때만 갱신되도록 해야 한다. 즉, 출력이 입력과 동기화(sync)됨과 동시에, 필요 이상의 작업을 수행하지 않도록 보장해야 한다. 여기에서 왜 반응성이 많은 도움이 되는지를 알아보기 위해, 일단 반응성 없이 간단한 문제를 해결해보자.

왜 변수를 사용할 수 없는가?

여러분은 **변수**라고 부르는 '시간이 지남에 따라 변하는 값'을 다루는 방법을 이미 알고 있다. 변수는 R에서 값을 표현하며 시간이 지남에 따라 변하지만, 한 변수의 값이 변경될 때 다른 변수에 자동으로 반영되도록 설계되지는 않았다. 섭씨 온도를 화씨 온도로 변환하는 간단한 예를 살펴보자.

```
temp_c <- 10
temp_f <- (temp_c * 9 / 5) + 32
temp_f
#> [1] 50
```

여기까지는 좋다. 변수 temp_c의 값은 10이고, 변수 temp_f의 값은 50이다. 여기에 서 temp_c의 값을 바꿀 수 있다.

```
temp_c <- 30
```

하지만 temp_c의 값을 변경해도 temp_f의 값에 영향을 미치지는 않는다.

```
temp_f
#> [1] 50
```

변수는 시간이 지남에 따라 값이 변하지만, 절대 자동으로 변하지는 않는다.

함수는 어떠한가?

대신, 함수를 이용해서 이 문제를 해결할 수 있을 것이다.

```
temp_c <- 10
temp_f <- function() {
  message("Converting")
  (temp_c * 9 / 5) + 32
}
temp_f()
#> Converting
#> [1] 50
```

(이 함수는 입력 인자를 지니지 않고, 대신 함수를 둘러싼 환경(environment)에 존재하는 변수 temp_c에 접근하기 때문에,[2] 다소 이상하게 보이겠지만 완벽하게 유효한 R 코드다.)

이는 반응성이 해결하고자 하는 첫 번째 문제를 해결한다. 함수 temp_f()에 접근할 때마다 가장 최근의 계산 결과를 얻는다.

```
temp_c <- -3
temp_f()
#> Converting
#> [1] 26.6
```

하지만 계산을 최소화하지는 않는다. 함수 temp_f()를 부를 때마다 변수 temp_c의 값이 변경되지 않았더라도 새롭게 계산이 수행된다.

---

2 R은 어휘 범위(혹은 정적 범위; lexical scoping)(*https://oreil.ly/infBc*)를 이용하여 변수 이름에 해당하는 값을 찾는다.

```
temp_f()
#> Converting
#> [1] 26.6
```

이 작은 예제에서는 계산 비용이 저렴하므로, 불필요하게 계산을 반복하는 것은 큰 문제가 아니지만, 여전히 불필요한 부분이다. 만약 입력값이 변하지 않았다면, 출력값을 다시 계산해야 할 이유가 대체 뭐란 말인가?

이벤트 기반 프로그래밍

변수와 함수는 문제를 해결할 수 없으므로 새로운 어떤 것을 만들어야 한다. 반응형 프로그래밍이 사용되기 전인 지난 수십 년간, 이런 문제에 대한 주된 해법은 **이벤트 기반 프로그래밍**(event-driven programming)이었을 것이다. 이벤트 기반 프로그래밍은 매력적인 간단한 패러다임이다. 이벤트에 반응하여 실행될 콜백 함수를 등록하면 된다.

다음 예제와 같이, R6를 이용하여 매우 간단한 이벤트 기반 툴킷을 구현할 수 있다. 다음과 같은 세 개의 중요한 메서드를 지닌 DynamicValue라는 클래스를 정의하자. get()과 set()은 각각 값을 읽고 변경하며, onUpdate()는 값이 변경될 때마다 실행될 코드를 등록한다. 만약 R6에 친숙하지 않다면, 세부적인 내용에 대해 걱정하지 말고 다음 예제들에 집중하기 바란다.

```
DynamicValue <- R6::R6Class("DynamicValue", list(
  value = NULL,
  on_update = NULL,

  get = function() self$value,

  set = function(value) {
    self$value <- value
    if (!is.null(self$on_update))
      self$on_update(value)
    invisible(self)
  },

  onUpdate = function(on_update) {
    self$on_update <- on_update
    invisible(self)
  }
))
```

만약 Shiny가 5년만 더 일찍 발명되었다면, 아마 지금의 Shiny보다는 다음과 비슷한 형태였을 것이다. 여기에서 `temp_c`는 `temp_f` 값을 갱신하기 위해 연산자 `<<-`를 사용한다.[3]

```
temp_c <- DynamicValue$new()
temp_c$onUpdate(function(value) {
  message("Converting")
  temp_f <<- (value * 9 / 5) + 32
})

temp_c$set(10)
#> Converting
temp_f
#> [1] 50

temp_c$set(-3)
#> Converting
temp_f
#> [1] 26.6
```

이벤트 기반 프로그래밍은 불필요한 계산에 대한 문제를 해결하지만, 대신 새로운 문제를 생성한다. 어떠한 입력이 어떠한 계산에 영향을 미치는지를 주의깊게 추적해야 한다는 것이다. 오래지 않아, 정확함(어떤 것이든 변경되면 단순히 모든 것을 갱신함)과 수행성능(꼭 필요한 부분만을 갱신하려고 시도하며 어떠한 극단적인 경우도 놓치지 않았길 희망함) 사이에서 저울질을 하게 될 것이다. 왜냐하면 두 가지 모두를 충족시키는 것은 매우 어렵기 때문이다.

반응형 프로그래밍

반응형 프로그래밍은 앞서 언급된 해결 방안들의 특징들을 조합함으로써 두 가지 문제 모두를 우아하게 해결한다. 지금부터 콘솔에서 직접 반응성을 실험해볼 수 있는 특별한 Shiny 모드인 `reactiveConsole(TRUE)`를 이용하여 실제 Shiny 코드를 보도록 하자.

```
library(shiny)
reactiveConsole(TRUE)
```

---

3 `<<-`는 상위 할당 연산자(super-assignment operator)(*https://oreil.ly/z26ra*)라고 부르며, 이 예에서는 전역 환경(global environment)의 `temp_f` 값을 변경한다. 만약 `<-` 연산자를 사용했다면 함수 내에서 새로운 `temp_f`를 생성하였을 것이다.

이벤트 기반 프로그래밍에서와 같이, 특별한 형태의 변수를 지시할 방법이 필요하다. Shiny에서는 **반응형 값**(reactive value)을 reactiveVal()로 생성한다. 반응형 값은 그 값을 읽고 쓰기 위한 특별한 문법[4]을 가진다. 값을 읽을 때는 인자가 없는 함수를 호출하는 것처럼 작성하며, 값을 쓸 때는 하나의 인자를 가진 함수를 호출하는 것처럼 작성한다.

```
temp_c <- reactiveVal(10) # 생성하기
temp_c()                  # 읽기
#> [1] 10
temp_c(20)                # 쓰기
temp_c()                  # 읽기
#> [1] 20
```

이제 이 반응형 값에 의존하여 작동하는 반응형 표현식을 생성해보자.

```
temp_f <- reactive({
  message("Converting")
  (temp_c() * 9 / 5) + 32
})
temp_f()
#> Converting
#> [1] 68
```

앱을 작성할 때 배웠던 것처럼, 반응형 표현식은 모든 의존성을 자동으로 추적하므로 이후에 temp_c 값이 변경되면 temp_f도 자동으로 갱신된다.

```
temp_c(-3)
temp_c(-10)
temp_f()
#> Converting
#> [1] 14
```

하지만 temp_c 값이 변경되지 않는다면, temp_f()는 재계산[5]을 필요로 하지 않고 바로 캐시로부터 값을 불러온다.

```
temp_f()
#> [1] 14
```

---

4 만약 R의 active bindings를 사용해보았다면, 문법이 매우 비슷함을 알게 될 것이다. 이는 우연의 일치가 아니다.

5 'Converting'이 출력되지 않기 때문에, 재계산이 수행되지 않았다고 말할 수 있다.

반응형 표현식은 두 가지 중요한 속성을 지닌다.

- **지연된다**: 호출되기 전까지 어떠한 일도 수행하지 않는다.
- **캐시된다**: 이전 결과를 캐시에 저장하므로 두 번째나 그 다음에 호출될 때 어떠한 일도 수행하지 않는다.

14장에서 이 중요한 속성들에 대해 다시 살펴본다.

반응형 프로그래밍의 간략한 역사

만약 다른 프로그래밍 언어에서의 반응형 프로그래밍에 대해 배우고 싶다면, 약간의 역사가 도움이 될 것이다. 반응형 프로그래밍의 기원은 40년 전, 첫 번째 스프레드시트인 VisiCalc(*https://oreil.ly/K4l08*)에서 찾을 수 있다.

> 나는 한 숫자를 지우고 새로운 숫자를 쓰면 모든 다른 숫자가 자동으로 바뀌는, 마치 숫자의 문서 처리(word processing) 같은 마법 칠판을 상상했다.
>
> – 댄 브릭클린(Dan Bricklin)(*https://youtu.be/YDvbDiJZpy0*)

스프레드시트는 반응형 프로그래밍과 밀접하게 관련된다. 셀(cell) 간의 관계를 식(formulas)을 통해 선언하고, 하나의 셀이 변경되면 그에 의존하는 모든 다른 셀이 자동으로 갱신된다. 아마도 독자들은 반응형 프로그래밍이라는 것을 알지 못한 채 이미 수많은 반응형 프로그래밍을 작성해왔을 것이다!

반응성에 대한 발상들은 오랜 시간 동안 존재해왔지만, 1990년대 말 이전까지는 컴퓨터과학 학계에서 진지하게 연구되지 않았다. 반응형 프로그래밍에 대한 연구는 FRAN[6](functional reactive animation)에 의해 시작되었는데, 이것은 시간이 지남에 따른 변화와 사용자 입력을 함수형 프로그래밍 언어에 포함시키기 위한 새로운 시스템이었다. 이는 방대한 문헌들로 이어졌으나,[7] 실제 프로그래밍에는 별 영향을 주지 못했다.

2010년대에 들어서야 반응형 프로그래밍이 급변하는 자바스크립트 사용자 인터페이스 프레임워크의 세계를 통해 프로그래밍의 주류로 떠오르기 시작했다. 반응

---

6 Conal Elliott and Paul Hudak, "Functional Reactive Animation," in International Conference on Functional Programming, 1997, *http://conal.net/papers/icfp97/*.

7 Engineer Bainomugisha et al., "A Survey on Reactive Programming," ACM Computing Surveys (CSUR) 45, no. 4 (2013): 52, *http://soft.vub.ac.be/Publications/2012/vub-soft-tr-12-13.pdf*.

형 프로그래밍이 사용자 인터페이스 프로그래밍을 훨씬 더 쉽게 만들 수 있음을 넉아웃(Knockout)(*https://knockoutjs.com*), 엠버(Ember)(*https://emberjs.com*), (조 쳉이 Shiny를 만드는 데 영감을 준) 미티어(Meteor)(*https://www.meteor.com*)와 같은 선구적인 프레임워크들이 입증하였다. 이후 몇 년간 반응형 프로그래밍은 리액트(React)(*https://reactjs.org*), Vue.js(*https://vuejs.org*), 앵귤러(Angular)(*https://angularjs.org*)와 같은 엄청나게 인기 있는 프레임워크들을 통해 웹 프로그래밍을 지배하였다. 이 프레임워크들은 모두 태생적으로 반응형이거나, 반응형 백엔드와 밀접하게 연관되어 작동하도록 설계되었다.

'반응형 프로그래밍'은 상당히 범용적인 용어임을 유념할 필요가 있다. 모든 반응형 프로그래밍 라이브러리, 프레임워크, 언어들이 값의 변화에 반응하는 프로그램 작성에 광범위하게 관련된 반면, 용어, 설계, 구현은 서로 간에 엄청난 차이가 있다. 이 책에서 '반응형 프로그래밍'이라고 언급할 때는 특정하게 Shiny에 구현된 반응형 프로그래밍을 나타낸다. 따라서 Shiny에 대한 것이 아닌 반응형 프로그래밍 자료를 읽었다면, 그 자료에 나온 개념이나 심지어 용어조차 Shiny와는 관련이 없거나 다를 수 있다는 점을 알아두기 바란다. 다른 반응형 프로그래밍 프레임워크에 어느 정도 경험이 있는 독자를 위해 부연하자면, Shiny의 접근 방법은 미티어나 MobX(*https://mobx.js.org*)와 비슷하며, ReactiveX(*http://reactivex.io*) 계열이나 그 자신에 함수형 리액티브 프로그래밍(Functional Reactive Programming)이라 이름 붙인 무언가와는 매우 다르다.

요약

이제까지 반응형 프로그래밍이 필요한 이유와 그 역사에 대해 배웠다. 다음 장에서는 기본 이론에 대한 더 상세한 내용을 논의한다. 가장 중요하게는, 반응형 값과 반응형 표현식, 관찰자를 연결하고, 무엇이 언제 실행될지 정확하게 제어하는 반응형 그래프에 대한 이해를 확고히 한다.

14장

반응형 그래프

소개

반응형 계산을 이해하기 위해서는 우선 반응형 그래프를 먼저 이해해야 한다. 이 장에서는 그래프의 상세한 내용을 파고 들어, 작업들이 일어나는 정확한 순서에 더 집중해볼 것이다. 특히 무효화(invalidation)의 중요성에 대해 배울 텐데, 이는 Shiny의 작업이 최소화되도록 보장하기 위한 핵심 프로세스다. 또한 실제 앱에 대한 반응형 그래프를 자동으로 그리는 reactlog 패키지에 대해 배운다.

3장을 살펴본 지 오랜 시간이 지났으므로, 계속 읽기 전에 이 장에서 한층 상세히 다룰 개념들에 대한 토대가 되는 3장의 내용을 다시 숙지하길 추천한다.

반응형 실행을 단계별로 둘러보기

반응형 실행 과정을 설명하기 위해 그림 14-1의 그래픽을 사용할 것이다. 이 그래프는 세 개의 반응형 입력과 세 개의 반응형 표현식, 그리고 세 개의 출력을 지닌다.[1] 반응형 입력과 표현식은 반응형 생산자이며, 반응형 표현식과 출력은 반응형 소비자임을 상기하자.

---

1 출력의 위치에 출력 대신 관찰자 또한 떠올릴 수 있다. 주된 차이점은, 화면에 보이지 않는 출력은 계산되지 않는다는 점이다. 이에 대한 상세한 내용은 251쪽의 '관찰자와 출력'에서 다루겠다.

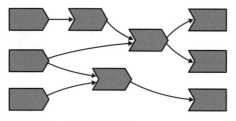

그림 14-1 세 개의 입력, 세 개의 반응형 표현식, 세 개의 출력으로 구성된 가상의 앱에 대한 완성된 반응형 그래프

컴포넌트 간의 연결은 방향성이 있으며, 화살표가 반응성의 방향성을 나타낸다. '소비자가 하나 이상의 생산자에 대한 의존성을 가진다'고 생각하는 게 보통은 더 쉽기 때문에, 반응형 그래프에서의 화살표 방향이 의외로 느껴질 수 있다. 하지만 화살표의 방향이 반응성의 흐름 모형을 한결 정확하게 표현한다는 것을 곧 알게 될 것이다.

기저의 앱이 어떤 것인지는 중요하지 않지만, 구체적인 이해를 돕기 위해서, 반응형 그래프가 다음의 딱히 유용하지는 않은 앱으로부터 생성되었다고 해보자.

```
ui <- fluidPage(
  numericInput("a", "a", value = 10),
  numericInput("b", "b", value = 1),
  numericInput("c", "c", value = 1),
  plotOutput("x"),
  tableOutput("y"),
  textOutput("z")
)

server <- function(input, output, session) {
  rng <- reactive(input$a * 2)
  smp <- reactive(sample(rng(), input$b, replace = TRUE))
  bc <- reactive(input$b * input$c)

  output$x <- renderPlot(hist(smp()))
  output$y <- renderTable(max(smp()))
  output$z <- renderText(bc())
}
```

시작해보자!

세션 시작

그림 14-2는 앱이 시작되고 서버 함수가 처음 실행된 직후의 반응형 그래프를 보여준다.

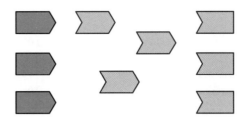

그림 14-2 앱이 시작된 후 초기 상태. 객체 간의 연결이 없고, 모든 반응형 표현식이 무효화되었다(회색).
여섯 개의 반응형 소비자와 여섯 개의 반응형 생산자가 있다.

이 그림에는 세 가지 중요한 메시지가 있다.

- Shiny는 반응형 간의 관계에 대한 사전 지식이 없으므로, 원소 간에 연결이 존재하지 않는다.
- 모든 반응형 표현식과 출력은 시작 상태인 **무효화된** 상태(회색)이며, 이는 아직 실행되기 전임을 의미한다.
- 반응형 입력은 준비 상태(녹색)이며, 이는 이 값들이 계산에 사용될 수 있음을 나타낸다.

실행 시작

이제 그림 14-3과 같이 실행(execution) 단계를 시작한다.

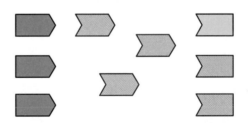

그림 14-3 Shiny가 노란색으로 표시된 임의의 관찰자나 출력을 실행한다.

이 단계에서 Shiny는 무효화된 출력을 선택하여 실행을 시작한다(노란색). 아마도 어떤 무효화된 출력을 실행할지 Shiny가 결정하는 방법이 궁금할 것이다. 짧게 얘기해서, 무작위라고 생각하면 된다. 관찰자와 출력은 독립적으로 기능하도록 설계되었기 때문에, 어떤 순서로 실행되는지 신경 쓰지 않아도 된다.[2]

---

2 부수효과(side effect) 간의 의존성 때문에 관찰자들이 특정한 순서로 실행되어야만 한다면, 일반적으로 시스템을 다시 설계하는 게 좋은 방법이다. 그렇게 할 수 없다면, `observe()`의 `priority` 인자로 관찰자의 상대적인 순서를 제어할 수 있다.

반응형 표현식 읽기

출력을 실행하기 위해서는 그림 14-4에서와 같이 반응형 값이 필요할 수 있다.

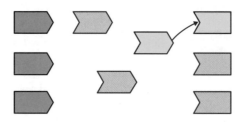

그림 14-4 출력이 반응형 표현식의 값을 필요로 하므로, 표현식이 실행되기 시작한다.

반응형을 읽으면 그래프가 두 가지 방식으로 변경된다.

- 반응형 표현식 또한 그 값을 계산하기 시작해야 한다(노란색으로 변함). 출력이 여전히 계산 중이라는 점을 주목하자. 이 출력은 일반적인 R 함수 호출에서처럼, 반응형 표현식이 값을 반환하기를 기다리며, 반환받은 이후 출력 자체의 코드 실행을 계속하게 된다.
- Shiny는 출력과 반응형 표현식 간의 관계를 기록한다(즉, 화살표를 그린다). 화살표의 방향이 중요한데, 해당 출력에 의해 사용되었다는 것을 표현식이 기록하며, 해당 표현식을 사용했다는 것을 출력이 기록하지는 않는다.[3] 이는 미묘한 차이지만, 이 차이의 중요성은 무효화를 배울 때보다 명확해진다.

입력 읽기

이 특정 반응형 표현식은 반응형 입력을 읽는다. 다시금 의존성 혹은 의존적 관계가 형성되며, 그림 14-5에서와 같이 새로운 화살표가 추가된다.

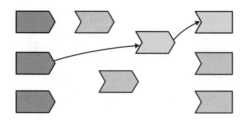

그림 14-5 반응형 표현식은 반응형 값을 읽으며, 따라서 또 다른 화살표를 추가한다.

---

3 (옮긴이) 화살표 방향이 반응형 표현식에서 시작하여 출력 방향으로 그려지며, 출력에서 시작하여 반응형 표현식 방향으로 그려지지 않는다는 점을 얘기하는 것이다.

반응형 표현식 완료

예시 앱에서는 반응형 표현식이 또 다른 반응형 표현식을 읽으며, 그 표현식은 또 다른 입력을 읽는다. 이 단계에 대한 설명은 이미 앞에서 살펴봤던 내용의 반복이므로 생략하기로 하고, 바로 그림 14-6으로 넘어가자.

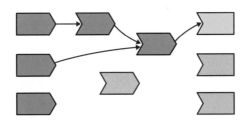

그림 14-6 반응형 표현식의 계산이 종료되어 녹색이 된다.

이제 반응형 표현식의 실행이 완료되었으며, 준비 상태라는 것을 나타내는 녹색으로 변한다. 반응형 표현식은 결과를 캐시하여, 입력이 변경되지 않는 한 다시 계산할 필요가 없게 한다.

출력 완료

반응형 표현식이 결과를 반환하였으므로, 출력이 실행을 완료하고 그림 14-7과 같이 녹색으로 변경된다.

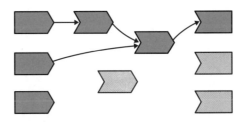

그림 14-7 출력이 계산을 완료하고 녹색이 된다.

다음 출력 실행

이제 첫 번째 출력이 완료되었으므로, Shiny는 실행할 또 다른 출력을 선택한다. 출력은 그림 14-8과 같이 노란색으로 변하고, 반응형 생산자로부터 값을 읽기 시작한다.

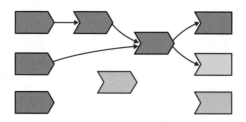

그림 14-8 다음 출력이 계산을 시작하고 노란색이 된다.

이미 완료된 반응형은 그 값을 즉시 반환할 수 있으며, 무효화된 반응형은 그 실행을 시작할 것이다. 모든 출력이 완료(녹색) 상태에 도달할 때까지 이 순환 과정이 반복될 것이다.

실행 완료, 출력 내보내기

이제 모든 출력의 실행이 완료되고 그림 14-9와 같이 유휴(idle) 상태가 되었다.

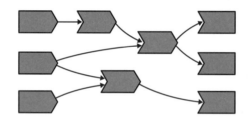

그림 14-9 모든 출력과 반응형 표현식이 완료되고 녹색이 되었다.

이번 반응형 실행 라운드는 완료되었으며, 시스템에 외부적인 작용(예: Shiny 앱 사용자가 사용자 인터페이스에 있는 슬라이더를 움직임)이 있기 전까지는 추가적인 작업이 일어나지 않을 것이다. 반응형 기준으로 이 세션은 이제 휴식 중이다.

일단 여기서 멈추고 이제까지 진행된 작업을 생각해보자. 몇 개의 입력을 읽었고, 몇 개의 값을 계산했으며, 몇 개의 출력을 생성했다. 하지만 더 중요한 것은, 반응형 객체 간의 '관계'를 발견했다는 것이다. 이는 반응형 입력이 변경될 때 정확히 어떤 반응형이 갱신되어야 할지 알게 해준다.

입력 변경

이전 단계는 Shiny 세션이 온전히 유휴 상태가 되었을 때 중단되었다. 이제 앱 사용자가 슬라이더의 값을 변경하는 경우를 상상해보자. 이는 브라우저가 서버 함수로 Shiny에게 해당되는 반응형 입력을 갱신하도록 지시하는 메시지를 보내게 한다. 이는 세 부분, 즉 입력 무효화하기, 종속자(dependency)에게 알리기, 기존 연결 제거하기로 이루어진 **무효화 단계**(invalidation phase)를 시작한다.

입력 무효화하기

무효화 단계는 변경된 입력 혹은 값에서 시작하며, 그림 14-10과 같이 무효화를 나타내는 색상인 회색으로 채운다.

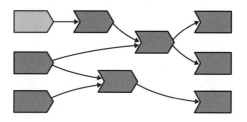

그림 14-10 사용자가 앱과 상호작용하여 입력을 무효화한다.

종속자에게 알리기

이제 이전에 그렸던 화살표를 따라 연결된 각 노드를 회색으로 칠하고 화살표를 밝은 회색으로 칠한다. 이를 그림 14-11에 나타내었다.

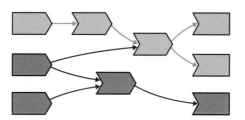

그림 14-11 무효화는 입력으로부터 시작하여 왼쪽에서 오른쪽으로 이어지는 모든 화살표를 따라 흐른다. 무효화 과정에서 Shiny가 따라간 화살표는 밝은 회색이다.

관계 제거하기

다음으로 각 무효화된 반응형 표현식과 출력은 모든 들어오고 나가는 화살표를 '지운다'. 이로써 그림 14-12의 반응형 그래프가 얻어지고 무효화 단계를 완료한다.

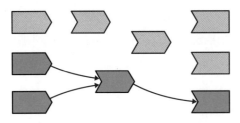

그림 14-12 무효화된 노드는 이전의 모든 관계를 망각하여, 새롭게 발견할 수 있게 한다.

노드로부터 나오는 화살표는 '다음번' 입력 변경 시 촉발되는 단발성 알림이다. 이 알림이 촉발된 후에는 그 목적을 이루었으므로 화살표를 지울 수 있다.

화살표가 시작되는 노드가 무효화되지 않는다 할지라도, 그것이 무효화된 노드로 '들어오는' 화살표라면 지워야 하는데, 그 이유가 명백해 보이지 않을 수 있다. 좀더 풀어서 얘기해보자. 화살표는 아직 촉발되지 않은 알림을 나타내는데, 무효화된 노드는 더 이상 그런 알림에 신경 쓰지 않는다. 반응형 소비자는 오직 자신을 무효화시키는 알림에만 신경을 쓰는데, 반응형 소비자가 이미 무효화되었다면 이는 이미 일어난 상황으로, 더 이상 자신에게 알림을 전달하는 화살표에 신경 쓸 필요가 없어진 것이다.

이렇게 필요가 없어진 관계에 너무 많은 가치를 부여할 의미가 없기 때문에, 우리는 그 관계를 없애버린다! 하지만 이것이 Shiny의 반응형 프로그래밍 모형의 핵심 부분이다. 특정 화살표들이 중요'했'지만, 이제 유효기간을 다했다. 그래프가 정확하게 유지되도록 보장하는 유일한 방법은 화살표가 낡았을 때 그 화살표를 지우고, 노드들이 재실행될 때 Shiny가 노드에 연결된 관계를 재발견하도록 하는 것이다. 242쪽의 '다이너미즘'에서 이 중요한 주제에 대해 다시 얘기할 것이다.

재실행

이제 두 번째 출력을 실행했을 때와 매우 비슷한 상황으로, 유효한 반응형과 무효화된 반응형이 섞여 있다. 앞서 수행했던 것과 똑같은 작업을 수행할 시점이다. 그림 14-13에서 시작하여 무효화된 출력을 한 번에 하나씩 실행한다.

다시금 여기에서 상세한 과정을 보여주진 않겠지만, 최종 결과는 모든 노드가 녹색으로 표시된 휴식 중인 반응형 그래프가 될 것이다. 이 과정의 좋은 면은 Shiny가 최소한의 필요한 작업만 수행했다는 점이다—오직 변경된 입력에 영향을 받는 출력을 갱신하는 데 필요한 작업만 수행하였다.

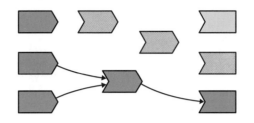

그림 14-13 처음 실행했을 때와 같은 방법으로 재실행을 진행하는데,
맨 처음부터 시작하는 것은 아니므로 수행할 작업량이 더 적다.

연습문제

1. 다음의 서버 함수를 표현하는 반응형 그래프를 그리고, 왜 반응형이 실행되지
않는지 설명해보자.

```
server <- function(input, output, session) {
  sum <- reactive(input$x + input$y + input$z)
  prod <- reactive(input$x * input$y * input$z)
  division <- reactive(prod() / sum())
}
```

2. 다음의 반응형 그래프는 오래 걸리는 계산을 Sys.sleep()을 이용하여 시뮬레이
션한다.

```
x1 <- reactiveVal(1)
x2 <- reactiveVal(2)
x3 <- reactiveVal(3)
y1 <- reactive({
  Sys.sleep(1)
  x1()
})
y2 <- reactive({
  Sys.sleep(1)
  x2()
})
y3 <- reactive({
  Sys.sleep(1)
  x2() + x3() + y2() + y2()
})

observe({
  print(y1())
  print(y2())
  print(y3())
})
```

x1이 변경되면, 그래프를 다시 계산하는 데 시간이 얼마나 걸릴까? x2나 x3가 변경될 때는 어떠한가?

3. 순환형 반응형 그래프를 생성하려 하면 어떤 일이 발생할까?

```
x <- reactiveVal(1)
y <- reactive(x() + y())
y()
```

다이너미즘

239쪽의 '관계 제거하기'에서 Shiny가 반응형 컴포넌트 사이의 관계를 기록하기 위해 그토록 많은 노력을 기울였음에도 결국 '잊어버린다'는 것을 배웠다. 이 '잊어버림'으로 인해 반응형 간의 연결이 앱이 실행되는 동안 변할 수 있게 되어 Shiny의 반응형 그래프를 동적으로 만든다. 이 다이너미즘(dynamism)은 매우 중요하므로, 간단한 예를 통해 설명을 보강하려 한다.

```
ui <- fluidPage(
  selectInput("choice", "A or B?", c("a", "b")),
  numericInput("a", "a", 0),
  numericInput("b", "b", 10),
  textOutput("out")
)

server <- function(input, output, session) {
  output$out <- renderText({
    if (input$choice == "a") {
      input$a
    } else {
      input$b
    }
  })
}
```

여러분은 아마도 그림 14-14와 같은 반응형 그래프를 기대할 것이다.

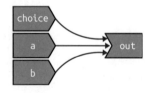

그림 14-14 만약 Shiny가 반응성을 고정적으로 분석했다면,
반응형 그래프는 항상 choice, a, b를 out에 연결했을 것이다.

하지만 Shiny는 출력이 무효화된 이후에 동적으로 그래프를 다시 구축하므로, 실제로는 input$choice 값에 따라 그림 14-15의 둘 중 하나로 나타난다. 이는 입력이 무효화되었을 때 Shiny가 최소한의 작업만 수행하도록 보장한다. 이런 경우, 만약 input$choice 값이 'b'라면, input$a는 output$out에 영향을 미치지 않으므로 재계산할 필요가 없다.

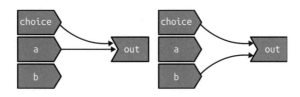

그림 14-15 하지만 Shiny의 반응형 그래프는 동적이며,
따라서 그래프는 out을 choice와 a에 연결하거나(왼쪽) choice와 b에 연결한다(오른쪽).

장인덩(Yindeng Jiang)이 블로그(*https://oreil.ly/6dDa4*)에서 언급했듯이, 코드를 다음과 같이 약간만 변경해도 출력이 항상 a와 b 모두에 의존하게 된다는 것에 주목하자.

```
output$out <- renderText({
  a <- input$a
  b <- input$b

  if (input$choice == "a") {
    a
  } else {
    b
  }
})
```

일반적인 R 코드에서는 이 코드 변화가 결과에 아무런 영향을 미치지 않겠지만 Shiny 코드에서는 차이가 발생하는데, 이는 input으로부터 읽은 값을 사용할 때가 아니라 input으로부터 값을 읽는 시점에서 반응형 의존성이 형성되기 때문이다.

reactlog 패키지

반응형 그래프를 직접 손으로 그려보는 것은 간단한 앱을 이해하고 반응형 프로그래밍에 대한 정확한 멘탈 모델을 갖추는 데 도움이 되는 강력한 기법이다. 하지만 여러 요인이 작용하는 실제 앱에 대한 반응형 그래프를 손으로 그리기는 매우 어렵다. Shiny가 알고 있는 정보를 이용하여 반응형 그래프를 자동으로 그릴 수 있다면 멋지지 않을까? 이것이 반응형 그래프가 시간이 지남에 따라 어떻게 진화하는지 보여주는 **리액트로그**를 생성하는 reactlog(*https://rstudio.github.io/reactlog*) 패키지의 역할이다.

리액트로그를 보려면 우선 reactlog 패키지를 설치한 뒤, `reactlog::reactlog_enable()`로 시동하고 앱을 시작해야 한다. 그런 다음, 두 가지 옵션이 있다.

- 앱이 실행되는 동안 Cmd + F3(윈도우 운영체제의 경우 Ctrl + F3)를 눌러 그 시점까지 생성된 리액트로그를 본다.
- 앱을 종료한 후에 `shiny::reactlogShow()`를 실행하여 전체 세션에 대한 로그를 본다.

리액트로그는 이 장에서와 같은 그래픽 규칙을 사용하므로, 보는 즉시 친숙하게 느껴질 것이다. 가장 큰 차이점은, 리액트로그는 현재 사용되지 않는 것을 포함한 모든 의존성을 그린다는 점인데, 그 이유는 자동화된 레이아웃이 일정하게 유지되도록 하기 위함이다. 현재 활성화되지 않은(하지만 과거에 활성화되었거나 미래에 활성화될) 연결은 얇은 점선으로 그려진다.

그림 14-16은 앞에서 사용한 앱에 대해 리액트로그가 그린 반응형 그래프를 보여준다. 이 스크린샷에는 놀랍게도 소스 코드에는 나타나지 않은 세 개의 추가적인 반응형 입력, 즉 `clientData$output_x_height`, `clientData$output_x_width`, `clientData$pixelratio`가 존재하는데, 이는 출력의 크기가 변경될 때마다 플롯이 다시 그려지도록 암묵적으로 플롯이 출력의 크기에 의존하기 때문이다.

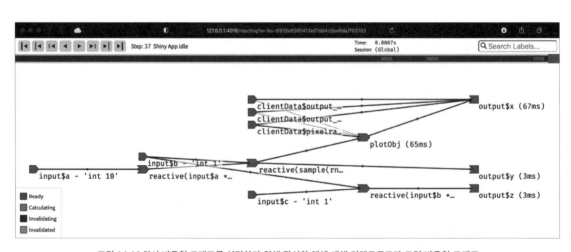

그림 14-16 앞서 반응형 그래프를 설명하기 위해 작성한 앱에 대해 리액트로그가 그린 반응형 그래프

반응형 입력과 출력은 이름이 있는 반면, 반응형 표현식과 관찰자는 이름이 없고, 대신 그 안의 코드로 표시되었음에 주목하자. 반응형 그래프를 이해하기 쉽게 만들기 위해, reactive()와 observe()의 label 인자를 사용하여 리액트로그에 나타나게 할 수 있다. 특히 중요한 반응형에 대해 이모티콘을 사용하여 눈에 잘 띄게 만들 수도 있다.

요약

이 장에서는 정확히 어떻게 반응형 그래프가 작동하는지 배웠다. 특히 무효화 단계에 대해 처음 배웠다. 무효화 단계는 즉시 재계산을 촉발하기보다는, 반응형 소비자가 무효하다는 것을 표시해두어 추후 필요할 때 재계산되도록 한다. 무효화 과정은 또한 이전에 발견된 의존성을 제거하여 나중에 자동으로 다시 재발견되도록 반응형 그래프를 동적으로 만든다는 점에서 중요하다.

이제 큰 그림을 습득하였으니, 다음 장에서는 반응형 값, 표현식, 출력을 작동시키는 기저의 데이터 구조에 대해 더 상세히 알아보고, 이와 관련된 예정된 무효화라는 개념에 대해 얘기해보자.

## 15장

M a s t e r i n g **S h i n y**

반응형 기본 단위

지금까지 반응형 그래프의 이론적 토대와 어느 정도의 실습 경험을 갖추었으니, 이제부터는 반응성이 어떻게 프로그래밍 언어 R에 맞춰지는지에 대해 더 자세하게 얘기해보자. 반응형 프로그래밍에는 세 가지 핵심 기본 단위, 즉 반응형 값(reactive values), 반응형 표현식(reactive expressions), 관찰자(observers)가 있다. 이미 반응형 값과 표현식에 대한 주요 부분들을 대부분 다루었으니 이 장에서는 관찰자와 출력값(관찰자의 특수한 형태임을 이미 배웠다)에 더 많은 시간을 할애할 것이다. 또한 반응형 그래프를 제어하기 위한 다른 두 가지 도구인 고립화(isolation)와 예정된 무효화(timed invalidation)에 대해 배운다.

이 장에서는 매번 Shiny 앱을 실행할 필요 없이 콘솔에서 직접 반응성을 실험할 수 있도록 반응형 콘솔을 다시 사용한다. 시작에 앞서 shiny 패키지를 로드하고 인터랙티브한 실험을 위해 반응성을 활성화하자.

```
library(shiny)
reactiveConsole(TRUE)
```

반응형 값

두 가지 형태의 반응형 값이 존재한다.

- reactiveVal()로 생성되는 하나의 반응형 값
- reactiveValues()로 생성되는 반응형 값들의 리스트

이 둘은 값을 읽고 쓰는 인터페이스가 약간 다르다.

```
x <- reactiveVal(10)
x()       # 읽기
#> [1] 10
x(20)     # 쓰기
x()       # 읽기
#> [1] 20

r <- reactiveValues(x = 10)
r$x       # 읽기
#> [1] 10
r$x <- 20 # 쓰기
r$x       # 읽기
#> [1] 20
```

이 두 비슷한 객체가 서로 다른 인터페이스를 지니며, 이를 표준화(standardize)할 방법이 없다는 것은 불행한 일이다. 하지만 보기에는 달라도, 이 두 객체가 작동하는 방식은 같기 때문에, 두 가지 중 선호하는 문법을 기준으로 선택하면 된다. 이 책에서는 문법을 한눈에 이해하기 쉽게 reactiveValues()를 사용하겠지만, 필자가 직접 코딩을 할 때에는 reactiveVal()를 사용하는 경향이 있는데, 이는 일반 변수 값이 아니라 반응형 값을 읽고 쓴다는 것을 문법상으로 명확하게 보여주기 때문이다.

두 가지 형태의 반응형 값 모두 참조 시맨틱(reference semantics)을 지닌다는 점이 중요하다. 대부분의 R 객체들은 copy-on-modify(*https://oreil.ly/W1PzT*) 시맨틱을 지닌다. 이는 같은 값을 두 개의 이름에 할당하였을 때, 그중 하나를 수정하면 두 객체 사이의 연결이 끊어진다는 뜻이다.

```
a1 <- a2 <- 10
a2 <- 20
a1 # 변화 없음
#> [1] 10
```

반응형 값의 경우는 다르다. 반응형 값들은 항상 참조를 유지하므로, 하나의 반응형 값을 여러 개의 이름에 할당하였다면, 그중 하나를 수정하면 다른 모든 객체의 값 또한 수정된다.

```
b1 <- b2 <- reactiveValues(x = 10)
b1$x <- 20
```

```
b2$x
#> [1] 20
```

왜 reactiveVal()나 reactiveValues()를 사용하여 반응형 값을 생성해야 하는지는 16장에서 다시 살펴보겠다. 이외에 접하게 될 반응형 값은 대부분 서버 함수의 input이라는 인자로부터 올 것이다. 이 input 인자의 반응형 값은 reactiveValues()로 생성하는 반응형 값과는 달리 읽기전용(read-only)이어서 값을 수정할 수가 없고, 웹 브라우저상에서의 사용자 동작(action)에 따라 Shiny가 자동으로 값을 갱신한다.

연습문제

1. 아래 두 개의 반응형 값 리스트들 간의 차이점은 무엇인가? 개개의 반응형 값들을 가져오고 설정하는 문법을 비교해보자.

   ```
   l1 <- reactiveValues(a = 1, b = 2)
   l2 <- list(a = reactiveVal(1), b = reactiveVal(2))
   ```

2. reactiveVal() 또한 참조 시맨틱을 지닌다는 것을 검증(verify)하기 위한 작은 실험을 설계하고 수행해보자.

반응형 표현식

반응형 표현식의 두 가지 중요한 속성인 지연과 캐싱을 상기해보자. 이는 반응형은 실제로 필요할 때만 일을 하며, 두 번 연속으로 호출될 경우 첫 번째 호출에서 캐시에 저장된 값을 두 번째 호출에서 즉시 반환함을 뜻한다.

   아직 다루지 않은 두 가지 중요한 세부내용이 있다. 반응형 표현식이 오류를 어떻게 다루는지, 그리고 왜 on.exit()가 반응형 표현식 내부에서 작동하는지에 대한 부분이다.

오류

반응형 표현식은 값을 캐시하는 것과 정확히 같은 방식으로 오류를 캐시한다. 다음 예를 살펴보자.

```
r <- reactive(stop("Error occurred at ", Sys.time(), call. = FALSE))
r()
#> Error: Error occurred at 2021-03-05 16:38:19
```

1~2초 정도 뒤에 다시 호출하면, 이전과 동일한 오류를 얻는 것을 확인할 수 있다.

```
Sys.sleep(2)
r()
#> Error: Error occurred at 2021-03-05 16:38:19
```

반응형 그래프에서 오류는 값과 동일한 방식으로 취급된다. 오류는 정상적인 값과 마찬가지로 반응형 그래프를 통해 전파되며, 단지 출력값이나 관찰자에 나타났을 때 어떤 일이 발생하는지에 차이가 있다.

- 출력값 내의 오류는 앱에 보여진다.[1]
- 관찰자 내의 오류는 현재 세션을 종료(terminate)시킨다. 이를 원치 않으면, 코드를 try()나 tryCatch() 내에 위치시켜야 한다.

이렇게 오류를 값과 동일한 방식으로 취급하는 시스템은 특별한 형태의 오류를 발생시키는 req()를 작동할 수 있게 한다(136쪽의 'req()를 사용하여 실행 취소하기').[2] 관찰자와 출력이 실행하고 있던 작업을 중지시킴으로써 작업 자체에서 오류가 발생지지는 않도록 한다. 기본적으로는 출력이 빈 상태(blank state)로 초기화되지만, req(..., cancelOutput = TRUE)를 사용하면 현재 나타난 출력을 보존한다.

on.exit()

reactive(x())를 지연(laziness)과 캐싱(caching)이 추가된 function() x()의 단축형으로 생각해볼 수 있다. 이는 오직 다른 함수 내에서만 작동하는 함수를 사용할 수 있다는 것을 의미하는데, Shiny가 어떻게 구현되었는지를 이해하는 데 중요한 개념이다. 이러한 함수들 중 가장 유용한 것은, 반응형이 성공적으로 오류를 반환하든 아니면 오류와 함께 실패하든 상관없이, 반응형 표현식이 종료될 때 코드를 실행하도록 하는 on.exit()이다. 이것이 142쪽의 '완료 시 제거하기'에서 on.exit()가 작동하는 원리다.

---

1 기본적으로 전체 오류 메시지를 보게 될 것이다. 오류 처리하기(error sanitizing, *https://oreil.ly/Q8HoR*)를 활성화시키면, 일반(generic) 오류 메시지를 볼 수 있다.
2 기술적으로, 커스텀 컨디션(custom condition)(*https://oreil.ly/kUHXg*)이라고 한다.

연습문제

1. reactlog 패키지를 사용하여 다음 앱에서 반응형을 통한 오류 전파를 관찰하고, 값의 전파와 동일한 규칙을 따름을 확인해보자.

```
ui <- fluidPage(
  checkboxInput("error", "error?"),
  textOutput("result")
)
server <- function(input, output, session) {
  a <- reactive({
    if (input$error) {
      stop("Error!")
    } else {
      1
    }
  })
  b <- reactive(a() + 1)
  c <- reactive(b() + 1)
  output$result <- renderText(c())
}
```

2. stop() 대신 req()를 사용하도록 앞의 앱을 수정해보자. 이벤트들이 여전히 동일한 방식으로 전파됨을 검증해보자. cancelOutput 인자를 사용하였을 때 어떤 일이 발생하는가?

관찰자와 출력

관찰자와 출력은 반응형 그래프의 단말 노드(terminal node)들이다. 이들은 반응형 표현식과 다른 두 가지 중요한 측면이 있다.

*   즉각적이며(eager) 잊어버린다(forgetful). 가능한 한 이른 시점에서 실행되며, 이전의 동작을 기억하지 않는다. 관찰자나 출력 내에서 반응형 표현식이 사용된다면, 그 반응형 표현식 또한 함께 평가(evaluate)된다. 즉, 즉각성은 '전염된다 (infectious)'.
*   관찰자가 반환한 값은 무시된다. 관찰자는 부수효과(side effect)를 발생시키기 위해 설계되기 때문이다. 예를 들어, 관찰자 내에서 cat()이나 write.csv()와 같은 함수를 호출하면 부수효과가 발생한다.

관찰자와 출력은 둘 다 observe()라는 도구를 기반으로 작동하며, 이는 단위 코드가 사용하는 반응형 값이나 표현식이 갱신될 때마다 그 단위 코드가 실행되도록 한다. 관찰자는 생성되는 즉시 실행되는데, 이는 그 관찰자의 반응형 의존성을 알아내기 위해 반드시 필요하다.

```
y <- reactiveVal(10)
observe({
  message("`y` is ", y())
})
#> `y` is 10

y(5)
#> `y` is 5
y(4)
#> `y` is 4
```

observe()는 한결 사용자 친화적인 observeEvent()를 작동시키는 저수준 도구이므로, 이 책에서는 거의 사용하지 않는다. 대부분의 경우, 불가피한 경우가 아니라면 observe() 대신 observeEvent()를 사용해야 한다. 이 책에서는 265쪽의 '애니메이션 일시 멈추기'에서만 observe()를 사용한다.

observe()는 반응형 출력 또한 작동시킨다. 반응형 출력은 관찰자의 특수한 형태로, 두 가지 중요한 속성을 지닌다.

- 인자 output에 할당하는 시점에 정의된다(즉, output$text <- ...는 관찰자를 생성한다).
- 화면에 보이지 않을 때(즉, 비활성화된 탭에 있을 때)를 제한적으로나마 감지할 수 있어서, 이 경우에는 재계산을 수행하지 않는다.[3]

observe()와 반응형 출력은 무언가를 '수행(do)'하는 것이 아니라 (이후에 필요에 따라 작동할 수 있는) 무언가를 '생성(create)'한다는 점에 주목하자. 이는 다음 예제를 이해하는 데 도움이 된다.

```
x <- reactiveVal(1)
y <- observe({
  x()
  observe(print(x()))
```

---

3 드문 경우지만, 출력이 숨겨진 상태에서도 계산을 수행하길 원할지 모른다. outputOptions() 함수의 suspendWhenHidden 인자를 사용하여 특정 출력의 자동 유예 장치(automatic suspension feature)를 해제(opt out)할 수 있다.

```
})
#> [1] 1
x(2)
#> [1] 2
#> [1] 2
x(3)
#> [1] 3
#> [1] 3
#> [1] 3
```

각 x 값의 변경은 관찰자를 트리거(trigger)한다. 관찰자 자신이 observe()를 호출함으로써 또 다른 관찰자를 생성한다. 따라서 x 값이 변경될 때마다 새로운 관찰자가 생성되고 x 값이 한 번 더 출력된다.

일반적으로 관찰자와 출력은 서버 함수의 최상위 수준에서만 생성해야 한다. 만약 관찰자를 중첩(nest)시키거나 출력 내부에서 생성하려 하고 있다면, 지금 생성하고자 하는 반응형 그래프를 그려보라. 더 좋은 접근 방법이 분명히 있을 것이다. 복잡한 앱에서는 이러한 실수를 알아채기가 더 어려울 수 있지만, 언제든 reactlog를 사용할 수 있다. 관찰자(혹은 출력)에서 예기치 않은 이탈(churn)을 찾은 다음, 생성 원인을 역추적하자.

코드 분리

이 장의 마무리를 위해, 반응형 그래프가 무효화(invalidated)되는 방법과 시기를 제어하기 위한 두 가지 중요한 도구에 대해 알아보자. 이 절에서는 observeEvent()와 eventReactive()를 작동시키고 불필요한 반응형 의존성을 회피하는 isolate()에 대해 알아본다. 다음 절에서는 반응형 무효화(reactive invalidations)를 예정된 시간에 발생시키는 invalidateLater()에 대해 배워볼 것이다.

isolate()

시간이 지남에 따라 변화하는 상태를 추적하기 위해, 관찰자는 종종 반응형 값과 결속된다. 예를 들어, 몇 번이나 x 값이 변경되었는지를 추적하는 다음 코드를 살펴보자.

```
r <- reactiveValues(count = 0, x = 1)
observe({
```

```
  r$x
  r$count <- r$count + 1
})
```

만약 이 코드를 실행한다면, 그 즉시 무한 루프(infinite loop)에 빠질 것이다. 관찰자가 x와 count에 대한 반응형 의존성을 보이는 동시에 count를 수정하기 때문에, 이 관찰자는 즉시 재실행될 것이다.

　다행스럽게도 Shiny는 이 문제를 해결하기 위해 isolate()를 제공한다. 이 함수를 사용하면 의존성 없이 반응형 값이나 표현식의 현재 값을 읽을 수 있다.

```
r <- reactiveValues(count = 0, x = 1)
class(r)
#> [1] "rv_flush_on_write" "reactivevalues"
observe({
  r$x
  r$count <- isolate(r$count) + 1
})

r$x <- 1
r$x <- 2
r$count
#> [1] 2

r$x <- 3
r$count
#> [1] 3
```

observe()의 경우와 마찬가지로, isolate()를 직접 사용하는 대신 두 개의 유용한 함수 observeEvent()와 eventReactive()를 주로 사용할 수 있다.

observeEvent()와 eventReactive()

앞의 코드를 보았을 때, 아마도 53쪽의 '관찰자'를 떠올리고, 왜 observeEvent()를 사용하지 않는지 궁금했을 것이다.

```
observeEvent(x(), {
  count(count() + 1)
})
```

사실 observeEvent(x, y)는 observe({x; isolate(y)})와 같으므로, observeEvent()를 사용할 수 있으며, 이를 통해 어떤 것에 반응할지와 어떤 동작을 수행할지를 명쾌하게 분리시킬 수 있다. 또한 eventReactive(x, y)는 reactive({x; isolate(y)})와 같으므로, eventReactive()는 반응형에서 유사한 역할을 수행한다.

observeEvent()와 eventReactive()는 그 연산의 상세한 부분을 제어하기 위한 추가적인 인자들을 제공한다.

- 기본적으로, 두 함수 모두 NULL(혹은 특수한 경우인 동작 버튼인 경우에는 0) 값을 얻는 이벤트는 무시한다. NULL 값을 얻는 이벤트 또한 다루기 위해서는 ignoreNULL = FALSE를 사용한다.
- 기본적으로, 두 함수 모두 생성될 때 한 번 실행된다. 이 초기 실행을 건너뛰기 위해서는 ignoreInit = TRUE를 사용한다.
- observeEvent()에 한해서, once = TRUE를 사용하면 핸들러를 딱 한 차례만 실행시킬 수 있다.

이 인자들은 사용할 일이 거의 없지만, 일단 알아두면 나중에 필요할 때 문서에서 상세한 내용을 찾아보는 데 도움이 된다.

연습문제

1. 오직 버튼이 눌러졌을 때만 x 값으로 out을 갱신하는 서버 함수를 작성하여 다음 앱을 완성하라.

```
ui <- fluidPage(
  numericInput("x", "x", value = 50, min = 0, max = 100),
  actionButton("capture", "capture"),
  textOutput("out")
)
```

예정된 무효화

isolate()가 반응형 그래프의 무효화 횟수를 줄인다면, invalidateLater()는 그 반대다. 이 함수는 데이터의 변화가 없을 때에도 반응형 그래프를 무효화한다. 49쪽의 '예정된 무효화'가 그런 예를 reactiveTimer()를 사용해서 보였다면, 이제 그 기반이 되는 invalidateLater()에 대해 얘기해보자.

invalidateLater(ms)는 어떠한 반응형 소비자든 ms(밀리초, 1000분의 1초) 이후의 미래에 무효화되도록 한다. 이는 애니메이션을 생성하거나 시간이 지남에 따라 변하는 Shiny 반응형 프레임워크 외부의 데이터 소스에 연결하는 데 유용하다. 예를 들어, 다음 반응형은 정규분포로부터 10개의 새로운 무작위 숫자를 매 0.5초마다 자동으로 생성한다.[4]

```
x <- reactive({
  invalidateLater(500)
  rnorm(10)
})
```

그리고 다음 관찰자는 무작위 숫자의 누적합을 증가시킨다.

```
sum <- reactiveVal(0)
observe({
  invalidateLater(300)
  sum(isolate(sum()) + runif(1))
})
```

다음 절에서는 변경되는 데이터를 invalidateLater()를 사용하여 디스크로부터 어떻게 읽어 들이는지, 어떻게 invalidateLater()가 무한 루프에 빠지지 않게 하는지, 그리고 때때로 중요한 부분인, 정확히 언제 무효화가 발생하는지 등을 배운다.

폴링

Shiny를 R 외부에서 변경되는 데이터에 연결하는 데 invalidateLater()이 유용하게 활용된다. 예를 들어, 다음 반응형을 이용하여 CSV 파일을 매 초마다 다시 읽을 수 있다.

```
data <- reactive({
  on.exit(invalidateLater(1000))
  read.csv("data.csv")
})
```

이는 Shiny의 반응형 그래프를 변경되는 데이터에 연결하지만, 반응형을 무효화시킬 때 그 영향을 받는 소비자들도 모두 무효화되므로, 데이터가 변경되지 않은 경우에도 모든 후속 작업이 다시 수행된다는 심각한 단점이 있다.

---

4 이 반응형이 어떠한 출력이나 관찰자에 의해 사용될 때를 가정한다. 어떤 출력이나 관찰자도 이 반응형을 사용하지 않는다면, 초기 무효화된 상태로 영원히 남아있을 것이다.

이 문제를 방지하기 위해, Shiny는 두 개의 함수를 인자로 받는 reactivePoll()을 제공한다. 한 함수는 데이터가 변경되었는지에 대해 상대적으로 가벼운 검사를 수행하고, 또 다른 하나는 더 무거운 실제 계산을 수행한다. reactivePoll()을 이용하여 앞의 반응형을 다시 작성해보자.

```
server <- function(input, output, session) {
  data <- reactivePoll(1000, session,
    function() file.mtime("data.csv"),
    function() read.csv("data.csv")
  )
}
```

여기에서 파일이 마지막으로 수정된 시간을 반환하는 file.mtime()을 이용하여 파일을 다시 읽어 들일 필요가 있는지를 가볍게 검사한다.

파일이 변경되었을 때만 읽어 들이는 것은 흔한 작업이어서, Shiny는 단지 파일 이름과 파일을 읽는 함수만을 필요로 하는 특정한 함수를 제공한다.

```
server <- function(input, output, session) {
  data <- reactiveFileReader(1000, session, "data.csv", read.csv)
}
```

만약 파일이 아닌 다른 소스(예: 데이터베이스)들로부터 변경되는 데이터를 읽어야 할 경우, 그에 맞게 reactivePoll() 코드를 작성해야 한다.

장시간 반응형

계산을 장시간 수행한다면, '언제 invalidateLater()를 실행해야 하지?'라는 중요한 질문을 던질 필요가 있다. 예를 들어, 다음의 반응형을 살펴보자.

```
x <- reactive({
  invalidateLater(500)
  Sys.sleep(1)
  10
})
```

Shiny가 이 반응형을 시점 0에서 실행하기 시작하고 시점 500에서 무효화를 요청한다 가정해보자. 이 반응형의 실행에는 1000밀리초가 소요되므로, 실행을 마쳤을 때의 시점은 1000이며, 그 즉시 무효화되고 재실행되면서 다음번 무효화 시점을 설정한다. 이러한 과정으로 무한 루프에 빠지게 된다.

반면에, 만약 invalidateLater()가 마지막에 실행된다면, 반응형 실행이 완료된 지 500밀리초 이후에 무효화되고, 따라서 반응형은 매 1500밀리초마다 재실행된다.

```
x <- reactive({
  on.exit(invalidateLater(500), add = TRUE)
  Sys.sleep(1)
  10
})
```

이렇듯 invalidateLater()가 무효화의 발생 시점을 더 많이 제어할 수 있어 이전 장에서 사용했던 간단한 reactiveTimer()보다 더 선호된다.

타이머 정확도

invalidateLater()에 명시한 밀리초 숫자는 정중한 요청(request)일 뿐, 요구(demand)는 아니다. R은 아마도 무효화를 요청하는 동안에도 다른 작업들을 수행하는 중일 것이며, 따라서 그 요청은 기다려야 한다. 명시한 밀리초 숫자는 실질적으로는 최솟값이며, 무효화는 아마도 그보다 긴 시간이 지난 후에 실행될 것이다. 대부분의 경우, 작은 차이는 앱 사용자들이 인식하지 못하므로 별 문제가 되지 않는다. 그러나 수많은 작은 오차가 누적되는 상황일 경우, 정확히 경과시간을 측정하여 계산을 조정할 필요가 있다.

예를 들어, 다음 코드에서는 속도와 경과시간을 기반으로 거리를 계산하는데, invalidateLater(100)이 항상 정확히 100 밀리초를 지연시킬 거라 가정하는 대신, 실제 경과시간을 계산하여 이를 위치 계산에 사용한다.

```
velocity <- 3
r <- reactiveValues(distance = 1)

last <- proc.time()[[3]]
observe({
  cur <- proc.time()[[3]]
  time <- last - cur
  last <<- cur

  r$distance <- isolate(r$distance) + velocity * time
  invalidateLater(100)
})
```

섬세한 처리가 필요한 애니메이션을 작성하는 것이 아니라면, invalidateLater()
에서 발생하는 오차는 무시해도 좋다. 단지, invalidateLater()는 정중한 요청이
며, 요구가 아니라는 것만 기억해두자.

연습문제

1. 왜 아래의 반응형은 한 번도 실행되지 않을까? 반응형 그래프와 무효화를 언급
   하여 설명하라.

```
server <- function(input, output, session) {
  x <- reactive({
    invalidateLater(500)
    rnorm(10)
  })
}
```

2. SQL에 친숙하다면, 가상의 'Results'라는 테이블에 새로운 행이 추가될 때마다
   테이블을 다시 읽어오는 reactivePoll() 코드를 작성해보자. Results 테이블의
   timestamp 필드가 각 레코드가 추가된 날짜 및 시간(date-time) 값을 지닌다고
   가정하자.

요약

이 장에서는 Shiny가 작동하도록 하는 기본 단위인 반응형 값, 반응형 표현식, 관찰
자, 그리고 예정된 무효화에 대해 더 자세히 배웠다. 이제부터는 반응형 그래프의
일부 제약들을 (좋든 나쁘든) 벗어나게 하는 특정한 반응형 값과 관찰자의 조합에
대해 알아보자.

16장

M a s t e r i n g   **S h i n y**

그래프의 제약에서 벗어나기

소개

Shiny의 반응형 프로그래밍 프레임워크는 입력이 변경될 때 모든 출력을 갱신하기 위해 필요한 최소한의 계산을 자동으로 찾아낸다는 측면에서 매우 유용하다. 하지만 Shiny의 반응형 그래프로 해결할 수 없는 문제들이 있기 때문에, 간혹 위험성이 있지만 그래프의 제약에서 벗어나야 할 때가 있다.

이 장에서는 reactiveValues()와 observe()/observeEvent()를 조합하여 반응형 그래프를 오른쪽에서 왼쪽으로 연결하는 방법을 배울 것이다. 이는 그래프의 일부를 여러분이 직접 제어할 수 있게 하는 강력한 기법이다. 하지만 동시에 위험한 기법인데, 왜냐하면 이 기법은 앱이 불필요한 일을 수행하도록 허용하기 때문이다. 특히 앱이 갱신 사이클이 끝나지 않는 무한 루프에 갇힐 수 있다.

이 장에서 다루는 아이디어들이 흥미롭다면, shinySignals(*https://oreil.ly/nvsID*)와 rxtools(*https://oreil.ly/eCqn3*) 패키지 또한 살펴보면 좋을 것이다. 이 패키지들은 다른 반응형으로부터 프로그램적으로 반응형이 생성되는 '고차원의' 반응성을 탐험하기 위해 설계된 실험적인 패키지다. 필자는 이를 실제 앱에서 사용하기를 추천하지는 않지만, 소스 코드를 읽어보면 도움이 될 것이다. 시작하기 위해 shiny를 로드하자.

```
library(shiny)
```

반응형 그래프가 수집하지 않는 것은?

238쪽의 '입력 변경'에서 사용자가 입력을 무효화시켰을 때 어떤 일이 발생하는지 보았다. 이와 다르게, 앱 작성자로서 입력을 무효화시키는 두 가지 중요한 경우가 있다.

- value 인자를 설정하여 update 함수를 호출하는 경우. 이는 브라우저에 입력의 값을 변경하라는 메시지를 보내며, 이후 R에 입력 값이 변경되었다는 것을 알린다.
- 반응형 값(reactiveVal() 혹은 reactiveValues()로 생성된)을 수정하는 경우

두 경우 모두 반응형 값과 관찰자 간에 반응형 의존성이 생성되지 '않는다'는 점을 이해하는 게 중요하다. 이 동작들은 그래프가 무효화되도록 하는 반면, 새 연결로 기록되지 않는다.[1]

이 아이디어를 구체화하기 위해, 그림 16-1에 나타낸 반응형 그래프와 함께 다음의 간단한 앱을 살펴보자.

```
ui <- fluidPage(
  textInput("nm", "name"),
  actionButton("clr", "Clear"),
  textOutput("hi")
)
server <- function(input, output, session) {
  hi <- reactive(paste0("Hi ", input$nm))
  output$hi <- renderText(hi())
  observeEvent(input$clr, {
    updateTextInput(session, "nm", value = "")
  })
}
```

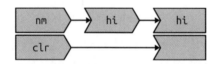

그림 16-1 반응형 그래프는 무명의 관찰자와 입력 nm 입력 간의 연결을
기록하지 않는다. 이 의존성은 반응형 그래프가 수집하지 않는 범위다.

---

1 reactlog 패키지는 관찰자로부터 반응형 값을 수정할 때 이 연결을 수집하고 그림으로써 디버깅에 도움을 줄 수 있지만, Shiny는 이 정보를 사용하지 않는다.

지우기(clear) 버튼을 누르면 어떤 일이 발생할까?

1. input$clr가 무효화되어 관찰자가 무효화된다.
2. 관찰자가 재계산되어 input$clr에 대한 의존성이 다시 생성되며, 브라우저에게 입력 컨트롤의 값을 변경하라고 알린다.
3. 브라우저가 nm 값을 변경한다.
4. input$nm이 무효화되어 hi()와 output$hi가 순차적으로 무효화된다.
5. output$hi가 재계산되어 hi() 또한 재계산되게 한다.

앞의 작동 중 어떤 것도 반응형 그래프를 변경하지 않으므로, 반응형 그래프는 그림 16-1과 동일하게 남아 있으며, 그래프는 관찰자로부터 input$nm으로의 연결을 수집하지 않는다.

사례 연구

다음으로, 다른 방법으로는 풀기에는 매우 어려운(불가능하지 않다면) 문제를 reactiveValues()와 observeEvent() 혹은 observe()를 결합하여 해결하는 몇 가지 사례를 보자. 이는 여러분이 앱을 만들 때 사용할 수 있는 유용한 템플릿이다.

여러 입력에 의해 수정되는 하나의 출력

시작하기 위해, 아주 간단한 문제를 다룰 것이다. 여러 개의 이벤트에 의해 갱신되는 공통 텍스트 박스를 만들자.[2]

```
ui <- fluidPage(
  actionButton("drink", "drink me"),
  actionButton("eat", "eat me"),
  textOutput("notice")
)
server <- function(input, output, session) {
  r <- reactiveValues(notice = "")
  observeEvent(input$drink, {
    r$notice <- "You are no longer thirsty"
  })
  observeEvent(input$eat, {
    r$notice <- "You are no longer hungry"
  })
```

---

2 이는 141쪽의 '알림'에서 봤던 알림과 비슷하다.

```
  output$notice <- renderText(r$notice)
}
```

값을 증가시키고 감소시키는 두 개의 버튼을 지닌 앱을 만드는 다음 예는 약간 더
복잡하다. 현재 값을 저장하기 위해 reactiveValues()를 사용하며, 버튼이 눌러졌
을 때 값을 증가시키거나 감소시키기 위해 observeEvent()를 사용한다. 여기에서
추가로 복잡해진 주요 부분은 r$n의 새로운 값이 이전 값에 의존한다는 점이다.

```
ui <- fluidPage(
  actionButton("up", "up"),
  actionButton("down", "down"),
  textOutput("n")
)
server <- function(input, output, session) {
  r <- reactiveValues(n = 0)
  observeEvent(input$up, {
    r$n <- r$n + 1
  })
  observeEvent(input$down, {
    r$n <- r$n - 1
  })

  output$n <- renderText(r$n)
}
```

그림 16-2는 이 예에 대한 반응형 그래프를 보여준다. 반응형 그래프가 관찰자로부
터 반응형 값 n으로의 연결을 포함하지 않음을 다시금 주목하자.[3]

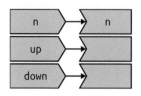

그림 16-2 반응형 그래프는 관찰자로부터 입력 값으로의 연결을 수집하지 않는다.

입력 누적하기

데이터를 입력할 때 기존에 입력된 데이터에 추가로 새로 입력된 데이터를 누적하
기를 원한다면 비슷한 패턴으로 구현한다. 여기서 주요 차이점은 사용자가 추가

---

3 (옮긴이) 여기에서 반응형 값 n(그림 16-2의 첫 번째 n)은 r$n을 나타낸다. 출력 n(그림 16-2의 두 번
    째 n)과 구별하자.

(add) 버튼을 클릭한 다음 텍스트 박스를 초기화하기 위해 updateTextInput()을 사용한다는 점이다.

```
ui <- fluidPage(
  textInput("name", "name"),
  actionButton("add", "add"),
  textOutput("names")
)
server <- function(input, output, session) {
  r <- reactiveValues(names = character())
  observeEvent(input$add, {
    r$names <- c(input$name, r$names)
    updateTextInput(session, "name", value = "")
  })

  output$names <- renderText(r$names)
}
```

삭제(delete) 버튼을 제공하고, 또한 추가(add) 버튼이 중복된 이름을 생성하지 않도록 보장함으로써 한결 유용한 앱을 만들 수 있다.

```
ui <- fluidPage(
  textInput("name", "name"),
  actionButton("add", "add"),
  actionButton("del", "delete"),
  textOutput("names")
)
server <- function(input, output, session) {
  r <- reactiveValues(names = character())
  observeEvent(input$add, {
    r$names <- union(r$names, input$name)
    updateTextInput(session, "name", value = "")
  })
  observeEvent(input$del, {
    r$names <- setdiff(r$names, input$name)
    updateTextInput(session, "name", value = "")
  })

  output$names <- renderText(r$names)
}
```

애니메이션 일시 멈추기

또 다른 일반적인 적용 사례는 반복적인 이벤트를 제어하도록 시작(start)과 종료(stop) 버튼 쌍을 제공하는 것이다. 다음 예는 숫자를 증가시킬지 말지 제어하기 위해 반응형 값 running을 사용하며, 숫자가 증가할 때 매 250밀리초마다 관찰자가 무효화되도록 보장하기 위해 invalidateLater()를 사용한다.

```r
ui <- fluidPage(
  actionButton("start", "start"),
  actionButton("stop", "stop"),
  textOutput("n")
)
server <- function(input, output, session) {
  r <- reactiveValues(running = FALSE, n = 0)

  observeEvent(input$start, {
    r$running <- TRUE
  })
  observeEvent(input$stop, {
    r$running <- FALSE
  })

  observe({
    if (r$running) {
      r$n <- isolate(r$n) + 1
      invalidateLater(250)
    }
  })
  output$n <- renderText(r$n)
}
```

이 사례에서는 r$running이 TRUE인지 FALSE인지에 따라 다른 작동을 수행해야 하므로, 쉽게 observeEvent()를 사용할 수 없고, 그 대신 isolate()를 사용해야만 한다. isolate()를 사용하지 않는다면, 관찰자가 그 안에서 갱신하는 n에 대한 반응형 의존성을 지님으로써 무한 루프에 빠지게 될 것이다.

연습문제

1. 'Normal'이 클릭되었을 때는 정규 분포로부터 100개의 무작위 수를, 'Uniform'이 클릭되었을 때는 균일 분포로부터 100개의 무작위 수를 얻어 히스토그램을 그리는 서버 함수를 제공하자.

```r
ui <- fluidPage(
  actionButton("rnorm", "Normal"),
  actionButton("runif", "Uniform"),
  plotOutput("plot")
)
```

2. 앞 문제에서 작성한 코드를 다음 UI에 대해 작동하도록 변경하자.

```
ui <- fluidPage(
  selectInput("type", "type", c("Normal", "Uniform")),
  actionButton("go", "go"),
  plotOutput("plot")
)
```

3. 앞 문제에서 작성한 코드들에서 observe()와 observeEvent()를 제거하고 오직
   reactive()만 사용하도록 다시 작성해보자. 왜 두 번째 UI에서는 이 방식이 가
   능하지만 첫 번째 UI에서는 가능하지 않을까?

안티패턴

이런 패턴에 익숙해지면, 다음과 같은 잘못된 습관에 빠지기 쉽다.

```
server <- function(input, output, session) {
  r <- reactiveValues(df = cars)
  observe({
    r$df <- head(cars, input$nrows)
  })

  output$plot <- renderPlot(plot(r$df))
  output$table <- renderTable(r$df)
}
```

이 간단한 경우에는 reactive()를 사용하는 다음 대안에 비해 추가되는 작업이 많
지는 않다.

```
server <- function(input, output, session) {
  df <- reactive(head(cars, input$nrows))

  output$plot <- renderPlot(plot(df()))
  output$table <- renderTable(df())
}
```

하지만 여전히 두 가지 단점이 있다.

• 표나 플롯이 현재 숨겨진 탭에 존재한다면, 관찰자는 여전히 표와 플롯을 그
  린다.
• 만약 head()에서 오류가 발생한다면, observe()는 앱을 종료시킨다. 이에 비해,

reactive()는 그 오류를 일반적인 값과 마찬가지로 반응형 그래프를 통해 전파하여, 출력에서 반응형의 오류를 표시한다.[4]

그리고 앱이 더 복잡해질수록 상황은 점점 더 나빠질 것이다. 228쪽의 '이벤트 기반 프로그래밍'에서 설명했던 이벤트 기반 프로그래밍의 상황으로 되돌아가기 쉽다. Shiny가 이벤트의 흐름을 자동으로 다루는 것에 의존하는 대신, 여러분 스스로가 앱에 있는 이벤트의 흐름을 분석하는 데 많은 노력을 들이게 될 것이다.

두 개의 반응형 그래프를 비교해보면 이해하는 데 도움이 것이다. 그림 16-3은 첫 번째 예로부터 얻어진 그래프를 보여준다. nrows가 df와 연결되지 않은 것으로 보이기 때문에 오해의 소지가 있다. 그림 16-4와 같이 반응형을 사용하면 정확한 연결을 쉽게 볼 수 있다. 가능한 한 단순한 반응형 그래프를 얻는 것은 사람과 Shiny에게 모두 중요하다. 단순한 그래프는 사람이 이해하기 쉬우며 Shiny가 최적화하기에도 쉽기 때문이다.

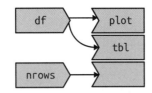

그림 16-3 반응형 값과 관찰자를 사용하면 그래프가 분리된 상태로 남는다.

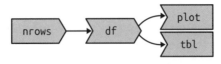

그림 16-4 반응형을 사용하면 컴포넌트 간의 의존성이 매우 명확해진다.

요약

지난 네 개 장에 걸쳐 Shiny에서 사용된 반응형 프로그래밍 모형에 대해 많은 것을 배웠다. 왜 반응형 프로그래밍이 중요한지(Shiny가 딱 필요한 만큼의 작업만 수행하게끔 한다)와 반응형 그래프에 대한 상세한 내용을 배웠다. 또한 기본 단위가 기저에서 어떻게 작동하는지와 이를 이용하여 필요 시 어떻게 반응형 그래프의 제약에서 벗어날 수 있는지에 대해 어느 정도 배웠다.

4 (옮긴이) 249쪽의 '오류'를 참고하자.

이 책의 나머지 부분에서는 소프트웨어 공학의 관점에서 Shiny를 살펴본다. 이어질 일곱 개 장에서는 Shiny 앱의 크기와 영향력이 커짐에 따라 어떻게 Shiny 앱을 유지 보수 가능하고 성능이 좋고 안전하게 유지할 것인지를 배운다.

베스트 프랙티스

Shiny를 처음 사용하면, 기본부터 배워야 하므로 작은 앱을 만드는 것조차도 시간이 오래 걸릴 것이다. 하지만 시간이 지날수록 패키지의 기본적인 인터페이스와 반응성의 핵심 아이디어에 대해 점차 더 익숙해져 좀더 복잡한 앱을 만들 수 있게 될 것이다. 좀더 큰 앱을 작성하기 시작하면서 여러분은 점점 복잡하고 커지는 코드베이스(codebase)를 정돈되고 안정되고 유지 보수 가능하도록 관리해야 하는 새로운 도전에 맞닥뜨리게 될 것이다. 이는 다음과 같은 문제들을 포함할 것이다.

- "이 거대한 파일에서 내가 찾고 있는 코드를 찾을 수가 없어."
- "이 코드를 지난 여섯 달 동안 들여다본 적이 없어서, 코드를 수정하면 이 코드가 망가질까 봐 두려워."
- "다른 사람이 이 앱에서 나와 공동 작업을 하기 시작했는데, 계속 서로의 영역을 침범하고 있어."
- "앱이 내 컴퓨터에서는 작동했는데, 내 동료의 컴퓨터나 운영 환경에서는 작동하지 않아."

4부에서는 이러한 도전들을 극복하는 데 도움을 주는 소프트웨어 공학의 핵심 개념과 도구들을 배운다.

- 17장에서는 소프트웨어 공학의 큰 아이디어를 소개한다.
- 18장에서는 Shiny 앱에서 코드를 추출하여 독립적인 앱으로 만드는 방법을 보여주고, 이렇게 하면 왜 좋은지 논한다.
- 19장에서는 결합된 UI와 서버 코드를 재사용 가능한 분리된 컴포넌트로 추출하는 Shiny의 모듈 시스템에 대해 배운다.

- 20장에서는 앱을 R 패키지로 전환하는 방법을 보여주고, 왜 큰 앱에서는 이런 노력이 가치가 있는지 보여준다.
- 21장에서는 기존에 약식으로 진행하던 테스트를 앱이 변경될 때마다 쉽게 다시 수행할 수 있는 자동화된 테스트로 전환하는 방법을 배운다.
- 22장에서는 앱을 안전하게 유지하기 위해 피해야 할 패턴을 배운다.
- 23장에서는 수백 명의 사용자가 앱을 사용할 때조차도 앱이 빠르게 반응하도록 보장하기 위해 성능 병목(performance bottleneck)을 찾고 해결하는 방법을 배운다.

당연히 이 책의 한 부를 할당해 하는 설명으로는 소프트웨어 공학의 모든 것을 배울 수는 없기에, 필자는 이에 대해 더 배울 수 있는 자료들을 알려줄 것이다.

17장

M a s t e r i n g **S h i n y**

일반 지침

소개

이 장에서는 Shiny 앱을 작성할 때 필요한 가장 중요한 소프트웨어 공학 기술인 코드 구성(code organization), 테스트하기(testing), 의존성[1] 관리(dependency management), 소스 코드 관리(source code control), 지속적 통합(continuous integration), 코드 리뷰(code review)를 소개한다. 이 기술들은 Shiny 앱에 국한된 기술은 아니지만, 복잡한 앱을 작성하고 좀더 쉽게 유지 보수하고자 한다면 이 모든 기술을 어느 정도 배워야 할 것이다.

소프트웨어 공학 기술을 향상시키는 것은 평생의 여정이다. 처음 배우기 시작할 때는 좌절을 경험하게 되겠지만, 다른 모든 사람도 같은 어려움을 경험한다는 점과, 인내하면 마침내 그 좌절을 극복하게 될 거라는 점을 이해하자. 대부분의 사람들은 새로운 기술을 배울 때 같은 진화 과정을 거친다. "난 이해가 안 돼서 사용할 때마다 다시 찾아봐야 해"로 시작해서 "난 어렴풋이 이해는 했는데, 그래도 여전히 문서를 많이 읽어보면서 사용해"로 이어지고, 마침내 "난 이해했고, 유연하게 사용할 수 있어"에 다다르게 된다. 마지막 단계에 이르기까지 많은 시간과 연습이 소요된다.

필자는 매주 어느 정도 시간을 따로 마련해서 소프트웨어 개발 기술을 연습하길 추천한다. 이 시간 동안 앱의 행동방식(behavior)이나 모양새(appearance)를 만지

---

1 (옮긴이) 혹은 종속성

는 것을 피하고, 대신 앱을 좀더 쉽게 이해하고 개발할 수 있게 만드는 데 노력을 집중하자. 이렇게 하면 나중에 앱을 더 변경하기 쉽게 만들 수 있을 것이며, 여러분의 소프트웨어 개발 기술이 향상됨에 따라 앱을 처음 작성할 때부터 높은 품질을 얻게 될 것이다.

(이 장의 많은 부분에 기여해준 제프 앨런(Jeff Allen)에게 감사를 전한다.)

코드 구성

> 어떤 바보라도 컴퓨터가 이해할 수 있는 코드를 작성할 수 있다. 좋은 프로그래머는 사람이 이해할 수 있는 코드를 작성한다.[2]
>
> – 마틴 파울러(Martin Fowler), 《리팩터링: 기존 코드 설계 개선하기(Refactoring: Improving the Design of Existing Code)》

앱의 품질을 향상시키기 위한 가장 확실한 방법 중 하나는 앱 코드를 더 읽기 쉽고 이해하기 쉽게 작성하는 것이다. 세계 최고의 프로그래머라도 그들이 이해할 수 없는 코드베이스를 유지 보수할 수는 없으므로, 이는 매우 좋은 시작점이다.

좋은 프로그래머가 된다는 것은 나중에 그 코드베이스와 소통할 다른 사람들(그 사람이 단지 미래의 여러분 자신뿐일지라도!)과 공감하는 능력을 발전시킨다는 것을 뜻한다. 모든 형태의 공감과 마찬가지로, 이는 연습이 필요하고, 많은 연습 후에야 그 공감이 좀더 쉬워진다. 시간이 지날수록 코드의 가독성을 향상시키는 어떤 방법을 알아채게 될 것이다. 절대적으로 보편적인 규칙은 없지만, 다음과 같은 몇 가지 일반적인 지침은 존재한다.

• 변수와 함수 이름이 분명하고 간략한가? 아니라면, 어떤 이름이 코드의 의도를 더 잘 전달할 수 있을까?

• 복잡한 코드를 설명할 필요가 있는 곳에 주석(comment)을 넣었는가?

• 이 함수 전체가 내 화면에 다 들어오는가, 혹은 한 장의 종이에 출력될 수 있는가? 그렇지 않다면, 함수를 더 작은 조각들로 나눌 방법이 있는가?

• 앱 전반에 걸쳐서 어떤 코드 단위에 대해 복사하기와 붙여넣기를 여러 번 반복

---

2 (옮긴이) 원문은 다음과 같다. Any fool can write code that a computer can understand. Good programmers write code that humans can understand.

하고 있는가? 그렇다면 함수나 변수를 이용하여 그 반복을 피할 수 있는 방법이 있는가?

- 앱의 모든 부분이 함께 얽혀 있는가, 아니면 앱의 서로 다른 컴포넌트들을 분리하여 관리할 수 있는가?

이 모든 사항을 한꺼번에 해결할 수 있는 하나의 방법은 없지만(그리고 많은 경우 주관적인 판단이 가미되지만), 특히 중요한 두 가지 도구가 있다.

함수

18장에서 다룰 주제인 함수는 UI 코드의 중복을 줄여주고, 서버 함수를 이해하기 쉽고 테스트하기 쉽게 만들어주며, 앱 코드를 훨씬 유연하게 구성할 수 있게 해준다.

Shiny 모듈

19장에서 다룰 주제인 Shiny 모듈은 프론트엔드와 백엔드의 작동을 융합한 분리되고 재사용 가능한 코드로, (예를 들어) 앱의 각 페이지가 독립적으로 작동하게 하거나, 반복되는 컴포넌트를 더 이상 복사/붙여넣기할 필요가 없게 해준다.

테스트하기

앱의 테스트 계획을 세우는 일은 앱의 지속적인 안정성을 보장하기 위해 매우 중요하다. 테스트 계획이 없다면 모든 변경은 앱을 위태롭게 만든다. 머릿속에 기억할 수 있을 정도로 앱이 작을 때는 추가적인 테스트 계획이 필요하지 않다고 느낄지도 모른다. 확실히, 아주 간단한 앱을 테스트하는 것은 가치가 있다기보단 오히려 문제라고 느껴질 만하다. 하지만 다른 사람이 여러분의 앱에 기여를 하기 시작하였거나 여러분이 앱을 한동안 들여다보지 않아 어떻게 모든 것이 조합되어 작동하는지 잊어버렸다면, 테스트 계획 없이 앱 개발을 계속 진행하기는 매우 고통스러울 것이다.

테스트 계획은 온전히 수작업일 수 있다. 모든 것이 잘 작동하는지 검토할 스크립트를 간단한 텍스트 파일로 만드는 것은 훌륭한 시작점이다. 하지만 앱이 복잡해질수록 그 스크립트는 점점 길어질 것이며, 여러분은 앱을 수동으로 테스트하는 데 점점 더 많은 시간을 소비하거나 스크립트의 몇몇 부분을 건너뛰기 시작하게 될 것이다.

따라서 다음 단계는 몇몇 테스트를 자동화하기 시작하는 것이다. 테스트를 자동화하는 데 시간이 소요되지만, 테스트를 한결 자주 수행할 수 있으므로 시간이 지남에 따라 그 시간을 보상받게 될 것이다. 이런 이유로 21장에서 서술된 것과 같이 다양한 형식의 자동화된 테스트가 Shiny를 위해 개발되었다. 21장에서 설명하겠지만, 다음과 같은 테스트를 개발할 수 있다.

- 개별 함수가 올바르게 작동하는지 확인하는 단위 테스트(unit test)
- 반응형 간의 상호작용을 확인하는 통합 테스트(integration test)
- 브라우저상에서 앱의 시작부터 끝까지(end-to-end) 경험을 검증하는 기능 테스트(functional test)
- 예상되는 트래픽 양을 앱이 감당할 수 있는지 보장하기 위한 부하 테스트(load test)

일단 테스트를 작성하는 데 시간을 들인 뒤에는 앱의 해당 부분을 다시는 수동으로 테스트할 필요가 없다는 점이 자동화된 테스트의 매력이다. 게다가 지속적 통합(곧 이것에 대해 설명할 것이다)을 활용하여 매번 코드를 변경할 때마다 앱을 게시하기 전에 이 테스트를 수행할 수 있다.

의존성 관리

만약 다른 사람이 R로 작성한 분석을 재현하려고 시도해봤거나, 여러분 자신이 한참 전에 작성한 분석이나 Shiny 앱을 다시 실행하려고 시도해봤다면, 아마도 의존성 문제를 겪은 경험이 있을 것이다. 앱의 의존성은 소스 코드 외에 앱을 실행하기 위해 필요한 모든 것을 말한다. 하드 드라이브에 있는 파일, 외부 데이터베이스나 API, 앱에서 사용되는 R 패키지 등이 이에 포함될 수 있다.

미래에 재현하고자 하는 분석이라면 재현 가능한 R 환경(reproducible R environments)을 만들 수 있게 해주는 renv(*https://rstudio.github.io/renv*)의 사용을 고려해보자. renv를 사용함으로써 앱이 사용하는 패키지의 정확한 버전을 수집하여, 앱을 다른 컴퓨터에서 사용할 때 정확히 같은 버전의 패키지를 사용할 수 있다. 이는 운영 환경에서 앱을 실행할 때 매우 중요하다. 처음 실행할 때 올바른 패키지 버전을 설치할 뿐만 아니라, 시간이 지나면서 발생하는 패키지 버전의 변경으로 인해 앱이 영향을 받는 것을 차단하기 때문이다.

의존성을 관리하기 위한 또 다른 도구로 config 패키지(*https://github.com/rstudio/config*)가 있다. 이 패키지는 그 자체로 의존성 관리를 하는 것은 아니지만, R 패키지 이외의 의존성을 추적하고 관리하기 위한 편리한 장소를 제공한다. 예를 들어, 앱이 사용하는 CSV 파일의 경로나 필요한 API의 URL을 지정하고 싶을 것이다. 이를 config 파일에 열거함으로써 이러한 의존성을 추적하고 관리할 수 있는 단일한 장소를 얻게 된다. 더 좋은 점은, 다른 환경에 대해 각각 다른 설정을 만들 수 있다는 점이다. 예를 들어, 여러분의 앱이 많은 양의 데이터가 있는 데이터베이스를 분석한다면, 아마도 여러분은 몇몇 다른 환경을 설정하게 될 것이다.

- 운영 환경에서는 앱을 실제 '운영' 데이터베이스에 연결한다.
- 테스트 환경에서는 앱이 테스트 데이터베이스를 사용하도록 설정하여 데이터베이스 연결을 적합하게 테스트하는 동시에, 의도치 않게 데이터를 오염시켜 운영 데이터베이스를 망가뜨릴 위험을 피할 수 있다.
- 개발 환경에서는 앱이 일부 데이터만 지닌 작은 CSV 파일을 사용하도록 설정하여 개발 주기를 빠르게 만들 수 있다.

마지막으로, 로컬 파일시스템에 대한 가정을 세우는 것에 조심하자. 예를 들어, 코드가 *C:\data\cars.csv*나 *~/my-projects/genes.rds*에 있는 데이터를 참조한다면, 이 파일들이 다른 컴퓨터에는 같은 경로에 존재하지 않을 가능성이 매우 높다는 점을 깨달아야 한다. 대신, 앱 디렉터리를 기준으로 상대경로를 사용하거나(예: *data/cars.csv* 혹은 *genes.rds*), config 패키지를 사용하여 외부 경로가 명시적이고 설정 가능하도록 만들자.

소스 코드 관리

오랜 시간 프로그래밍을 해왔던 사람들은 누구나 필연적으로 예기치 않게 앱을 망가뜨린 뒤 이전 상태로 되돌리고(roll back) 싶어하는 상황에 놓이게 된다. 이를 수작업으로 하는 것은 엄청나게 고된 일이다. 하지만 다행히도 우리는 '버전 관리 시스템'에 의존하여 쉽게 하나 하나의 변경 사항을 추적하고, 이전 상태로 되돌리고, 여러 기고자(contributor)의 작업을 통합할 수 있다.

R 커뮤니티에서 가장 흔히 사용하는 버전 관리 시스템은 깃(Git)이다. 깃은 통상 깃 저장소(repo)를 다른 사람들과 쉽게 공유할 수 있는 웹사이트인 깃허브

(GitHub)와 짝을 이룬다. 깃과 깃허브에 숙달되는 데는 상당한 노력이 필요하지만, 경험 많은 개발자라면 누구나 그 노력이 충분한 가치가 있다고 확인시켜줄 것이다. 만약 깃을 처음 사용해본다면, 제니 브라이언(Jenny Bryan)의 《Happy Git and GitHub for the useR》(*https://happygitwithr.com*)부터 읽어볼 것을 강력히 추천한다.

지속적 통합/배포

버전 관리 시스템을 사용하고 자동화된 테스트를 탄탄하게 갖추었다면, 지속적 통합(continuous integration, CI)이 유용해질 것이다. CI는 앱에 적용한 변경 사항이 앱의 어떤 기능도 망가뜨리지 않도록 끊임없이 검증하는 방법이다. 이를 사후에 검증하도록(만약 변경된 사항이 앱을 고장낸다면 알려주도록) 할 수도 있고, 혹은 사전에 검증하도록(만약 '제안된' 변경 사항이 앱을 고장낼 것이라면 알려주도록) 할 수도 있다.

깃 저장소에 연결하여 새로 커밋을 푸시하거나 변경을 제안할 때 테스트를 자동으로 실행하는 여러 가지 서비스가 있다. 몇 가지만 언급하면, 코드가 어디에 호스트되어 있는지에 따라 깃허브 액션(*https://github.com/features/actions*), Travis CI(*https://travis-ci.org*), Azure 파이프라인(*https://oreil.ly/NFbFQ*), AppVeyor(*https://www.appveyor.com*), Jenkins(*https://jenkins.io*), GitLab CI/CD(*https://oreil.ly/WYsfG*) 등을 고려할 수 있을 것이다.

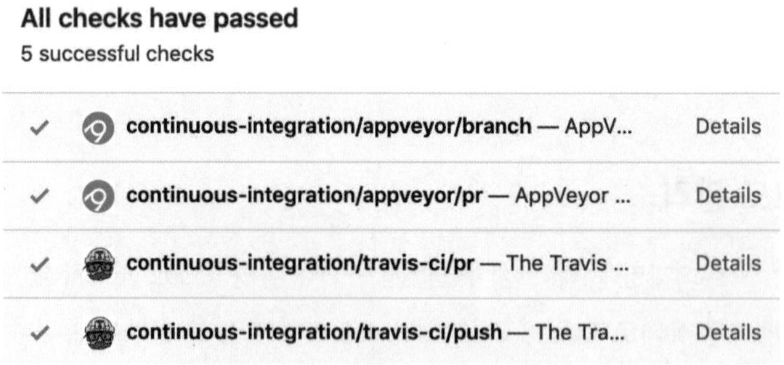

All checks have passed
5 successful checks

✓	continuous-integration/appveyor/branch — AppV...	Details
✓	continuous-integration/appveyor/pr — AppVeyor ...	Details
✓	continuous-integration/travis-ci/pr — The Travis ...	Details
✓	continuous-integration/travis-ci/push — The Tra...	Details

그림 17-1 네 개의 독립적인 테스트 환경에서 성공적인 결과를 보여주는 CI 실행의 예

그림 17-1은 CI 시스템이 깃허브에 연결되어 풀(pull) 요청을 테스트할 때 어떻게 나타나는지 보여준다. 그림과 같이, 모든 CI 테스트에 대해 각 테스트 환경이 성공적이었다는 것을 의미하는 녹색 체크 표시를 보여준다. 만약 이 테스트 중 어느 하

나라도 실패했다면, 이 앱의 변경 내용을 병합(merge)하기 전에 실패에 대한 경고를 받게 될 것이다. CI 과정을 세우면 경험 있는 개발자가 예기치 않은 실수를 하게 되는 것을 예방할 수 있을 뿐만 아니라, 새로운 기고자가 자신이 변경한 내용에 대해 스스로 신뢰할 수 있게 해준다.

코드 리뷰

수많은 소프트웨어 회사는 코드가 공식적으로 코드베이스에 포함되기 전에 다른 사람들이 그 코드를 리뷰하면 이점이 있다는 것을 발견하였다. 이 '코드 리뷰(code review)' 과정은 여러 가지 면에서 유익하다.

- 앱에 포함되기 전에 버그를 잡아냄으로써, 버그 수정에 들어가는 비용이 훨씬 줄어든다.
- 배움의 기회를 제공한다—모든 단계의 프로그래머는 다른 사람의 코드를 리뷰하거나 그들의 코드를 다른 사람에게 리뷰받으면서 새로운 것을 배운다.
- 팀 내에서 교류와 지식 공유를 가능하게 하여, 오직 한 사람만 앱을 이해하고 있는 상황을 없앤다.
- 과정 중에 발생하는 대화는 종종 코드의 가독성을 개선시킨다.

보통 코드 리뷰는 자신 이외에 다른 사람을 참여시키지만, 여러분 혼자서 코드 리뷰를 하는 경우에도 여전히 도움이 된다. 대부분의 경험 있는 개발자들은 자신의 코드를 리뷰할 때, 특히 코드를 작성한 뒤 리뷰할 때까지 최소 몇 시간의 간격을 둘 수 있다면, 종종 작은 결함을 발견하게 된다는 것에 동의할 것이다.

다음은 코드를 리뷰할 때 염두에 두어야 할 몇 가지 질문이다.

- 새 함수 이름이 간결하면서도 그 기능을 연상할 수 있게 하는가?
- 코드를 읽으면서 혼동되는 부분이 있는가?
- 어떤 부분이 이후에 변경될 가능성이 있어 보이며 자동화된 테스트가 유익할 것인가?
- 코드 스타일이 앱의 다른 부분과 (혹은 팀의 문서화된 코드 스타일이 존재한다면 그 스타일과) 일치하는가?

만약 여러분이 소프트웨어 공학 문화가 강한 조직에 속해있다면 데이터 과학 코드에 대해 코드 리뷰 기회를 마련하는 것은 쉬울 것이며, 기존의 도구와 경험을 활용할 수 있을 것이다. 만약 여러분이 오직 소수의 다른 소프트웨어 엔지니어만 있는 조직에 속해있다면, 아마 더 많은 설득이 필요할 것이다.

필자는 두 가지 자료를 추천한다.

- thoughtbot 가이드(*https://oreil.ly/949mo*)
- 코드 리뷰 개발자 가이드(Code Review Developer Guide, *https://oreil.ly/VZEpM*)

요약

이제 약간의 소프트웨어 엔지니어 마인드를 배웠으니, 이어지는 장들에서는 Shiny 앱에 적용되는 함수 작성, 테스트, 보안, 성능 등에 대해 더 자세히 파고들어 보자. 다른 장들을 읽기 전에 18장을 먼저 읽어야 할 것이다. 이후에 나머지 장들은 필요에 따라 건너뛰어도 된다.

18장

함수

앱이 커져감에 따라 코드의 모든 내용을 머리에 담기는 점점 더 어려워지고 코드를 이해하기도 점점 더 어려워진다. 결과적으로 새로운 기능을 추가하기도 어려워지고, 무언가 잘못되었을 때 해법을 찾기도 어려워진다(즉, 디버깅이 어려워진다). 어떠한 신중한 조치를 취하지 않으면 앱의 개발 속도는 느려질 것이며, 계속 작업을 하는 것이 점점 덜 즐겁게 될 것이다.

이 장에서는 함수를 작성하는 것이 어떻게 도움이 되는지를 배운다. 이는 UI와 서버 컴포넌트에 대해 약간 다른 경향을 보인다.

- UI에는 여러 곳에서 약간의 변형을 통해 반복 사용되는 컴포넌트가 있다. 반복되는 코드를 함수로 뽑아내면 중복을 줄일 수 있고(여러 개의 컨트롤을 한 곳에서 변경하기 쉽다), 함수형 프로그래밍 기법과 결합하여 많은 수의 컨트롤을 한 번에 생성할 수 있다.

- 서버에서는 복잡한 반응형을 디버깅하기 어려운데, 이는 반응형의 디버깅이 앱 사용 중간에 이루어져야 하기 때문이다. 함수가 오직 한 곳에서만 호출된다 할지라도, 반응형을 별도의 함수로 뽑아내면 반응성과는 독립적인 계산 부분을 실험할 수 있기 때문에 디버깅이 훨씬 쉬워진다.

Shiny 앱에서 함수의 또 다른 중요한 역할은 앱 코드를 여러 개의 파일로 분산시킬 수 있다는 점이다. 물론 하나의 거대한 *app.R* 파일을 지닐 수도 있지만, 여러 개의 파일로 나누었을 때 관리하기가 훨씬 쉬워진다.

필자는 여러분이 이미 함수의 기본에 대해 친숙하다고 가정한다.[1] 이 장의 목표
는 함수가 앱을 훨씬 더 명료하게 만드는 특정 사례를 보여줌으로써 여러분이 함수
를 작성하도록 유도하는 것이다. 이 장의 아이디어를 마스터한 뒤, 다음 단계는 UI
와 서버 코드가 쌍을 이루어 서로에게 의존적이며 그 외부로부터는 독립적인 단일
한 객체가 되도록 작성하는 방법을 배우는 것이다. 이는 19장에서 **모듈**(module)을
다룰 때 배울 것이다. 늘 그렇듯이 shiny를 로드하며 시작해보자.

```
library(shiny)
```

파일 구성

앱에서 정확히 어떻게 함수를 사용할지에 대해 얘기하기 전에, 필자는 한 가지 즉
각적인 이점을 먼저 언급하고 싶다. 함수는 *app.R*의 외부에 존재할 수 있다. 함수의
크기에 따라 두 가지 위치에 함수를 둘 수 있다.

- 큰 함수들(과 이들이 필요로 하는 작은 헬퍼 함수들)을 각자 고유의 *R/{함수명}.R*
  파일로 저장하길 추천한다.
- 작고 간단한 함수들은 한 곳에 모아두고 싶을 것이다. 필자는 종종 *R/utils.R* 파일
  에 저장하지만, 이 함수들이 주로 UI에 사용된다면 *R/ui.R*에 저장하는 것도 좋을
  것이다.

R 패키지를 만들어본 적이 있다면, 아마 Shiny 앱을 위해 제시한 이 규칙이 R 패키
지에서의 함수 파일 저장 규칙과 같다는 것을 알아챘을 것이다. 더구나 복잡한 앱
을 만들고 특히 여러 명의 작성자가 존재한다면, Shiny 앱을 완전한 형태의 패키지
로 만들면 상당한 장점이 있다. 이 방법을 시도해보고 싶다면, 《Engineering Pro-
duction-Grade Shiny Apps》(*https://engineering-shiny.org*)를 읽어보고 거기서 소개
하는 golem(*https://thinkr-open.github.io/golem*) 패키지를 사용하길 추천한다. 테스
트에 대해 얘기할 때 패키지를 다시 다루겠다.

---

1 만약 함수 기본에 아직 친숙하지 않아 더 배우고 싶다면, 《R을 활용한 데이터 과학(R for Data
  Science)》(인사이트, 2019)의 '함수' 장을 읽어보자.

UI 함수

함수는 UI 코드의 중복을 줄이기 위한 강력한 도구다. 중복이 존재하는 구체적인 코드 예를 보며 시작해보자. 각각 시작값은 0.5이고, 0부터 1까지 0.1 단위로 값을 선택할 수 있는 여러 개의 슬라이더를 만든다고 상상해보자. 복사와 붙여넣기를 여러 번 수행해서 모든 슬라이더를 생성할 수 있을 것이다.

```
ui <- fluidRow(
  sliderInput("alpha", "alpha", min = 0, max = 1, value = 0.5, step = 0.1),
  sliderInput("beta",  "beta", min = 0, max = 1, value = 0.5, step = 0.1),
  sliderInput("gamma", "gamma", min = 0, max = 1, value = 0.5, step = 0.1),
  sliderInput("delta", "delta", min = 0, max = 1, value = 0.5, step = 0.1)
)
```

하지만 반복되는 패턴을 인지하고 이를 함수로 추출하는 게 더 바람직할 것이다. 이는 UI 코드를 훨씬 간결하게 만든다.

```
sliderInput01 <- function(id) {
  sliderInput(id, label = id, min = 0, max = 1, value = 0.5, step = 0.1)
}

ui <- fluidRow(
  sliderInput01("alpha"),
  sliderInput01("beta"),
  sliderInput01("gamma"),
  sliderInput01("delta")
)
```

여기에서 함수는 두 가지 방식으로 도움을 준다.

- 함수 이름을 연상하기 쉽게 만들어, 미래에 코드를 다시 읽어볼 때 무엇이 진행되는지 이해하기 쉽게 해준다.
- UI의 작동 방식을 바꾸고자 할 때 오직 한 곳만 수정하면 된다. 예를 들어, 값의 단계를 더 세분화하려 한다면, `step = 0.01`을 네 군데가 아닌 오직 한 곳에서만 작성하면 된다.

다른 활용

함수는 다른 많은 곳에서 유용하게 사용될 수 있다. 여기에 여러분의 창의력을 샘솟게 할 몇 가지 아이디어를 세지한다.

- 만약 여러분의 국가에 맞추어 `dateInput()`의 인자를 설정한다면, 이를 한 곳에 두어 인자를 일관되게 사용하자. 예를 들어, 주중 날짜(weekdays)를 선택하는 데 사용할 날짜 컨트롤을 미국인들을 위해 작성한다고 상상해보자.

```
usWeekDateInput <- function(inputId, ...) {
  dateInput(inputId, ..., format = "dd M, yy", daysofweekdisabled = c(0, 6))
}
```

여기서 `...`의 사용에 주목하자. 이는 여전히 `dateInput()`의 다른 인자를 전달함을 의미한다.

- 혹은 아이콘(icon)을 쉽게 추가할 수 있는 라디오 버튼을 원할지 모른다.

```
iconRadioButtons <- function(inputId, label, choices, selected = NULL) {
  names <- lapply(choices, icon)
  values <- if (!is.null(names(choices))) names(choices) else choices
  radioButtons(inputId,
    label = label,
    choiceNames = names, choiceValues = values, selected = selected
  )
}
```

- 혹은 여러 장소에서 재사용할 선택 옵션이 있을 것이다.

```
stateSelectInput <- function(inputId, ...) {
  selectInput(inputId, ..., choices = state.name)
}
```

만약 여러분이 속한 조직에서 많은 Shiny 앱을 개발하고 있다면, 이런 함수를 공유된 패키지에 포함시킴으로써 여러 앱에 걸친 일관성을 향상시키는 데 도움을 줄 수 있다.

함수형 프로그래밍

처음의 슬라이더 예제에서, 함수형 프로그래밍에 친숙하다면 코드를 더 줄일 수 있다.

```
library(purrr)

vars <- c("alpha", "beta", "gamma", "delta")
sliders <- map(vars, sliderInput01)
ui <- fluidRow(sliders)
```

여기에는 두 가지 큰 아이디어가 있다.

- map()이 vars에 저장된 문자열 각각에 대해 sliderInput01()을 한 번씩 호출하고, 슬라이더 리스트를 반환한다.
- 리스트를 fluidRow()(혹은 다른 어떤 HTML 컨테이너)에 넘기면, 리스트가 자동으로 언팩(unpack)되어 리스트의 원소가 컨테이너의 자식 노드가 된다.

만약 map()(혹은 그와 동일한 base 함수인 lapply())에 대해서 더 배우고 싶다면 《Advanced R》의 '함수형(Functionals)' 장을 보면 좋을 것이다.

UI 데이터

컨트롤이 둘 이상의 변동 입력을 지닌다면, 이 아이디어를 더 일반화시킬 수 있다. 우선 tibble::tribble()을 사용하여 각 컨트롤의 파라미터를 정의하는 인라인 데이터 프레임을 생성한다. UI 구조를 명시적인 데이터 구조로 전환하는 것이다.

```
vars <- tibble::tribble(
  ~ id,    ~ min, ~ max,
  "alpha",    0,     1,
  "beta",     0,    10,
  "gamma",   -1,     1,
  "delta",    0,     1,
)
```

그런 다음, 열 이름과 일치하는 인자 이름을 지닌 함수를 만든다.

```
mySliderInput <- function(id, label = id, min = 0, max = 1) {
  sliderInput(id, label, min = min, max = max, value = 0.5, step = 0.1)
}
```

마지막으로 purrr:: pmap()을 사용하여 vars의 각 행에 대해 mySliderInput()을 한 번씩 호출한다.

```
sliders <- pmap(vars, mySliderInput)
```

이 코드가 이해하기 어렵더라도 걱정하지 말고, 복사와 붙여넣기를 해서 사용해보자. 하지만 장기적으로 함수형 프로그래밍을 좀더 배우길 추천하는데, 왜냐하면 장황한 개념을 간결하게 표현할 수 있는 아주 멋진 능력을 선사하기 때문이다. 186쪽의 '코드로 UI 생성하기'에서 이 함수형 프로그래밍 기술을 이용하여 사용자의 동작에 반응하여 동적 UI를 생성하는 예들을 더 보도록 하자.

서버 함수

긴 반응형(10줄 이상)을 볼 때마다, 반응성을 사용하지 않는 별도의 함수로 뽑아낼 방법을 고려해야 한다. 여기에는 두 가지 장점이 있다.

- 코드를 분리하여 반응성은 server()에 남겨두면서 복잡한 계산을 함수로 뽑아내면, 코드를 디버깅하고 테스트하기 훨씬 수월해진다.
- 반응형 표현식이나 출력을 볼 때, 코드 단위를 세심하게 들여다보는 것 외에는 이들이 정확히 어떤 값에 의존하는지 쉽게 얘기할 수 있는 방법이 없다. 하지만 함수 정의는 그 자체로 입력이 무엇인지 정확히 알려준다.

UI에서 함수의 핵심 이점은 중복을 줄이는 것이었다. 서버에서 함수의 핵심 이점은 코드 분리와 테스트에 있다.

업로드된 데이터 읽기

159쪽의 '데이터 업로드하기'에서 가져온 서버 함수를 보자. 여기에는 어느 정도 복잡한 reactive()가 포함되어 있다.

```
server <- function(input, output, session) {
  data <- reactive({
    req(input$file)

    ext <- tools::file_ext(input$file$name)
    switch(ext,
      csv = vroom::vroom(input$file$datapath, delim = ","),
      tsv = vroom::vroom(input$file$datapath, delim = "\t"),
      validate("Invalid file; Please upload a .csv or .tsv file")
    )
  })

  output$head <- renderTable({
    head(data(), input$n)
  })
}
```

만약 이것이 실제 앱이었다면, 필자는 업로드된 파일을 읽는 부분을 함수로 추출하는 것을 심각하게 고려했을 것이다.

```
load_file <- function(name, path) {
  ext <- tools::file_ext(name)
  switch(ext,
    csv = vroom::vroom(path, delim = ","),
    tsv = vroom::vroom(path, delim = "\t"),
    validate("Invalid file; Please upload a .csv or .tsv file")
  )
}
```

이런 헬퍼를 추출할 때, 반응형을 입력으로 취하거나 출력으로 반환하는 것을 피해야 한다. 그 대신에 값을 인자로 넘기고, 함수 호출자가 필요한 경우 함수가 반환한 값을 반응형으로 전환할 것이라 가정하자. 이는 반드시 지켜야만 하는 규칙은 아니다. 이따금 함수의 입력이나 출력이 반응형인 것이 적합할 때도 있다. 하지만 보통의 경우, 필자는 앱에서 반응형인 부분과 반응형이 아닌 부분을 가능한 한 분리시키는 것이 더 좋다고 생각한다. 이 사례에서는 함수 내에서 여전히 validate()를 사용하는데, Shiny 외부에서 validate()가 stop()과 비슷하게 작동하기 때문에 문제 없이 작동한다. 하지만 req()는 서버에 두었는데, 이는 파일 파싱(parsing)을 언제 실행해야 할지 아는 것은 이 파일 파싱 코드의 역할이 아니기 때문이다.

이제 이 코드가 독립된 함수가 되었으므로, 그 자신만의 파일(*R/load_file.R*이라 하자)로 존재할 수 있으며, server()를 간략하게 만들 수 있다. 이는 서버 함수가 기저에 있는 각 컴포넌트의 작은 세부사항에 신경을 덜 쓰고 반응성의 큰 그림에 집중하도록 돕는다.

```
server <- function(input, output, session) {
  data <- reactive({
    req(input$file)
    load_file(input$file$name, input$file$datapath)
  })

  output$head <- renderTable({
    head(data(), input$n)
  })
}
```

또 다른 큰 장점은 load_file()을 Shiny 앱 외부인 콘솔에서 실험할 수 있다는 점이다. 앱에 정식으로 테스트를 적용하려 한다면(21장을 보자), 반응성에 독립된 함수를 만들면 코드를 테스트하기 쉬워진다.

내부 함수

대부분의 경우 함수를 분리된 파일에 저장할 수 있도록 서버 함수로부터 완전히 독립적으로 만들고 싶을 것이다. 하지만 만약 함수가 input, output, session을 사용해야 한다면, 함수를 서버 함수 내에서 만드는 것이 적합할 수도 있다.

```
server <- function(input, output, session) {
  switch_page <- function(i) {
    updateTabsetPanel(input = "wizard", selected = paste0("page_", i))
  }

  observeEvent(input$page_12, switch_page(2))
  observeEvent(input$page_21, switch_page(1))
  observeEvent(input$page_23, switch_page(3))
  observeEvent(input$page_32, switch_page(2))
}
```

이는 테스트나 디버깅을 쉽게 만들진 않지만, 중복된 코드를 줄인다.

물론, 함수에 session 인자를 추가할 수도 있다.[2]

```
switch_page <- function(i) {
  updateTabsetPanel(input = "wizard", selected = paste0("page_", i))
}

server <- function(input, output, session) {
  observeEvent(input$page_12, switch_page(2))
  observeEvent(input$page_21, switch_page(1))
  observeEvent(input$page_23, switch_page(3))
  observeEvent(input$page_32, switch_page(2))
}
```

---

2 (옮긴이) 주어진 코드에 session 인자가 없어서 혼동될 것이다. Shiny 1.6 버전부터 업데이트 함수
(예: updateTabsetPanel())의 session 인자에 기본값 getDefaultReactiveDomain()이 주어짐에 따라,
따로 session 인자를 명시적으로 넘길 필요가 없어졌다. Shiny 1.6 이전 버전이라면 다음과 같이 코
드가 작성되었어야 할 것이다.

```
switch_page <- function(session, i) {
  updateTabsetPanel(session, input = "wizard", selected = paste0("page_", i))
}

server <- function(input, output, session) {
  observeEvent(input$page_12, switch_page(session, 2))
  observeEvent(input$page_21, switch_page(session, 1))
  observeEvent(input$page_23, switch_page(session, 3))
  observeEvent(input$page_32, switch_page(session, 2))
}
```

하지만 함수가 오직 특정 탭 집합을 지닌 'wizard'라는 이름의 컨트롤에만 영향을 미치는 방식으로 여전히 앱과 근본적으로 결합되어 있어, 이 코드는 괴상하게 느껴진다.

요약

앱이 커져감에 따라 반응형이 아닌 함수들을 앱의 흐름에서 따로 추출해내면 상당한 도움이 될 것이다. 함수는 반응형 코드와 반응형이 아닌 코드를 분리하여 코드를 여러 파일에 걸쳐 분산시킬 수 있게 한다. 이는 앱의 큰 그림을 훨씬 보기 쉽게 해주곤 하며, 복잡한 로직(logic)을 앱에서 떼어내어 일반 R 코드로 옮김으로써 실험(experiment), 반복(iterate), 테스트(test)를 훨씬 하기 쉽게 만든다. 함수를 추출하기 시작할 때는 다소 느리고 좌절스럽게 느껴질 수 있지만, 시간이 지날수록 점점 더 작업이 빨라질 것이며, 이내 이것이 여러분이 지닌 핵심 도구가 될 것이다.

이 장에서 다룬 함수는 한 가지 중요한 단점이 있다. 각 함수는 오직 UI나 서버 컴포넌트 중 하나만 생성하고, 둘 다 생성하지는 못한다. 다음 장에서는 UI와 서버 코드를 Shiny 모듈이라는 단일 객체로 편성하는 방법을 배운다.

19장

Shiny 모듈

앞 장에서 우리는 Shiny 앱을 독립된 조각으로 분해하기 위해 함수를 사용하였다. 함수는 완전히 서버 측에 존재하거나 완전히 클라이언트 측에 존재하는 코드에 적합하다. 양측에 걸쳐있는(즉, 서버 코드가 UI의 특정한 구조에 의존하는) 코드의 경우에는 새로운 기법인 모듈이 필요하다.

가장 단순한 단계에서, 모듈은 UI와 서버 함수의 쌍이다. 모듈의 마법은 이 함수들이 '네임스페이스(namespace)'를 생성하는 특별한 방법으로 만들어짐으로써 발현된다. 지금까지는 앱을 작성할 때 컨트롤의 이름(**id**)은 전역(global)이었기에, 서버 함수의 어느 곳에서든 UI의 모든 부분을 접근할 수 있었다. 모듈은 오직 모듈 내에서만 접근할 수 있는 컨트롤을 생성할 수 있게 한다. 이는 **네임스페이스**라 불리는데, 왜냐하면 앱의 나머지 부분으로부터 분리된 '네임(name)'의 '스페이스(space)'를 생성하기 때문이다.

Shiny 모듈은 두 가지 커다란 장점이 있다. 첫째, 네임스페이스를 생성함으로써 개별 컴포넌트를 분리된 상태로 작성하고 분석하고 테스트할 수 있어 앱이 어떻게 작동하는지 이해하기 쉽게 해준다. 둘째, 모듈은 함수이므로 코드를 재사용하는 데 도움을 준다. 함수로 할 수 있는 어떤 일이든 모듈로도 할 수 있다. 그럼 shiny를 로드하며 시작해보자.

```
library(shiny)
```

동기

모듈 생성을 자세히 다루기 전에, 이것이 앱의 '모양'을 어떻게 바꿀지 감을 익혀두면 유용하다. rstudio::conf(2019)(*https://youtu.be/ylLLVo2VL50*)에서 모듈에 대해 발표했던 에릭 난츠(Eric Nantz)(*https://github.com/rpodcast*)의 예를 빌려오자. 에릭은 그림 19-1과 같이 크고 복잡한 앱을 가지고 있었기 때문에 모듈을 사용하고자 했다. 여러분은 이 특정 앱에 대해서 모르겠지만, 서로 연결된 많은 컴포넌트를 보며 이 앱의 복잡성을 느낄 수 있을 것이다.

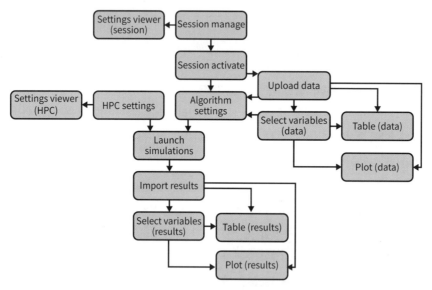

그림 19-1 복잡한 앱의 대략적인 구조. 필자가 다이어그램으로 최대한 단순하게 표현하려고 노력했지만, 여전히 각 부분이 무엇을 뜻하는지 이해하기 어렵다.

그림 19-2는 모듈을 사용한 이후의 앱의 구조를 보여준다.

• 앱은 각 조각으로 나뉘며, 각 조각은 이름을 지닌다. 조각에 이름을 부여함으로써 컨트롤의 이름을 훨씬 쉽게 지을 수 있다. 예를 들어, 이전 앱에서는 'session manage'와 'session activate'가 있었지만, 이제는 단지 'manage'와 'activate'만 필요한데, 이는 이 컨트롤이 'session' 모듈에 싸여있기 때문이다. 이것이 네임스페이스 만들기다!

• 모듈은 입력과 출력이 정의된 블랙 박스다. 다른 모듈은 오직 이 모듈의 (외부) 인터페이스를 통해서만 소통할 수 있으며, 모듈 내부에 접근하거나 직접적으로

내부 컨트롤과 반응형을 검사하거나 수정할 수 없다. 이는 전체 앱이 더욱 단순한 구조를 지니도록 한다.

- 모듈은 재사용 가능하므로 두 노란색 컴포넌트를 생성하는 함수와 두 파란색 컴포넌트를 생성하는 함수를 작성할 수 있다. 이는 앱에 필요한 전체 코드의 양을 상당히 줄여준다.

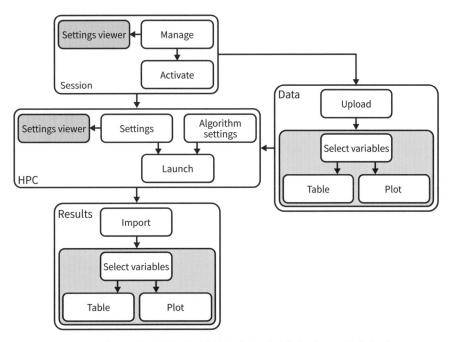

그림 19-2 앱이 모듈을 사용하도록 전환하면, 앱이 크게 어떤 컴포넌트로 이루어지는지, 그리고 어떤 컴포넌트(파란색과 노란색 컴포넌트)가 여러 곳에서 재사용되는지 훨씬 알기 쉽다.

모듈 기본

처음으로 모듈을 만들어보기 위해, 히스토그램을 그리는 매우 간단한 앱으로부터 모듈을 추출해보자.

```
ui <- fluidPage(
  selectInput("var", "Variable", names(mtcars)),
  numericInput("bins", "bins", 10, min = 1),
  plotOutput("hist")
)
server <- function(input, output, session) {
  data <- reactive(mtcars[[input$var]])
```

```
  output$hist <- renderPlot({
    hist(data(), breaks = input$bins, main = input$var)
  }, res = 96)
}
```

이 앱은 너무 간단해서 모듈을 추출할 때의 이점은 사실 딱히 없지만, 더 현실적이고 복잡한 사례를 다루기 이전에 기본 작동 방식을 설명하는 데 도움이 될 것이다.

모듈은 앱과 매우 비슷하다. 앱과 같이, 두 개의 부분으로 구성된다.[1]

- ui 사양(specification)을 생성하는 **모듈 UI 함수**
- server 함수 내에서 코드를 실행하는 **모듈 서버 함수**

이 두 함수는 표준 형태를 지닌다. 둘 다 id 인자를 받아 모듈의 네임스페이스로 사용된다. 모듈을 만들기 위해서는 앱의 UI와 서버로부터 코드를 추출하여 모듈 UI와 서버에 집어넣어야 한다.

모듈 UI

모듈 UI부터 만들어보자. 두 단계를 거친다.

- UI 코드를 id 인자를 지닌 함수 내에 넣는다.
- 각각의 기존 ID를 NS() 호출로 감싸, (예를 들어) "var"를 NS(id, "var")로 변경한다.

이 과정을 통해 다음 함수가 만들어진다.

```
histogramUI <- function(id) {
  tagList(
    selectInput(NS(id, "var"), "Variable", choices = names(mtcars)),
    numericInput(NS(id, "bins"), "bins", value = 10, min = 1),
    plotOutput(NS(id, "hist"))
  )
}
```

여기에서 UI 컴포넌트를 tagList() 내에서 반환하였는데, 이는 여러 개의 컴포넌트를 실제로 어떻게 배치할지 정하지 않은 상태로 함께 묶을 수 있는 특별한 형태의 레이아웃 함수다. 이 결과를 필요에 따라 column()이나 fluidRow()와 같은 레이아

---

1 앱과는 달리, 모듈 UI와 서버는 둘 다 함수다.

웃 함수로 감싸는 것은 histogramUI()를 호출하는 사람에게 달려 있다.

모듈 서버

다음으로 서버 함수를 만들어보자. 이는 id 인자를 지닌 또 다른 함수 내에 존재하게 된다. 이 함수는 id 인자와 일반 서버 함수처럼 보이는 함수를 인자로 하여 moduleServer()를 호출한다.

```
histogramServer <- function(id) {
  moduleServer(id, function(input, output, session) {
    data <- reactive(mtcars[[input$var]])
    output$hist <- renderPlot({
      hist(data(), breaks = input$bins, main = input$var)
    }, res = 96)
  })
}
```

이 두 단계의 함수가 중요하다. 나중에 다시 얘기하겠지만, 짧게 말하면 모듈의 인자를 서버 함수의 인자와 구별짓는 데 도움을 준다. 이 부분이 너무 복잡하게 보이더라도 걱정하지 말자. 이는 기본적으로 매번 새로운 모듈을 생성할 때마다 복사와 붙여넣기를 하면 되는 표준 양식이다.

moduleServer()가 네임스페이스를 자동으로 지정함에 주목하자. moduleServer (id) 내에서 input$var와 input$bins는 입력 NS(id, "var")와 NS(id, "bins")를 참조한다.

갱신된 앱

UI와 서버 함수를 만든 뒤에, 이를 사용하여 실험과 테스트를 할 앱을 생성하는 함수를 작성하는 게 좋다.

```
histogramApp <- function() {
  ui <- fluidPage(
    histogramUI("hist1")
  )
  server <- function(input, output, session) {
    histogramServer("hist1")
  }
  shinyApp(ui, server)
}
```

모든 Shiny 컨트롤과 마찬가지로, UI와 서버에서 동일한 id를 사용한다는 점에 주목하자. 그렇게 하지 않으면 이 두 부분이 서로 연결되지 않는다.

☑ **모듈의 역사**

모듈은 Shiny 0.13(2016년 1월)에서 callModule()로 소개되었으며, Shiny 1.5.0(2020년 6월)에서 moduleServer()를 소개하며 정비되었다. 만약 여러분이 오래 전에 모듈을 배웠다면, 아마도 callModule()을 배웠을 것이며, moduleServer()를 대신 사용해야 할 이유가 궁금할 것이다. 이 두 함수는 첫 두 개의 인자가 서로 바뀐 것을 제외하면 동일하다. 이는 단순한 변경이지만 전체 앱의 구조를 꽤 다르게 만든다.

```
histogramServerOld <- function(input, output, session) {
  data <- reactive(mtcars[[input$var]])
  output$hist <- renderPlot({
    hist(data(), breaks = input$bins, main = input$var)
  }, res = 96)
}
server <- function(input, output, session) {
  callModule(histogramServerOld, "hist1")
}
```

이 간단한 앱에 대해서는 그 차이가 대체로 피상적이지만, moduleServer()는 인자를 포함한 보다 복잡한 모듈을 상당히 더 이해하기 쉽게 한다.

네임스페이스 지정하기

이제 완전한 앱을 만들었으니, 다시 돌아와 네임스페이스 지정하기에 대해 좀더 얘기해보자. 모듈을 작동하도록 하는 핵심 아이디어는 각 컨트롤의 이름(즉, 컨트롤의 id)이 이제 두 부분으로 정해진다는 점이다.

• 첫 부분은 histogramServer()를 호출하는 개발자인 **사용자**(user)로부터 온다.
• 두 번째 부분은 histogramServer()를 작성한 개발자인 **작성자**(author)로부터 온다.

이 두 부분으로 나뉜 설정이 의미하는 바는, 모듈 작성자인 여러분은 사용자에 의해 생성된 다른 UI 컴포넌트와의 충돌에 대해 걱정할 필요가 없다는 점이다. 여러분은 여러분의 필요에 맞게 컨트롤의 이름을 지정할 수 있는 고유의 '네임 스페이스'를 갖는다.

　네임스페이스 지정은 모듈을 블랙 박스로 만든다. 모듈의 외부에서는 모듈 내부의 어떤 입력, 출력, 반응형도 볼 수 없다. 예를 들어, 다음의 앱을 보자. 입력 bins는 오직 모듈 hist1 내에서만 보이며, input$bins는 존재하지 않기 때문에 텍스트 출력 output$out은 한 번도 갱신되지 않을 것이다.

```
ui <- fluidPage(
  histogramUI("hist1"),
  textOutput("out")
)
server <- function(input, output, session) {
  histogramServer("hist1")
  output$out <- renderText(paste0("Bins: ", input$bins))
}
```

만약 앱의 다른 곳에 있는 반응형을 입력으로 사용하고 싶다면, 이를 모듈 함수에 명시적으로 전달해야 한다. 이에 대해서는 곧 다시 얘기할 것이다.

모듈 UI와 서버에서 네임스페이스 지정이 다르게 표현된 점에 주목하자.

- 모듈 UI에서는 네임스페이스 지정이 명시적이다. 매번 입력이나 출력을 생성할 때마다 NS(id, "name")을 호출해야만 한다.
- 모듈 서버에서는 네임스페이스 지정이 암묵적이다. 오직 moduleServer()를 호출할 때만 id를 사용하면 된다. Shiny가 input과 output 네임스페이스를 자동으로 지정하여, 모듈 코드에서 input$name이 입력 NS(id, "name")을 의미하게 된다.

명명 규칙

이 예에서 필자는 모듈의 모든 컴포넌트에 특별한 명명 체계를 사용하였으며, 여러분도 모듈에 이러한 명명 체계를 사용하길 추천한다. 여기에서 모듈은 히스토그램을 그리므로 histogram 모듈이라고 명명하였다. 이 기본 이름은 다음과 같이 다양한 곳에서 사용된다.

- *R/histogram.R*에 모듈의 모든 코드를 저장한다.
- histogramUI()는 모듈 UI다. 만약 이것이 주로 입력이나 출력으로 사용된다면, 필자는 대신 histogramInput()이나 histogramOutput()이라고 명명할 것이다.
- histogramServer()는 모듈 서버다.

- histogramApp()은 인터랙티브한 실험과 정식 테스트를 위한 완전한 앱을 생성한다.

연습문제

1. 왜 모듈을 그 자신만의 파일로 *R/* 디렉터리에 저장하는 게 좋은 습관인가? 이 모듈이 Shiny 앱에 로드되도록 보장하기 위해 무엇을 해야 할까?

2. 다음 모듈 UI에는 치명적인 실수가 존재한다. 그 실수는 무엇이며, 왜 그것이 문제를 야기할까?

```
histogramUI <- function(id) {
  tagList(
    selectInput("var", "Variable", choices = names(mtcars)),
    numericInput("bins", "bins", value = 10, min = 1),
    plotOutput("hist")
  )
}
```

3. 다음 모듈은 매번 'go' 버튼을 클릭할 때마다 새로운 임의의 숫자를 생성한다.

```
randomUI <- function(id) {
  tagList(
    textOutput(NS(id, "val")),
    actionButton(NS(id, "go"), "Go!")
  )
}
randomServer <- function(id) {
  moduleServer(id, function(input, output, session) {
    rand <- eventReactive(input$go, sample(100, 1))
    output$val <- renderText(rand())
  })
}
```

이 모듈의 복사본 네 개를 한 페이지에 표시하는 앱을 만들고 각 모듈이 독립적임을 검증하자. 더욱 매력적으로 표시하려면 randomUI()의 반환값을 어떻게 변경해야 할까?

4. 모듈 표준 양식을 타이핑하기가 지겹다면, 'RStudio 코드 조각(RStudio snippets)'(*https://oreil.ly/yhvm1*)에 대해 읽은 다음, 더 쉽게 새로운 모듈을 만들 수 있도록 다음의 코드 조각을 여러분의 RStudio 구성에 추가해보자.

```
${1}UI <- function(id) {
  tagList(
    ${2}
  )
}

${1}Server <- function(id) {
  moduleServer(id, function(input, output, session) {
    ${3}
  }
}
```

입력과 출력

모듈 UI와 서버에 오직 **id** 인자만 존재하는 모듈이 복잡한 코드를 각자의 파일로 분리한다는 측면에서 유용할 때가 있다. 이는 각 탭이 각 비즈니스 라인에 대한 맞춤형 리포트를 보여주는 회사 대시보드와 같이 독립적인 컴포넌트를 모아두는 앱에서 특히 유용하다. 여기서 모듈은 컴포넌트 간의 ID 충돌에 대해 걱정할 필요 없이 앱의 각 부분을 각자의 고유의 파일 내에서 개발할 수 있게 해준다.

하지만 많은 경우에 모듈 UI와 서버는 추가적인 인자를 필요로 한다. 모듈 UI에 인자를 추가하면 모듈의 모양새를 훨씬 다양하게 제어할 수 있어 같은 모듈을 앱의 더 많은 위치에서 사용할 수 있다. 모듈 UI는 일반적인 R 함수일 뿐이므로 Shiny에 대해 특정하게 더 배울 것은 비교적 많지 않고, 많은 부분을 이미 18장에서 다루었다.

따라서 이어지는 절에서는 모듈 서버에 초점을 두어, 어떻게 모듈이 추가적인 반응형 입력을 받는지, 또 어떻게 하나 혹은 그 이상의 반응형 출력을 반환할 수 있는지 알아볼 것이다. 일반적인 Shiny 코드와는 달리, 모듈을 서로 연결하기 위해서는 입력과 출력을 명시해야 한다. 처음에는 번거로울 것이다. 그리고 이는 확실히 Shiny에서 늘상 일어나는 자유로운 연계 형식에 비해 수고가 더 들어간다. 하지만 모듈이 특정한 커뮤니케이션 라인을 강제하는 데는 이유가 있다. 모듈을 만드는 데 약간의 작업이 추가되지만, 그로 인해 훨씬 이해하기 쉽고, 훨씬 더 복잡한 앱을 만들 수 있다.

누군가는 아마도 모듈의 구속을 벗어나기 위해 session$userData나 다른 기법을 사용하라는 조언을 할 것이다. 이런 조언을 경계하기 바란다. 그런 기법은 네임스페이스에 의해 마련된 규칙을 피해가는 방법을 보여주는데, 이로 인해 앱에 많은 복잡성을 다시 추가하게 되기 쉬우며, 처음에 모듈을 사용함으로써 얻는 이점을 크게 감소시킨다.

시작하기: UI 입력과 서버 출력

어떻게 입력과 출력이 작동하는지 보기 위해, datasets 패키지가 제공하는 내장 데이터로부터 사용자가 데이터셋을 선택하도록 하는 쉬운 모듈부터 시작해보자. 이 모듈은 그 자체로는 아주 유용하진 않지만, 몇몇 기본 원리를 보여주며, 6쪽의 'UI 컨트롤 추가하기'에서 봤던 것과 같이 한결 복잡한 모듈의 기본 단위로 사용하기에 유용하다.

모듈 UI부터 살펴보자. 여기서는 데이터셋을 행렬(filter = is.matrix)이나 데이터 프레임(filter = is.data.frame) 중 한 가지로 제한할 수 있도록 하나의 추가 인자를 사용한다. 이 인자를 사용하여 datasets 패키지 내의 객체를 필요에 따라 필터링한 뒤, selectInput()을 생성한다.

```
datasetInput <- function(id, filter = NULL) {
  names <- ls("package:datasets")
  if (!is.null(filter)) {
    data <- lapply(names, get, "package:datasets")
    names <- names[vapply(data, filter, logical(1))]
  }

  selectInput(NS(id, "dataset"), "Pick a dataset", choices = names)
}
```

모듈 서버 또한 단순하다. 단지 get()을 사용하여 데이터셋을 그 이름을 통해 조회(retrieve)하기만 하면 된다. 한 가지 새로운 아이디어는, 일반적인 server()와는 다르게, 함수와 같이 모듈 서버가 값을 반환한다는 점이다. 여기에서 함수 내의 마지막 표현식이 반환값이 된다는 일반 규칙을 활용한다.[2] 이 값은 언제나 반응형이어야 한다.

```
datasetServer <- function(id) {
  moduleServer(id, function(input, output, session) {
    reactive(get(input$dataset, "package:datasets"))
  })
}
```

무언가를 반환하는 모듈 서버를 사용하기 위해서는, <-를 사용해 그 반환값을 수집하면 된다. 이는 데이터셋을 수집하여 tableOutput() 내에 표시하는 다음 모듈 앱

---

2 Tidyverse 스타일 가이드(*https://oreil.ly/HFWiL*)는 return()을 오직 일찍 값을 반환해야 하는 경우에만 사용하길 추천한다.

에서 설명하고 있다.

```
datasetApp <- function(filter = NULL) {
  ui <- fluidPage(
    datasetInput("dataset", filter = filter),
    tableOutput("data")
  )
  server <- function(input, output, session) {
    data <- datasetServer("dataset")
    output$data <- renderTable(head(data()))
  }
  shinyApp(ui, server)
}
```

필자는 이 함수 설계에 있어 몇 가지 의사 결정을 내렸다.

- 입력 인자에 대해 실험하기 쉽게 만들기 위해, 이 함수가 filter 인자를 받아 모듈 UI에 전달하도록 하였다.
- 모든 데이터를 보여주기 위해 표 출력을 사용하였다. 여기서 무엇을 사용하는가가 중요하진 않지만, UI가 더 표현적(expressive)일수록 모듈이 예상했던 대로 작동하는지를 검사하기가 더 쉽다.

사례 연구: 숫자형 변수 선택하기

다음으로, 주어진 반응형 데이터셋으로부터 사용자가 특정 유형의 변수를 선택할 수 있도록 하는 컨트롤을 만들어보자. 데이터셋이 반응형이므로, 앱이 시작하는 시점에서는 선택 가능한 데이터 변수 리스트를 입력 컨트롤에 제공할 수 없다. 따라서 모듈 UI는 매우 간단해진다.

```
selectVarInput <- function(id) {
  selectInput(NS(id, "var"), "Variable", choices = NULL)
}
```

서버 함수는 두 개의 인자를 가질 것이다.

- 변수가 선택될 data. 이 인자를 반응형으로 제공하여 앞에서 만든 dataset 모듈과 함께 작동할 수 있게 하려 한다.
- 어떤 변수를 열거할지 선택하는 데 사용될 filter. 이는 모듈을 호출할 때 설정될 것이므로, 반응형일 필요는 없다. 필자는 모듈 서버를 간단하게 유지하기 위해 핵심 아이디어를 헬퍼 함수로 추출하였다.

```
    find_vars <- function(data, filter) {
      names(data)[vapply(data, filter, logical(1))]
    }
```

모듈 서버는 데이터가 변경될 때 selectInput의 선택 항목을 갱신하기 위해 observeEvent()를 사용하고, 선택된 변수의 값을 제공하는 반응형을 반환한다.

```
selectVarServer <- function(id, data, filter = is.numeric) {
  moduleServer(id, function(input, output, session) {
    observeEvent(data(), {
      updateSelectInput(session, "var", choices = find_vars(data(), filter))
    })

    reactive(data()[[input$var]])
  })
}
```

앱을 만들기 위해, 모듈 서버의 결과를 수집하여 UI에 있는 출력에 연결한다. 반응형을 이용한 연결이 모두 올바르게 진행되는지 확인하기 위해 dataset 모듈을 반응형 데이터 프레임의 소스로 사용한다.

```
selectVarApp <- function(filter = is.numeric) {
  ui <- fluidPage(
    datasetInput("data", is.data.frame),
    selectVarInput("var"),
    verbatimTextOutput("out")
  )
  server <- function(input, output, session) {
    data <- datasetServer("data")
    var <- selectVarServer("var", data, filter = filter)
    output$out <- renderPrint(var())
  }

  shinyApp(ui, server)
}
```

서버 입력

모듈 서버를 설계할 때, 각 인자에 누가 값을 제공하게 될 것인지 생각해봐야 한다. 모듈을 호출할 R 프로그래머인가, 아니면 앱을 사용하는 사람인가? 언제 그 값이 변경될 것인지를 생각하는 또 다른 방법도 있다. 앱이 실행되는 동안 고정된 상수인가, 아니면 사용자와 앱의 인터랙션에 따라 변하는 반응형인가? 이는 인자가 반응형이어야 할지 아닐지를 결정하는 중요한 설계 결정 사항(design decision)이다.

이 결정을 내렸다면, 모듈의 각 입력이 반응형인지 상수인지 검사하는 것이 좋다. 그렇게 하지 않은 상황에서 사용자가 잘못된 유형의 입력을 제공하게 되면, 사용자는 이해하기 어려운 오류 메시지를 보게 될 것이다. 빠르고 간단하게 stopifnot()을 호출하여, 무엇이 잘못되었는지를 모듈 사용자가 알기 쉽게 할 수 있다. 예를 들어, selectVarServer()는 data가 반응형이고 filter는 반응형이 아니라는 것을 다음 코드로 검사할 수 있을 것이다.

```
selectVarServer <- function(id, data, filter = is.numeric) {
  stopifnot(is.reactive(data))
  stopifnot(!is.reactive(filter))

  moduleServer(id, function(input, output, session) {
    observeEvent(data(), {
      updateSelectInput(session, "var", choices = find_vars(data(), filter))
    })

    reactive(data()[[input$var]])
  })
}
```

만약 모듈이 여러 사람에 의해 여러 번 사용될 거라 예상한다면, if 문과 stop() 호출을 통해 오류 메시지를 상황에 맞추어 좀더 정밀하게 다듬는 것도 고려하게 될 것이다.

모듈 입력이 반응형인지(혹은 아닌지) 검사하는 것은 모듈을 다른 입력 컨트롤과 함께 혼합할 때 발생할 수 있는 흔한 문제를 피하는 데 도움을 준다. input$var은 반응형이 아니므로, 매번 입력값을 모듈에 전달할 때마다 reactive()로 감싸야 할 것이다(예: selectVarServer("var", reactive(input$x))). 만약 필자가 추천한 대로 입력 유형을 검사한다면, 분명한 오류 메시지를 얻게 되겠지만, 그렇게 하지 않으면 could not find function "data"와 같은 아리송한 오류 메시지를 얻게 될 것이다.

> ☑ 여러분은 아마 find_vars()에도 같은 전략을 사용할 것이다. 여기에서 다루기에 그다지 중요한 부분은 아니지만, Shiny 앱을 디버깅하는 것은 일반 R 코드를 디버깅하는 것보다 다소 어렵기 때문에, 입력을 검사하는 데 좀더 시간을 투자하여 무언가 잘못되었을 때 한층 더 명료한 오류 메시지를 얻는 것이 좋다.

```
find_vars <- function(data, filter) {
  stopifnot(is.data.frame(data))
  stopifnot(is.function(filter))
  names(data)[vapply(data, filter, logical(1))]
}
```

이 전략을 통해 필자는 이 장을 작성하는 동안에 발생한 몇 개의 오류를 잡아냈다.

모듈 안의 모듈

서버 함수로부터의 출력에 대해 계속 얘기하기 전에, 모듈이 조립 가능하며, 모듈을 지닌 모듈을 만드는 것이 타당할 때가 있다는 점을 강조하고 싶다. 예를 들어, dataset 모듈과 selectVar 모듈을 결합하여 사용자로 하여금 내장 데이터셋에서 변수를 선택하도록 하는 모듈을 만들 수 있다.

```
selectDataVarUI <- function(id) {
  tagList(
    datasetInput(NS(id, "data"), filter = is.data.frame),
    selectVarInput(NS(id, "var"))
  )
}
selectDataVarServer <- function(id, filter = is.numeric) {
  moduleServer(id, function(input, output, session) {
    data <- datasetServer("data")
    var <- selectVarServer("var", data, filter = filter)
    var
  })
}

selectDataVarApp <- function(filter = is.numeric) {
  ui <- fluidPage(
    sidebarLayout(
      sidebarPanel(selectDataVarUI("var")),
      mainPanel(verbatimTextOutput("out"))
    )
  )
  server <- function(input, output, session) {
    var <- selectDataVarServer("var", filter)
    output$out <- renderPrint(var(), width = 40)
  }
  shinyApp(ui, server)
}
```

사례 연구: 히스토그램

이제 원래의 히스토그램 모듈로 돌아가서, 코드를 좀더 구성 가능하도록 리팩터링해보자. 모듈을 만들 때 핵심적인 도전 과제는 여러 곳에서 사용될 수 있도록 충분히 유연한 동시에 쉽게 이해할 수 있도록 충분히 간단한 함수를 만드는 것이다. 기본 단위로 좋은 함수를 어떻게 작성할 것인지 알아내는 것은 일생의 여정이다. 알맞은 함수를 얻기 전에 몇 번씩 잘못된 함수를 작성하게 될 것임을 예상하자(필자는 좀더 구체적인 충고를 해주고 싶지만, 현재로서는 연습과 의식적인 반추를 통해서 이 기술을 다듬어야만 할 것이다).

필자는 이를 출력 컨트롤로 간주할 것인데, 왜냐하면 이는 입력(구간(bin)의 개수)을 사용하긴 하지만 오직 표시를 조정하는 데 사용되며, 결과가 모듈에 의해 반환될 필요가 없기 때문이다.

```r
histogramOutput <- function(id) {
  tagList(
    numericInput(NS(id, "bins"), "bins", 10, min = 1, step = 1),
    plotOutput(NS(id, "hist"))
  )
}
```

필자는 이 모듈에 두 개의 입력, 즉 플롯을 그릴 변수 x와 히스토그램의 제목 title을 제공하기로 하였다. 둘 다 반응형이므로 시간에 따라 변경 가능하다(title은 다소 사소한 입력이지만, 이 입력 인자는 곧 중요한 기법을 다루는 동기가 될 것이다). title의 기본값에 주목하자—이는 반응형이어야 하므로, 상수를 reactive()로 감싸야 한다.

```r
histogramServer <- function(id, x, title = reactive("Histogram")) {
  stopifnot(is.reactive(x))
  stopifnot(is.reactive(title))

  moduleServer(id, function(input, output, session) {
    output$hist <- renderPlot({
      req(is.numeric(x()))
      main <- paste0(title(), " [", input$bins, "]")
      hist(x(), breaks = input$bins, main = main)
    }, res = 96)
  })
}

histogramApp <- function() {
```

```
ui <- fluidPage(
  sidebarLayout(
    sidebarPanel(
      datasetInput("data", is.data.frame),
      selectVarInput("var"),
    ),
    mainPanel(
      histogramOutput("hist")
    )
  )
)

server <- function(input, output, session) {
  data <- datasetServer("data")
  x <- selectVarServer("var", data)
  histogramServer("hist", x)
}
shinyApp(ui, server)
}
# histogramApp()
```

✅ 하나의 모듈에서 여러 개의 UI 함수를 정의하여 사용할 수 있다는 점에 주목하자. 이를 통해 입력 컨트롤과 히스토그램을 앱의 서로 다른 위치에 배치할 수 있다. 이 예에서 사용하기에는 아주 유용하진 않지만, 기본적인 접근 방법을 살펴보는 데 도움이 될 것이다.

```
histogramOutputBins <- function(id) {
  numericInput(NS(id, "bins"), "bins", 10, min = 1, step = 1)
}
histogramOutputPlot <- function(id) {
  plotOutput(NS(id, "hist"))
}

ui <- fluidPage(
  sidebarLayout(
    sidebarPanel(
      datasetInput("data", is.data.frame),
      selectVarInput("var"),
      histogramOutputBins("hist")
    ),
    mainPanel(
      histogramOutputPlot("hist")
    )
  )
)
```

다중 출력

선택한 변수의 이름을 히스토그램의 제목에 포함시킬 수 있다면 좋을 것이다. selectVarServer()가 변수 이름이 아닌 오직 변수 값만 반환하는 현재 상태에서는 이것이 불가능하다. 물론 selectVarServer()가 변수 값 대신 변수 이름을 반환하도록 재작성할 수 있지만, 이 경우 모듈 사용자가 데이터셋 서브셋을 추출해야 한다. 이보다 더 나은 접근 방법은 selectVarServer()가 변수 이름과 변수 값 둘 다를 반환하게 하는 것이다.

서버 함수는 일반 R 함수에서와 마찬가지로 리스트를 반환함으로써 여러 개의 값을 반환할 수 있다. 다음 코드와 같이 변수 이름과 값 모두를 반응형으로 반환하도록 selectVarServer()를 수정한다.

```
selectVarServer <- function(id, data, filter = is.numeric) {
  stopifnot(is.reactive(data))
  stopifnot(!is.reactive(filter))

  moduleServer(id, function(input, output, session) {
    observeEvent(data(), {
      updateSelectInput(session, "var", choices = find_vars(data(), filter))
    })

    list(
      name = reactive(input$var),
      value = reactive(data()[[input$var]])
    )
  })
}
```

이제 이 새로운 서버 함수를 사용하도록 histogramApp()을 갱신할 수 있다. UI는 그대로지만, 이제 histogramServer()에 선택된 변수의 값과 이름을 모두 전달한다.

```
histogramApp <- function() {
  ui <- fluidPage(...)

  server <- function(input, output, session) {
    data <- datasetServer("data")
    x <- selectVarServer("var", data)
    histogramServer("hist", x$value, x$name)
  }
  shinyApp(ui, server)
}
```

이런 코드에서 가장 큰 문제는 언제 반응형을 사용할지(예: x$value)와 언제 그 값을 사용할지(예: x$value())를 기억하는 것이다. 모듈의 인자로 전달할 때는 그 값이 변함에 따라 모듈이 반응하길 원하므로 현재의 값이 아닌 반응형으로 전달해야 한다는 점을 기억하자.

반응형으로부터 여러 개의 값을 반환하는 코드를 자주 작성한다면, zeallot (*https://github.com/r-lib/zeallot*) 패키지 사용을 고려해보자. zeallot은 여러 개의 변수로 할당할 수 있게 하는 (때때로 다중(multiple), 언패킹(unpacking), 혹은 구조 분해 할당(destructuring assignment)이라 불리는) %<-% 연산자를 제공한다. 이는 여러 개의 값을 반환할 때 유용한데, 간접성 계층(layer of indirection)을 제거할 수 있기 때문이다.

```
library(zeallot)

histogramApp <- function() {
  ui <- fluidPage(...)

  server <- function(input, output, session) {
    data <- datasetServer("data")
    c(name, value) %<-% selectVarServer("var", data)
    histogramServer("hist", value, name)
  }
  shinyApp(ui, server)
}
```

연습문제

1. data와 filter가 모두 반응형이 되도록 selectVarServer()를 재작성해보자. 그런 다음 이를 사용자가 dataset 모듈을 사용하여 데이터셋을 선택하는 앱 함수와 selectInput()을 사용하는 필터링 함수와 함께 사용하자. 사용자에게 숫자형, 문자형, 혹은 팩터형 변수를 필터링할 수 있는 기능을 제공하자.

2. 다음 코드는 숫자형 입력을 받아 세 개의 요약 통계를 목록으로 표시하는 모듈의 출력과 서버 컴포넌트를 정의한다. 이 모듈을 실험할 수 있는 앱 함수를 만들어보자. 앱 함수가 데이터 프레임을 인자로 받고 SelectVarInput()을 사용하여 요약할 변수를 선택해야 한다.

```
summaryOutput <- function(id) {
  tags$ul(
```

```
      tags$li("Min: ", textOutput(NS(id, "min"), inline = TRUE)),
      tags$li("Max: ", textOutput(NS(id, "max"), inline = TRUE)),
      tags$li("Missing: ", textOutput(NS(id, "n_na"), inline = TRUE))
    )
}

summaryServer <- function(id, var) {
  moduleServer(id, function(input, output, session) {
    rng <- reactive({
      req(var())
      range(var(), na.rm = TRUE)
    })

    output$min <- renderText(rng()[[1]])
    output$max <- renderText(rng()[[2]])
    output$n_na <- renderText(sum(is.na(var())))
  })
}
```

3. 다음 모듈 입력은 사용자가 날짜를 ISO8601 형식(yyyy-mm-dd)으로 입력하게 하는 텍스트 컨트롤을 제공한다. 유효하지 않은 날짜를 입력하면 output$error를 사용하여 메시지를 출력하는 서버 함수를 제공하여 모듈을 완성하자. 모듈은 유효한 날짜에 대해 Date 객체를 반환해야 한다. (힌트: 문자열을 파싱하려면 strptime(x, "%Y-%m-%d")을 사용하자. 이것은 값이 유효하지 않으면 NA를 반환할 것이다.)

```
ymdDateUI <- function(id, label) {
  label <- paste0(label, " (yyyy-mm-dd)")
  fluidRow(
    textInput(NS(id, "date"), label),
    textOutput(NS(id, "error"))
  )
}
```

사례 연구

지금까지 배운 것을 요약해보자.

- 모듈 입력(즉, 모듈 서버의 추가적인 인자)은 반응형이거나 상수일 수 있다. 그 선택은 누가 그 인자를 설정하고 언제 그 값이 변경되는지에 따라 여러분이 내릴 설계 결정 사항이다. 도움이 되지 않는 오류 메시지를 얻는 경우를 피하기 위해, 항상 인자가 기대했던 유형인지 검사해야 한다.

- 앱 서버와는 달리, 모듈 서버는 일반 함수와 비슷하게 값을 반환한다. 모듈은 하나의 값을 반환할 때는 반응형을, 여러 값을 반환할 때는 반응형의 리스트를 반환해야 한다.

이 아이디어를 충분히 이해하는 데 도움이 되도록, 필자는 모듈을 사용하는 몇 가지 추가적인 예를 보여주는 사례 연구를 제시할 것이다. 불행히도 앱을 단순화하는 데 도움이 되는 모든 가능한 모듈 사용법을 여기에서 보여줄 수는 없다. 하지만 이 예시들이 모듈로 무엇을 할 수 있는지에 대한 약간의 맛보기가 되고, 향후 어떻게 사용할지 고려해볼 만한 방향성을 제시하길 바란다.

제한된 선택 및 기타

모듈의 또 다른 중요한 용도는 복잡한 UI 요소에 좀더 간단한 사용자 인터페이스를 제공하는 것이다. 여기에서 필자는 Shiny가 기본으로 제공하지 않는 유용한 컨트롤을 만들 것이다. '기타(Other)' 항목과 결합된 적은 수의 선택 옵션이 라디오 버튼으로 표시된다. 이 모듈 내에는 여러 개의 입력 요소가 사용되지만, 외부에서는 하나의 결합된 객체처럼 작동한다.

UI를 radioButtons()에 직접 전달될 label, choices, selected로 매개변수화한다. 또한 기본값이 'Other'로 설정된 플레이스 홀더를 지닌 textInput()을 만든다. 텍스트 박스와 라디오 버튼을 조합하기 위해, choiceNames가 다른 입력 위젯을 포함한 HTML 원소의 리스트가 될 수 있다는 점을 이용한다. 그림 19-3을 통해 UI가 어떻게 보일지 감을 잡을 수 있을 것이다.

```r
radioExtraUI <- function(id, label, choices, selected = NULL, placeholder = "Other") {
  other <- textInput(NS(id, "other"), label = NULL, placeholder = placeholder)

  names <- if (is.null(names(choices))) choices else names(choices)
  values <- unname(choices)

  radioButtons(NS(id, "primary"),
    label = label,
    choiceValues = c(names, "other"),
    choiceNames = c(as.list(values), list(other)),
    selected = selected
  )
}
```

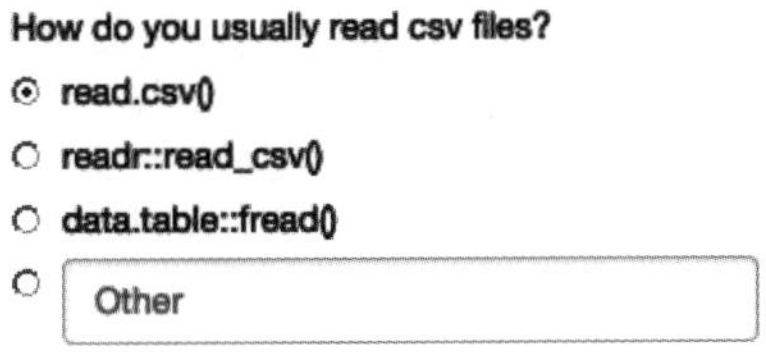

How do you usually read csv files?

- ⦿ read.csv()
- ○ readr::read_csv()
- ○ data.table::fread()
- ○ [Other]

그림 19-3 CSV 파일을 일반적으로 어떻게 읽어오는지 알아보기 위해 radioExtraUI()를 사용한 예

서버상에서, 필자는 플레이스 홀더 값이 변경되면 자동으로 '기타(Other)' 라디오 버튼이 선택되길 원한다. 다음 코드에 구현하지는 않았지만, 기타(Other)가 선택되었을 때 어떤 문자열이 나타나도록 보장하기 위해 유효성 검증을 사용하는 것도 상상할 수 있을 것이다.

```
radioExtraServer <- function(id) {
  moduleServer(id, function(input, output, session) {
    observeEvent(input$other, ignoreInit = TRUE, {
      updateRadioButtons(session, "primary", selected = "other")
    })

    reactive({
      if (input$primary == "other") {
        input$other
      } else {
        input$primary
      }
    })
  })
}
```

그런 다음 테스트해볼 수 있도록 이 두 부분을 앱 함수로 감싼다. 여기서 필자는 radioExtraUI()에 인자를 몇 개든지 전달할 수 있도록 ...을 사용한다.

```
radioExtraApp <- function(...) {
  ui <- fluidPage(
    radioExtraUI("extra", ...),
    textOutput("value")
  )
  server <- function(input, output, server) {
    extra <- radioExtraServer("extra")
    output$value <- renderText(paste0("Selected: ", extra()))
  }

  shinyApp(ui, server)
}
```

그림 19-4는 이 앱이 어떻게 작동하는지 감을 잡을 수 있게 해준다.

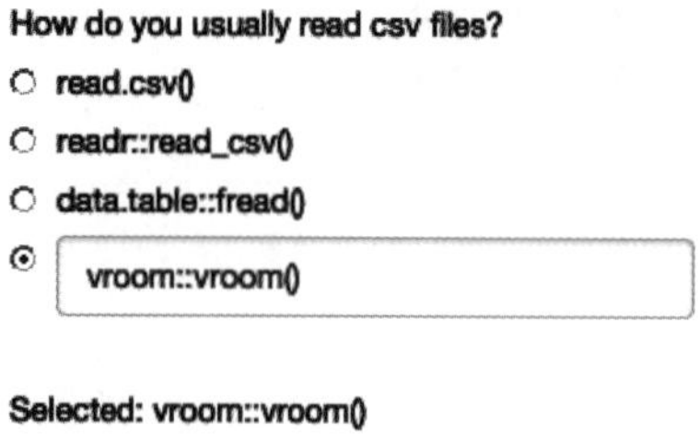

How do you usually read csv files?

○ **read.csv()**

○ **readr::read_csv()**

○ **data.table::fread()**

◉ ___vroom::vroom()___

Selected: vroom::vroom()

그림 19-4 앞의 예와 동일하게 어떻게 CSV 파일을 읽어오는지에 대한 질문으로 radioExtraApp() 테스트하기. 이제 기타(other) 항목에 무언가를 타이핑하면, 기타 항목에 해당하는 라디오 버튼이 자동으로 선택된다.

이 모듈을 더 특정한 목적의 다른 모듈 내에 감쌀 수 있다. 예를 들어, 조심스럽게 다루어야 할 변수 중 하나가 성별(gender)인데, 사람들이 각자의 성별을 표현하는 여러 가지 다른 방법이 있기 때문이다.

```
genderUI <- function(id, label = "Gender") {
  radioExtraUI(id,
    label = label,
    choices = c(
      male = "Male",
      female = "Female",
      na = "Prefer not to say"
    ),
    placeholder = "Self-described",
    selected = "na"
  )
}
```

여기에서 가장 일반적인 선택 옵션인 남(male)과 여(female)에 더하여, 데이터를 제공하지 않는 옵션, 그리고 무엇이든 사용자가 가장 편안한 용어를 사용하여 작성할 수 있는 옵션을 제공하는 것이 중요하다. 이 경우에는 플레이스 홀더로 '기타 (Other)'라는 용어를 사용하지 않는 것이 좋다.

이 이슈에 대해 더 자세히 파고들고, 흔히 사용되는 성별을 물어보는 방법들이 어떤 사람들의 마음을 왜 다치게 할 수 있는지에 대한 토론을 살펴보려면, 사브리나 폰세카(Sabrina Fonseca)의 '성별 다양성과 포용성을 고려한 설문지 설계하기(Designing Forms for Gender Diversity and Inclusion)'(*https://uxdesign.cc/d8194cf1f51*)나 호주 통계청(Australian Bureau of Statistics)의 '성, 성별, 생물학적 성 다양성, 성 지향성 변수에 대한 표준(Standard for Sex, Gender, Variations of Sex Characteristics and Sexual Orientation Variables)'(*https://oreil.ly/D9snI*)을 추천한다.

위저드

다음으로 UI가 서로 다른 사람들로부터 서로 다른 시간에 생성되는 경우를 사례로, 네임스페이스 지정의 중요한 세부 사항에 대해 좀더 깊이 들어가 보자. 이러한 상황은 네임스페이스 지정이 어떻게 작동하는지에 대해 세부적인 내용을 기억해야 하기 때문에 복잡하다.

위저드 인터페이스를 감싸는 모듈에서 시작해보자. 위저드 인터페이스는 복잡한 프로세스를 순차적인 간단한 페이지로 나누어 사용자가 한 번에 한 단계씩 수행하도록 하는 형식의 UI다. 185쪽의 '위저드 인터페이스'에서 기본 위저드를 어떻게 만드는지 보았다. 이제 페이지들을 하나의 양식(form)으로 연결하는 프로세스를 여러분이 신경 쓸 필요가 없도록 자동화해보자. 이 모듈을 이용하면, 여러분은 각 페이지에 넣을 내용물(contents)을 만드는 데 집중할 수 있을 것이다.

이 모듈을 설명하기 위해, 필자는 상향식으로 접근할 것이다. 위저드 UI의 주요 부분은 버튼이다. 각 페이지에는 두 개의 버튼이 있다. 하나는 다음 페이지로 이동하고, 다른 하나는 이전 페이지로 이동한다. 이 버튼들을 생성하는 헬퍼 함수를 만들어보자.

```
nextPage <- function(id, i) {
  actionButton(NS(id, paste0("go_", i, "_", i + 1)), "next")
}
prevPage <- function(id, i) {
  actionButton(NS(id, paste0("go_", i, "_", i - 1)), "prev")
}
```

여기에서 유일한 복잡성은 id다. 각 입력이 고유한 ID를 가져야 하므로, 각 버튼의 ID는 현재(current) 페이지와 목적지(destination) 페이지를 모두 포함해야 한다.

다음으로 위저드의 페이지를 생성하는 함수를 작성해보자. 이 함수는 (보이지는 않지만 변경할 페이지를 지정하는 데 사용되는) 'title'과 (사용자에 의해 제공된) 페이지의 내용물, 그리고 두 개의 버튼을 인자로 갖는다.[3]

---

3 모든 페이지가 두 개의 버튼을 모두 갖지는 않으므로(이에 대해서는 잠시 뒤에 좀더 설명하겠다), 필자는 이 둘을 비필수(optional) 인자로 설정하고 NULL을 기본값으로 제공하였다.

```
wrapPage <- function(title, page, button_left = NULL, button_right = NULL) {
  tabPanel(
    title = title,
    fluidRow(
      column(12, page)
    ),
    fluidRow(
      column(6, button_left),
      column(6, button_right)
    )
  )
}
```

그런 다음 이를 모두 조합하여 전체 위저드(그림 19-5)를 생성할 수 있다. 사용자가 제공한 페이지 리스트에 있는 페이지 각각에 차례대로 버튼을 생성한 뒤 해당 페이지를 tabPanel로 감싸고, 모든 패널을 tabsetPanel로 조합한다. 버튼에 두 가지 특수 상황이 존재함에 주목하자.

- 첫 페이지에는 이전 페이지로 이동하는 버튼이 없다. 여기에서 필자는 조건이 FALSE일 때 else 구문이 없다면 if가 NULL을 반환하는 트릭을 사용하였다.
- 마지막 페이지는 사용자가 제공한 입력 컨트롤을 사용한다. 필자는 이것이 위저드가 완료될 때 일어나는 일을 사용자가 제어하도록 하는 가장 간단한 방법이라고 생각한다.

```
wizardUI <- function(id, pages, doneButton = NULL) {
  stopifnot(is.list(pages))
  n <- length(pages)

  wrapped <- vector("list", n)
  for (i in seq_along(pages)) {
    # 첫 페이지는 next 버튼만 지닌다.
    # 마지막 페이지는 prev 버튼과 사용자가 제공한 done 버튼을 지닌다.
    lhs <- if (i > 1) prevPage(id, i)
    rhs <- if (i < n) nextPage(id, i) else doneButton
    wrapped[[i]] <- wrapPage(paste0("page_", i), pages[[i]], lhs, rhs)
  }

  # tabsetPanel 생성
  # https://github.com/rstudio/shiny/issues/2927
  wrapped$id <- NS(id, "wizard")
  wrapped$type <- "hidden"
  do.call("tabsetPanel", wrapped)
}
```

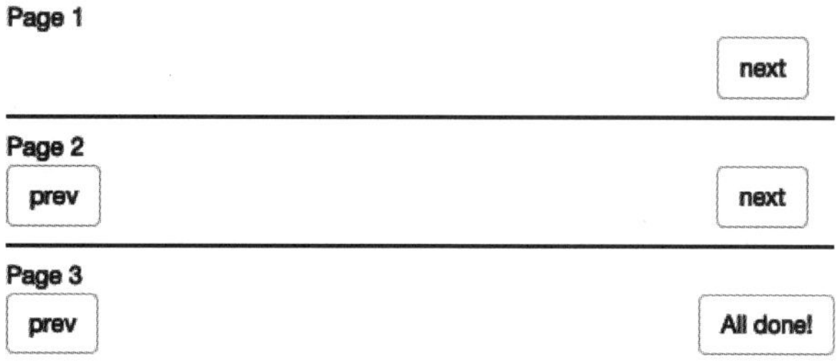

그림 19-5 위저드 UI의 간단한 예

탭셋 패널을 생성하는 코드는 좀더 설명이 필요하다. 불행하게도 tabsetPanel() 은 탭의 리스트를 인자로 받지 않으므로 do.call()을 사용하여야 했다. 함수 호출 do.call(function_name, list(arg1, arg2, ...))은 function_name(arg1, arg2, ...)과 동일하므로, 여기에서 작성한 함수 호출은 tabsetPanel(pages[[1]], pages [[2]], ..., id = NS(id, "wizard"), type = "hidden")과 같다. 향후 Shiny 버전에서는 이 부분이 한결 단순해지기를 희망한다.[4]

이제 모듈 UI를 완성하였으니, 모듈 서버로 주의를 돌릴 차례다. 서버의 본질은 단순하다. 페이지에서 페이지로 양방향으로 이동할 수 있게 버튼을 만들기만 하면 된다. 이를 위해 각 버튼에 updateTabsetPanel()을 호출하는 observeEvent()를 설정하여야 한다. 이는 몇 개의 페이지가 존재하는지를 정확히 알고 있다면 비교적 간단한 일이지만, 이 사례에서는 모듈의 사용자가 이를 제어하므로 우리는 페이지의 수를 미리 알 수 없다.

대신, 약간의 함수형 프로그래밍을 통해서 (n − 1) * 2개의 관찰자(첫 페이지와 마지막 페이지에는 각각 하나의 관찰자, 나머지 각 페이지에는 두 개의 관찰자)를 설정해야 한다. 다음 서버 함수는 하나의 버튼에 필요한 기본 코드를 changePage() 함수로 추출하는 것으로 시작한다. 이는 188쪽의 '다중 컨트롤'과 같이 input[[]]을 사용하여 컨트롤을 동적으로 참조할 수 있게 한다. 그런 다음 lapply()를 사용하여 모든 이전 페이지(previous) 버튼(첫 페이지를 제외한 모든 페이지에 필요한)과 모든 다음 페이지(next) 버튼(마지막 페이지를 제외한 모든 페이지에 필요한)에 대해 changePage() 호출을 반복한다.

```
wizardServer <- function(id, n) {
  moduleServer(id, function(input, output, session) {
```

---

4 (옮긴이) Shiny 1.7.0 버전부터 tabsetPanel(!!!wrapped, id = NS(id, "wizard"), type = "hidden") 와 같이 리스트를 tabsetPanel()에 넘길 수 있게 되었다.

```
    changePage <- function(from, to) {
      observeEvent(input[[paste0("go_", from, "_", to)]], {
        updateTabsetPanel(session, "wizard", selected = paste0("page_", to))
      })
    }
    ids <- seq_len(n)
    lapply(ids[-1], function(i) changePage(i, i - 1))
    lapply(ids[-n], function(i) changePage(i, i + 1))
  })
}
```

여기에서는 map()이나 lapply() 대신 for 반복문을 사용할 수 없다는 점을 주목하자. for 반복문은 같은 변수 i의 값을 변경함으로써 작동하기 때문에, 반복문이 종료되었을 때에는 모든 changePage()가 같은 값을 사용하게 될 것이다. 이에 반해 map()과 lapply()는 새로운 환경을 생성함으로써 작동하기 때문에, 각각이 고유한 i 값을 갖는다.

이제 앱을 구성하고 모든 것이 올바르게 맞춰졌는지 확인하기 위한 간단한 예를 만들 수 있다.

```
wizardApp <- function(...) {
  pages <- list(...)

  ui <- fluidPage(
    wizardUI("whiz", pages)
  )
  server <- function(input, output, session) {
    wizardServer("whiz", length(pages))
  }
  shinyApp(ui, server)
}
```

불행히도 모듈을 사용할 때 우리 스스로 약간의 반복 작업이 필요한데, 이 예에서는, wizardServer()의 n 인자가 wizardUI()의 pages 인자와 일관되도록 코드를 작성해야 한다. 이는 모듈 시스템의 원칙적인 한계이며, 이에 대해서는 320쪽의 '단일 객체 모듈'에서 더 자세히 다루겠다.

이제 이 위저드를 그림 19-6에 나타나는 입력과 출력을 지닌 다소 현실적인 앱에서 사용해보자. 여기서 주의해야 할 주요 사항은 페이지가 모듈에 의해 표시되더라도 그 ID는 모듈 사용자에 의해 제어된다는 점이다. 컴포넌트를 생성하는 개발자가 이름을 제어하며, 누가 최종적으로 웹페이지에 표시될 컨트롤을 조립하였는지는 상관이 없다.

```r
page1 <- tagList(
  textInput("name", "What's your name?")
)
page2 <- tagList(
  numericInput("age", "How old are you?", 20)
)
page3 <- tagList(
  "Is this data correct?",
  verbatimTextOutput("info")
)

ui <- fluidPage(
  wizardUI(
    id = "demographics",
    pages = list(page1, page2, page3),
    doneButton = actionButton("done", "Submit")
  )
)
server <- function(input, output, session) {
  wizardServer("demographics", 3)

  observeEvent(input$done, showModal(
    modalDialog("Thank you!", footer = NULL)
  ))

  output$info <- renderText(paste0(
    "Age: ", input$age, "\n",
    "Name: ", input$name, "\n"
  ))
}
```

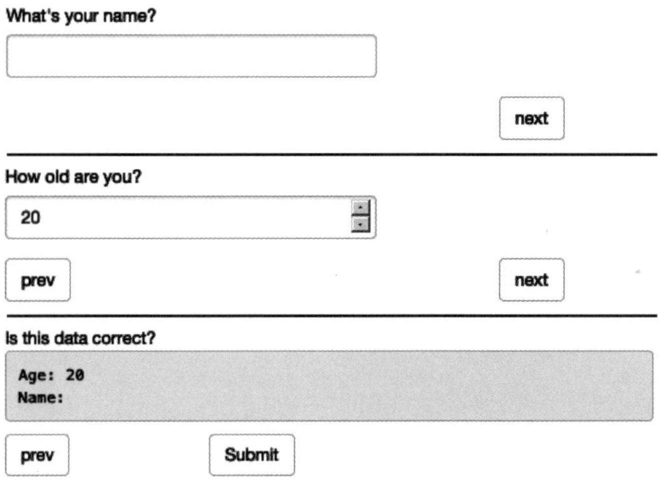

What's your name?

next

How old are you?

20

prev   next

Is this data correct?

Age: 20
Name:

prev   Submit

그림 19-6 새 모듈을 이용하여 만든 단순하지만 완전한 위저드

동적 UI

192쪽의 '동적 필터링'에 있는 동적 필터링 코드의 일부를 모듈로 전환하여 동적 UI 를 사용하는 사례를 마지막으로, 사례 연구를 마치도록 하겠다. 모듈 내에서 동적 UI를 사용하는 데 따르는 주된 어려움은, UI 코드를 서버 함수에서 생성하기 때문 에 언제 명시적인 네임스페이스 지정이 필요한지 좀더 정밀하게 정의해야 한다는 점이다.

늘 그래왔듯이 모듈 UI에서 시작하도록 하자. 이 사례에서 모듈 UI는 매우 간단 한데, 이는 단지 서버 함수가 동적으로 채워넣을 '빈 공간'을 생성하기 때문이다.

```r
filterUI <- function(id) {
  uiOutput(NS(id, "controls"))
}
```

모듈 서버를 만들기 위해, 우선 192쪽의 '동적 필터링'으로부터 헬퍼 함수를 복사해 오자. make_ui()는 각 열에 대한 컨트롤을 만들고, filter_var()는 최종 논리형 벡터 를 생성하도록 돕는다. 여기서 오직 한 가지 차이점이 있는데, 컨트롤의 네임스페이 스를 모듈로 지정할 수 있도록 make_ui()가 추가적인 id 인자를 받는다.

```r
library(purrr)

make_ui <- function(x, id, var) {
  if (is.numeric(x)) {
    rng <- range(x, na.rm = TRUE)
    sliderInput(id, var, min = rng[1], max = rng[2], value = rng)
  } else if (is.factor(x)) {
    levs <- levels(x)
    selectInput(id, var, choices = levs, selected = levs, multiple = TRUE)
  } else {
    # 지원되지 않음
    NULL
  }
}
filter_var <- function(x, val) {
  if (is.numeric(x)) {
    !is.na(x) & x >= val[1] & x <= val[2]
  } else if (is.factor(x)) {
    x %in% val
  } else {
    # 컨트롤이 존재하지 않으므로 필터링하지 않음
    TRUE
  }
}
```

이제 모듈 서버를 만들어보자. 모듈 서버에는 다음과 같은 두 가지 주요 부분이 있다.

- purrr::map()과 make_ui()를 사용하여 컨트롤을 생성한다. 여기서 NS()가 명시적으로 사용되는 점에 주목하자. 모듈 서버 내의 코드임에도 불구하고 NS()를 명시적으로 사용해야 하는데, 이는 오직 input, output, session에만 자동 네임스페이스 지정이 적용되기 때문이다.
- 논리형 필터링 벡터를 모듈의 출력으로 반환한다.

```r
filterServer <- function(id, df) {
  stopifnot(is.reactive(df))

  moduleServer(id, function(input, output, session) {
    vars <- reactive(names(df()))

    output$controls <- renderUI({
      map(vars(), function(var) make_ui(df()[[var]], NS(id, var), var))
    })

    reactive({
      each_var <- map(vars(), function(var) filter_var(df()[[var]], input[[var]]))
      reduce(each_var, `&`)
    })
  })
}
```

이제 모든 것을 조합한 모듈 앱을 만들어, 내장된 데이터셋을 선택하고 숫자형 혹은 범주형의 어떠한 변수이든 필터링에 사용하도록 할 수 있다.[5]

```r
filterApp <- function() {
  ui <- fluidPage(
    sidebarLayout(
      sidebarPanel(
        datasetInput("data", is.data.frame),
        textOutput("n"),
        filterUI("filter"),
      ),
      mainPanel(
        tableOutput("table")
      )
```

---

5 (옮긴이) 만약 앱을 실행했을 때 범주형(팩터형) 변수에 대해 생성된 컨트롤이 필터링을 제대로 수행하지 못한다면, make_ui()의 해당 selectInput() 호출에 selectize = FALSE 인자를 추가해보자.

```
      )
    )
  server <- function(input, output, session) {
    df <- datasetServer("data")
    filter <- filterServer("filter", df)

    output$table <- renderTable(df()[filter(), , drop = FALSE])
    output$n <- renderText(paste0(sum(filter()), " rows"))
  }
  shinyApp(ui, server)
}
```

여기에서 모듈을 사용하는 큰 이점은, 이 모듈이 여러 가지 고급 Shiny 프로그래밍 기법을 감싼다는 것이다. 따라서 모듈 내에서 작동하는 동적 UI와 함수형 프로그래밍 기법에 대한 이해 없이도 필터 모듈을 사용할 수 있다.

단일 객체 모듈

이 장을 매듭짓기 위해, 필자는 모듈에 대해 사람들이 흔히 보이는 반응에 대해 간략히 논하며 마무리하고자 하는데, 여기서 얘기하는 것이 여러분과 관련이 없다면, 이 절을 건너뛰어도 좋다. 어떤 사람들(필자와 같은!)은 모듈을 처음 접할 때 즉각적으로 모듈 서버와 모듈 UI를 단일한 모듈 객체로 결합하려고 시도한다. 이 문제를 살펴보기 위해, 이 장의 첫 부분에서 봤던 예에서 데이터 프레임이 인자가 되도록 일반화해보자.

```
histogramUI <- function(id, df) {
  tagList(
    selectInput(NS(id, "var"), "Variable", names(df)),
    numericInput(NS(id, "bins"), "bins", 10, min = 1),
    plotOutput(NS(id, "hist"))
  )
}

histogramServer <- function(id, df) {
  moduleServer(id, function(input, output, session) {
    data <- reactive(df[[input$var]])
    output$hist <- renderPlot({
      hist(data(), breaks = input$bins, main = input$var)
    }, res = 96)
  })
}
```

이는 다음과 같은 앱이 구현되게 한다.

```
ui <- fluidPage(
  tabsetPanel(
    tabPanel("mtcars", histogramUI("mtcars", mtcars)),
    tabPanel("iris", histogramUI("iris", iris))
  )
)
server <- function(input, output, session) {
  histogramServer("mtcars", mtcars)
  histogramServer("iris", iris)
}
```

ID와 데이터셋 이름을 UI와 서버에서 반복해야 하는 것이 바람직하지 않은 것처럼 보여, UI와 서버를 모두 반환하는 단일한 함수로 감싸고 싶은 마음이 자연스럽게 생길 것이다.

```
histogramApp <- function(id, df) {
  list(
    ui = histogramUI(id, df),
    server = histogramServer(id, df)
  )
}
```

그런 다음, 모듈을 UI와 서버 외부에 정의하고, 리스트로부터 원소를 필요에 따라 추출한다.

```
hist1 <- histogramApp("mtcars", mtcars)
hist2 <- histogramApp("iris", iris)

ui <- fluidPage(
  tabsetPanel(
    tabPanel("mtcars", hist1$ui()),
    tabPanel("iris", hist2$ui())
  )
)
server <- function(input, output, session) {
  hist1$server()
  hist2$server()
}
```

이 코드에는 두 가지 문제가 있다. 첫째, moduleServer()는 서버 함수 내에서 호출되어야만 하므로, 이 코드는 작동하지 않는다. 하지만 이 문제가 존재하지 않거나 이 문제를 무언가 다른 방법으로 피했다고 상상해보더라도, 여전히 다른 큰 문제가 존재한다. 사용자가 데이터셋을 선택하도록 하고 싶다면(즉, 반응형 df 인자를 사용하고 싶다면) 어떻게 해야 할까? 모듈 객체가 서버 함수 이전에(즉, 사용자가 데이터를 선택할 수 있기 이전에) 생성되었기(instantiated) 때문에 이는 불가능하다.

Shiny에서는 UI와 서버가 본질적으로 연결이 끊겨 있다. Shiny는 어떤 UI 호출(invocation)이 어떤 서버 세션에 속하는지 알지 못한다. 이러한 패턴을 Shiny 전반에 걸쳐 볼 수 있다. 예를 들어, plotOutput()과 renderPlot()은 오직 공유된 ID를 통해 연결된다. 모듈을 별도의 분리된 함수로 작성하는 것은 이러한 현실을 반영한다. 이들은 별개의 함수이며, 공유된 ID가 아닌 다른 방법으로는 연결되지 않는다.

요약

이 장에서는 결합된 UI와 서버 코드를 재사용 가능한 컴포넌트로 추출할 수 있게 하는, Shiny 모듈을 사용하는 방법을 보았다. 모듈을 이해하는 데 시간이 걸리겠지만, 일단 이해하고 나면 복잡한 앱을 단순화하기 위한 강력한 기법을 장착한 것이다.

다음 장에서는 R 패키지에서 사용 가능한 테스트 도구를 이용할 수 있도록 Shiny 앱을 패키지처럼 구조화하는 방법을 배운다.

## 20장

패키지

만약 크거나 장기적으로 사용할 Shiny 앱을 만든다면, 필자는 R 패키지와 동일한 방법으로 앱을 구성할 것을 추천한다. 이는 다음과 같이 앱을 구성하는 것을 의미한다.

- R 코드를 *R/* 디렉터리에 넣는다.
- 앱을 시작하는 함수를 작성한다(즉, 함수가 여러분이 작성한 UI와 서버를 사용하여 shinyApp()을 호출한다).
- 앱의 최상위(root) 디렉터리에 DESCRIPTION 파일을 만든다.

이 구조를 갖추었으면 패키지 개발을 시작할 준비가 된 것이다. 아직 패키지 완성까지는 멀었지만, 큰 앱을 좀더 만들기 쉽게 해주는 새로운 도구들을 사용할 수 있게 되므로 여전히 유용하다. 패키지 구조는 21장에서 테스트에 대해 얘기할 때도 도움이 될 텐데, 테스트를 쉽게 실행할 수 있게 해주는 도구와 어떤 코드가 테스트되는지를 알기 쉽게 해주는 도구를 사용할 수 있기 때문이다. 이 책에서 다루지는 않겠지만, 패키지 형태의 구성은 장기적으로 roxygen2(*https://roxygen2.r-lib.org*)를 사용하여 복잡한 앱을 문서화하는 데도 도움을 준다.

　패키지를 Shiny, ggplot2, dplyr과 같은 거대하고 복잡한 것이라고 생각하기 쉽다. 하지만 패키지는 매우 단순할 수도 있다. 패키지의 핵심 아이디어는 이것이 코드 및 그와 관련된 산물(artifact)을 구성하기 위한 규약(convention)의 집합이라는 점이다. 만약 그 규약들을 따른다면, 수많은 도구들을 공짜로 얻게 된다. 이 장에서 필자는 가장 중요한 규약들을 보여주고 다음 단계에 대한 몇 가지 힌트를 제공할 것이다.

앱 패키지(app-package)를 만들기 시작하면서, 여러분은 아마도 패키지 개발 과정을 즐기게 되고, 이에 대해 더 배우고 싶어질 것이다. 이런 경우, 우선 《R Packages》(*https://r-pkgs.org*)를 읽어 패키지 개발을 이해한 다음, R 패키지와 Shiny 앱의 접점에 대해 좀더 배우려면 콜린 페이(Colin Fay), 세바스티앙 로셰트(Sébastien Rochette), 빈센트 가이더(Vincent Guyader), 세르반 지라르(Cervan Girard)의 《Engineering Production-Grade Shiny Apps》(*https://engineering-shiny.org*)를 보길 추천한다.

늘 그렇듯이 shiny 패키지를 로드하며 시작해보자.[1]

```
library(shiny)
```

기존 앱 전환하기

앱을 패키지로 전환하려면 몇 가지 사전 작업이 필요하다. 앱 이름이 myApp이고, 이미 이 앱이 *myApp/*이라는 디렉터리에 있다고 가정하면, 다음 작업들을 수행해야 할 것이다.

- *R* 디렉터리를 생성하여 *app.R*을 그곳으로 옮긴다.
- 앱을 감싸 하나의 독자적인 함수로 변환한다.

```
library(shiny)

myApp <- function(...) {
  ui <- fluidPage(
    ...
  )
  server <- function(input, output, session) {
    ...
  }
  shinyApp(ui, server, ...)
}
```

- usethis::use_description()을 호출하여 설명(description) 파일을 생성한다. 많은 경우, 여러분은 이 파일을 들여다 볼 필요가 전혀 없을 것이다. 하지만 나중

---

1 (옮긴이) 이 장에서는 usethis 패키지 또한 설치되어 있어야 한다. 아직 usethis 패키지를 설치하지 않았다면, install.packages("usethis") 스크립트를 실행하여 설치하자.

에 사용할 키보드 단축키를 제공하는 RStudio의 '패키지 개발 모드'를 활성화하려면 이 파일이 존재해야 한다.

- 아직 RStudio 프로젝트를 만들지 않았다면, usethis::use_rstudio()를 호출하여 프로젝트를 생성한다.
- RStudio를 재시작하여 프로젝트를 다시 연다.

이제 Cmd/Ctrl + Shift + L을 눌러 devtools::load_all()을 실행하고 패키지의 모든 코드와 데이터를 로드할 수 있다. 이는 이제 다음과 같이 프로세스가 변경될 수 있다는 의미다.

- load_all()이 R/ 내의 모든 .R 파일을 자동으로 불러오기 때문에 source() 호출을 없앨 수 있다.
- 만약 read.csv()나 이와 비슷한 방법으로 데이터셋을 불러온다면, 그 대신에 usethis::use_data(mydataset)을 사용하면 데이터를 *data/* 디렉터리에 저장할 수 있으며, load_all()이 자동으로 데이터를 로드할 것이다.

이 프로세스를 좀더 구체적으로 보여주기 위해 간단한 사례 연구를 살펴본 다음, 329쪽의 '이점'에서 이 작업의 다른 이점들을 살펴보자.

단일 파일

현재 단일한 파일 *app.R* 내에 비교적 복잡한 앱이 있다고 상상해보자.

```
library(shiny)

monthFeedbackUI <- function(id) {
  textOutput(NS(id, "feedback"))
}
monthFeedbackServer <- function(id, month) {
  stopifnot(is.reactive(month))

  moduleServer(id, function(input, output, session) {
    output$feedback <- renderText({
      if (month() == "October") {
        "You picked a great month!"
      } else {
        "Eh, you could do better."
      }
    })
  })
}
```

```
stones <- vroom::vroom("birthstones.csv")
birthstoneUI <- function(id) {
  p(
    "The birthstone for ", textOutput(NS(id, "month"), inline = TRUE),
    " is ", textOutput(NS(id, "stone"), inline = TRUE)
  )
}
birthstoneServer <- function(id, month) {
  stopifnot(is.reactive(month))

  moduleServer(id, function(input, output, session) {
    stone <- reactive(stones$stone[stones$month == month()])
    output$month <- renderText(month())
    output$stone <- renderText(stone())
  })
}

months <- c(
  "January", "February", "March", "April", "May", "June",
  "July", "August", "September", "October", "November", "December"
)
ui <- navbarPage(
  "Sample app",
  tabPanel("Pick a month",
    selectInput("month", "What's your favourite month?", choices = months)
  ),
  tabPanel("Feedback", monthFeedbackUI("tab1")),
  tabPanel("Birthstone", birthstoneUI("tab2"))
)
server <- function(input, output, session) {
  monthFeedbackServer("tab1", reactive(input$month))
  birthstoneServer("tab2", reactive(input$month))
}
shinyApp(ui, server)
```

이 코드는 모듈을 사용하여 페이지를 서로 분리시키는 세 페이지짜리 간단한 앱을
생성한다. 이는 아주 단순한 예제 앱이지만, 여전히 현실적으로 있을 법한 앱이다.
현실의 앱과 비교할 때 주된 차이점은 이 예제 앱에서는 각 UI와 서버 컴포넌트가
훨씬 단순하다는 것이다.

모듈 파일

패키지로 변환하기 전에, 필자는 첫 번째 단계로 297쪽의 '명명 규칙'의 조언에 따
라 두 개의 모듈을 각자의 고유한 파일로 따로 저장하였다.

- *R/monthFeedback.R*:

```
monthFeedbackUI <- function(id) {
  textOutput(NS(id, "feedback"))
}
monthFeedbackServer <- function(id, month) {
  stopifnot(is.reactive(month))

  moduleServer(id, function(input, output, session) {
    output$feedback <- renderText({
      if (month() == "October") {
        "You picked a great month!"
      } else {
        "Eh, you could do better."
      }
    })
  })
}
```

- *R/birthstone.R*:

```
birthstoneUI <- function(id) {
  p(
    "The birthstone for ", textOutput(NS(id, "month"), inline = TRUE),
    " is ", textOutput(NS(id, "stone"), inline = TRUE)
  )
}
birthstoneServer <- function(id, month) {
  stopifnot(is.reactive(month))

  moduleServer(id, function(input, output, session) {
    stone <- reactive(stones$stone[stones$month == month()])
    output$month <- renderText(month())
    output$stone <- renderText(stone())
  })
}
```

그러면 *app.R*은 다음과 같이 간략해진다.

```
library(shiny)

stones <- vroom::vroom("birthstones.csv")
months <- c(
  "January", "February", "March", "April", "May", "June",
  "July", "August", "September", "October", "November", "December"
)

ui <- navbarPage(
  "Sample app",
```

```
      tabPanel("Pick a month",
        selectInput("month", "What's your favourite month?", choices = months)
      ),
      tabPanel("Feedback", monthFeedbackUI("tab1")),
      tabPanel("Birthstone", birthstoneUI("tab2"))
)
server <- function(input, output, session) {
  monthFeedbackServer("tab1", reactive(input$month))
  birthstoneServer("tab2", reactive(input$month))
}
shinyApp(ui, server)
```

모듈을 별도의 파일로 빼내는 것만으로도 앱의 큰 그림을 이해하는 데 도움을 준다
는 점에서 유용하다. 상세한 내용을 들여다보고 싶을 때 모듈 파일을 보면 된다.

패키지

이제 이 앱을 패키지로 만들어보자. 우선 usethis::use_description()을 실행하여
DESCRIPTION 파일을 생성한다. 그런 다음 *app.R*을 *R/app.R*로 이동시키고 shinyApp()
을 함수 내에 감싼다.

```
library(shiny)

monthApp <- function(...) {
  stones <- vroom::vroom("birthstones.csv")
  months <- c(
    "January", "February", "March", "April", "May", "June",
    "July", "August", "September", "October", "November", "December"
  )

  ui <- navbarPage(
    "Sample app",
    tabPanel("Pick a month",
      selectInput("month", "What's your favourite month?", choices = months)
    ),
    tabPanel("Feedback", monthFeedbackUI("tab1")),
    tabPanel("Birthstone", birthstoneUI("tab2"))
  )
  server <- function(input, output, session) {
    monthFeedbackServer("tab1", reactive(input$month))
    birthstoneServer("tab2", reactive(input$month))
  }
  shinyApp(ui, server, ...)
}
```

추가적으로, 필자는 usethis::use_data(stones)를 실행하여[2] *birthstones.csv*를 패키지 데이터셋으로 변환하였다. 이는 *data/stones.rda*를 생성하는데, 이 파일은 패키지를 로드할 때 자동으로 로드된다. 이를 통해 *birthstones.csv*를 삭제하고, 파일을 읽는 stones <- vroom::vroom("birthstones.csv") 코드를 제거할 수 있다.

    최종 결과를 깃허브(*https://github.com/hadley/monthApp*)에서 볼 수 있다.

이점

왜 번거롭게 이 모든 작업을 해야 할까? 가장 중요한 이점은 정확하게 모든 앱 코드를 다시 로드(reload)하고 앱을 다시 실행(relaunch)하기 쉽게 해주는 새 워크플로를 얻는 것이다. 또한, 앱 패키지는 앱 간에 코드를 공유하거나 앱을 다른 사람들과 공유하기 쉽게 해준다.

워크플로

앱 코드를 패키지 구조에 집어넣음으로써 새로운 워크플로를 사용할 수 있게 된다.

- 앱의 모든 코드를 Cmd/Ctrl + Shift + L로 다시 로드한다. 이는 열려 있는 모든 파일을 저장하고, *R/* 안의 모든 파일을 source()하고, *data/* 안의 모든 데이터셋을 로드하고, 커서를 콘솔에 위치시키는 일련의 작업을 자동으로 수행하는 함수 devtools::load_all()을 호출한다.
- myApp()으로 앱을 다시 실행한다.

앱이 점점 커짐에 따라, 코드 탐색을 위한 가장 중요한 두 가지 키보드 단축키를 알아두면 좋다.

- Ctrl/Cmd + .(마침표)는 '퍼지 파일 함수 탐색기(fuzzy file and function finder)'를 연다. 여러분이 찾고자 하는 파일이나 함수의 첫 몇 글자를 타이핑하고, 원하는 것을 화살표를 이용하여 선택한 뒤 Enter 키를 누르자. 이는 키보드에서 손을 떼지 않고 빠르게 앱 코드 이곳 저곳을 옮겨다닐 수 있게 해준다.
- 커서가 함수 이름 위에 있을 때, F2 키를 누르면 함수가 정의된 곳으로 넘어간다.

---

2 (옮긴이) stones <- vroom::vroom("birthstones.csv")를 먼저 실행하여 stones가 R 객체로 존재하고 있는 상태에서 usethis::use_data(stones)를 실행해야 한다.

만약 패키지 개발을 많이 한다면, 아마 자동으로 usethis를 로드하여 (예를 들면) usethis::use_description() 대신 use_description()이라고 타이핑하고 싶을 텐데, 다음 코드를 *.Rprofile*에 추가하면 된다. 이 파일에는 R이 시작될 때마다 실행될 R 코드가 포함되어 있으므로, 이 방법은 인터랙티브한 개발 환경을 커스터마이즈하는 훌륭한 방법이다.

```
if (interactive()) {
  require(usethis, quietly = TRUE)
}
```

이 파일을 편집하는 가장 쉬운 방법은 usethis::edit_r_profile()을 호출하는 것이다.

공유하기

이제 앱을 함수로 감쌌으므로, 여러 앱을 같은 패키지에 포함하기 쉬워졌다. 그리고 이렇게 여러 앱이 같은 장소에 존재하면 코드와 데이터를 서로 다른 앱에서 공유하기가 훨씬 쉽다. 만약 관련된 임무를 수행하는 여러 개의 앱을 작성한다면, 이는 엄청난 이점이 될 것이다.

패키지는 또한 앱을 공유하는 훌륭한 방법이다. shinyapps.io(*https://shinyapps.io*)와 RStudio Connect(*https://rstudio.com/products/connect*)는 R에 친숙하지 않은 사람들과 앱을 공유하려고 할 때 유용하다. 하지만 이따금 여러분은 R을 사용하는 동료에게 앱을 공유하고 싶을 것이다. 아마 사용자가 앱상에서 데이터셋을 업로드할 수 있게 하는 대신, 데이터 프레임을 인자로 사용하여 앱을 호출하는 함수를 제공하고 싶을 수도 있을 것이다. 예를 들어, 다음의 아주 간단한 앱을 사용하면, R 사용자가 인터랙티브하게 요약하고 싶은 자신의 데이터 프레임을 제공할 수 있다.

```
dataSummaryApp <- function(df) {
  ui <- fluidPage(
    selectInput("var", "Variable", choices = names(df)),
    verbatimTextOutput("summary")
  )

  server <- function(input, output, session) {
    output$summary <- renderPrint({
      summary(df[[input$var]])
    })
```

```
  }

  shinyApp(ui, server)
}
```

RStudio Gadgets(*https://oreil.ly/XhwV9*)은 이 아이디어를 기반으로 한다. 그것들은 RStudio IDE에 새로운 사용자 인터페이스를 추가할 수 있게 해주는 Shiny 앱이다. 코드를 생성하는 가젯(gadget)을 작성하는 것도 가능하므로, 여러분이 인터랙티브하게 실행하기 쉬운 어떤 작업을 수행하면 가젯이 그에 해당하는 코드를 생성하여 열려진 코드 파일에 집어 넣도록 할 수도 있다.

추가 단계

앞서 다룬 기본 작업 외에 흔히 수행하는 두 가지 추가 단계가 있는데, 앱 패키지를 배포하기 쉽게 만드는 것과 '실제' 패키지로 전환하는 것이다.

앱 패키지 배포하기

앱을 RStudio Connect나 Shinyapps.io에 배포하려 한다면,[3] 추가적인 두 단계가 필요하다.

- 배포(deployment) 서버에게 어떻게 앱을 실행시킬지 전달하는 *app.R*이 필요하다.[4] 가장 쉬운 방법은 pkgload 패키지를 사용하여 이 코드를 로드하는 것이다.

```
pkgload::load_all(".")
myApp()
```

《Engineering Production-Grade Shiny Apps》의 13장(*https://engineering-shiny. org/deploy.html*)에서 다른 기법들을 볼 수 있다.

- 보통은 앱을 배포할 때 rsconnect 패키지가 자동으로 여러분의 코드가 사용하는 모든 패키지를 찾아낸다. 하지만 이제 DESCRIPTION 파일을 가지고 있으므로, 코

---

3 *app.R*이 앱을 구조화하는 가장 흔한 방법이기 때문에, 필자는 Shiny 앱을 배포하는 대부분의 다른 방법들에서도 작동할 거라 생각한다.
4 (옮긴이) 앞에서 R/ 내에 저장한 *app.R*과는 다른 것이다. 프로젝트 최상위(root) 디렉터리에 저자가 제시한 두 줄짜리 코드를 지닌 *app.R*을 생성해보자.

드가 사용하는 패키지를 명시적으로 지정해야 한다. 이를 위한 가장 쉬운 방법은 usethis::use_package()를 호출하는 것이다. shiny와 pkgload부터 시작해야할 것이다.

```
usethis::use_package("shiny")
usethis::use_package("pkgload")
```

이는 약간의 추가적인 작업이지만, 앱이 필요로 하는 모든 패키지의 명시적인 리스트를 지니게 된다는 장점이 있다.

이제 갱신된 버전의 앱을 배포할 준비가 되었을 때마다 rsconnect::deployApp()을 실행할 수 있다.

R CMD check

최소화된 패키지는 *R/* 디렉터리, DESCRIPTION 파일, 앱을 실행할 함수를 포함한다. 앞서 보았듯이, 이는 앱 개발 속도를 빠르게 하는 워크플로를 사용할 수 있게 하기 때문에 유용하다. 그런데 '실제' 앱을 만드는 것은 어떤 것인가? 필자에게 그것은 R CMD check를 통과하기 위해 진지한 노력을 기울이는 것이다. R CMD check는 일반적으로 흔히 발생하는 문제가 여러분의 패키지에 있는지 검사하는 R의 자동화된 시스템이다. RStudio에서 Cmd/Ctrl + Shift + E를 눌러 R CMD check를 실행할 수 있다.

필자는 여러분이 패키지 구조를 시도하는 초반에는 (첫 번째, 두 번째, 혹은 세 번째 시도조차) 이를 수행하지 않기를 추천한다. 대신, 기준을 완벽하게 준수하는 패키지를 만드는 단계 이전에, 기본 구조와 워크플로에 먼저 친숙해지기를 추천한다. R CMD check는 필자가 보통 중요한 앱에, 특히 다른 곳에 배포될 모든 앱에 수행하는 작업이다. R CMD check를 통과하기 위해서는 많은 작업이 필요할 수 있고, 단기적으로는 그 이점이 미미할 수 있다. 하지만 장기적으로는 이 작업이 여러 가지 잠재적인 문제들로부터 여러분을 보호해줄 것이다. 또한 이 작업은 여러분의 앱이 R 개발자들이 친숙한 표준을 준수하도록 보장하므로 다른 사람들이 여러분의 앱에 기여하기 쉽게 해준다.

첫 번째 완전한 앱 패키지를 만들기 전에, 《R Packages》의 '전체 게임(The Whole Game)' 장(*https://r-pkgs.org/whole-game.html*)을 읽어봐야 한다. 이 장은 패키지 구조에 대해 더 잘 알 수 있게 해주며, 다른 유용한 워크플로를 소개한다. 그리고 다음 힌트를 이용하여, R CMD check를 깔끔하게 통과하자.

- 모든 library()나 require() 호출을 제거하고, 이를 DESCRIPTION 파일로 대체한다. 패키지를 DESCRIPTION에 추가하기 위해 usethis::use_package("name")을 사용하자.[5] 그런 다음, 각 함수에 대해 ::을 사용하여 명시적으로 참조할 것인지, 아니면 @importFrom packageName functionName을 사용하여 불러오기를 한 곳에서 선언할 것인지 결정해야 한다.

  최소한 usethis::use_package("shiny")를 수행해야 할 것이며, 필자는 Shiny 앱의 경우 Shiny 패키지에 있는 모든 함수를 쉽게 사용할 수 있도록 @import shiny를 사용하길 추천한다(@import를 사용하는 것은 보통은 베스트 프랙티스로 간주되지 않지만, 이 경우에는 말이 된다).[6]

- 라이선스를 선택하고, 적합한 use_license_ 함수를 사용하여 라이선스를 넣자. 독점(proprietary) 코드의 경우, usethis::use_proprietary_license()를 사용할 수 있다. 좀더 상세한 내용은 《R Packages》(*https://r-pkgs.org/license.html*)를 살펴보기 바란다.

- usethis::use_build_ignore("app.R")을 실행하는 등의 방법으로 *app.R*을 *.Rbuildignore*에 추가하자.

- 앱이 작은 참조 데이터셋을 포함한다면, 이를 *data*나 *inst/extdata* 안에 넣자. 우리는 앞에서 usethis::use_data()에 대해 이야기했다. 다른 방법으로, 원시(raw) 데이터를 *inst/extdata*에 넣고 read.csv(system.file("extdata", "mydata.csv", package = "myApp"))과 같은 방법으로 불러올 수 있다.

- 또한 *app.R*이 여러분의 앱 패키지를 사용하도록 변경할 수 있다. 이렇게 작성된 앱을 배포하기 위해서는 배포 서버에 패키지가 설치되어야 하기 때문에, 배포 서버가 (설치를 위해) 접근할 수 있는 장소에 패키지가 있어야 한다. 공개(public) 작업의 경우 이는 CRAN이나 깃허브 패키지를 뜻하며, 사유(private) 작업의 경우 이는 RStudio Package Manager(*https://oreil.ly/mOIVP*)나 drat(*https://oreil.ly/binbF*)과 같은 도구를 사용하는 것을 의미한다.

```
myApp::myApp()
```

---

5 Imports와 Suggests의 구분은 앱 패키지에서는 보통 중요하지 않다. 만약 이를 구분하고 싶다면, 가장 유용한 방법은 배포 머신(deployment machine)에 나타나야 할 (앱이 작동하도록 하기 위한) 패키지에 대해서는 Imports를 사용하고, 개발 머신(development machine)에 나타나야 할 (앱을 개발하기 위한) 패키지에 대해서는 Suggests를 사용하는 것이다.

6 (옮긴이) 이후 devtools::document()를 실행하여 NAMESPACE 파일을 생성해야 한다.

요약

이 장에서 여러분은 패키지 개발에 발을 담가보았다. 만약 ggplot2나 shiny와 같은 패키지를 생각한다면 압도감에 휩싸일 수 있겠지만, 패키지는 아주 아주 단순할 수도 있다. 사실 패키지가 되기 위해 프로젝트에 필요한 것은 R 파일의 디렉터리와 DESCRIPTION 파일이다. 패키지는 단지 유용한 도구와 워크플로를 사용할 수 있게 하기 위한 규약의 가벼운 집합이다. 이 장에서 여러분은 어떻게 앱을 패키지로 전환하는지와 그렇게 하는 이유가 무엇인지에 대해 배웠다. 앱을 패키지로 전환하는 가장 중요한 이유는 바로 앱을 테스트하기 쉽게 해주기 때문인데, 이에 대해서는 다음 장에서 배울 것이다.

21장

테스트하기

간단한 앱의 경우에는 앱이 어떻게 작동하기로 되어 있는지 기억하기 쉽기 때문에, 앱에 새로운 기능을 추가하면서 예기치 않게 기존 기능을 망가뜨리게 되는 경우는 잘 발생하지 않을 것이다. 하지만 앱이 점점 더 복잡해질수록 모든 것을 동시에 생각하기 불가능해진다. 테스트는 코드가 예상했던 대로 계속 작동하는지 자동으로 검증하는 방식을 통해 코드의 원하는 동작을 포착하는 방법이다. 기존에 수행하던 정형화되지 않은(informal) 테스트를 코드로 전환하는 작업은 모든 키보드 타이핑과 마우스 클릭을 세심하게 코드로 전환해야 하기 때문에 처음에는 고생스럽지만, 전환을 하고 난 뒤에는 테스트를 재수행하는 것이 엄청나게 빨라진다.

우리는 자동화된 테스트를 testthat(*http://testthat.r-lib.org*) 패키지를 사용하여 수행할 것이다. testthat을 사용하려면 앱을 패키지로 전환해야 하는데, 20장에서 살펴보았듯이 그리 많은 작업이 더해지는 것은 아니며, 필자는 이 노력이 다른 이유들로 보상받을 거라 생각한다.

testthat을 이용한 테스트는 다음과 같이 작성된다.

```
test_that("as.vector() strips names", {
  x <- c(a = 1, b = 2)
  expect_equal(as.vector(x), c(1, 2))
})
```

곧 상세한 내용을 다시 다루겠지만, 테스트가 의도를 선언하는 것("as.vector()가 이름을 없앤다(strips names)")으로 시작하고, 일반 R 코드를 사용하여 테스트 데이터를 생성한다는 점을 주목하자. 이 테스트 데이터는 예상되는 결과와 비교되는

데, 이때 expect_로 시작하는 함수인 **예상 함수**(expectation)[1]를 사용한다. 첫 번째 인자는 실행할 코드이고, 두 번째 인자는 예상되는 결과를 묘사한다. 여기에서는 as.vector(x)의 결과가 c(1, 2)와 동일한지 검증한다.

이 장에서는 네 단계의 테스트를 다룰 것이다.

- 우리는 반응형이 아닌(nonreactive) 함수를 테스트하는 것으로 시작할 것이다. 이를 통해 기본 테스트 워크플로를 배우고, 서버 함수나 UI로부터 추출해낸 코드의 작동을 검증할 수 있게 될 것이다. 이는 패키지를 작성할 때 수행하는 테스트와 정확히 같은 형태이기 때문에, 《R Packages》(*https://r-pkgs.org/testing-basics.html*)에서 좀더 상세한 내용을 볼 수 있다.

- 다음으로는 서버 함수 내에서의 반응성 흐름을 어떻게 테스트할지 배운다. 입력의 값을 설정한 뒤 반응형과 출력이 예상한 값을 가지는지 검증한다.

- 그런 다음 앱을 백그라운드에서 돌아가는 웹 브라우저에서 실행함으로써 자바스크립트를 사용하는 Shiny 부분들(예: update* 함수들)을 테스트한다. 이는 실제 브라우저를 실행하기 때문에 하이피델리티(high-fidelity)[2] 시뮬레이션이다. 하지만 테스트가 느리게 실행되며, 더 이상 앱의 내부를 쉽게 엿볼 수 없다는 단점이 있다.

- 마지막으로, 선택된 요소에 대한 스크린샷을 저장함으로써 앱의 모양새를 테스트할 것이다. 이는 앱의 레이아웃, CSS, 플롯, HTML 위젯을 테스트하기 위해 필요하지만, 스크린샷은 많은 원인으로 인해 쉽게 변경될 수 있으므로 취약(fragile)하다. 즉, 각 변경에 문제가 있는지 없는지를 확인하기 위해 사람의 개입이 필요하다는 것을 뜻하며, 가장 노동 집약적(labor-intensive)인 형태의 테스트다.

이 테스트하기 단계는 자연스러운 계층 구조를 형성하는데, 왜냐하면 각 상위 단계에서 사용하는 기법이 앱에 대한 더 완전한 사용자 경험 시뮬레이션을 제공하기 때문이다. 더 나은 시뮬레이션을 추구하는 과정에서의 단점은 각 단계가 이전 단계보다 더 많은 일을 수행하기 때문에 느려진다는 점과, 각 추가적인 단계에서 더 많은 외부 요인이 작용하기 때문에 더 취약해진다는 점이다. 따라서 테스트가 최대한 빠

---

1 (옮긴이) 원본에서 expectation이라는 단어는 함수 자체를 의미하기 위해 사용되기도 하였고, 예상 함수를 호출하는 R 코드를 의미하기 위해 사용되기도 하였다. 번역본에서는 함수 자체를 의미할 때는 '예상 함수', 함수 호출을 의미할 때는 '예상'으로 번역하였다.

2 (옮긴이) Hi-Fi. 오디오에서 원음(original)에 가까운 소리를 재현하는 것으로, 이 책에서는 실제로 사람이 앱을 사용하는 것과 유사한 시뮬레이션이라는 의미로 사용된 것으로 보인다.

르고 견고(robust)하도록 가능한 한 가장 낮은 단계에서 작업하기 위해 항상 애써야 한다. 시간이 지남에 따라 이는 또한 코드를 작성하는 방식에도 영향을 미칠 것이다. 어떤 코드가 테스트하기 쉬운지 알게 되면, 자연적으로 코드를 더 간단하게 설계하게 될 것이다. 서로 다른 수준의 테스트에 대해 얘기하면서, 필자는 테스트 워크플로 및 좀더 일반적인 테스트 철학에 대한 조언도 제공할 것이다. 필요한 패키지를 로드하며 시작하자.

```
library(shiny)
library(testthat) # >= 3.0.0
library(shinytest)
```

함수 테스트하기

앱에서 테스트하기 가장 쉬운 부분은 Shiny와 가장 덜 관련된 부분으로, 18장에서 살펴보았던 UI와 서버 코드로부터 추출해낸 함수들이다. testthat으로 단위 테스트를 하는 기본 구조를 보며, 이 반응형이 아닌 함수들을 어떻게 테스트하는지 논의하는 것으로 시작하자.

기본 구조

테스트는 세 단계로 구성된다.

파일

모든 테스트 파일은 *tests/testthat* 내에 존재하며, 각 파일은 *R/* 내의 코드 파일에 대응되어야 한다. 예를 들어, *R/module.R* 내의 코드는 *tests/testthat/testmodule.R* 내의 코드로 테스트되어야 한다. 다행스럽게도, 이 규칙을 외울 필요 없이, 단지 usethis::use_test()를 사용하여 현재 열려 있는 R 파일에 대한 테스트 파일을 생성하거나 위치시키면 된다.

테스트

각 파일은 test_that()을 호출하는 테스트로 분해된다. 각 테스트는 보통 한 함수의 한 가지 속성을 검사해야 한다. 이것이 무엇을 의미하는지 정확히 묘사하기는 어렵지만, test_that()의 첫 번째 인자로 테스트 이름을 작성할 때 해당 테스트가 어떤 함수의 어떤 속성을 검사하는지 쉽게 설명할 수 있느냐가 좋은 판단 기준이 될 수 있다.

예상

각 테스트는 하나 혹은 그 이상의 예상을 포함하는데, 이는 expect_로 시작하는 함수로 나타난다. 이는 코드가 어떤 일을 수행할 것으로 예상하는지, 즉 코드가 특정한 값을 반환할지, 오류가 나타날지, 혹은 무언가 다른 일을 수행할지를 정확하게 정의한다. 이 장에서 필자는 Shiny 앱에서 가장 중요한 예상 함수들을 다룰 것이며, 전체 리스트는 testthat 웹사이트(*https://oreil.ly/Ibt5O*)에서 볼 수 있다.

테스트하기의 핵심은 어떻게 함수의 예상되는 작동을 분명하게 정의하는 테스트를 작성하여, 추후에 바뀔 수도 있는 부수적인 세부사항에 의존적이지 않게 할지 알아내는 것이다.

기본 워크플로

이제 기본 구조를 이해했으니, 몇몇 예제를 들여다 보자. 286쪽의 '업로드된 데이터 읽기'에 있는 간단한 예제로 시작하자. 여기서는 서버 함수로부터 어떤 코드를 추출하여 load_file()이라는 함수로 명명했다.

```
load_file <- function(name, path) {
  ext <- tools::file_ext(name)
  switch(ext,
    csv = vroom::vroom(path, delim = ",", col_types = list()),
    tsv = vroom::vroom(path, delim = "\t", col_types = list()),
    validate("Invalid file; Please upload a .csv or .tsv file")
  )
}
```

이 예제를 위해, 이 코드가 *R/load.R*에 저장되었다고 하자. 따라서 테스트는 *tests/testthat/test-load.R*에 존재해야 한다. 이 테스트 파일을 생성하는 가장 쉬운 방법은 *load.R*을 연 상태에서 usethis::use_test()를 실행하는 것이다.[3]

이 함수에 대해 필자가 테스트하고 싶은 세 가지 주요 속성은 다음과 같다. CSV 파일을 불러올 수 있는가? TSV 파일을 불러올 수 있는가? 다른 파일 형태에 대해 오류 메시지를 반환하는가? 이 세 가지를 테스트하려면 세션의 임시 디렉터리에 저장하고 테스트가 실행된 뒤에 자동으로 지울 샘플 파일들이 필요하다. 그런 다음

---

3 만약 RStudio를 사용하지 않는다면, usethis::use_test("load")와 같이 use_test()에 파일 이름을 제공해야 한다.

세 가지 예상을 작성하는데, 그중 둘은 불러온 파일이 원래 데이터와 일치하는지 검사하는 것이고, 나머지 하나는 오류를 발생시키는지 검사하는 것이다.

```
test_that("load_file() handles all input types", {
  # 샘플 데이터 생성하기
  df <- tibble::tibble(x = 1, y = 2)
  path_csv <- tempfile()
  path_tsv <- tempfile()
  write.csv(df, path_csv, row.names = FALSE)
  write.table(df, path_tsv, sep = "\t", row.names = FALSE)

  expect_equal(load_file("test.csv", path_csv), df)
  expect_equal(load_file("test.tsv", path_tsv), df)
  expect_error(load_file("blah", path_csv), "Invalid file")
})
#> Test passed 🏅
```

이 테스트를 실행하는 네 가지 방법은 다음과 같다.

- 테스트를 개발하는 동안, 각 라인을 콘솔에서 인터랙티브하게 실행한다. 예상이 틀렸을 때 오류를 반환하며, 이 경우 코드를 수정한다.
- 함수 개발이 완료되면, 전체 테스트 단위(block)를 실행한다. 테스트가 통과되면, Test passed 😄와 같은 메시지를 얻는다. 만약 실패한다면, 어떤 부분에서 잘못되었는지에 대한 상세한 메시지를 얻는다.
- 더 많은 테스트를 개발함에 따라, 현재 파일[4]에 해당하는 모든 테스트를 한꺼번에 devtools::test_file()로 실행한다. 필자는 이를 매우 자주 실행하므로 가능한 한 쉽게 실행할 수 있도록 특별한 키보드 단축키를 지정하였다. 키보드 단축키를 설정하는 방법은 곧 보여줄 것이다.
- 필자는 패키지 전체에 있는 모든 테스트를 실행하곤 하는데, 이때 devtools::test()를 사용한다. 이는 현재 파일 외부의 다른 어떤 것을 예기치않게 망가뜨리지 않았다는 것을 확인하기 위함이다.

핵심 예상 함수

함수를 테스트할 때 매우 자주 사용하게 될 두 가지 예상 함수는 expect_equal()과 expect_error()다. 다른 모든 예상 함수와 마찬가지로, 첫 번째 인자는 검사할 코드

---

4 usethis::use_test()와 마찬가지로, 이는 오직 RStudio를 사용할 때만 작동한다.

이며 두 번째 인자는 예상되는 결과인데, expect_equal()의 경우에는 예상되는 값이고 expect_error()의 경우에는 예상되는 오류 텍스트다.

이 함수들이 어떻게 작동하는지 감을 익히려면 테스트 외부에서 직접 이 함수들을 호출해보는 것이 유용하다.

expect_equal()을 사용할 때는 전체 객체를 모두 테스트할 필요가 없다는 점을 기억하자. 일반적으로 오직 관심이 있는 요소만 테스트하는 게 더 좋다.

```
complicated_object <- list(
  x = list(mtcars, iris),
  y = 10
)
expect_equal(complicated_object$y, 10)
```

expect_equal()의 특수한 경우로, 타이핑을 줄여주는 몇 가지 예상 함수가 있다.

• expect_true(x)와 expect_false(x)는 expect_equal(x, TRUE)와 expect_equal(x, FALSE)와 각각 동등하다.

• expect_null(x)는 expect_equal(x, NULL)과 동등하다.

• expect_named(x, c("a", "b", "c"))는 expect_equal(names(x), c("a", "b", "c"))와 동등하지만, ignore.order 및 ignore.case 옵션을 추가로 지니고 있다.

• expect_length(x, 10)은 expect_equal(length(x), 10)과 동등하다.

또한 벡터에 대해 expect_equal()의 느슨한(relaxed) 버전을 구현한 함수들이 있다.

• expect_setequal(x, y)는 x 내의 모든 값이 y에도 나타나는 동시에 y 내의 모든 값이 x에도 나타나는지 테스트한다.

• expect_mapequal(x, y)는 x와 y의 원소 이름이 동일하며, x[names(y)]가 y와 동일한지 테스트한다.

종종 코드가 오류를 발생시키는지 테스트하는 것이 중요하며, 이때 expect_error()를 사용할 수 있다.

```
expect_error("Hi!")
#> Error: "Hi!" did not throw the expected error.
expect_error(stop("Bye"))
```

expect_error()의 두 번째 인자가 정규 표현식이라는 점에 주목하자—목표는 예상하는 오류 메시지와 일치하는 동시에 예상하지 않는 오류와는 일치할 가능성이 적은 짧은 텍스트 조각을 찾는 것이다.

```
f <- function() {
  stop("Calculation failed [location 1]")
}

expect_error(f(), "Calculation failed [location 1]")
#> Error in f(): Calculation failed [location 1]
expect_error(f(), "Calculation failed \\[location 1\\]")
```

앞에서 두 번째 테스트는 잘 작동하지만, 다음과 같이 더 작은 테스트 조각을 뽑아내는 쪽이 더 좋다.

```
expect_error(f(), "Calculation failed")
```

아니면, 곧 설명할 expect_snapshot()을 사용하자. 또한 expect_error()의 변형으로 경고(warning)를 테스트하는 expect_warning()과 메시지를 테스트하는 expect_message()가 있으며, 이는 오류를 테스트할 때와 마찬가지 방식으로 작동한다. 이 함수들은 Shiny 앱을 테스트할 때는 거의 필요하지 않지만, 패키지를 테스트할 때는 매우 유용하다.

사용자 인터페이스 함수

UI 코드에서 추출해낸 함수를 테스트하기 위해 동일한 기본 아이디어를 사용할 수 있다. 하지만 모든 HTML을 직접 타이핑하는 것은 지루하므로 새로운 예상 함수가 필요하며, 우리는 스냅샷 테스트(snapshot test)를 사용할 것이다.[5] 스냅샷 예상 함수는 예상되는 결과가 코드에 작성되는 것이 아니라 별도의 스냅샷 파일로 저장된다는 점이 다른 예상 함수들과의 주된 차이점이다. 스냅샷 테스트는 대부분의 앱 범위를 벗어나는 복잡한 사용자 인터페이스 설계 시스템을 디자인할 때 가장 유용하다. 따라서 여기서는 핵심 아이디어만 간략하게 보여주고, 어디에 추가적인 자료

---

5 스냅샷 테스트는 testthat 3판(third edition)을 필요로 한다. 새로 만드는 패키지들은 자동으로 testthat 3e(*https://testthat.r-lib.org/articles/third-edition.html*)을 사용하겠지만, 기존에 만들었던 패키지들은 수동으로 갱신해야 할 것이다.

가 있는지 알려줄 것이다.

앞서 정의했던 이 UI 함수를 보자.

```
sliderInput01 <- function(id) {
  sliderInput(id, label = id, min = 0, max = 1, value = 0.5, step = 0.1)
}

cat(as.character(sliderInput01("x")))
#> <div class="form-group shiny-input-container">
#>   <label class="control-label" id="x-label" for="x">x</label>
#>   <input class="js-range-slider" id="x" data-skin="shiny" data-min="0"
#>     data-max="1" data-from="0.5" data-step="0.1" data-grid="true"
#>     data-grid-num="10" data-grid-snap="false" data-prettify-separator=","
#>     data-prettify-enabled="true" data-keyboard="true" data-data-type="number"/>
#> </div>
```

어떻게 이 출력이 우리가 예상한 것과 같은지 테스트할 수 있을까? 물론 다음과 같
이 expect_equal()을 사용할 수 있다.[6]

```
test_that("shinyInput01() creates expected HTML", {
  expect_equal(
    as.character(sliderInput01("x")),
    "<div class=\"form-group shiny-input-container\">\n
      <label class=\"control-label\" id=\"x-label\" for=\"x\">x</label>\n
      <input class=\"js-range-slider\" id=\"x\" data-skin=\"shiny\" data-min=\"0\"
        data-max=\"1\" data-from=\"0.5\" data-step=\"0.1\" data-grid=\"true\"
        data-grid-num=\"10\" data-grid-snap=\"false\" data-prettify-separator=\",\"
        data-prettify-enabled=\"true\" data-keyboard=\"true\" data-data-type=\"number\"/>\n
    </div>"
  )
})
#> Test passed 🎉
```

하지만 따옴표와 줄바꿈이 있기 때문에 문자열에서 수많은 이스케이핑(escaping),
즉 역슬래시(\)를 요구한다. 이 상태에서는 정확히 무엇을 예상하는지 보기 어려우
며, 결과가 변경되었을 때 정확히 무슨 일이 벌어지는지 알기 어렵다.

스냅샷 테스트의 핵심 아이디어는 예상 결과를 분리된 파일에 저장하는 것이다.
이는 테스트 코드로부터 대용량의 데이터를 따로 빼내어 분리시켜 여러분이 문자

---

6 (옮긴이) 실제로는 주어진 expect_equal() 호출은 테스트를 실패하는데, 이는 첫 번째와 두 번째 인
  자에서 문자열 내의 공백이 서로 다르기 때문이다. 첫 번째와 두 번째 인자를 각각 stringr::str_
  squish()로 감싼 뒤에 테스트를 수행해보자.

열에서 특수한 값을 이스케이핑하는 데 신경쓸 필요가 없게끔 한다. 다음 코드에서 expect_snapshot()을 사용하여 콘솔에 표시된 출력을 수집한다.

```
test_that("shinyInput01() creates expected HTML", {
  expect_snapshot(sliderInput01("x"))
})
```

다른 예상 함수와의 주요 차이점은 예상값을 나타내는 두 번째 인자가 없다는 것이다. 대신에 데이터가 별도의 *.md* 파일로 저장된다. 만약 코드가 *R/slider.R*에 있고 테스트가 *tests/testthat/test-slider.R*에 있다면, 스냅샷은 *tests/testthat/_snaps/slider.md*에 저장될 것이다. 처음 테스트를 실행할 때 expect_snapshot()은 다음과 같이 생긴 참조 출력 파일을 자동으로 생성할 것이다.[7]

```
# shinyInput01()이 예상되는 HTML을 생성한다.

Code
  sliderInput01("x")
Output
  <div class="form-group shiny-input-container">
    <label class="control-label" id="x-label" for="x">x</label>
    <input class="js-range-slider" id="x" data-skin="shiny" data-min="0"
      data-max="1" data-from="0.5" data-step="0.1" data-grid="true"
      data-grid-num="10" data-grid-snap="false" data-prettify-separator=","
      data-prettify-enabled="true" data-keyboard="true" data-data-type="number"/>
  </div>
```

만약 나중에 출력이 변경된다면 테스트는 실패할 것이다. 이 경우, 테스트 실패를 야기한 버그를 수정하거나, 만약 의도된 변경이라면 testthat::snapshot_accept()를 실행하여 스냅샷을 갱신해야 한다.[8]

이를 테스트로 확정하기 전에 출력에 대해 고민해보면 좋을 것이다. 여기에서 진짜로 무엇을 테스트하려 하는가? 만약 입력이 출력으로 어떻게 나타나는지 보고자 한다면, 출력의 대부분은 Shiny가 생성한 것이고, 오직 매우 작은 부분만이 여러분의 코드에 대한 결과인 것을 알아챌 것이다. 이는 이 테스트가 딱히 유용하지 않다는 것을 말하는데, 출력의 변화가 코드 변경에 의한 결과이기보다는 Shiny의 변경에 의한 결과일 가능성이 더 크기 때문이다. 이것이 테스트를 취약하게 만든

---

7 (옮긴이) 인터랙티브 모드에서 실행할 때는 생성되지 않는다. devtools::test()나 devtools::test_active_file()을 사용하여 테스트하면 출력 파일이 생성되는 것을 확인할 수 있다.

8 (옮긴이) files 인자를 사용하여 특정 테스트 파일로부터의 스냅샷만 갱신할 수 있다.

다. 만약 테스트가 실패한다면, 이는 여러분 잘못일 가능성이 적고, 따라서 테스트를 통과할 수 있게 고치는 것은 여러분이 제어할 수 있는 범위가 아닐 가능성이 크다. 스냅샷 테스트에 대해서는 testthat 비네트(vignette)[9] '스냅샷 테스트(Snapshot tests)'(*https://oreil.ly/GpHlU*)에서 더 배울 수 있다.

워크플로

반응형이나 자바스크립트를 사용하는 테스트 함수에 대해 얘기하기 전에, 워크플로를 간략히 살펴보자.

코드 커버리지

여러분이 테스트하려고 했던 부분을 구현된 테스트가 실제로 수행하고 있는지 검증하는 것은 매우 유용하다. 이를 위한 훌륭한 방법은 테스트 수행 시 실행되는 모든 코드 라인(line)을 추적하는 '코드 커버리지(code coverage)'를 사용하는 것이다. 그 결과 한 번도 테스트가 수행되지 않은 라인을 알 수 있다. 이렇게 하면 코드에서 가장 중요하고 위험도가 높고 프로그래밍하기 어려웠던 부분들을 테스트하였는지 검토해볼 수 있다. 코드 자체에 대해 생각하는 것과는 별개다—100% 테스트 커버리지를 지니고 있더라도 여전히 코드에는 버그가 있을 수 있다. 하지만 이 방법은, 특히 복잡한 중첩(nested) 코드를 가지는 경우에, 무엇이 중요한지 생각하는 데 도움을 주는 재미있고 유용한 도구다.

여기에서 상세한 내용을 다루지는 않겠지만, devtools::test_coverage()나 devtools::test_coverage_file()을 시도해보길 추천한다.[10] 초록색 라인은 테스트된 것을 뜻하며, 빨간색 라인은 그렇지 않은 것을 뜻한다는 점이 주되게 신경 쓸 부분이다.

코드 커버리지는 약간 다른 워크플로를 지원한다.

1. test_coverage()나 test_coverage_file()을 사용하여 코드의 어떤 라인들이 테스트되었는지 확인한다.

2. 아직 테스트되지 않은 라인들을 살펴보고, 이 부분들을 특정하여 검사하기 위

---

9 (옮긴이) 실제 발음은 '빈옛'에 가까우나, 한국어로는 '비네트'라고 표기한다.
10 (옮긴이) devtools 2.4.0 버전부터는 devtools::test_coverage_file() 대신 devtools::test_coverage_active_file()을 사용하길 추천한다.

한 테스트를 설계한다.

3. 코드의 중요한 모든 라인이 테스트될 때까지 이 과정을 반복한다. (보통 100% 테스트 커버리지를 얻을 필요는 없지만, 앱에서 가장 중요하고 핵심적인 부분을 테스트했는지 검토해야 한다.)

코드 커버리지는 또한 반응형 및 어느 정도 수준의 자바스크립트를 테스트하는 도구에도 작동하는 유용한 기초 기술이다.

키보드 단축키

329쪽의 '이점'의 조언을 따랐다면, 이미 콘솔에 test()나 test_file()을 타이핑하여 테스트를 실행할 수 있다. 하지만 매우 자주 테스트를 수행해야 할 경우에는 키보드 단축키가 있다면 유용할 것이다. RStudio에는 내장된 유용한 단축키가 있다. Cmd/Ctrl + Shift + T는 devtools::test()를 실행한다. 이와 더불어, 다음 세 가지를 추가하여[11] 테스트를 위한 단축키 집합을 완성하길 추천한다.[12]

- Cmd/Ctrl + T를 devtools::test_file()에 연결한다.
- Cmd/Ctrl + Shift + R을 devtools::test_coverage()에 연결한다.
- Cmd/Ctrl + R을 devtools::test_coverage_file()에 연결한다.

물론 어떠한 단축키를 선택하여 지정할 것인지는 여러분 자유지만, 여기에서 제시된 단축키는 다음과 같은 구조로 구성된다. Shift를 사용하는 단축키는 전체 패키지에 적용되고, Shift를 사용하지 않는 단축키는 현재 파일에 적용된다.

그림 21-1은 맥(Mac)에서 필자의 키보드 단축키가 어떻게 나타나는지 보여준다.

Report test coverage for a file	Cmd+R	Addin
Report test coverage for a package	Shift+Cmd+R	Addin
Run a test file	Cmd+T	Addin

그림 21-1 맥(Mac)에서 필자의 키보드 단축키

---

[11] (옮긴이) 키보드 단축키를 추가하는 방법은 *https://support.rstudio.com/hc/en-us/articles/206382178-Customizing-Keyboard-Shortcuts-in-the-RStudio-IDE*를 참고하자.

[12] (옮긴이) devtools 2.4.0 이후 버전이 설치되어 있다면, 단축키가 devtools::test_file()과 devtools::test_coverage_file() 대신 devtools:::test_active_file()과 devtools:::test_coverage_active_file()에 연결될 것이다.

워크플로 요약

지금까지 얘기한 모든 기법을 요약하면 다음과 같다.

- R 파일로부터 usethis::use_test()를 사용하여 테스트 파일을 생성(처음 실행하는 경우)하거나 해당 테스트 파일을 탐색(이미 테스트 파일이 존재하는 경우)한다.
- 코드와 테스트를 작성한다. Cmd/Ctrl + T를 눌러 테스트를 실행하고 콘솔에서 결과를 검토한다. 필요에 따라 반복(iterate)한다.
- 새로운 버그를 발견하였다면, 테스트를 통해 잘못된 작동을 포착하는 것부터 시작한다. 최소의(minimal) 코드를 작성하는 과정에서 종종 어디에 버그가 존재하는지 더 잘 이해하게 되고, 테스트를 작성함으로써 버그가 수정되지 않았는데도 버그를 수정했다고 잘못 생각할 위험을 방지하게 될 것이다.
- Cmd/Ctrl + R을 눌러 테스트가 여러분이 검사하고자 했던 부분을 테스트하는지 확인한다.
- Cmd/Ctrl + Shift + T를 눌러 여러분이 예기치 않게 다른 어떤 부분을 망가뜨리지 않았는지 확인한다.

반응형 테스트하기

이제 일반적인 비반응형(nonreactive) 코드를 어떻게 테스트하는지 이해했으니, Shiny에만 적용되는 문제를 다룰 차례다. 첫 번째 문제는 반응형을 테스트하는 것이다. 이미 보았듯이, 반응형 코드는 인터랙티브하게 실행할 수 없다.

```
x <- reactive(input$y + input$z)
x()
#> Error: Operation not allowed without an active reactive context.
#> * You tried to do something that can only be done from inside a reactive
#> consumer.
```

여러분은 15장에서 사용했던 reactiveConsole()을 이용하면 어떨지 궁금할 것이다. 불행히도, 반응형 시뮬레이션은 근본적으로 인터랙티브 콘솔에 의존하기 때문에 테스트에서는 작동하지 않는다.

평가를 시도할 때 반응형 오류가 발생할 뿐만 아니라, 만약 반응형이 작동한다고 할지라도 input$y와 input$z가 정의되지 않을 것이다. 이것이 어떻게 작동하는지 보기 위해, 세 개의 입력, 하나의 출력, 세 개의 반응형을 지닌 간단한 앱을 살펴보자.

```
ui <- fluidPage(
  numericInput("x", "x", 0),
  numericInput("y", "y", 1),
  numericInput("z", "z", 2),
  textOutput("out")
)
server <- function(input, output, session) {
  xy <- reactive(input$x - input$y)
  yz <- reactive(input$z + input$y)
  xyz <- reactive(xy() * yz())
  output$out <- renderText(paste0("Result: ", xyz()))
}
```

이 코드를 테스트하기 위해 testServer()를 사용할 것이다. 이 함수는 두 개의 인자로 서버 함수와 실행할 어떤 코드를 받는다. 여기서 두 번째 인자로 제공된 코드는 첫 번째 인자로 제공된 서버 함수의 '내부' 환경에서 실행된다. 따라서 출력, 반응형, 그리고 사용자 인터페이스를 시뮬레이션할 수 있도록 하는 특별한 세션 객체에 접근할 수 있다. 이를 사용하는 경우는 주로 session$setInputs()를 사용하여 여러분이 (마치 브라우저상에서 앱과 상호작용하는 사용자인 것처럼) 입력 컨트롤의 값을 설정하려 할 경우다.

```
testServer(server, {
  session$setInputs(x = 1, y = 1, z = 1)
  print(xy())
  print(output$out)
})
#> [1] 0
#> [1] "Result: 0"
```

(testServer()를 원래 용도와 다르게 사용하면(abuse) 반응형을 지원하지 않는 인터랙티브한 환경을 testServer(myApp(), browser())와 같이 얻을 수 있다.)

우리가 오직 서버 함수만을 테스트하고 있다는 점을 주목하자. 앱의 ui 컴포넌트는 완전히 무시된다. 입력을 검사함으로써 이를 분명하게 확인할 수 있는데, 입력의 초깃값은 ui에 저장되므로 실제 Shiny 앱과는 다르게 모든 입력은 NULL로 시작한다. UI 테스트는 351쪽의 '자바스크립트 테스트하기'에서 다시 다룰 것이다.

```
testServer(server, {
  print(input$x)
})
#> NULL
```

이제 반응형 환경에서 코드를 실행하는 방법을 알았으니, 이를 앞서 배운 코드 테스트하기와 결합하여 다음과 같이 작성할 수 있다.

```
test_that("reactives and output updates", {
  testServer(server, {
    session$setInputs(x = 1, y = 1, z = 1)
    expect_equal(xy(), 0)
    expect_equal(yz(), 2)
    expect_equal(output$out, "Result: 0")
  })
})
#> Test passed 🐢
```

testServer() 사용법을 마스터한 후에는, 반응형 코드를 테스트하기가 반응형이 아닌 코드를 테스트하는 것만큼 쉬워진다. 주요 도전 과제는 테스트가 실패했을 때 디버깅하는 것이다. 코드를 일반적인 테스트처럼 한 줄 한 줄 실행해볼 수가 없으므로, 문제 진단을 위한 인터랙티브한 실험을 수행하기 위해 testServer() 내부에 browser()를 추가해야 할 것이다.

모듈

앱 함수를 테스트하는 것과 비슷한 방법으로 모듈을 테스트할 수 있지만, 오직 서버 부분만 테스트한다는 사실이 모듈 테스트에서는 한결 분명하게 드러난다. 변수의 간략한 요약 통계를 표시하기 위해 세 개의 출력을 사용하는 간단한 모듈을 살펴보자.

```
summaryUI <- function(id) {
  tagList(
    outputText(ns(id, "min")),
    outputText(ns(id, "mean")),
    outputText(ns(id, "max")),
  )
}
summaryServer <- function(id, var) {
  stopifnot(is.reactive(var))
```

```
  moduleServer(id, function(input, output, session) {
    range_val <- reactive(range(var(), na.rm = TRUE))
    output$min <- renderText(range_val()[[1]])
    output$max <- renderText(range_val()[[2]])
    output$mean <- renderText(mean(var()))
  })
}
```

앞서 그랬던 것처럼 testServer()를 사용할 텐데, 여기서의 함수 호출은 약간 다르다. 이전 경우와 마찬가지로 첫 번째 인자는 서버 함수(모듈 서버)지만, 이제는 args라는 추가적인 인자로 리스트를 제공해야 한다. 이는 모듈 서버의 인자 리스트를 받는다(id 인자는 생략 가능하며, 이 경우 testServer()는 이를 자동으로 채워넣을 것이다). 그런 다음 실행할 코드 부분을 작성하는 것으로 마무리한다.

```
x <- reactiveVal(1:10)
testServer(summaryServer, args = list(var = x), {
  print(range_val())
  print(output$min)
})
#> [1]  1 10
#> [1] "1"
```

다시금 이 코드를 test_that() 내에 넣고 몇 개의 expect_ 함수를 호출함으로써 자동화된 테스트로 전환할 수 있다. 여기서 필자는 이것들을 모듈이 반응형 입력 변경에 따라 맞게 반응하는지 검사하는 하나의 테스트로 묶을 것이다.

```
test_that("output updates when reactive input changes", {
  x <- reactiveVal()
  testServer(summaryServer, args = list(var = x), {
    x(1:10)
    session$flushReact()
    expect_equal(range_val(), c(1, 10))
    expect_equal(output$mean, "5.5")

    x(10:20)
    session$flushReact()
    expect_equal(range_val(), c(10, 20))
    expect_equal(output$min, "10")
  })
})
#> Test passed 🎉
```

여기에 한 가지 중요한 트릭이 있다. x는 testServer() 외부에서 생성되므로 x를 변경해도 자동으로 반응형 그래프가 갱신되지 않는다. 따라서 sessions$flushReact()를 호출함으로써 수동으로 반응형 그래프를 갱신해야 한다.

만약 모듈이 반환값(반응형 혹은 반응형 리스트)을 갖는다면, session$getReturned()로 이를 포착할 수 있다. 그런 다음, 반환된 반응형의 값을 다른 반응형과 마찬가지로 검사할 수 있다.

```
datasetServer <- function(id) {
  moduleServer(id, function(input, output, session) {
    reactive(get(input$dataset, "package:datasets"))
  })
}

test_that("can find dataset", {
  testServer(datasetServer, {
    dataset <- session$getReturned()

    session$setInputs(dataset = "mtcars")
    expect_equal(dataset(), mtcars)

    session$setInputs(dataset = "iris")
    expect_equal(dataset(), iris)
  })
})
#> Test passed 😺
```

만약 input$dataset이 데이터셋이 아닌 경우에 무슨 일이 벌어질지에 대해서도 테스트해야 할까? 이 경우에는 모듈 UI가 선택 옵션을 유효한 선택들로 제한한다는 걸 알고 있으므로 그럴 필요가 없다.[13] 이러한 점은 서버 함수만 따로 검사할 때는 명백하지 않다.

제한

testServer()는 앱의 시뮬레이션이다. 시뮬레이션은 반응형 코드를 빠르게 테스트할 수 있게 해주므로 유용하지만, 완전하지는 않다.

- 실제 앱과는 다르게, 시간이 자동으로 진행되지 않는다. 따라서 reactiveTimer()나 invalidateLater()에 의존한 코드를 테스트하고 싶다면, session$elapse(millis = 300)처럼 호출하여 시간을 수동으로 조정해야 한다.

---

13 (옮긴이) 300쪽의 datasetInput() 함수 정의를 보자.

- testServer()는 UI를 무시한다. 이는 입력이 기본값(초깃값)을 가지지 않으며, 자바스크립트가 작동하지 않는다는 것을 의미한다. 가장 중요하게는, 이는 update* 함수를 테스트할 수 없다는 것을 의미하는데, 이 함수들이 브라우저에 사용자 인터랙션을 시뮬레이션하는 자바스크립트를 보냄으로써 작동하기 때문이다. 따라서 이런 코드들을 테스트하기 위해 다음 절에서 다룰 기법이 필요할 것이다.

자바스크립트 테스트하기

testServer()는 전체 Shiny 앱과 비교할 때 제한된 시뮬레이션에 불과하며, '실제' 브라우저 실행에 의존하는 코드들은 어떤 것이든 작동하지 않는다. 따라서 어떠한 자바스크립트도 실행되지 않을 거라는 점을 알아야 한다. 이 책에서 자바스크립트에 대해 논의하지 않아 이 점이 중요하지 않게 보일지도 모르겠지만, 사실 많은 중요한 Shiny 함수들이 내부적으로 자바스크립트를 사용한다.

- 모든 update*() 함수: 172쪽의 '입력 갱신하기'
- showNotification()/removeNotification(): 141쪽의 '알림'
- showModal()/hideModal(): 151쪽의 '명시적 확인'
- insertUI()/removeUI()/appendTab()/insertTab()/removeTab(): 이 책의 후반부에서 다룬다.

이 함수들을 테스트하려면 Shiny 앱을 실제 브라우저에서 실행해야 한다. 물론 runApp()을 사용하고 이리저리 클릭을 하면서 수동으로 테스트할 수도 있지만, 이 프로세스를 자동화함으로써 테스트를 더 자주 실행할 수 있다면 좋을 것이다. 여기서는 shinytest(*https://rstudio.github.io/shinytest*) 패키지를 사용하되, 패키지 문서에서는 설명되지 않은 방식으로 사용하여 이를 수행하고자 한다. 앱을 사용하는 테스트 코드를 shinytest 웹사이트에서 추천하는 방식대로 자동으로 생성할 수 있지만, 여러분은 이미 testthat 패키지에 친숙할 테니 여기서는 이를 활용하여 테스트를 직접 만들어보자.

　shinytest 패키지에 있는 하나의 R6 객체인 ShinyDriver를 사용할 것이다. 새로운 ShinyDriver 인스턴스를 생성하면 Shiny 앱과 '헤드리스(headless)' 브라우저를 실행하는 새로운 R 프로세스가 시작된다. 헤드리스 브라우저는 보통의 브라우저와 마찬가지로 작동하지만, 상호작용할 수 있는 창(window)을 지니지는 않으며, 그 대신 오직 코드를 통해서 상호작용해야 한다. 이 기법의 주요 단점은 다른 접근 방법에 비해 느리고(가장 간단한 앱이라도 최소 1초 이상 걸린다), 앱의 외부만 테스트할 수 있다는 점이다(즉, 반응형 변수의 값을 알기가 더 어렵다).

기본 작동

기본 작동을 보기 위해, 입력된 이름을 이용하여 환영하는 메시지를 보여주고 초기화(reset) 버튼을 제공하는 아주 간단한 앱을 만들어보자.

```
ui <- fluidPage(
  textInput("name", "What's your name"),
  textOutput("greeting"),
  actionButton("reset", "Reset")
)
server <- function(input, output, session) {
  output$greeting <- renderText({
    req(input$name)
    paste0("Hi ", input$name)
  })
  observeEvent(input$reset, updateTextInput(session, "name", value = ""))
}
```

shinytest를 사용하기 위해, app <- ShinyDriver$new()로 앱을 시작하고, app$setInputs() 혹은 비슷한 함수들을 사용하여 앱과 상호작용한 후, app$getValue()를 통해 반환된 값을 얻자.

```
app <- shinytest::ShinyDriver$new(shinyApp(ui, server))
app$setInputs(name = "Hadley")
app$getValue("greeting")
#> [1] "Hi Hadley"
app$click("reset")
app$getValue("greeting")
#> [1] ""
```

shinytest를 사용할 때는 항상 ShinyDriver$new()로 ShinyDriver 객체를 생성하며 시작하는데, 이 메서드는 Shiny 앱 객체나 Shiny 앱의 경로를 인자로 받는다. 또한 앞에서 봤던 세션 객체와 비슷한 방식으로 상호작용할 수 있는 R6 객체를 반환한다. 예를 들어, app$setInputs()는 이름-값 짝의 집합을 인자로 받아 브라우저상의 컨트롤을 갱신한 다음, 모든 반응형 갱신이 완료될 때까지 기다린다.

첫 번째 차이점은 반응형 값을 app$getValue(name)을 사용하여 명시적으로 조회해야 한다는 점이다. testServer()와는 달리 ShinyDriver를 사용해서 반응형의 값을 읽을 수는 없는데, 왜냐하면 ShinyDriver는 오직 앱의 사용자가 볼 수 있는 정보만 읽을 수 있기 때문이다. 하지만 특수한 Shiny 함수인 exportTestValues()는 shinytest는 볼 수 있지만 사람은 볼 수 없는 특수한 출력을 생성한다.

다른 동작들을 시뮬레이션하게 해주는 두 가지 다른 메서드가 있다.

- app$click(name)은 name이라는 이름의 버튼을 클릭한다.
- app$sendKeys(name, keys)는 name이라는 이름의 입력 컨트롤에 키 누름을 전송한다. keys는 보통 app$sendKeys(id, "Hi!")에서와 같이 문자열이다. 하지만 webdriver::key를 사용하여 특수 키(special key)를 전송할 수도 있는데, app$sendKeys(id, c(webdriver::key$control, "x"))와 같이 작성하면 된다. 어떠한 보조 키(modifier key)든 모든 뒤따르는 키 누름에 적용되므로, 만약 어떤 키는 보조 키를 사용하고 어떤 키는 보조 키를 사용하지 않으려면 함수를 여러 번 호출해야 한다.

좀더 상세한 내용과 더 심오한 메서드 목록을 알고 싶다면 ?ShinyDriver를 통해 도움말을 보자.

이전과 마찬가지로, 인터랙티브하게 적절한 동작의 순서를 알아낸 뒤에는 test_that()으로 감싸고 예상 함수를 호출함으로써 테스트로 전환할 수 있다.

```
test_that("can set and reset name", {
  app <- shinytest::ShinyDriver$new(shinyApp(ui, server))
  app$setInputs(name = "Hadley")
  expect_equal(app$getValue("greeting"), "Hi Hadley")

  app$click("reset")
  expect_equal(app$getValue("greeting"), "")
})
```

백그라운드의 Shiny 앱과 웹 브라우저는 app 객체가 삭제되고 가비지 컬렉터(garbage collector)에 의해 수집될 때 자동으로 꺼진다. 이것이 무엇을 의미하는지 잘 모르겠다면,《Advanced R》의 '언바인딩과 가비지 컬렉터(Unbinding and the Garbage Collector)'(*https://oreil.ly/zXYN9*)를 읽어보면 도움이 될 것이다.

사례 연구

좀더 현실적인 예에서는 어떻게 테스트를 수행하는지 testServer()와 shinytest를 결합하는 사례 연구를 살펴보며 마무리하겠다. 원하는 텍스트를 입력할 수 있도록 '기타(other)' 옵션을 제공하는 라디오 버튼 컨트롤을 사용할 것이다. 이 컨트롤은 310쪽의 '제한된 선택 및 기타'에서 모듈을 개발할 때 살펴봤으므로 낯설지 않을 것이다.

```
ui <- fluidPage(
  radioButtons("fruit", "What's your favourite fruit?",
    choiceNames = list(
      "apple",
      "pear",
      textInput("other", label = NULL, placeholder = "Other")
    ),
    choiceValues = c("apple", "pear", "other")
  ),
  textOutput("value")
)

server <- function(input, output, session) {
  observeEvent(input$other, ignoreInit = TRUE, {
    updateRadioButtons(session, "fruit", selected = "other")
  })

  output$value <- renderText({
    if (input$fruit == "other") {
      req(input$other)
      input$other
    } else {
      input$fruit
    }
  })
}
```

실제 계산은 매우 간단하다. renderText()의 표현식을 함수로 추출해내는 것을 고려해볼 수도 있을 것이다.

```
other_value <- function(fruit, other) {
  if (fruit == "other") {
    other
  } else {
    fruit
  }
}
```

하지만 여기서는 로직(logic)이 매우 단순하고 다른 상황에 일반적으로 적용 가능하지 않으므로, 필자는 이를 함수로 빼내는 것이 딱히 가치가 있다고 생각하지 않는다. 필자 생각에는 앱에서 이 코드를 별도의 파일로 떼어내는 것은 오히려 코드를 읽기 어렵게 만드는 결과만을 불러올 것 같다.

따라서 반응형의 기본 흐름(flow)을 테스트하는 것부터 시작해볼 것이다. fruit를 기존 옵션으로 선택한 뒤에 그 값을 정확히 읽어오는가? 그리고 fruit를 other로 설정하고 자유 형식의 텍스트를 추가하였을 때 정확한 값을 얻는가?

```
test_that("returns other value when primary is other", {
  testServer(server, {
    session$setInputs(fruit = "apple")
    expect_equal(output$value, "apple")

    session$setInputs(fruit = "other", other = "orange")
    expect_equal(output$value, "orange")
  })
})
#> Test passed 🎉
```

이는 other 박스에 타이핑을 시작할 때 other 옵션이 자동으로 선택되는지를 검사하지는 않는다. 불행히도, 이 작동은 updateRadioButtons()에 의존하기 때문에 testServer()를 사용하여 테스트할 수 없다.

```
test_that("returns other value when primary is other", {
  testServer(server, {
    session$setInputs(fruit = "apple", other = "orange")
    expect_equal(output$value, "orange")
  })
})
#> — Failure (<text>:2:3): returns other value when primary is other ——————
#> output$value (`actual`) not equal to "orange" (`expected`).
#>
#> `actual`:   "apple"
#> `expected`: "orange"
#> Backtrace:
#>  1. shiny::testServer(...)
#> 22. testthat::expect_equal(output$value, "orange")
```

따라서 ShinyDriver를 사용해야 한다.

```
test_that("automatically switches to other", {
  app <- ShinyDriver$new(shinyApp(ui, server))
```

```
  app$setInputs(other = "orange")
  expect_equal(app$getValue("fruit"), "other")
  expect_equal(app$getValue("value"), "orange")
})
```

보통의 경우, testServer()를 가능한 한 많이 사용하고 ShinyDriver는 실제 브라우저가 필요한 일부 경우에만 사용하는 것이 최선이다.

모양새 테스트하기

플롯이나 HTML 위젯과 같이 무엇이 옳은 모양새인지 코드를 사용하여 설명하기 어려운 컴포넌트의 경우에는 어떻게 테스트할까? 가장 폭 넓으면서 가장 취약한 최종적인 테스트 기법을 사용할 수 있다. 영향을 받는 컴포넌트에 대한 스크린샷을 저장하는 것이다. 이는 shinytest의 스크린샷 얻기와 testthat의 전체 파일 스냅샷 얻기를 결합한다. 이 기법은 341쪽의 '사용자 인터페이스 함수'에서 설명된 스냅샷 얻기와 비슷하게 작동하지만, 텍스트를 .md 파일로 저장하는 대신 .png 파일을 생성한다. 이것은 차이점을 콘솔에서 볼 수 있는 방법이 없다는 것을 의미하며, 따라서 Shiny 앱을 사용하여 차이를 시각화하는 testthat::snapshot_review()를 실행하라는 메시지를 얻을 것이다.

스크린샷을 이용한 테스트의 주된 단점은 아주 미세한 변경조차도 사람이 직접 그 변경 사항이 문제가 없는지 확인해야 한다는 점이다. 서로 다른 컴퓨터에서 픽셀 단위로 재현 가능한 스크린샷을 생성하기란 어렵기 때문에, 이러한 점은 문제가 된다. 운영체제, 브라우저 버전, 심지어 폰트 버전의 차이조차 사람 눈에는 같게 보이지만 실제로는 아주 미세하게 다른 스크린샷을 생성한다. 이는 보통 시각적인 테스트는 한 사람에 의해 그 사람의 로컬 컴퓨터에서 실행되는 것이 최선임을 의미하며, 지속적 통합(continuous integration) 도구에서 실행하는 것은 보통 그럴 가치가 없다는 것을 뜻한다. 이 문제들을 어떻게든 해결해볼 순 있겠지만, 그것은 꽤 어려운 과제고 이 책의 범위를 벗어나는 내용이다.

shinytest에서 개별 요소에 대한 스크린샷을 얻거나 testthat에서 전체 파일 스냅샷을 얻는 것 모두 매우 새로운 기능이며, 무엇이 이상적인 인터페이스일지는 여전히 불명확하다. 따라서 현재로서는 다음과 같은 코드를 사용하여 각 조각들을 함께 묶어야 한다.

```
path <- tempfile()
app <- ShinyDriver$new(shinyApp(ui, server))

# 스크린샷을 임시 파일에 저장하기
app$takeScreenshot(path, "plot")
#
expect_snapshot_file(path, "plot-init.png")

app$setInputs(x = 2)
app$takeScreenshot(path, "plot")
expect_snapshot_file(path, "plot-update.png")
```

expect_snapshot_file()의 두 번째 인자는 파일 스냅샷 디렉터리에 저장될 그림 파일 이름을 지정한다. 만약 이 테스트가 *test-app.R*이라는 파일 내에 작성되었다면, 이 두 개의 파일 스냅샷은 *tests/testthat/_snaps/app/plot-init.png*와 *tests/testthat/_snaps/app/plot-update.png*에 저장될 것이다. 이 파일들의 이름을 짧게 유지하되, 무언가 잘못되었을 때 여러분이 무엇을 테스트하려고 하였는지 쉽게 연상시킬 수 있는 이름이어야 한다.

철학

이 장은 대체로 테스트 작동 방식에 초점을 맞추었으며, 이는 테스트를 처음 접할 때 가장 중요한 부분이다. 하지만 여러분은 이내 이 기계적인 부분에 숙달될 것이고, 이후 여러분의 질문은 보다 구조적이고 철학적이게 될 것이다.

필자는 위양성(false positive)과 위음성(false negative)에 대해 생각해보는 것이 유용하다고 생각한다. 실패해야 할 때 실패하지 않고, 실패하지 않아야 할 때 실패하는 테스트가 작성될 수 있다. 처음 테스트를 시작할 때, 가장 많이 고심하게 되는 부분이 위양성일 것이다. 테스트가 실제로 잘못된 작동을 잡아낸다고 어떻게 보장할 것인가? 하지만 이 부분은 꽤 빨리 익숙해질 거라 생각한다.

언제 테스트를 작성해야 할까?

언제 테스트를 작성해야 할까? 기본 옵션은 다음 세 가지다.

코드를 작성하기 전

이는 테스트 주도 개발이라고 불리는 코드 스타일로, 함수가 정확히 어떻게 작동해야 할지 여러분이 알고 있다면, 함수 구현 코드를 작성하기 전에 이 지식을 코드에 담아내는 게 좋다.

코드를 작성한 이후

코드를 작성하는 동안, 여러분은 종종 코드에 대한 걱정거리 목록을 마음속에 쌓아갈 것이다. 함수를 작성한 뒤에, 함수가 여러분이 기대했던 대로 작동하는지 확신할 수 있도록 이 걱정거리 목록을 테스트로 전환하자.

테스트를 작성하기 시작할 때, 너무 일찍 작성하지 않도록 조심하자. 만약 함수가 여전히 활발하게 진화 중이라면, 모든 변경 사항을 반영한 최신 상태로 테스트를 유지하는 것에 좌절감을 느끼게 될 것이다. 이는 여러분이 좀더 기다릴 필요가 있음을 나타내는 것일 수 있다.

버그를 찾았을 때

버그를 찾을 때마다 이를 자동화된 테스트 사례로 전환하는 것은 좋은 습관이다. 여기에는 두 가지 장점이 있다. 첫째, 좋은 테스트 사례를 만들기 위해서, 테스트에 포함할 수 있는 가장 최소의 reprex를 얻을 때까지 끈질기게 문제를 단순화하도록 만들 것이다. 둘째, 그 버그가 다시는 발생하지 않도록 보장할 것이다!

요약

이 장에서는 앱 패키지에서 testthat 패키지가 제공하는 강력한 도구들의 이점을 활용하는 방법을 살펴보았다. 이전에 한 번도 패키지를 만들어보지 않았다면 이 장의 내용에 압도당할 수 있겠지만, 이전 장에서 보았듯이 패키지는 단지 간단한 규약의 집합이며 Shiny 앱에 쉽게 적용할 수 있는 것이다. 이는 약간의 선행 작업을 필요로 하지만, 커다란 보상을 안겨준다. 테스트를 자동화할 수 있는 능력은 복잡한 앱을 작성할 수 있는 능력을 급격히 증가시킨다. 다음 장에서는 무엇이 앱을 느리게 만드는지를 알아내는 방법과 이를 보다 빠르게 만드는 몇 가지 기법을 배운다.

22장

보안

대부분의 Shiny 앱은 회사의 방화벽(firewall) 안에서 배포되며, 동료들이 여러분의 앱을 해킹하지는 않을 것이기에,[1] 여러분은 보안에 대해 신경 쓸 필요가 없을 것이다. 하지만 앱이 오직 일부 동료들만 접근할 수 있어야 하는 데이터를 포함하고 있다거나, 혹은 앱을 공개적으로 외부에 노출하길 원한다면, 보안에 어느 정도 시간을 들여야 한다. 앱 보안을 다룰 때 주로 보호해야 할 두 가지는 다음과 같다.

- 데이터: 공격자(attacker)가 어떠한 민감한 데이터에도 접근하지 못하도록 해야 한다.
- 컴퓨팅 리소스: 공격자가 비트코인을 채굴한다거나 여러분의 서버를 스팸 서식지(spam farm)의 일부로 사용하지 못하도록 해야 한다.

다행스럽게도 보안은 팀 스포츠이기 때문에 여러분이 보안의 모든 부분을 책임지지 않아도 된다. 여러분의 앱을 배포하는 사람이 앱 간의 보안에 대한 책임이 있기에, A 앱이 B 앱의 코드나 데이터에 접근하지 못하도록 보장해야 하고, 서버의 모든 메모리나 컴퓨팅 파워를 빼앗지 못하도록 보장해야 한다. 여러분의 책임은 앱 내부의 보안으로, 공격자가 그들의 목적을 이루기 위해 앱을 남용하지 못하도록 해야 한다. 이 장에서는 Shiny 보안에 대한 기본을 다룰 것이며, 이를 데이터에 대한 보안과 컴퓨팅 리소스에 대한 보안으로 나누어 설명할 것이다.

---

1 만약 이를 가정할 수 없다면, 더 큰 문제다! 어떤 회사들은 '제로 트러스트(zero-trust)' 모델을 가지고 있으므로, 여러분이 속한 회사의 IT 팀과 재차 확인해봐야 한다.

한층 더 일반적인 보안과 R에 대해 좀더 배우고 싶다면, 콜린 길레스피(Col-in Gillespie)의 재미있고 교육적인 useR! 2019 강연 'R과 보안(R and Security)' (*https://oreil.ly/BM159*)을 적극 추천한다. 자, shiny를 로드하며 시작해보자.

```
library(shiny)
```

데이터

가장 민감한 데이터로는 개인 식별 정보(personally identifying information, PII), 규제된 데이터(regulated data), 신용 카드 데이터, 건강 데이터, 그 외 외부에 노출될 경우 법적인 문제로 악몽과 같은 일을 회사가 겪게 될 모든 데이터 등이 있다. 다행히도 대부분의 Shiny 앱은 이런 형태의 데이터를 다루지 않지만,[2] 또 다른 중요한 데이터 타입인 암호(password)에 대해서는 걱정해야 할 것이다. 암호를 절대 앱의 소스 코드에 포함시키면 안 된다. 대신, 환경 변수로 넣거나, 암호가 많은 경우에는 config(*https://github.com/rstudio/config*) 패키지를 사용하자. 이 중 어떤 방법을 택하든지, 암호가 소스 코드 버전 관리 시스템에 포함되지 않도록 적절한 파일을 .gitignore에 추가하자. 또한 새로운 개발자가 어떻게 적절한 자격증명(creden-tials)을 얻을 수 있는지에 대해 문서화하기를 추천한다.

다른 가능성으로, 사용자 특정(user-specific) 데이터가 있을 수 있다. 만약 사용자를 인증해야 한다면(즉, 사용자 이름과 암호를 통해 식별해야 한다면), 절대 여러분 스스로 해법을 만들려 시도하지 말자. 거기에는 혹시라도 잘못될 수 있는 수많은 요소들이 있다. 대신, 보안 접근 메커니즘을 설계하기 위해 IT 팀과 협업해야 한다. 몇몇 베스트 프랙티스를 RStudio 문서 'RStudio Pro 제품에서의 커버로스(Ker-beros with RStudio Pro Products)'(*https://oreil.ly/zixmG*)와 '배포된 콘텐츠 보호하기(Securing Deployed Content)'(*https://oreil.ly/tsrAJ*)에서 볼 수 있다. server() 내의 코드는 고립되어(isolated) 있으므로, 한 사용자 세션이 다른 사용자 세션의 데이터를 볼 수 없다는 점에 주목하자. 유일한 예외는 캐싱을 이용할 때다—자세한 내용은 383쪽의 '캐시 범위'를 보자.

---

2 여러분의 앱이 이런 형태의 데이터를 다룬다면, 보안 전문 소프트웨어 엔지니어와 협업해야만 한다.

마지막으로, Shiny 입력이 클라이언트 측 유효성 검증(client-side validation)을 사용한다는 점을 주목하자―이는 유효 입력 검사가 R이 아닌 브라우저상의 자바스크립트에 의해 수행된다는 뜻이다. 이는 시스템의 헛점을 파악한 공격자가 여러분이 예상치 못한 값을 전송할 가능성이 있다는 것을 의미한다. 그 예로, 다음의 간단한 앱을 보자.

```
secrets <- list(
  a = "my name",
  b = "my birthday",
  c = "my social security number",
  d = "my credit card"
)

allowed <- c("a", "b")
ui <- fluidPage(
  selectInput("x", "x", choices = allowed),
  textOutput("secret")
)
server <- function(input, output, session) {
  output$secret <- renderText({
    secrets[[input$x]]
  })
}
```

여러분은 아마도 사용자가 이름과 생일에는 접근할 수 있지만 사회 보장 번호(social security number, SSN)나 신용 카드 정보에는 접근할 수 없을 거라 예상할 것이다. 하지만 공격자는 브라우저에서 자바스크립트 콘솔을 열고 `Shiny.setInputValue("x", "c")`를 실행하여 SSN을 볼 수 있다. 따라서 좀더 안전하려면 R 코드에서 모든 사용자 입력을 검사해야 한다.

```
server <- function(input, output, session) {
  output$secret <- renderText({
    req(input$x %in% allowed)
    secrets[[input$x]]
  })
}
```

필자는 일부러 사용자 친화적인 오류 메시지를 생성하지 않았다―이 예에서 오류 메시지를 보게 되는 경우는 오직 사용자가 앱을 고장내려 시도하는 경우이며, 이때는 우리가 공격자를 도와줄 필요가 없기 때문이다.

컴퓨팅 리소스

다음 앱은 사용자가 원하는 어떠한 R 코드이든 실행할 수 있도록 허용하기 때문에 매우 위험하다. 사용자가 실행하는 R 코드들이 중요한 파일을 삭제하거나, 데이터를 수정하거나, 앱 사용자에게 기밀 데이터를 전송할 수 있다.

```
ui <- fluidPage(
  textInput("code", "Enter code here"),
  textOutput("results")
)
server <- function(input, output, session) {
  output$results <- renderText({
    eval(parse(text = input$code))
  })
}
```

보통 parse()와 eval()의 조합은 어떠한 Shiny 앱에 있어서든 커다란 위험 신호다.[3] 이는 즉각적으로 앱을 취약하게 만든다. 비슷한 경우로, 절대 업로드된 *.R* 파일을 source()하거나 업로드된 *.Rmd* 파일을 rmarkdown::render()해서는 안 된다. 이러한 사례들은 위험성이 매우 명백하여 보통은 앱에 포함시키지 않으므로 실제로 발생하는 문제의 원인인 경우는 흔치 않다.

수많은 함수가 parse(), eval(), 혹은 두 가지 모두를 여러분이 인식하지 못하는 방식으로 수행한다는 점이 더 큰 문제다. 다음은 가장 흔한 경우들이다.

모델 식(model formulas)

임의의(arbitrary) R 코드를 실행시키는 모델을 만드는 것이 가능하다.

```
df <- data.frame(x = 1:5, y = runif(5))
mod <- lm(y ~ {print("Hi!"); x}, data = df)
#> [1] "Hi!"
```

이는 사용자에게 자유롭게 모델 식을 정의하도록 허용하는 것이 안전하지 않음을 보여준다.

글루 레이블(glue labels)

glue 패키지는 데이터로부터 문자열을 생성하는 강력한 방법을 제공한다.

---

3 유일한 예외는 이것이 어떤 방법으로든 사용자 제공 데이터를 수반하지 않는 경우다.

```
title <- "foo"
number <- 1
glue::glue("{title}-{number}")
#> foo-1
```

하지만 glue()는 {} 내에 있는 모든 것을 평가한다.

```
glue::glue("{title}-{print('Hi'); number}")
#> [1] "Hi"
#> foo-1
```

만약 사용자가 레이블을 생성하기 위한 글루 문자열을 제공하도록 허용하고 싶다면, 코드를 평가하지는 않고 단지 변수 이름만을 찾는 glue::glue_safe()를 대신 사용하자.

```
glue::glue_safe("{title}-{number}")
#> foo-1
glue::glue_safe("{title}-{print('Hi'); number}")
#> Error in .transformer(expr, env): object 'print('Hi'); number' not found
```

변수 변환(variable transformation)

사용자로 하여금 dplyr이나 ggplot2에서 변수를 변환하는 코드 조각을 제공하도록 안전하게 허용할 수 있는 방법은 없다. 여러분은 사용자가 log10(x)와 같은 것을 작성하리라 기대하겠지만, 사용자는 {print("Hi"); log10(x)}와 같이 작성할 수도 있다.

이는 또한 오래된 ggplot2::aes_string()을 사용자 제공 입력과 함께 사용해서는 안 된다는 것을 의미한다. 대신, 12장에서 다룬 기법을 고수하자.

SQL에서도 같은 문제가 발생할 수 있다. 예를 들어, 다음과 같이 paste()를 사용하여 SQL을 생성하려 한다면,

```
find_student <- function(name) {
  paste0("SELECT * FROM Students WHERE name = ('", name, "');")
}
find_student("Hadley")
#> [1] "SELECT * FROM Students WHERE name = ('Hadley');"
```

공격자는 악의적인 사용자 이름을 제공할 수 있다.[4]

```
find_student("Robert'); DROP TABLE Students; --")
#> [1] "SELECT * FROM Students WHERE name = ('Robert'); DROP TABLE Students; --');"
```

이는 다소 이상해 보일 수는 있으나, 세 부분으로 이루어진 유효한 SQL 쿼리다.

- `SELECT * FROM Students WHERE name = ('Robert');`는 이름이 Robert인 학생을 찾는다.
- `DROP TABLE Students;`는 Students 테이블을 삭제한다(!!).
- `--'`는 추가적인 `'`가 문법 오류를 발생시키지 않도록 하기 위해 필요한 주석이다.

이 문제를 방지하기 위해서는, 절대 SQL 문자열을 붙여넣기(paste)를 사용하여 생성하면 안 되며, 대신 자동으로 사용자 입력에 확장 문자를 적용하는 시스템(dbplyr(*https://dbplyr.tidyverse.org*)과 같은)을 사용하거나, `glue::glue_sql()`을 사용하자.

```
con <- DBI::dbConnect(RSQLite::SQLite(), ":memory:")
find_student <- function(name) {
  glue::glue_sql("SELECT * FROM Students WHERE name = ({name});", .con = con)
}
find_student("Robert'); DROP TABLE Students; --")
#> <SQL> SELECT * FROM Students WHERE name = ('Robert''); DROP TABLE Students; --');
```

언뜻 보기에는 무엇이 달라졌는지 파악하기 어렵겠지만, SQL에서 `\'`과 동등한 것이 `''`이기 때문에, 이 쿼리는 Students 테이블에서 이름이 문자 그대로 `"Robert'); DROP TABLE Students; --"`인 모든 행을 반환하며, 따라서 안전하다.

---

4 이 예는 'Little Bobby Tables'(*https://xkcd.com/327*)에서 영감을 얻었다.

23장

성능

Shiny 앱은 적절한 방법으로 개발되면 수천에서 수만 명에 이르는 사용자를 지원할 수 있다. 하지만 대부분의 Shiny 앱은 긴급한 분석 요구를 해결하기 위해 빠르게 개발되며, 보통 낮은 성능으로 시작하게 된다. 이는 Shiny의 특징이다. 개념 증명(proof of concept, POC)을 위해 여러분 자신만 사용하는 프로토타입을 빨리 구현한 뒤에, 많은 사람이 동시에 사용할 수 있도록 앱의 작동 속도를 빠르게 하는 방법을 고민하게 된다. 다행히도, 약간의 간단한 수정을 통해 10배 내지 100배의 성능 향상을 얻어내는 것은 보통 그리 어렵지 않다. 이 장에서는 어떻게 이를 수행하는지 보여줄 것이다.

비유를 들어 시작해보겠다. Shiny 앱을 음식점이라고 생각해보자. 다음으로, 여러 사람이 앱을 동시에 사용하는 것을 시뮬레이션하는 shinyloadtest 패키지를 사용하여 앱을 **벤치마크**(benchmark)하는 방법을 배울 것이다. 이것이 출발점인데, 왜냐하면 문제가 존재한다는 것을 파악할 수 있고, 적용한 변경 사항의 영향을 측정하는 데 도움이 되기 때문이다.

다음으로는 R 코드에서 느린 부분을 식별하기 위해 profvis 패키지를 사용하여 앱을 **프로파일**(profile)하는 방법을 배울 것이다. 프로파일링은 정확히 코드의 어느 부분에서 시간이 소요되는지를 보여줌으로써, 가장 영향을 많이 미치는 부분에 여러분의 노력을 집중하게 한다.

마지막으로, 필요한 부분의 성능을 개선시키는 데 유용한 코드 **최적화**(optimization) 기법을 몇 가지 배울 것이다. 반응형을 캐시하고, 데이터 준비 코드를 앱의 외부로 옮기고, 약간의 응용 심리학을 사용하여 앱이 최대한 빠르게 '느껴지도록' 도움을 주는 방법들을 배울 것이다.

필자는 벤치마킹, 프로파일링, 최적화의 전체 프로세스에 대한 예시(demo)로 조 쳉의 rstudio::conf(2019) 키노트 'Shiny 운영: 원리, 실전, 도구(Shiny in Production: Principles, Practices, and Tools)'(*https://oreil.ly/Yv3NA*)를 추천한다. 이 강연(과 동반된 사례 연구)에서 조는 현실적인 앱에서 전체 프로세스를 차근차근 알려준다.

```
library(shiny)
```

필자의 RStudio 동료들 조 쳉, 숀 롭(Sean Lopp), 앨런 디퍼트(Alan Dipert)에게 특별한 감사를 전한다. 이들의 RStudio::conf() 강연이 이 장을 작성하는 데 특히 도움이 되었다.

Shiny 음식점에서 식사하기

성능을 고려할 때, Shiny 앱을 음식점이라고 생각하면 유용하다.[1] 각 손님(사용자)이 음식점(서버)에 들어와서 주문(요청)을 하면, 요리사(R 프로세스)가 준비를 한다. 음식점과 마찬가지로 하나의 R 프로세스가 여러 명의 사용자에게 동시에 서비스하며, 증가하는 수요를 다루는 방법도 비슷하다는 점에서 이 비유는 유용하다.

우선 여러분은 현재 요리사를 보다 효율적으로 만들(R 코드를 최적화할) 방법을 조사할 것이다. 이를 위해 요리사의 작업을 관찰하여 병목 현상을 찾아내고(프로파일링) 요리사의 작업을 더 빠르게 만들기(최적화하기) 위한 방법을 브레인스토밍할 것이다. 예를 들어, 보조 요리사(prep cook)를 채용하여 첫 손님이 오기 전에 미리 몇몇 야채를 손질해 두거나(데이터 준비하기) 시간을 절약시켜주는 기계 설비(더 빠른 R 패키지)에 투자할 수 있을 것이다.

혹은 더 많은 요리사(프로세스)를 음식점(서버)에 추가하는 것을 생각해볼 것이다. 다행히도 프로세스를 추가하는 것은[2] 훈련된 요리사를 채용하는 것보다 훨씬

---

1 rstudio::conf(2018) 강연 'Shiny 크기 조정: 10,000 사용자 앱(Scaling Shiny: 10,000 User App)' (*https://oreil.ly/0Ncsg*)에서 이 비유를 제공해준 숀 롭(Sean Lopp)에게 감사한다. 만약 Shiny 앱이 수천 명의 사용자를 다룰 수 있을지 의심된다면, 이 강연을 보길 강력히 추천한다.
2 다시 말하자면, 이는 앱이 정확히 어떻게 배포되었는지에 따라 다르지만, 보통의 경우 사용자 수에 따라 프로세스 수를 동적으로 제어할 수 있다. RStudio가 제공하는 배포 시스템상에서의 조언에 대해서 'RStudio Connect에서의 크기 조정과 성능 튜닝(Scaling and Performance Tuning in RStudio Connect)' (*https://oreil.ly/c4CGT*)을 보자.

쉽다. 만약 요리사를 계속 더 채용한다면, 결국 주방(서버)이 꽉 차게 될 것이고, 더 많은 설비(코어의 메모리)를 추가해야 할 것이다. 서버가 더 많은 프로세스를 실행할 수 있도록 더 많은 자원을 추가하는 것을 스케일 업(scaling up)[3]이라고 부른다.

어느 시점에서, 요리사를 가능한 한 많이 음식점에 밀어넣고도 여전히 수요를 맞추기에 부족할 수 있다. 이 경우, 더 많은 음식점을 만들어야 할 것이다. 이것을 스케일 아웃(scaling out)[4]이라고 부르며, Shiny에 있어서 이는 여러 개의 서버를 사용하는 것을 의미한다. 스케일 아웃을 사용하면 인프라 비용을 감당할 수 있는 한 몇 명의 손님에게든 음식을 제공할 수 있다. 스케일 아웃의 세부 내용은 복잡하지 않은 반면, 이는 전적으로 배포 인프라에 달려 있으므로, 필자는 이 장에서 스케일 아웃에 대해서는 다루지 않을 것이다.

이 비유가 작동하지 않는 하나의 주요 지점이 있다. 보통의 요리사는 하나의 조리법에서의 유휴시간 동안 다른 음식을 조리할 수 있게 섬세하게 단계를 섞음으로써 여러 개의 요리를 동시에 만들 수 있다. 하지만 R은 단일 스레드(single-threaded)이며, 이는 여러 일을 동시에 수행할 수 없음을 의미한다. 모든 요리의 조리 시간이 빠르다면 괜찮겠지만, 만약 어떤 손님이 24시간 동안 수비드 방식으로 숙성시킨 삼겹살을 주문한다면, 그 이후에 도착한 모든 손님은 요리사가 그들의 음식 조리를 시작하기까지 24시간 기다려야만 한다. 다행스럽게도 비동기 프로그래밍(async programming)(*https://rstudio.github.io/promises*)을 사용하여 이 문제를 해결할 수 있으나, 이는 이 책의 범위를 벗어나는 복잡한 주제다.

벤치마크

여러분은 거의 매번 자신이 사용할 앱을 개발하는 것으로 시작할 것이다. 앱은 오직 한 사람(여러분 각자!)에게만 음식을 제공하는 개인 요리사다. 여러분은 현재 그 성능에 만족할 수 있지만, 앱을 동시에 사용해야 할 사람이 10명이라면 현재의 앱이 그 사용자 규모를 다루지 못할까 봐 걱정될 것이다. 이 경우, 벤치마킹을 사용하면 실제 사용자의 참여 없이도 앱을 여러 명이 사용하는 경우의 성능을 검사할 수 있다. 혹은, 만약 앱을 수백 혹은 수천 명의 사용자에게 제공하려는 경우, 벤치마킹은 각 프로세스가 몇 명의 사용자를 다룰 수 있고, 따라서 몇 개의 서버를 사용해야

---

3 혹은 수직 스케일링(vertical scaling)
4 혹은 수평 스케일링(horizontal scaling)

할지 알아내는 데 도움을 준다.

shinyloadtest(*https://rstudio.github.io/shinyloadtest*) 패키지가 벤치마킹 프로세스를 지원하며, 기본 세 단계가 있다.

1. `shinyloadtest::record_session()`을 사용하여 보통의 사용자를 시뮬레이션하는 스크립트를 기록한다.
2. 스크립트를 shinycannon 커맨드 라인 도구를 사용하여 여러 명의 동시 사용자에 대해 재생한다.
3. `shinyloadtest::report()`를 호출하여 결과를 분석한다.

여기에서는 각 단계가 어떻게 작동하는지 개략적으로 살펴볼 것이다. 더 상세한 내용이 필요하다면 shinyloadtest의 문서와 비네트(vignettes)를 보자.

기록

만약 랩톱(laptop)에서 벤치마크를 수행한다면, 여러분은 두 개의 서로 다른 R 프로세스를 사용해야 할 것이다. 하나는 Shiny를 위한 것이고, 다른 하나는 shinyloadtest를 위한 것이다.[5]

- 첫 번째 프로세스에서 앱을 시작하고 콘솔에 나타나는 URL을 복사한다.

```
runApp("myapp.R")
#> Listening on http://127.0.0.1:7716
```

- 두 번째 프로세스에서 URL을 record_session() 호출에 붙여넣는다.

```
shinyloadtest::record_session("http://127.0.0.1:7716")
```

record_session()은 새 창을 여는데, 이 창에 포함된 앱 버전은 여러분이 앱에서 수행하는 모든 것을 기록한다. 이제 '보통' 사용자를 시뮬레이션하기 위해 앱과 상호작용해야 한다. 여러분이 수행할 동작을 써놓은 대본을 갖고 시작하길 추천한다. 나중에 만약 어떤 중요한 부분을 빠뜨린 걸 알았다면, 이 대본은 이후에 처음부터 상호작용을 재수행하기 쉽게 해준다. 벤치마킹은 오직 시뮬레이션한 부분에 대해

---

5 이를 RStudio에서 수행하는 가장 쉬운 방법은 또 하나의 RStudio 인스턴스(instance)를 여는 것이다. 대안으로는, 터미널(terminal)을 열고 R이라고 입력하는 방법이 있다.

서만 수행되므로, 어떻게 앱과 현실적인 상호작용을 시뮬레이션할 것인지 신중하게 생각해야 할 것이다. 예를 들어, 실제 사용자가 앱을 사용할 때 입력에 앞서 잠시 생각하는 시간을 반영하려면, 대본에 잠시 멈춤을 추가하는 것을 잊지 말자.

시뮬레이션을 완료한 뒤에 앱을 닫으면, shinyloadtest가 작업 디렉터리에 *recording.log*를 저장할 것이다. 이 파일은 모든 동작을 쉽게 재생될 수 있는 방법으로 기록한다. 이 파일이 다음 단계에서 필요하므로 삭제하지 말자.

(벤치마킹이 랩톱에서 잘 작동하지만, 여러분은 아마도 보다 정확한 결과를 얻기 위해 배포 환경과 가능한 한 가장 가깝게 시뮬레이션하길 원할 것이다. 만약 여러분의 회사가 특별한 방법으로 Shiny 앱을 제공한다면, 부하 테스트를 수행할 수 있는 환경을 구축하는 것에 대해 회사의 IT 부서 사람과 얘기해보길 바란다.)

재생

이제 단일 사용자의 동작을 나타내는 스크립트가 생겼으니, 이를 사용하여 shiny-cannon이라고 부르는 특별한 도구로 여러 사용자를 시뮬레이션할 것이다. shiny-cannon은 R 패키지가 아니므로 설치하는 데 약간의 추가적인 작업이 들어간다. shinycannon은 자바로 작성되어 있는데, 이는 자바 언어가 최소한의 컴퓨팅 리소스를 사용하여 수십 수백 개의 웹 요청을 병렬로 수행하는 문제에 특히 잘 맞기 때문이다. 이를 통해 여러분의 랩톱에서 앱을 실행하면서 동시에 많은 사용자를 시뮬레이션할 수 있다. RStudio의 지침(*https://oreil.ly/NkKZ2*)에 따라 shinycannon을 설치하자.[6]

그런 다음 터미널에서 shinycannon을 다음과 같은 명령어로 실행하자.

```
shinycannon recording.log http://127.0.0.1:7911 \
  --workers 10 \
  --loaded-duration-minutes 5 \
  --output-dir run1
```

shinycannon에 다섯 개의 인자[7]가 제공되었다.

- 첫 번째 인자는 이전 단계에서 생성한 레코딩 로그 파일 경로다.

---

6 (옮긴이) 자세한 설치 방법은 *https://rstudio.github.io/shinyloadtest/articles/shinycannon.html*에 있다.
7 (옮긴이) 본문에 설명된 인자 외에 추가로 여러 개의 인자가 더 존재한다. 터미널에서 `shinycannon -h`를 입력하면 보다 자세한 내용을 볼 수 있다.

- 두 번째 인자는 (이전 단계에서 복사하고 붙여넣은) Shiny 앱의 URL이다.
- --workers는 시뮬레이션할 병렬 사용자의 수를 설정한다. 앞의 명령어는 10명의 사람이 동시에 앱을 사용할 때의 앱 성능을 시뮬레이션한다.
- --loaded-duration-minutes는 얼마나 오래 테스트를 수행할지 결정한다. 만약 이 인자가 스크립트가 실행되는 시간보다 길게 설정되었다면, shinycannon은 스크립트가 종료된 후 처음부터 다시 스크립트를 시작할 것이다.
- --output-dir은 출력을 저장할 디렉터리 이름을 제공한다. 성능 개선을 실험하면서 부하 테스트를 여러 번 실행하게 될 것이므로 유용한 디렉터리 이름을 부여하기 위해 노력하자.

부하 테스트를 처음 수행할 때는 주요 문제를 신속하게 파악하기 위해 작업자 (worker)는 적게, 시간(duration)은 짧게 설정하여 시작하는 것이 좋다.

분석

이제 여러 명의 사용자에 대한 앱 시뮬레이션을 수행하였으니, 그 결과를 들여다볼 차례다. 우선 load_runs()를 사용하여 데이터를 R로 불러오자.

```
library(shinyloadtest)
df <- load_runs("scaling-testing/run1")
```

이는 깔끔한(tidy) 티블(tibble)을 제공하므로, 원하는 경우 직접 분석할 수도 있다. 하지만 보통의 경우에는 표준 shinyloadtest 리포트를 생성할 것이다. 이는 Shiny 팀이 가장 유용하다고 파악한 요약 그래프를 포함한 HTML 리포트다.

```
shinyloadtest_report(df, "report.html")
```

필자는 여기에서 이 리포트의 모든 페이지에 대해 논하지는 않을 것이다. 대신, 필자가 가장 중요한 플롯이라고 생각하는 세션 시간(session duration)에 초점을 둘 것이다. 다른 페이지에 대해 더 배우고 싶다면, '부하 테스트 로그 분석하기(Analyzing Load Test Logs)'(*https://oreil.ly/VYyxh*)라는 글을 강력히 추천한다.

　세션 시간 플롯은 각 시뮬레이션된 사용자 세션을 행으로 표시한다. 각 이벤트는 너비가 소요된 시간에 비례하는 사각형이며, 이벤트 유형은 색상으로 표현된다. 빨간색 선은 원본 레코딩에 걸린 시간을 보여준다.

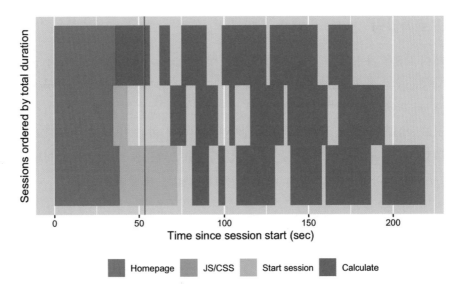

이 플롯을 볼 때, 다음의 질문들을 고려해보자.

- 부하 테스트를 할 때도 단일 사용자일 때와 비슷한 속도로 앱이 수행되는가? 만약 그렇다면, 축하한다! 여러분의 앱은 이미 충분히 빠르며, 이 장을 그만 읽어도 된다😄.

- '홈페이지(Homepage)'가 느린가? 그렇다면 여러분은 아마 ui 함수를 사용하고 있을 것이고, 뜻하지 않게 너무 많은 작업을 그 함수에서 수행하고 있을 것이다.

- '세션 시작(Start session)'이 느린가? 이는 서버 함수의 실행이 느리다는 것을 암시한다. 일반적으로 서버 함수 실행이 빨라야 하는데, 왜냐하면 여기에서 수행하는 모든 작업은 (다음 단계에서 실행할) 반응형 그래프를 정의하는 것이기 때문이다. 만약 이 부분이 느리다면, 느리게 실행되는 코드를 (앱이 시작될 때 한 번만 실행되도록) server() 외부로 옮기거나, (필요할 때만 실행되도록) 반응형 내부로 옮기자.

앞의 경우들에 속하지 않는 경우, 그리고 대부분의 경우, '계산(Calculate)'이 느릴 것이다. 이는 반응형 내의 어떤 계산인가가 느리다는 것을 나타내며, 이 장의 남은 부분에서 살펴볼 병목 현상을 찾고 고치는 기법들을 사용해야 할 것이다.

프로파일링

앱이 계산에 많은 시간을 소요한다면, 어떤 계산이 느린지 알아내야 하며, 이 병목 현상을 찾기 위해 코드를 **프로파일링**해야 한다. 이 장에서는 profvis(*https://rstudio. github.io/profvis*) 패키지를 사용하여 프로파일링을 수행할 텐데, 이 패키지는 `utils::Rprof()`에 의해 수집된 프로파일링 데이터에 대한 인터랙티브 시각화를 제공한다. 프로파일링 데이터를 시각화한 플레임 그래프를 소개한 뒤에, 어떻게 profvis를 사용하여 R 코드와 Shiny 앱을 프로파일링하는지 보여줄 것이다.

플레임 그래프

이런저런 프로그래밍 언어에서, 프로파일링 데이터를 시각화하기 위해 가장 흔히 사용되는 도구는 **플레임 그래프**(flame graph)다. 여러분의 이해를 돕기 위해, 필자는 코드 실행의 기본을 다시 보여준 뒤에 점진적으로 최종 시각화를 만들어갈 것이다.

프로세스를 구체화하기 위해 다음 코드를 사용할 텐데, 여기에서 필자는 작업이 완료되었다는 것을 나타내기 위해 pause()(곧 추가로 설명할 것이다)를 사용한다.

```
library(profvis)

f <- function() {
  pause(0.2)
  g()
  h()
  10
}
g <- function() {
  pause(0.1)
  h()
}
h <- function() {
  pause(0.3)
}
```

만약 필자가 여러분에게 머릿속으로 f()를 실행하고 어떤 함수가 호출되었는지 설명하라고 한다면, 여러분은 아마도 다음과 같이 대답할 것이다.

- f()에서 시작한다.
- 다음으로 f()가 g()를 호출한다.

- 다음으로 g()가 h()를 호출한다.
- 다음으로 f()가 h()를 호출한다.

이 설명에서는 함수 호출이 정확히 어떻게 중첩되는지 볼 수가 없으므로 설명을 따라가기가 다소 어려우며, 따라서 대안으로 보다 개념적인 표현을 쓸 수 있다.

- f
- f > g
- f > g > h
- f > h

이는 디버깅에 대해 얘기할 때 77쪽의 '역추적 읽기'에서 보았던 호출 스택(콜 스택, call stack) 리스트를 기록한 것이다. 호출 스택은 단순히 함수로 이어지는 호출의 전체 순서다.

각 함수 이름을 감싸는 사각형을 그림으로써 이 리스트를 다이어그램으로 전환할 수 있다.

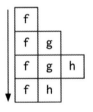

코드를 실행할 때 보통 생각하는 것과 마찬가지 방법으로, 필자는 시간의 흐름을 위에서 아래 방향으로 생각하는 것이 가장 자연스럽다고 생각한다. 하지만 플레임 그래프는 관례상 시간의 흐름을 왼쪽에서 오른쪽 방향으로 그리기 때문에, 앞에서 그린 다이어그램을 90도 회전시키자.

이 다이어그램에서 각 함수 호출의 너비를 소요된 시간에 비례하게 그림으로써 보다 유익하게 만들 수 있다. 또한 이 작업을 검사하기 쉽도록 배경에 그리드 라인 (grid line)을 추가하였다.

			h		
	g	g		h	
f	f	f		f	

마지막으로, 인접한 동일한 함수의 호출을 합쳐 다이어그램을 보다 깔끔하게 만들 수 있다.

		h			
	g		h		
f					

이것이 플레임 그래프다! f()를 실행하는 데 얼마나 오래 걸리는지뿐만 아니라 왜 그만큼 오래 걸리는지(즉, 어디에 시간이 소요되는지)를 알기 쉽게 해준다.

아마도 왜 이것이 플레임 그래프라고 불리는지 궁금할 것이다. 대부분의 다른 플레임 그래프들은 컴퓨터가 '뜨겁게' 돌아간다는 생각을 불러일으키기 위해 무작위로 '따뜻한' 색상으로 칠해진다. 하지만 이 색상들이 특정한 추가적인 정보를 제공하지는 않으므로, 우리는 보통 색상을 제거하고 흑백 모드를 사용한다. '플레임 그래프(The Flame Graph)'(*https://oreil.ly/AKXNP*)에서 색 구성표(color scheme), 대안들, 플레임 그래프의 역사에 대해 더 배울 수 있다.

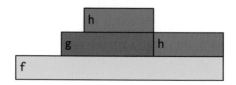

R 코드 프로파일링

이제 플레임 그래프에 대해 이해했으니, profvis 패키지를 사용하여 이를 실제 코드에 적용해보자. 사용하는 방법은 쉽다. 단지 프로파일링하려고 하는 코드를 profvis::profvis()로 감싸면 된다.

```
profvis::profvis(f())
```

이 코드가 완료되면, profvis는 그림 23-1에 보이는 것과 같은 인터랙티브 시각화를 보여줄 것이다.[8] 이것은 필자가 손으로 그린 그래프와 매우 흡사하지만, 시점이 정확히 일치하지는 않는다. 이는 R의 프로파일러가 매 10밀리초마다 실행을 중지하고 호출 스택을 기록하는 방식으로 작동하기 때문이다. 이때 R이 일시적으로 중지할 수 없는 어떤 작업의 중간에 있을 수 있기 때문에, 불행히도 우리가 원하는 정확한 시간에 실행을 중지할 수는 없다. 이는 프로파일링 결과가 약간의 무작위 변이(random variation)를 지닌다는 것을 의미한다. 만약 코드를 다시 프로파일링하면, 약간 다른 결과를 얻게 된다.

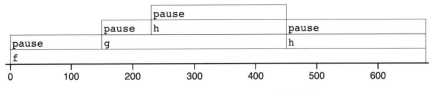

그림 23-1 profvis를 사용한 f()의 프로파일링 결과.
여기에서 x축은 경과된 시간을 밀리초(ms) 단위로 나타내며, y축은 호출 스택의 깊이(depth)를 보여준다.

플레임 그래프 못지않게, profvis는 또한 기저의 소스 코드를 찾고 표시하는 기능에 최선을 다한다. 플레임 그래프에서 함수를 클릭하면 정확히 무엇이 실행되는지 볼 수 있다.

Shiny 앱 프로파일링

Shiny 앱을 프로파일링할 때, 다른 점이 많지는 않다. 차이를 보기 위해, 필자는 f()를 감싸는 아주 간단한 앱을 만들 것이다.

```
ui <- fluidPage(
  actionButton("x", "Push me"),
  textOutput("y")
)
server <- function(input, output, session) {
  output$y <- eventReactive(input$x, f())
}
```

---

8 (옮긴이) 만약 여러분이 얻은 결과의 맨 아래층에 profvis::profvis가 보인다면, simplify = FALSE를 추가하여 다음과 같이 시도해보자. profvis::profvis(f(), simplify = FALSE)

```
# runApp()이 명시적으로 호출된다는 것에 주목하자. 이는 매우 중요하다.
# 이 부분이 없다면 앱은 실제로 실행되지 않을 것이다.
profvis::profvis(runApp(shinyApp(ui, server)))
```

결과는 그림 23-2에 나타나 있다.[9]

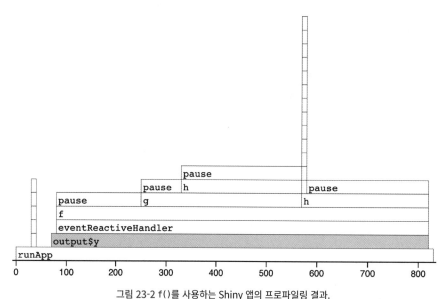

그림 23-2 f()를 사용하는 Shiny 앱의 프로파일링 결과.
호출 스택이 한결 깊고, 두 개의 높은 탑(tower)이 있다는 점을 주목하자.

이 출력은 이전 실행 결과와 매우 비슷해 보이지만, 두 가지 차이점이 있다.

• f()는 더 이상 호출 스택의 바닥에 있지 않고 4층에 있는데, 이는 f()가 event
ReactiveHandler()(eventReactive()를 작동시키는 내부 함수)에 의해 호출되며,
eventReactiveHandler()는 output$y에 의해 촉발(trigger)되고, output$y는 run
App() 내부에 감싸져 있기 때문이다.

• 두 개의 매우 높은 탑이 있다. 보통은 이 부분이 많은 시간을 소요하지 않으며
샘플러(sampler)의 확률적(stochastic) 특성으로 인해 실행할 때마다 다르기 때
문에 무시해도 된다. 만약 여기에 대해 좀더 배우고 싶다면, 함수 호출을 찾기
위해 마우스를 스택에 올려보자. 이 예에서, 왼쪽의 낮은 탑은 eventReactive()
호출 설정을 나타내며, 오른쪽의 높은 탑은 R의 바이트 코드 컴파일러(byte

9 (옮긴이) 앞에서와 마찬가지로, 여러분이 얻은 결과의 맨 아래층에 profvis::profvis가 보이고 호
   출 스택이 훨씬 깊다면, simplify = FALSE를 추가하여 다음과 같이 시도해보자. profvis::profvis
   (runApp(shinyApp(ui, server)), simplify = FALSE)

code compiler)가 촉발됨을 나타낸다.

더 상세한 내용은 profvis 패키지 문서, 특히 자주 하는 질문(FAQ)(*https://rstudio.github.io/profvis/faq.html*)을 읽어보길 추천한다.

한계

프로파일링의 가장 중요한 한계점은 R이 프로세스를 멈추고 현재 어떤 R 함수가 실행되고 있는지 검사해야 하는 작동 방식에 기인한다. 이는 R이 제어 가능해야 한다는 뜻인데, 이것이 가능하지 않은 몇 가지 경우가 있다.

- 어떤 C 함수들은 사용자 인터럽트(user interrupt)를 주기적으로 검사하지 않는다. 이 함수들은 Esc/Ctrl + C를 사용하여 실행 취소할 수 없는 C 함수들이다. 이는 보통 좋은 프로그래밍 관행이 아니지만, 어쨌든 이런 함수들이 존재하고 사용된다.
- `Sys.sleep()`은 프로세스를 얼마간 '주차'시켜 R이 실제로 실행되지 않도록 운영체제에 요구한다. 이것이 앞서 `profvis::pause()`를 대신 사용해야 했던 이유다.
- 인터넷으로 데이터를 다운로드하는 것은 보통 다른 프로세스에서 수행되므로 R을 이용하여 추적할 수는 없을 것이다.

성능 개선하기

성능을 개선하는 가장 효율적인 방법은 프로파일 내에서 가장 느린 부분을 찾아 그 속도를 높이려 시도하는 것이다. 느린 부분을 따로 분리했다면, 이를 독립적인 함수로 감싸도록 하자(18장). 그런 다음 느린 실행을 재현하는 최소의 코드 조각을 만들고, 이를 다시 프로파일링하여 올바르게 느린 부분을 수집했는지 검사하자. 여러분은 가능한 개선 방법을 시도하는 동안 이 코드 조각을 여러 차례 다시 실행할 것이다. 필자는 또한 몇몇 테스트를 작성할 것을 추천하는데(21장), 필자의 경험상 코드가 빠르게 실행되도록 만든 많은 경우가 실제로는 코드가 잘못 고쳐진 경우였기 때문이다 😂.

    Shiny 코드는 단지 R 코드이며, 따라서 성능을 개선하는 대부분의 기법은 일반적인 R 프로그래밍에 적용되는 기법이다. 두 가지 좋은 시작점은 《Advanced R》의 '성능 개선하기(Improving Performance)'(*https://oreil.ly/JKsXC*)와 콜린 길렙시(Colin Gillespie)와 로빈 러브레이스(Robin Lovelace)의 《Efficient R Programming》 (*https://oreil.ly/LBGxs*)이다. 필자는 이들이 제공하는 조언을 여기에서 반복하지 않고, 대신 여러분의 Shiny 앱에 영향을 미칠 가능성이 가장 큰 기법들에 집중할 것이다. 필자는 또한 앨런 디퍼트(Alan Dipert)의 rstudio::conf(2018) 강연 '가능한 한 최소한의 작업으로 Shiny 속도 높이기(Make Shiny Fast by Doing as Little Work as Possible)'를 강력히 추천한다.

기존 코드가 여러분이 예상했던 것보다 더 자주 실행되는 문제를 해결하는 것부터 시작하자. 동일한 작업을 여러 반응형에서 반복하지는 않는지, 또 반응형 그래프가 예상했던 것보다 더 자주 갱신되지는 않는지 확인하자(243쪽의 'reactlog 패키지').

다음으로, 앱의 성능을 개선하는 가장 쉬운 방법으로, 느린 계산을 기억하고 재생하는 캐싱(caching)을 살펴볼 것이다. 그 다음 많은 Shiny 앱에 도움이 될 수 있는 두 가지 다른 기법을 다루며 이 장을 마무리할 것이다. 하나는 시간이 오래 걸리는 전처리를 별도 단계로 뽑아내는 것이며, 다른 하나는 사용자 기대(user expectation)를 세심하게 관리하는 것이다.

캐싱

캐싱은 코드 성능을 개선하기 위한 매우 강력한 기법이다. 기본 아이디어는 각 함수 호출의 입력과 출력을 기록하는 것이다. 캐시 함수가 기존에 이미 봤던 입력을 사용하여 호출되면, 함수는 재계산 없이 기록된 출력을 재생할 수 있다. memoise (*https://memoise.r-lib.org*)와 같은 패키지가 일반 R 함수를 위한 캐싱 도구를 제공한다.

캐싱은 Shiny 앱에 특히 효과적인데, 캐시가 여러 사용자를 넘나들며 공유될 수 있기 때문이다. 이는 여러 사용자가 동일한 앱을 사용할 때, 오직 첫 번째 사용자만 결과가 계산될 때까지 기다리면 되며, 나머지 모든 사용자는 캐시로부터 결과를 빠르게 얻을 수 있음을 뜻한다.

Shiny는 어떤 반응형 표현식이나 렌더 함수에 대해서든 캐싱을 수행하는 일반적인 도구인 bindCache()를 제공한다.[10] 이미 배웠듯이, 반응형 표현식은 이미 가장

---

[10] 이 함수는 Shiny 1.6.0에서 도입되었는데, 오직 플롯에만 작동하던 기존의 renderCachedPlot()을 일반화한 것이다.

최근에 계산된 값을 캐시한다. bindCache()를 사용하면 어떠한 수의 값이든 캐시
하고 그 값을 사용자들 간에 공유할 수 있다. 필자는 bindCache()의 기본을 소개하
고, 몇몇 실전 예제를 보여준 뒤에, 캐시 '키(key)'와 범위에 대한 몇 가지 상세한 내
용을 다룰 것이다. 만약 이에 대해 더 배우고 싶다면, 필자는 '캐싱으로 Shiny 앱 성
능 최대화하기(Using Caching in Shiny to Maximize Performance)'(*https://oreil.ly/
qLHab*)과 'bindCache()를 사용하여 앱 속도 개선하기(Using bindCache() to Speed
Up an App)'(*https://oreil.ly/guiyx*)부터 읽어볼 것을 추천한다.

기본

bindCache()는 사용하기 쉽다. 캐시하고자 하는 reactive()나 render* 함수를 단순
히 bindCache()에 연결하면 된다.

```
r <- reactive(slow_function(input$x, input$y)) %>%
  bindCache(input$x, input$y)

output$text <- renderText(slow_function2(input$z)) %>%
  bindCache(input$z)
```

추가적인 인자는 캐시 키(key)이며, 이는 계산이 이전에 수행된 적이 있는지 판단
하는 데 사용된다. 캐시 키에 대해서는 몇몇 실전 예제를 본 뒤에 좀더 상세하게 다
룰 것이다.

반응형 캐시하기

캐싱은 흔히 웹 API와 함께 사용된다. API가 매우 빠르다 할지라도, 여러분은 여전
히 요청을 전송하고, 서버가 응답할 때까지 기다리고, 결과를 분석(parse)해야만 한
다. 따라서 API 결과를 캐시하면 종종 커다란 성능 개선을 가져온다. 깃허브 API와
소통하는 gh(*https://gh.r-lib.org*) 패키지를 사용하는 간단한 예를 통해 설명하겠다.

　최근에 사람들이 어떤 일들을 했는지 보여주는 앱을 설계하려 한다고 상상해보
자. 다음과 같이 깃허브 이벤트 API로부터 데이터를 얻은 뒤 간단한 사각형화(rect-
angling)(*https://oreil.ly/iPTxi*)를 통해 티블로 변환하는 작은 함수를 작성하였다.

```
library(purrr)

latest_events <- function(username) {
  json <- gh::gh("/users/{username}/events/public", username = username)
```

```
  tibble::tibble(
    repo = json %>% map_chr(c("repo", "name")),
    type = json %>% map_chr("type"),
  )
}

system.time(hadley <- latest_events("hadley"))
#>    user  system elapsed
#>   0.138   0.033   0.743
head(hadley)
#> # A tibble: 6 x 2
#>   repo                   type
#>   <chr>                  <chr>
#> 1 hadley/r4ds            IssuesEvent
#> 2 hadley/mastering-shiny IssuesEvent
#> 3 hadley/mastering-shiny IssueCommentEvent
#> 4 hadley/mastering-shiny IssuesEvent
#> 5 hadley/mastering-shiny IssueCommentEvent
#> 6 hadley/mastering-shiny IssuesEvent
```

그런 다음 이를 간단한 앱으로 전환할 수 있다.

```
ui <- fluidPage(
  textInput("username", "GitHub user name"),
  tableOutput("events")
)
server <- function(input, output, session) {
  events <- reactive({
    req(input$username)
    latest_events(input$username)
  })
  output$events <- renderTable(events())
}
```

이 앱은 사용자 이름(username)을 타이핑할 때마다(단 15초 전에 요청했더라도) 데이터를 재요청할 것이기 때문에, 이 앱이 무언가 잘못되었다는 느낌이 들 것이다. bindCache()를 사용하면 성능을 극적으로 개선할 수 있다.

```
server <- function(input, output, session) {
  events <- reactive({
    req(input$username)
    latest_events(input$username)
  }) %>% bindCache(input$username)
  output$events <- renderTable(events())
}
```

여러분은 아마도 이 접근 방법의 문제점을 알아챘을 것이다—만약 같은 사용자에 대한 데이터를 내일 다시 요청하면 무슨 일이 발생할까? 그동안 새로운 활동이 있었더라도, 오늘 얻은 데이터를 다시 얻게 될 것이다. 따라서 시간에 대한 암묵적인 의존성을 여러분이 명시적으로 만들 필요가 있다. Sys.Date()를 캐시 키에 추가하여 캐시가 오직 동일한 날짜에만 지속되도록 할 수 있다.

```
server <- function(input, output, session) {
  events <- reactive({
    req(input$username)
    latest_events(input$username)
  }) %>% bindCache(input$username, Sys.Date())
  output$events <- renderTable(events())
}
```

아마도 다시 들여다보지 않을 과거 시점까지 캐시 데이터가 지속적으로 누적될까 봐 걱정될 것이다. 다행스럽게도 캐시의 총 크기는 고정되어 있으며, 공간이 더 필요할 때는 똑똑하게 마지막으로 사용한 지 가장 오래된(least-recently-used) 데이터를 자동으로 삭제한다.

플롯 캐시하기

대부분의 경우 반응형을 캐시할 테지만, 렌더 함수에 대해서도 bindCache()를 사용할 수 있다. 대부분의 렌더 함수는 매우 빠르지만, renderPlot()의 경우 복잡한 그래픽을 포함하고 있다면 느려질 수 있다.

예를 들어 다음 앱을 살펴보자. 이를 직접 실행해보면, 각 플롯을 처음 보여줄 때 약 5만 개의 점을 그려야 하기 때문에 1초에 가까운 시간이 걸리는 것을 알아챌 수 있을 것이다. 하지만 각 플롯을 '다음 번'에 그릴 때는 캐시로부터 조회되기 때문에 즉각적으로 나타나게 된다.

```
library(ggplot2)

ui <- fluidPage(
  selectInput("x", "X", choices = names(diamonds), selected = "carat"),
  selectInput("y", "Y", choices = names(diamonds), selected = "price"),
  plotOutput("diamonds")
)

server <- function(input, output, session) {
  output$diamonds <- renderPlot({
```

```
    ggplot(diamonds, aes(.data[[input$x]], .data[[input$y]])) +
      geom_point()
  }) %>% bindCache(input$x, input$y)
}
```

(만약 .data 문법에 친숙하지 않다면 12장에서 상세한 내용을 보자.)

플롯을 캐시할 때는 한 가지 특별히 고려해야 할 사항이 있다. 각 플롯은 다양한 크기로 그려지는데, 기본(default) 플롯은 가능한 너비의 100%를 차지하며, 이때 가능한 너비는 브라우저의 크기를 조정(resize)함에 따라 달라지기 때문이다. 이 유연성은 캐싱에서는 잘 작동하지 않는데, 그 이유는 단 하나의 픽셀 차이조차도 플롯이 캐시로부터 조회될 수 없음을 의미하기 때문이다. 이 문제를 방지하기 위해, bindCache()는 플롯을 고정된 크기로 캐시한다. 기본값은 대부분의 경우에 '단지 작동하도록' 선택되지만, 만약 필요하다면 sizePolicy 인자를 사용하여 이를 제어할 수 있으며 ?sizeGrowthRatio에서 더 알아보기 바란다.

캐시 키

계산이 이전에 수행된 적이 있는지 없는지를 알아내기 위해 사용되는 값의 집합인 캐시 키에 대해 간략히 얘기해보는 것이 유익할 것이다. 이 값들은 또한 반응형 의존성을 파악하기 위해서 사용되는데, observeEvent()나 eventReactive()의 첫 번째 인자와 상당히 비슷하다. 이는 만일 잘못된 캐시 키를 사용한다면 매우 혼란스러운 결과를 얻을 수 있다는 뜻이다. 예를 들어, 다음과 같은 캐시된 반응형이 있다고 상상해보자.

```
r <- reactive(input$x + input$y) %>% bindCache(input$x)
```

여기에서 input$y가 변경되더라도 r()이 재계산되지 않는다. 그리고 이 결과가 캐시로부터 조회된다면, 이는 현재의 x값과 해당 값이 캐시되었을 시점에서 y가 지녔던 값의 합산일 것이다.[11]

따라서 캐시 키는 항상 표현식의 모든 반응형 입력을 포함해야 한다. 그러나 반응형에서 사용되지 않은 추가적인 값들을 포함시키길 원하게 될 수도 있다. 가장 유용한 예는 캐시된 값이 오직 고정된 시간 동안만 사용될 수 있도록 현재 날짜나 반올림된 현재 시간을 추가하는 것이다.

---

11 (옮긴이) 계산에 사용된 input$y가 현재의 y값과 같으리라 보장할 수 없다는 뜻이다.

입력뿐만 아니라 다른 reactive()를 캐시 키로 사용할 수 있지만, 이를 가능한 한 단순하게 유지해야 할 것이다(즉, 원자 벡터(atomic vector)나 원자 벡터의 단순 리스트). 큰 데이터 프레임이 이미 사용되었는지 알아내는 데는 비용이 많이 들고 캐싱의 이점이 감소될 수 있으므로 큰 데이터셋을 캐시 키로 사용하지 말자.

캐시 범위

기본적으로 플롯 캐시는 메모리에 저장되고, 200메가바이트를 초과하지 않고, 단일 프로세스 내에 있는 모든 사용자에 공유되며, 앱이 재시작될 때 없어진다. 이 기본 설정을 개별 반응형이나 전체 세션에 대해 변경할 수 있다.

- bindCache(..., cache = "session")은 각 사용자 세션에 별도의 캐시를 사용할 것이다. 이는 사적인 데이터가 잠재적으로 사용자 간에 공유되지 않도록 보장하지만, 동시에 캐싱의 이점을 감소시킨다.
- shinyOptions(cache = cachem::cache_mem()) 혹은 shinyOptions(cache = cachem::cache_disk())를 사용하여 전체 앱의 기본 캐시를 변경한다. 캐시가 여러 프로세스에 걸쳐 공유되고 앱이 재시작되더라도 캐시가 유지되도록 하기 위해 이를 사용할 수 있다. 보다 상세한 내용은 ?bindCache를 보자.

여러 캐시를 연결하거나 여러분만의 저장공간 백엔드를 작성하는 것 또한 가능하다. 이 옵션들에 대해서는 bindCache()를 작동시키는 캐싱 패키지 cachem (*https://cachem.r-lib.org*)의 문서를 통해 더 배울 수 있다.

또 다른 최적화 방법들

많은 앱에서 사용하는 또 다른 최적화 두 가지가 있다. 한 가지는 정해진 시간에 맞춰서 데이터 불러오기 및 조작하기이고, 또 다른 한 가지는 세심하게 사용자 기대 관리하기이다.

데이터 먼징 일정 만들기

Shiny 앱이 약간의 초기 정제(cleaning)를 필요로 하는 데이터셋을 사용한다고 상상해보자. 데이터 준비 과정은 상대적으로 복잡하며 시간이 정확히 얼마나 걸릴지 알 수 없다. 이 과정이 앱에서의 병목 현상임을 발견했으며, 앱 성능을 개선하고 싶다고 해보자.

이미 코드를 다음과 같은 함수로 뽑아냈다고 하자.

```
my_data_prep <- function() {
  df <- read.csv("path/to/file.csv")
  df %>%
    filter(!not_important) %>%
    group_by(my_variable) %>%
    some_slow_function()
}
```

그리고 현재 이 함수를 서버 함수 내에서 호출한다고 하자.

```
server <- function(input, output, session) {
  df <- my_data_prep()
  # 추가적인 많은 코드
}
```

이 서버 함수는 새로운 세션이 시작할 때마다 호출되지만, 데이터는 항상 동일하므로 이 데이터 처리를 server() 외부로 뽑아냄으로써 바로 앱을 빠르게 (그리고 적은 메모리를 사용하게) 만들 수 있다.

```
df <- my_data_prep()
server <- function(input, output, session) {
  # 추가적인 많은 코드
}
```

이 코드에 집중하고 있는 동안, 데이터를 불러오는 가장 효율적인 방법을 사용하고 있는지 검사하는 것도 유익하다.

- 만약 플랫 파일(flat file)을 불러온다면, read.csv()나 read.table() 대신 data.table::fread()나 vroom::vroom()을 시도하자.
- 만약 데이터 프레임을 지녔다면, arrow::write_feather()로 저장하고 arrow::read_feather()로 읽어오는 것을 시도하자. Feather는 읽고 쓰기가 상당히 빠른[12] 이진(binary) 파일이다.
- 만약 데이터 프레임이 아닌 객체를 지녔다면, readRDS()와 saveRDS() 대신 qs::qread()와 qs::qsave()를 시도하자.

---

12 벤치마크 결과는 Ursa Labs 블로그 포스트(*https://oreil.ly/Xtr73*)를 참고하라.

만약 이 변경들이 병목 현상을 해소하는 데 충분하지 않았다면, 별도의 크론잡 (cron job)이나 스케줄된 R 마크다운(RMarkdown) 보고서를 사용하여 my_data_ prep()을 호출하고 결과를 저장하는 방법을 고려하게 될 것이다. 그러면 앱이 미리 준비된 데이터를 불러와 작업을 수행할 수 있다. 이는 마치 새벽 세 시(손님이 없는 시간)에 와서 재료를 손질해 둘 보조 요리사(prep chef)를 고용하여, 붐비는 점심 시간에 요리사가 최대한 효율적으로 음식을 만들 수 있게 하는 것과 비슷하다.

사용자 기대 관리하기

마지막으로, 앱이 빠른 것처럼 느껴지도록 설계하고 전반적인 사용자 경험을 개 선할 수 있는 몇 가지 변경들이 있다. 다음은 많은 앱에 사용될 수 있는 네 가지 팁 이다.

- tabsetPanel()을 사용하여 앱을 탭 페이지로 나누자. 오직 현재 탭에 나타나 는 출력만 재계산되므로, 사용자가 현재 보고 있는 것에 계산의 초점을 맞출 수 있다.

- 오래 걸리는 작업을 시작하려면 버튼을 누르게 하자. 작업이 시작된 다음에는 141쪽의 '알림' 기법을 이용하여 사용자로 하여금 무슨 일이 발생하고 있는지 알 수 있도록 하자. 가능하다면 점진적인 프로그레스 바(144쪽의 '프로그레스 바') 를 표시하자. 왜냐하면 프로그레스 바가 작업이 빠른 것처럼 느껴지게 해준다는 믿을 만한 증거(*https://oreil.ly/MG0G8*)가 있기 때문이다.

- 만약 앱이 시작될 때 상당한 작업을 수행해야 한다면 (그리고 전처리를 통해 이 를 줄일 수 없다면), UI가 계속 나타나고, 사용자에게 기다려야 한다는 정보를 제공할 수 있도록 앱을 설계하라.

- 마지막으로, 어떤 오래 걸리는 작업이 배경에서 발생하는 동안 여전히 앱이 응 답할 수 있도록 만들고 싶다면, 비동기 프로그래밍(async programming)(*https:// rstudio.github.io/promises/index.html*)을 배울 시점이다.

요약

이 장에서는 Shiny 앱의 성능을 정밀하게 측정하고 개선하기 위한 도구를 살펴보았 다. 성능을 측정하기 위한 shinyloadtest와 여러 명의 사용자가 앱을 동시에 사용하는 상황을 시뮬레이션하기 위한 shinycannon에 대해 배웠다. 그 다음 가장 오랜 시간이 걸리는 작업을 찾기 위해 profvis를 사용하는 방법과 이 작업을 개선하는 여러 기법을 배웠다.

이 장은 이 책의 마지막 장이다. 끝까지 읽어줘서 감사하다! 이 책이 유용하다고 느꼈길 바라며, 이 책에서 다룬 기술들이 많은 매력적인 Shiny 앱을 만드는 데 도움이 되길 바란다. 필자는 여러분이 이 책이 유용하다고 느꼈는지, 혹은 이 책에서 차후에 좀더 개선될 부분이 있는지에 대해 듣고 싶다. 연락할 수 있는 가장 좋은 방법은 트위터 @hadleywickham(*https://twitter.com/hadleywickham*) 혹은 깃허브(*https://github.com/hadley/mastering-shiny*)다. 이 책을 읽어줘서 다시 한번 감사하며, 여러분이 만들 Shiny 앱의 성공을 기원한다!

찾아보기